国家林业和草原局职业教育"
全国生态文明信息化遴选融合出版项目

大学生

创业基础

编者 苏立 李常

中国林业出版社

图书在版编目（CIP）数据

大学生创业基础／李常，苏立编著. --北京：中国林业出版社，2020.7（2023.8重印）

ISBN 978-7-5219-0697-4

Ⅰ.①大… Ⅱ.①李… ②苏… Ⅲ.①大学生-创业-高等学校-教材

Ⅳ.①G647.38

中国版本图书馆 CIP 数据核字（2020）第 131504 号

课程信息

国家林业和草原局职业教育"十三五"规划教材

全国生态文明信息化遴选融合出版项目

中国林业出版社

策划编辑：吴　卉

责任编辑：张　佳

电　　话：010-83143561

邮　　箱：books@theways.cn

小途教育：http://www.cfph.net

出版发行　中国林业出版社

邮　　编：100009

地　　址：北京市西城区德内大街刘海胡同 7 号

印　　刷　河北京平诚乾印刷有限公司

版　　次　2020 年 9 月第 1 版

印　　次　2023 年 8 月第 4 次

字　　数　470 千字

开　　本　787mm×1092mm　1/16

印　　张　16.5

定　　价　56.00 元

序

在科技日新月异的今天，创业成为时代的代名词，是推动全球经济社会发展的助推器，更是推动经济社会转型升级的源动力。国务院办公厅《关于深化高等学校创新创业教育改革的实施意见》（国办发〔2015〕36号）文件中要求，各高校面向全体学生开发创业基础等方面的必修课和选修课，并纳入学分管理。这是创业教育走进通识教育的里程碑。

本教材在整体设计上突出了创业基础知识体系的完整性及理论与实践的结合性，通过学习目标、知识讲解、视野延展和翻转练习的设计，构成了一个完整的学习闭环，以学生为中心，充分尊重学生的学习习惯，激发学生的学习兴趣，引导学生自主学习。教材分8章系统全面地阐述了创业基础的基本理论、基本内容和基本方法。同时，采用融合出版的方式，扩展阅读和课后练习部分的内容可以扫码阅读或下载，具体使用方法详见封底。

作为校本化教材，引用校友创业案例是本教材的突出特色，示范性和针对性强。同时，本教材适用于教学过程中进行"慕课+翻转课堂"的教学组织，是学校教育教学改革的一项创新性尝试。

目　录

第一章
创新创业与人生发展

【教学目标】通过本章教学，让学生了解创新、创业、创业思维的基本内涵，理解创新和创业的关系，理解创新创业对经济社会发展与影响，掌握创业思维训练的方法，理解知识经济时代大学生创业的环境，理解个人职业发展与创业的关系。

1.1 创新与创业

1.1.1 创新的含义与作用

1.1.1.1 创新含义

中文"创新"一词，出现较早，不过词义与现代不同，主要是指制度方面的改革、变革、革新和改造，并不包括科学技术的创新。据目前所见资料，最早见于《魏书》："革弊创新者，先皇之志也。"（《魏书》卷六十二）后世古籍中又数次出现"创新"一词，都大抵与"革新"同义，主要是指改革制度。

《辞海》里讲"创"是"始造之也"，首创、创始之义；"新"是"初次出现，与旧相对"，才、刚之义。"创新"有三层涵义，一是抛开旧的，创造新的；二是在现有的基础上改进更新；三是指创造性、新意。

在国外，美国经济学家熊彼特（J. A. Sehumpeter）于1912年最先在德文版《经济发展理论》一书中提出了"创新理论"（Innovation Theory），成为创新理论研究的鼻祖。他认为"所谓创新，就是建立一种新的函数，也就是把一种从来没有过的关于生产要素和生产条件的组合引入生产系统。"从总体上看，熊彼特侧重从经济发展视角论述创新在生产中的重要意义，但是创新概念的提出为学者们进一步对"创新"研究奠定了基础。"现代管理学之父"彼得·德鲁克在《创新与企业家精神》一书中提出，创新是一个过程，是一项"有组织、有系统且富有理性的工作；创新是企业家展现其创业精神的特定工具，是赋予资源一种新的能力使之成为创造财富的活动，创新本身就创造了资源"。其关于创新的定义强调创新的意义和效果，认为创新需要改变现存的资源及财富创造的方式。学者达曼普尔认为，在多元的取向中，技术创新是指有关产品以及生产产品或提供服务所需要的技术创新；管理创新是指发生在组织系统中包含人力资源的使用、奖惩制度、管理流程以及组织架构等因素的创新。他在定义中将创新分为技术创新和管理创新，这从另一个角度说明学者们对创新概念的研究更加广泛，已不仅将之视为纯经济学问题而是对于技术和管理的改革都具有重要意义。沃尔夫提出了定义创新的四种取向：①产品取向，以具体新产品的观点界定创新；②过程取向，通过研究创新过程对其进行界定；③产品和过程取向，同时以产品及过程的观点来界定创新；④多元取向，采用技术创新和管理创新来界定创新。他将创新分类定义，这可使创新的概念更加全面，有助于对创新概念的理解，但是存在模糊性和不够精练的问题。

国际社会认同的特指"创新"的英文是"Innovation"，有别于"创造"（英文为 Creation）和"发明"（英文为 Invention）。当前国际社会对于"创新"的定义比较权威的有两个：一是 2000 年联合国经合组织（OECD）"在学习型经济中的城市与区域发展"报告中提出的："创新的涵义比发明创造更为深刻，它必须考虑在经济上的运用，实现其潜在的经济价值。只有当发明创造引入到经济领域，它才成为创新。"；二是 2004 年美国国家竞争力委员会向政府提交的《创新美国》计划中提出的："创新是把感悟和技术转化为能够创造新的市值、驱动经济增长和提高生活标准的新的产品、新的过程与方法和新的服务。"

国内学者对于创新的定义多是综合性的，主要有以下几种观点。一是从创新主体的主观反映和行动分析，认为创新是"一种推陈出新、追求创意的鲜明意识；一种勇于思索、积极探求的心理取向；一种善于把握机会的机敏和灵性；一种积极改变自己及改变环境的应变能力"。① 二是从创新的目的性分析，提出创新是"主体为了生存和发展，在处理和客体的关系中弃旧图新、破旧立新的独创性活动"。② 三是从创新的哲学内涵分析，指出创新即"人的存在方式，在不断的创新活动中，改造自然，创造自我，从而推动社会的进步"。③ 四是从创新的发展性、时代性分析，认为创新作为一个时代性概念不是既有的传统概念的人为泛化和人为宣传之运用，而是反映了人们对社会发展的某种本质性把握，是人们对错综复杂的时代流程进行理论梳理的结果。④

根据国家社会科学基金成果评估指标的规定，创新可概括为三个方面：理论创新，方法创新和新描述。可见创新的内容是丰富多彩的：开辟新领域，创立新理论，提出新观点，建立新概念，寻求新材料，探索新方法等，都应当属于创新的范畴。其中，所谓创立新理论，即指建立与前人不同的理论，它理所当然地也应该包括纠正和补充完善前人提出的理论；所谓创立新概念，即提出一些全新的理念或命题，作为研究和分析的范畴；所谓提出新观点，即就某一具体事实和问题提出与前人不同的见解；所谓探索新方法，即在自己的科研工作中，提出并采用了与前人不同的研究途径和方式。

① 中央教育科学研究所. 创新教育 [M]. 北京：教育科学出版社，1999.
② 中央教育科学研究所. 创新教育 [M]. 北京：教育科学出版社，1999.
③ 孙景涛. 对创新的哲学思考 [J]. 南京政治学院学报，2003（4）：36.
④ 许玉乾. 关于创新概念的几点新思考 [J]. 淮阴师范学院学报，2006（4）：258.

【扩展阅读】

新颖、创造、发明与创新

1.1.2　创新对国家的意义

1.1.2.1　能极大地促进我国科技的进步

经过几代人艰苦卓绝的持续奋斗，我国科技事业取得了令人鼓舞的巨大成就。以"两弹一星、载人航天、杂交水稻、高性能计算机"等为标志的一大批重大科技成就，极大地增强了我国的综合国力。我们已经在全国范围内建立起门类齐全、独立完整的科技体系，形成了开发研究、高技术研究和基础研究三个层次的发展布局，培养和造就了一支宏大的科技队伍，科学技术呈现出蓬勃发展的崭新局面。然而，同发达国家相比，这中间的差距还是巨大的，仍需我们不断努力，尤其是要加大加快自由创新的步伐。

1.1.2.2　能极大地提高我国企业的国际竞争力

国际竞争力是指一国实现国民经济持续高速增长的能力。它是影响社会经济发展进程的基本力量，自主创新能力是国际竞争力的核心，也是构成企业竞争力的核心，技术进步在竞争力的形成过程中发挥着重大的作用。在经济全球化迅猛发展的今天，自主创新是企业寻求生存与发展，形成核心竞争力的重要砝码。很多国际知名企业之所以能在激烈的市场竞争中立于不败之地，就在于他们掌握着具有自主产权的技术，拥有持续创新的能力。而我国以企业为主体的国家自主创新体系尚未形成，自主创新意识不强，整体自主创新能力薄弱，在与国外竞争的过程中处于劣势。这一现状要求我们的企业要加大自主创新力度，努力形成具有自主知识产权的核心技术，打造属于自己的核心竞争力。只有我们手里拥有领先于世界的自主知识产权，我们的企业才会有国际竞争力，否则与世界先进水平企业的竞争只能是失败。

1.1.2.3　能极大地提高我国的经济实力

改革开放以来，中国经济的增长是靠投资拉动的，科技进步对经济增长的贡献极小，这已经成为人们的共识。经济发展到今天这个程度，科技自主创新能力不足已经成为制约我们加快经济社会发展的主要障碍。在这种条件下，推进自主创新体系建设显得尤为迫切和必要。这就要求我们把经济建设转移到不仅依靠科技进步的轨道上来，而且是依靠科技自主创新实现科技进步的轨道上来，使科学技术成为经济和社会发展的首要推动力量。因此，我们要加快提高科技自主创新能力，不能再满足于"加工厂"的角色，经济必须实现升级，达到更高的层次，从而拥有更多的、关键的自主创新产品，从根本上推动产业结构优化升级，致力实现增长方式转变，全面增强我国的国际竞争力。我们要选择一些有影响、有牵动作用的重点领域和行业进行科技自主创新和突破。要选定一些有可能取得率先突破的高新技术领域，集中必要的人力、物力、财力开展联合攻关，努力开发一批具有自主知识产权、核心竞争能力强的技术和产品，从而提升我们的经济实力。

1.1.2.4　能极大地促进我国国防现代化的建设

建国之后，我国的国防工业从无到有，有了很大的发展。然而，我们也不得不承认，在许多领域我国的军事装备及技术都相对落后，甚至空白，这种状况显然与我国国防发展的需要是极不相符的。我们也试图从国外购买一些装备和技术，但是西方国家出于战略考虑，国防方面的先进技术始终禁止卖给我们。这充分证明，中国这样一个大国，要实现武器装备现代化，不可能靠购买武器来支撑国防，必须依靠自力更生。尤其是从科学发展的趋势看，技术越发展，保密性也越强，别人即使给一点东西，也只能是次先进的技术。我们国家"两弹一星"的辉煌成绩也说明了，只有立足于自主创新，依靠自身的创造性努力，才能解决核心技术问题。唯有自己掌握核心技术，拥有自主知识产权，才能将祖国的发展与安全的命运牢牢掌握在自己手中，这也是国防科技工业增强核心竞争力的必由之路。因此，我们应该瞄准世界军事科技发展的前沿奋起直追，抓住那些具有战略性、基础性、关键性作用的重大课题抓紧攻关，争取不断有所突破，通过我们自身的努力获得强大的国防，实现我国国防科技工业的腾飞。

1.1.3　创业的含义与类型

1.1.3.1　创业的含义

创业，在《新华字典》里定义的是"开创事业"。而"事业"是指人所从事的，具有一定目标、规模和系统并对社会发展有影响的经济活动。《辞海》对"创业"的解释是：创立基业。"基业"是指事业的基础。可见，如何理解创业的"业"，是理解创业含义的关键。"业"指代的涵义有小大之别，固创业有狭义和广义之分。狭义的创业即创办新企业（Startup），是指创业者的生产经营活动，主要是开创个体或团队的小业。广义的创业是指创业者的各项创业实践活动，并赋有创新与创业精神的内蕴（Entrepreneurship），其功能指向是成就个人、团队，乃至国家、社会的大业。

早期的创业概念通常带有经济学的视角，把创业看作是商业领域的事情。简单地把创业定义为新企业的创建，或者定义为新产品、新工艺、新组织和新市场的组合。韦伯（Weber）提出：创业是指接管和组织一个经济体的某个部分，并且以自己可以承受的经济风险通过交易案来满足人们的需求，目的是为了创造价值。科尔（Cole）提出：把创业定义为发起，维持和发展以利润为导向的企业的有目的性的行为。史蒂文森（Stevenson），罗伯茨（Roberts）和苟斯拜客（Grousbeck）提出：创业是一个人——你不管是独立的还是在一个组织内部——追踪和捕捉机会的过程，这一过程与当时控制的资源无关。

随着社会的发展和研究的深入，狭义的创业概念已经无法涵盖当今的创业指向。"创业"这个词在当代有了很大的延伸，创业可以发生在各种企业和组织的各个发展阶段，包括：新或老企业，大或小企业，私人、非营利或公共部门等，此外，一些现有组织内部也存在活跃的创业活动。有"创业教育之父"称号的蒂蒙斯（Timmons）在其所著的创业教育领域的经典教科书《创业学》（*New Venture Creation*）中指出：创业是一种思考、推理和行动的方式，它为机会所驱动、需要在方法上全盘考虑并拥有和谐的领导能力。学者尚恩（Shane）教授于 2000 年发表了《创业作为一个研究领域的未来展望》一文。他指出："创业是一个过程化的概念。"这一观点得到了普遍的认可。刘先明认为：创业是指某个人发现某种信息、资源、机会或掌握某种技术，利用或借用相应的平台或载体，将其发现的信息、资源、机会或掌握的技术，以一定的方式，转化、创造出更多的财富、价值，并实现某种追求或目标的过程。广义的创业过程通常包括一项有市场价值的商业机会从最初的构思到形成创业，以及创业的成长管理过程。在大多数研究与教材中，创业常指广义上的含义。

创业是一个从无到有，从零到一的过程。科学和合理的理解创业，要把握三个要点。一是创业者对自己拥有的资源或通过努力对能够拥有的资源进行优化整合，从选择一个创业项目开始，通过对创业项目的认识、理解、通透和把握，从而创造出更大经济或社会价值的过程。二是创业是一种劳动方式，是创业者一种自主性行为，是创业者生活方式的一种选择。三是创业管理不同于企业管理。创业管理研究的是创业行为，是一个企业从无到有的创办过程，企业管理的研究是以企业存在为前提的，研究的是如何才能发展的更好的问题。

学者们从不同的方面对创业进行了解读，现今我们对创业的普遍定义是：创业是创业者不拘泥于当前资源条件的限制，追求机会，创造新价值的过程。

创业需要面对资源难题，设法突破资源束缚。无数创业案例表明：大多数创业者在创业初期甚至全过程都要面临资源缺失和资源约束。这是因为，创业活动通常是创业者在资源高度约束情况下所进行的，从无到有，从零到一的财富创造过程。创业者往往需要通过技术创新和商业模式创新等方式对资源进行更为有效的整合，进而实现创业目标。换言之，创业者只有努力创新资源整合手段和资源获取渠道，才能真正摆脱资源约束的困境。正因此，积极探求创造性整合资源的新方法、新模式和新机制，就成为了创业的基本特性。

创业需要寻求有效机会，有效机会常常显现在一瞬间，但这之前必定有一个积极探索的过程。创业通常离不开创业者识别机会、把握机会和实现机会的有效活动。创业者从创业起始就需要努力识别商业机会，只有发现了商业机会，才有可能更好地整合资源和创造价值。因此，一般认为寻求有效机会是产生创业活动的前提。

创业必须进行价值创造。创业属于人类的劳动形式之一，劳动需要产生劳动成果，创业也需要创造劳动价值。创业的本质在于创新，因此，与一般劳动相比，创业更强调创造出创新性价值。当今较为典型的创业大多诉求创新带来的新价值，这些新价值通过技术、产品和服务等方式的变革更好地为消费者服务，促进社会的发展和进步。需要特别注意的是，创业通常需要比一般劳动付出更多的时间和努力，需要承担更多的风险，也更需要坚持不懈的努力。当然，创业的成功和收获也会带来无法替代的成就感。

【案例导读】

勇创业重实践：李克强鼓励大学生圆梦青春①

早年在北大时，李克强曾担任北大团委书记，从那时起，他就对青年学生的学习、工作分外关注。自担任总理以来，李克强一直重视创新创业，他认为，大学生是推进大众创业、万众创新的生力军。在各个高校考察时，与大学生创业者进行深入交流也成为李克强的"必选动作"。在与全国各地学子交流时，李克强多次强调大学生应勇创业、重实践，鼓励他们珍惜时间，努力充实自己的青春岁月，向青年学子传达了作为前辈和师兄的美好希冀与祝福。

勇创业：敢为人先、宽容失败，用创业点燃人生

2013 年 8 月，李克强在兰州大学就业指导中心调研时指出，大学生要有双创精神，在校学习既要致力于创新，到社会上工作也要敢于创业。李克强也鼓励一位毕业后打算创业的学生，"大学生是人才，只要努力就会有就业的机会。不光要就业，还要创业。"

2014 年 7 月，在湖南大学考察时，李克强认真参观了学生创业成果展，并鼓励学生创业者要敢为人先，宽容失败，跌倒了重新再来。李克强还现场购买了两位学生的 4 个产品，用行动点赞了他们的创业尝试。

2014 年 11 月，在浙江大学考察时，当听说竺可桢学院的一位大四本科生放弃外企工作的机会，投身自主创业时，李克强非常赞赏地说道："志向很高，我相信你会从一个小角落出来，创造出一片大天地。"李克强还当场表示，政府会尽力给大学生创业提供支持。

十八大以来，政府通过简政放权和相关制度改革措施，不断为创业兴业引路、给企业发展松绑，进一步为新常态下的中国经济注入无限青春活力。除允许大学生"休学创业"外，政府的一系列税收、贷款优惠政策也进一步鼓励和推动了大学生创业，帮助他们实现人生价值的同时，以创业带动就业，增强了整个国家的蓬勃朝气。

重实践：不仅要向书本学，还要向实践学

在湖南大学考察时，李克强曾鼓励大学生，"在学校做求知的思想者，到社会上做创业的实践者"。如今创业已成为许多大学生自我锻炼、实现自我价值的重要实践方式，在克服困难和挫折中，大学生们不断丰富阅历，经历着心灵的成长和蜕变。

有知识的人不实践，等于一只蜜蜂不酿蜜。知识能在实践中彰显力量，而实践更能丰富和增长知识。李克强在吉林大学考察时叮嘱大学生们将学习摆在第一位，同时他也强调把学到的知识用于实践当中。李克强说："学习是基础，不仅要向书本学，还要向实践学，创业实际就是在实践中学，这会让知识学得更扎实有用。"

除了强调在创业中实践，李克强也鼓励大学生在基层的实践中锻炼成长。2013 年 6 月，在河北师范大学视察时，李克强鼓励毕业生们到基层工作，并深情寄语大学生们：

---

① 说明：本书中的所有案例、视野延展均由编者收集并整理而成，部分素材进行了大幅删减或重新编辑，注释为素材的主要来源，未作注释即为编者编写，后文不再另做说明。

"只有'下得去'，本事才能'上得来'，干事才能'拿得起'，基层最能锻炼人。"李克强也表示，下基层、到基层工作，才能使人更快地成长起来；基层的经验，无论以后走到什么岗位都将是一笔宝贵的财富，只有经历基层锻炼，才会成长为社会的有用之才。而在吉林大学考察时，当得知医学专业的一名毕业生打算毕业后先到乡镇卫生院工作，锻炼提高业务水平，李克强也点头称赞，"在基层可以积累最宝贵的经验"。

[来源：中国青年网，2016-04-17 原标题：勇创业重实践广阅读：李克强鼓励大学生这样圆梦青春（记者杜美辰）]

1.1.3.2　创业类型

按照创业对市场和个人的影响程度，可以分为四种类型。

①复制型创业　复制原有公司的经营模式，创新的成分很低。例如，某人原本在餐厅里担任厨师，后来离职自行创立一家与原服务餐厅类似的新餐厅。新创公司中属于复制型创业的比率虽然很高，但由于这类型创业的创新贡献太低，缺乏创业精神的内涵，不是创业管理主要研究的对象。这种类型的创业基本上只能称为"如何开办新公司"，因此很少会被列入创业管理课程中学习的对象。

②模仿型创业　这种形式的创业，对于市场虽然也无法带来新价值的创造，创新的成分也很低，但与复制型创业的不同之处在于，创业过程对于创业者而言还是具有很大的冒险成分。例如，某一纺织公司的经理辞掉工作，开设一家当下流行的网络咖啡店。这种形式的创业具有较高的不确定性，学习过程长，犯错机会多，代价也较高昂。这种创业者如果具有适合的创业人格特性，经过系统的创业管理培训，掌握正确的市场进入时机，还是有很大机会可以获得成功。

③安定型创业　这种形式的创业，虽然为市场创造了新的价值，但对创业者而言，本身并没有面临太大的改变，做的也是比较熟悉的工作。这种创业类型强调的是创业精神的实现，也就是创新的活动，而不是新组织的创造，企业内部创业即属于这一类型。例如，研发单位的某小组在开发完成一项新产品后，继续在该企业部门开发另一项新品。

④冒险型创业　这种类型的创业，除了对创业者本身带来极大改变，个人前途的不确定性也很高；对新企业的产品创新活动而言，也将面临很高的失败风险。冒险型创业是一种难度很高的创业类型，有较高的失败率，但成功所得的报酬也很惊人。这种类型的创业如果想要获得成功，必须在创业者能力、创业时机、创业精神发挥、创业策略研究拟定、经营模式设计、创业过程管理等各方面，都有很好的搭配。

【案例导读】

服务乡村振兴，回乡当起"放牛娃"

就读于湖南环境生物职业技术学院的95后大学生龙中义马上就要毕业了，可他并没有像其他同学一样四处投递简历，寻找工作，他回到了老家耒阳市小水镇四都村，当起了"放牛娃"。

每天清早，龙中义便到牛棚，赶着棚里的十多头牛上山了。一年前，龙中义在实习期便回到了家乡，借钱购买了十头牛，创办了养牛场，他的这一举动被村里的老乡们视为了"异类"。龙中义介绍："当时我们当地人说我脑袋有病，读了个大学不出去好好工作，回来养牛做这个没出息的事情，还花一万多买个牛，别人买个牛三四千块钱，我花的一万多够别人好几头牛了。"

龙中义顶住压力，运用在学校学习的专业知识，不断改善养殖技术。他说："在家乡，大家都是用传统的养殖方式养殖肉牛，受疾病、喂养方式等因素的影响，大大降低了生产效率。我现在主要给他们做的就是人工授精、牧草发酵、疾病治疗，主要疾病还要告诉大家怎样预防，它不生病我们才能创造更好的效益。"

龙中义不仅拓展了自己的养殖规模，还运用专业知识帮助其他养殖户。据他介绍："养殖肉牛必须从品种、养殖、控疾三个方面着手。村里的养殖户李文华，家里养了50多头土牛，在我的帮助下，进行品种改良，牛肉的品质和产量提高了30%~50%。"

耒阳市小水镇四都村养殖户李文华非常感谢龙中义的帮助，他说："原来一头土牛可以卖到3000元，在龙中义的指导下，同样的繁殖时间，可以卖到5000元，一头牛差不多可以提高2000元吧。"

同时，为了解决养殖肉牛中遇到的"夏天吃不完、冬天没得吃"的问题，龙中义一边教养殖户发酵技术，一边与农户协商回收协议，将玉米秆变废为宝，积极探索养殖产业发展新路子。龙中义说："一个人富不算富，大家富了才算富。我要扎根农村，用自己学到的知识带领乡亲们一起致富奔向小康。"

班主任邹振兴这样评价龙中义："他平常在学习过程中对养牛这块他非常感兴趣，到学校以前，参加过工作，在内蒙古的牛场工作过。同时，他也在学校养殖场从事相关工作，吃苦耐劳，干事的话一个顶俩。"

耒阳市小水镇四都村党支部书记陈友国说："我们这里的养殖业还没有做到科学养殖，龙中义运用在学校学到的知识自己创业，服务家乡，现在的几个养殖户都是他带动的。"

按照创业者不同创业动机，创业可以分为以下四个类型：

①生存型创业 这种类型的创业者，最初或许根本就没什么创业的概念以及什么伟大的理想与梦想，只是出于生存的渴望与责任，凭自己的勤劳、努力与节俭，在生存的道路上不断积累财富、经验、品格、人脉，然后不断做大做强，最后，在历史潮流的推动下，走上了一条持久创业发展的道路，取得了最终让自己都从来未曾想过的成就与事业，李嘉诚就是典型的案例。这种生存型企业，起初阶段根本就不需要什么管理，因为什么事都是自己做，但到后期就需要不断完善管理与制度，否则很快就会倒下去，当然能够留下的肯定是优秀的企业，毕竟经过磨练而生存发展壮大起来的企业肯定是有其独到之处。

②投机型创业 这种类型的创业者，不一定有生存的压力，更多的可能是源自对金钱与财富的渴望。指创业者利用市场出现的价差进行买卖从中获得利润的交易行为。投机可分为实体经济投机和虚拟经济投机两大领域。

③梦想型创业 这种创业者，执着于心中的梦想与目标，充满超强的激情、活力与精力，但他可能没有什么特别的资源与财富积累，只是凭借自己的眼光、思想、特长、毅力

与感召力不懈的努力，感召越来越多的志同道合者，聚集越来越多的资源，吸引越来越多的投资商，凭着一股打不死的精神，做出一番事业。梦想型的创业者根本就无所谓管理，也根本不在乎管理，有的只是梦想、目标、未来、希望、激情与活力，这是他的原动力与永不停止的源泉。梦想型创业者要的是志同道合者，而不只是苟于生存者或唯利是图者，如马云的阿里巴巴创业过程中，当企业连工资都发不出的时候，不是谁都能或愿意坚持下来的，当然最后坚持下来的都成了阿里巴巴的千万富豪。

④投资型创业　这种创业者，对财富的聚集与对未来的掌握永不满足，早已不存在生存与理想追求问题，而更多是某种理念或生活的升华，这也是创业的最高境界了。这种创业者可能具有雄厚的资金或资源实力，又有敏锐的洞察力，凭自己独到的洞察与判断，投资项目，而取得一个又一个的事业成就。投资型企业者很注重体制与规则，就是我投资你管理，我出钱你干活，基本没什么情意可讲，一切按制度来办。所以他可以把竞争对手的一帮团队挖过去，很快的又可以把整个团队赶走，因为投资机构关注的核心内容是如何创造更多的利润。

【案例导读】

江南"枣王"的传奇人生

他是湖南林业界的传奇人物。大学毕业后，他放弃"铁饭碗"，成为全省大学生创业的典范；他潜心科研，用10年时间选育出可在石漠化地区推广的中秋酥脆枣，填补了南方优质鲜食枣的空白，省发改委将这种枣树的推广作为湖南"两型社会"建设和山区群众脱贫的示范项目；他高标准管理，把中国高档鲜食枣送出了国门。

这个人就是湖南祁东新丰果业公司董事长曾建新，被群众称为"江南枣王"。他获得过很多荣誉，是"全国星火科技二传手"、省第八次党代会代表、省九届人大代表；也是省第二届青年"五四"奖、省首届"青年林业科技奖""全省第二届扎根基层高校毕业生"称号获得者，曾被评为"袁隆平科技致富能手""省优秀共产党员""衡阳市劳动模范""衡阳十大杰出青年"。

放弃"铁饭碗"，成为"水果王"

1995年，毕业于湖南林业专科学校（学院前身）的曾建新放弃县林业局机关干部的"铁饭碗"，停薪留职回农村当农民。

曾建新的这一举动在当时引起了极大的轰动。领导同事反对，亲戚朋友反对，他恋爱多年的女朋友也离他而去。那年冬天，他卖掉了自己的集资房，东挪西凑了10万元，租下了该县乌江镇湘屏洲上一片60亩的荒滩地，带着4000株欧美杂交良种藤稔葡萄苗在这个杂草丛生的荒岛上安了家。

没有帮手，他自己动手除草、整地、浇水，到几公里外的镇上挑大粪。通过自己的辛勤劳动，一年后，他赚了20多万元。第三年他赚了30多万元。3年间，60亩荒滩也变成了绿洲，他也成了远近闻名的"葡萄大王"。周围的村民看到他成功了，也想种葡萄。

曾建新就在自己的果园里给这些人上技术课，办起了别开生面的"技术墟场"。他以优惠市场 50%的价格给这些农民供应种苗。在他的推动下，湘屏洲周边 7 个村子种上了 1100 多亩良种葡萄，出了上百名种葡萄的万元户，有的年收入超过了 10 万元。

在荒岛上待了 3 年，曾建新在祁东县洪桥镇新丰村租地 350 多亩，创办了湖南祁东新丰果业有限公司。

曾建新通过投资、技术入股、技术服务等形式融资 1200 万元，成立南方鲜食枣、南方葡萄、南方山核桃三个研究所和五个共 3000 亩的优质水果试验场，引进选育了包括枣、葡萄、山核桃等名优水果品种 500 多个。种苗基地曾被国家林业局授予"全国特色种苗基地"，公司生产的多种水果获得过全省水果"金质奖"，并先后在湖南、云南、广西、广东四省（自治区）创办了名优水果生产基地 16 个。

2005 年 7 月 5 日，在长沙，由曾建新和他的团队选育出来的一种名叫"中秋酥脆枣"的新枣种通过了湖南省科学技术厅的鉴定。

新丰果业公司也开始了华丽转身，全力在中国南方推广中秋酥脆枣。

目前，中秋酥脆枣正以星火燎原之势在长江以南扩展。公司在全国已建立了 21 个中秋酥脆枣推广基地，遍及湖南、广东、广西、云南、福建、江西、贵州等 18 个省（自治区），共有中秋酥脆枣 30 多万亩，果农 40 多万户，年产值近 100 亿元，每户人均收入达 5 万多元。

曾建新成了名副其实的江南"枣王"！

选育"南方第一枣"，助力"两型社会"

湖南省"石漠化"面积占总面积的 7%，涉及 35 个县市，石漠化加剧了当地生态环境的恶化和居民贫困。新丰果业公司所在的祁东县就是典型的石漠化重灾区，是省级贫困县。

家乡恶劣的自然环境，让曾建新做梦都想找到一种高价值的果树来改变家乡贫穷的面貌。从 2000 年开始，他每年都要投入 100 万元用于新品种的开发。

1992 年秋天，曾建新和他的合作伙伴发现一棵长在山头石缝里的本地糖枣出现芽变，当时已过了糖枣摘果季近两个月，但这棵枣树的一个枝条上竟然还长满了枣子。枣子与当地糖枣差异很大。曾建新对这芽变枝进行了技术攻关，引进各类枣树种资源近百个进行评比试验和选育嫁接工作，历经 10 多年，终于成功选育出一个新的南方枣树品种。

新枣种当年栽种，当年结果，次年投产，第三年丰产，产量比本地糖枣和北方同类产量高 20%以上，枣果味美甘甜，口感酥脆，肉多核小，可食率达 97.1%，可溶性固形物达 43.7%，有一种越吃越想吃的感觉。

2004 年，曾建新将这些新枣拿到了长沙，枣业专家们非常惊奇，认为该枣应为"南方第一枣"。该品种成熟期正值中秋与国庆两节。曾建新为它注册了一个很好的名字——"中秋酥脆枣"。

2005 年 6 月，全国知名枣树专家、南方枣树研究权威、中南林学院博士生导师谢碧霞闻讯赶往祁东，看到中秋酥脆枣硕果满枝，兴奋不已："真没想到在南方能看到这样好的枣树品种，这对中国枣业的发展具有重大意义。"2005 年 7 月，中秋酥脆枣顺利通省科技厅的科学技术鉴定，同年 12 月被认定为湖南省高新技术产品，被省发改委纳入国家高技术生物育种产业化项目，并列入了国家星火计划重点项目。

曾建新开始在自己的老家全力推广种植中秋酥脆枣，取得了成功，每亩年纯收入超过了 5 万元。

在新枣种的推广过程中，中秋酥脆枣以其特有的耐湿、耐旱、耐贫瘠能力和抗病虫能力，非常适合用来治理南方石漠化，被称为治理石漠化的"魔树"。

中秋酥脆枣这种神奇的特征引起了祁东县委县政府的重视，该县整合资金 1000 万元，在受石漠化影响严重的 17 个乡镇推广中秋酥脆枣扶贫项目，目前，种植面积超过 3 万亩。

2011 年，湖南省发改委也将中秋酥脆枣的推广作为湖南"两型社会"建设和山区群众脱贫的示范项目，并获得成功。目前，全省已开始在石漠化地区全面推广中秋酥脆枣扶贫项目。

让"中秋酥脆枣"走向世界

心有多大，舞台就有多大。

曾建新选择一条不寻常的中秋酥脆枣营销路线。鲜枣全部实行精致小包装销售，销售渠道固定在国内各大型超市及大型连锁店及外贸出口上，全部产品实行直销配送。

公司在中国农科院果树研究所、湖南环境生物职业技术学院的技术支持下，为中秋酥脆枣的科学培植制定了严格的生产标准和成品鲜枣的品质标准。公司建立了全国第一家自动化枣类产品专业实验室，对出厂鲜枣营养成分和农药残留量进行严格监控，保证了鲜枣达到了绿色食品标准。公司新建了现代化无菌包装车间和万吨级保鲜冷藏库，在北京、上海、广州、武汉等全国大中城市设立了 27 家具有冷贮功能的鲜枣配送中心，实行全程冷链运输。

严格的品质保证流程使"中秋酥脆枣"迅速成为市场宠儿。2019 年，新丰果业有限公司向美国出口鲜枣 750 吨，向日本出口鲜枣 1200 吨，向韩国出口了 710 吨，向西欧市场出口了 2200 吨，中秋酥脆枣在国外市场特别受欢迎。

在中秋酥脆枣的推广方面，对县外地区，曾建新实行特许经营制。每县精选一名种植大户加盟公司，负责筹建示范基地，并付一定的保证金，曾建新则免费负责枣苗供应和产品回收，并常年派驻技术员。回购保护价为上年市场枣类最高价的 80%，并同时实行利润返回制，按公司年利润 40% 摊分到农户手中。

对于本地中秋酥脆的推广，则由新丰果业协会负责。协会向农户免费提供枣苗，公司提供技术服务，再按订单价统一收购或统一品牌集中销售。协会按销售利润的 10% 支付公司的科技服务费。

公司与中国农科院果树研究所、中南林学院、湖南农大、湖南环境生物学院等 20 多个科研和教学单位建立了科研、业务合作关系，助力了农村实用科技的发展。2009 年，公司被中国科协、国家财政部评定为"全国科普惠农兴村先进单位"。

曾建新获得了巨大的成功。他带领的新丰果业已成为长江以南高档鲜食枣生产企业中不二的霸主，也是中国为数不多的能让自产水果冲出国门走向世界的企业之一。

1.1.4 创新对创业的意义

纵观当代企业，唯有不断创新，才能在竞争中处于主动，立于不败之地。创新是带有氧气的新鲜血液，是企业的生命。在全球经济一体化、信息化、网络化大的趋势下，科学技术日新月异，人类知识总量5年就将翻一番，经济生活瞬息万变，每一个企业和每一个企业家，都应当学会用世界的眼光从高处和远处审视自己，衡量自身，随时发现自己的弱点和缺点，通过改革和开放，迅速加以克服，以求赶上和超越。否则，随时都有被淘汰的可能。

1.1.4.1 企业的技术创新

技术创新为企业创新活动的核心内容，它为组织的实施和过程管理提供必要的支撑和保障，越来越多的公司认识到了其重要性。世界上大的跨国企业每年的研发投入都高达数十亿美元，主要用于支持自己的强大研发机构和团队的创新实践，使企业保持旺盛的创新活力，在国际市场竞争中成为赢家。近些年来，我国的华为、海尔、联想等公司也加大了研发投入。更令人惊奇的是中小企业也锐意技术创新，在市场竞争中获取高效益回报。技术上的创新在产品的生产方法和工艺的提高过程中起着举足轻重的作用。一方面，技术创新提高物质生产要素的利用率，减少投入；另一方面，又通过引入先进设备和工艺，从而降低成本。在企业的竞争中，成本和产品的差异化一直都是核心因素，技术的创新可以产品的成本，同样，一种新的生产方式也会为企业的产品差异提供帮助，如果企业能够充分利用其创新的能量，就一定能在市场中击败对手，占据优势地位。当然技术创新本身具有高投入、高风险性，因此在技术创新的过程中，必须通过建立良好的市场环境和政策条件，才能充分激发企业创新的内在动力，为企业创造最大价值。

技术创新也逐渐成为企业一项极其重要的无形资产，而企业作为利益分配主体，就意味着在照章纳税后，企业有权对技术创新收入进行自主分配。这样企业不仅可以有效补偿技术创新投入，而且还可以有效地激励研究与开发人员，尤其是对技术创新有突出贡献的人员实行特殊的报酬机制。再者，企业可以根据有效的经济原则，组建有效的研究和开发组织，按要素、贡献分配报酬，激励研究与开发的有效增长。

1.1.4.2 企业的管理创新

管理创新是为了更有效地企业运用资源以实现目标而进行的创新活动。管理创新就是要引入新的管理思想、方法、手段、组织方式而实现的创新。美国管理学家哈梅尔（Hamel）将管理创新定义为：对传统管理原则、流程和实践的明显背离或对常规组织形式的背离。管理创新就是指以价值增加为目标，以战略为导向，以各种创新要素（如技术、组织、市场、战略、管理、文化、制度等）的协同创新为手段，以培育和增强核心能力、提高核心竞争力为中心，通过有效的创新管理机制、方法和工具，力求做到人人创新，事事创新，时时创新，处处创新的创新活动或过程。管理上的创新可以提高企业的经济效益，降低交易成本，可以开拓市场，从而形成企业独特的品牌优势。

1.1.4.3 企业的制度创新

企业制度创新是企业创新系统中的重要组成部分，是指一种更有效的约束本企业职员行为的一系列规则的产生过程，为企业技术创新的组织实施和过程管理提供支撑和保障。它通过激发企业职员的积极性和创造性，促进企业资源的合理配置利用，从而推动企业进步。企业之间的制度及相关知识基础的差异，使得企业很不容易模仿。

兰斯·戴维斯（Davis. Lance，1971）和道格拉斯·C. 诺思（Douglass. C. North，1989）认为制度创新的全过程包括五个主要的阶段，即形成"初级行动集团"阶段；"初级行动集团"提出制度创新方案的阶段；"初级行动集团"对已提出的各种创新方案进行比较和选择的阶段；形成"次级行动集团"阶段、"初级行动集团"和"次级行动集团"协作实施制度创新并将其变为现实的阶段。并认为这个过程是动态变化和发展的过程。同时，制度创新存在时滞效应，具体表现在以下几个方面：一是认识与组织的时滞，即从认识外部利润到组织初次行动团体所需要的时间；二是发明的时滞；三是"菜单选择"时滞，即搜寻已知的可替换的菜单和从中选定一个能满足初级行动团体利润最大化的创新的时间；四是启动时间时滞，即可选择的最佳创新和开始旨在获取外部利润的实际经营之间存在的时滞。

1.1.4.4　企业的营销创新

营销创新是企业提升顾客价值、获得并维持竞争优势的有效途径。

营销创新是一个非常艰苦的活动过程，需要经营者有强烈的创新意识和坚韧不拔的创新精神以及系统的创新理论的指导。从目前我国企业营销实践看，受市场对接环境的影响，许多企业已具备了紧迫的创新意识，但其中大部分企业却不知从何做起、如何努力。笔者认为，我国企业在创新过程中可选择的创新策略很多，宜结合自身特点以及市场环境等多种因素灵活运用。通常，可供选择的创新策略主要有：观念创新、市场创新、产品创新、服务创新和组织创新等。

所谓观念创新就是企业适应新的营销环境的客观变化而形成正确的认识或看法。由于它是企业开展营销活动的指导思想，或者说它支配着企业市场营销活动，所以，它是企业营销创新的灵魂。营销创新最终目的是通过更好地满足消费者需求获得更大的市场份额和更多的经济效益，可以说，营销创新有较强的目的性。正因为如此，消费者需求（即市场）的变化为企业营销创新指明了方向。

市场创新除了选择企业有能力进入并获得收益的目标市场这一内容以外，还包括新市场的进展与拓展等内容，因为新市场能给企业带来创新收益。

一个企业是否具有生命力，其重要的标志就是它的产品是否能够不断创新。不断地满足消费者不断变化的需求是企业营销创新的直接目的，为此，企业产品需要不断创新，产品创新是营销创新的核心内容。

服务作为一种特殊的产品，属无形产品，它与有形产品一样，也是市场客体的重要组成部分。

面对营销形势的新变化，企业必须着手建立战略联盟、调整营销机构、开展网络营销、强化营销沟通，实现营销组织的不断创新。因此，调整企业组织结构，消除部门之间的隔膜，提高营销效率和创新效率，相关职能部门共同致力于市场需求的满足就显得尤为必要。特别是，营销部门必须与研究开发等部门密切配合，及时沟通信息，这是在市场竞争日趋激烈的环境下企业制胜的关键。

1.1.4.5 企业的文化创新

企业文化创新是指为了使企业的发展与环境相匹配，根据本身的性质和特点形成体现企业共同价值观的企业文化，并不断创新和发展的活动过程。企业文化创新的实质在于企业文化建设中突破与企业经营管理实际脱节的僵化的文化理念和观点的束缚，实现向贯穿于全部创新过程的新型经营管理方式的转变。面对日益深化、日益激烈的国内外市场竞争环境，越来越多的企业不仅从思想上认识到创新是企业文化建设的灵魂，是不断提高企业竞争力的关键，而且逐步深入地把创新贯彻到企业文化建设的各个层面，落实到企业经营管理的实践中。

企业文化是企业制度和企业经营战略的要求在员工价值理念上的反映，反过来，企业文化也会对企业制度的安排以及企业经营战略的选择有一种反作用，因为人的价值理念支配人的选择及行为。正是因为如此，所以企业文化的创新，必然会带来员工价值理念的创新，而这种价值理念的创新，会推动企业制度和经营战略的创新。由此可见，企业文化在企业制度和经营战略的创新上，是具有非常重要的意义的。

对企业来说，创新既是机遇，也是挑战。企业应该在国家政策的引导下，从企业的实际出发，进行大胆创新，把握创新的主动权，把握市场机会和技术机会，做出适合本企业的创新决策，不断提高创新水平，真正成为技术创新的主体，从而走上一条适合企业自身发展的创新之路，使企业始终保持旺盛的生机，不断取得新的发展。

1.1.5 创新对大学生的意义

21 世纪是知识经济时代，它的到来使我国高等教育面临着前所未有的机遇和挑战。知识经济是主要依靠知识创新和知识广泛传播发展的，以智力资源来创造财富的经济。创新是它的灵魂，而创新的关键在于人才。无论是知识创新还是技术创新，无论是经济竞争还是科技竞争，归根到底还是要靠大量高素质的创新型人才，培养具有创新素质的人才是时代的迫切需要，也是一个国家富强及在国际竞争中立于不败之地的重要因素。人才来源于教育，高等学校是培养高素质创新型人才的摇篮。大学生，是实践创新活动的重要主体。

创新对个体品格的养成具有重要作用，因为它激发的是一个人最具价值的能力和向人生更高层次发展的直接动力。现在的大学生是全面建设小康社会的人才之源，是中国各项事业迅猛发展的排头兵，肩负着中华民族复兴的伟大使命。对大学生进行创新精神和创新能力的培养，使之真正成为与时代潮流相适应，最终成为引领时代发展的一代高素质人才，我们的国家才有可能在新的世纪里缩短与发达国家在知识创新和发展方面的差距。所以，创新素质教育不仅是大学生个体成长成才的内在与长远需要，更是民族兴旺发达、建设社会主义和谐社会的紧迫召唤。

1.1.5.1 创新是大学生获取知识的关键

在知识经济时代，知识的增长率加快，知识的陈旧周期不断缩短，知识转化的速度猛增。在这种情形下，知识的接受变得并不重要，重要的是知识的选择、整合、转换和操作。学生最需要掌握的是那些包摄面广、迁移性强、概括程度高的"核心"知识，而这些知识并非是靠言语所能"传授"的，它只能通过学生主动地"构建"和"再创造"而获得，这就需要大学生的创新能力在其中主动的发挥作用。

1.1.5.2　创新是大学生终身学习的保证

随着高等教育规模的不断扩大，高等教育职能正在由精英教育向素质教育转化，学习也正由阶段教育向终身教育转化，学习将成为个人生存、竞争、发展和完善的第一需要。在知识的无限膨胀，陈旧周期迅速缩短的情况下，大学生的社会职业将变得更加不稳定。在创新意识的指引下，大学生有能力在毕业之后，利用各种有利条件，根据所从事的工作不断完善自身的知识和能力结构，更好地达到完善自我和适应社会的目的，从而为终身教育打下坚实的基础。

1.1.5.3　创新决定大学生的未来

创新是人的综合能力的一种外在表现，它是以深厚的文化底蕴、高度综合化的知识、个性化的思想和崇高的精神境界为基础的。创新思维的有与无，将决定一个人的发展前途；创新能力的高与低，将决定一个人的事业天地。古今中外，大凡在事业上有所建树、有所作为的人，可以说，都是创新思维能力很强的人。他们靠智慧、靠特色、靠创新、靠点子，开拓出了事业上的一片广阔天地。创新能力强，就能敢于说别人没有说过的话，敢于做别人没有做过的事，敢于思考别人没有思考过的问题。创新思维的水平，将决定一个人的勇气、胆识的大小，谋略水平的高低。准确了解、把握自己创新思维能力的大小及其表现形式，将有助于自己的发展定位和目标设计。

【案例导读】

自主创新，海尔发展的不竭动力和源泉

1984 年海尔集团刚刚创业时，是一个资不抵债、濒临倒闭的集体小企业，只有 600 多人，销售收入 300 多万元、亏损 147 万。1985 年，海尔从德国引进了世界一流的冰箱生产线。一年后，有用户反映海尔冰箱存在质量问题。海尔公司在给用户换货后，发现库存的76 台冰箱虽然不影响冰箱的制冷功能，但外观有划痕。时任厂长的张瑞敏决定将这些冰箱当众砸毁，并提出"有缺陷的产品就是不合格产品"的观点，海尔砸冰箱事件在为企业赢得了美誉同时，也反映出中国企业质量意识的觉醒，拉开了科技创新竞争的序幕。

1990 年，海尔冰箱开始进军德国，为了验证自己的品质，海尔人把冰箱揭掉商标，与同样揭掉商标的德国产品摆放在一起，进行全面质量检测，结果海尔一下子得了 8 个加号，得分最高，超过了德国利勃海尔。仅仅 6 年的时间，海尔就消化并吸收了 2000 余项国外冰箱生产技术，并将其转化为"海尔标准"，实现了海尔强大技术基础。对海尔实现自我技术创新打下了坚实根基。

海尔根据中国市场的需求，研制生产出第一台完全国产化的冰箱产品，此后，国内第一台分体组合式冰箱、世界第一台无氟、节能、大冷冻力三合一的抗菌冰箱等相继问世，

使海尔技术创新步入新的台阶。于是，"海尔–中国造"响彻大江南北。

如今，海尔一发不可收，东南亚海尔、中东海尔、欧洲海尔……到目前，海尔已拥有30个海外制造基地和海外贸易公司。2004年，海尔实现出口创汇突破10亿美元，海外生产、海外销售突破10亿美元；在美国200升以下冰箱市场中海尔占30%以上的份额，居第一位。今年前4个月，海尔出口创汇和海外生产、海外销售比去年同期分别增长40%和50%。

在中国家电业此起彼伏的价格大战和你争我夺的利润追逐战中，张瑞敏冷静地提出"不打价格战，要打价值战"的独到的观点。他所说的价值战，就是以自己独特的追求自主创新技术的方式，实现企业、产品和市场价值，实现自主技术的扩张。这是海尔能够成为世界级品牌和世界级公司的核心基础。

纵观海尔发展的历史，技术创新一直是其成长和壮大的主要动力。其成长轨迹对中国企业技术创新国际化进程有重要的启示作用。海尔技术创新国际化的过程大体经历了下列三个阶段：合资引进技术——建立自己的技术研究中心和发展体系——输出技术或在国外建立自己的研究与发展分支机构。如今，海尔每年的自主技术投入已经达到了年销售收入的6%。

1.1.6　创业精神的本质与作用

1.1.6.1　创业精神的内涵

从管理学的视角上来说，创业者与企业家的内涵是一致的。创业精神通常被人们称之为企业家精神，它是创业者在市场竞争中不断开拓进取，创造新价值的精神概述。

现代管理学之父德鲁克提出创业精神其实更多地表现为一种创新性的活动或者行为，创业者通过这种行为对于原有的资源进行重新的组合，从而使得其产生了新的财富。德鲁克的研究中认为创业精神应该是社会所必需的一种创新精神，并且认为正是因为拥有了这种创新精神才会推动社会的发展。他又在他的著作中论述到：企业家们觉得在经济生活中，变革是最基本的一种状态，虽然企业家一般无法制造变革，但是他们一直关注并且追寻变革的脚步，在变革的过程中寻求机会，并且利用机会，这就是企业家及他们所拥有的创业精神。

创业精神是一个创新的过程，在这个过程中，新产品或新服务的机会被确认、被创造，最后被开发来产生新的财富创造的能力。也就是说，创业精神的本质乃在于创新，在于为消费者创造出新的满足、新的价值。

创业精神是创业者在创业过程中的重要行为特征的高度凝练，主要表现为勇于创新、敢担风险、团结合作、坚持不懈等。

（1）创新精神

德鲁克认为，企业家精神中最重要的就是创新。他认为，创业者不仅单纯指在经济活动中从事创新活动的人，无论他是做什么的，无论他是工人、农民、政府高官或者就仅仅是学生，只要他在创新，那么我们都可以称之为创业者。这种对于创业者的理解虽然有些夸大，但是这正是德鲁克在强调创新的意义。

（2）冒险精神

在创新的过程中不可避免地要遇到挑战和承担风险，所以创新精神的内涵中必然包括了承担风险和挑战不确定性的冒险精神。不仅奈特在研究中强调了创业者的这一特征，另外熊彼特、卡森等学者都对创业者的创新精神中的冒险特征给予了认可。

（3）合作精神

单枪匹马可以成就一番事业，但是团结任何有利于成功的力量，成功的几率当然也会更大。在创业精神中个人英雄主义并不能占到主导地位，反而团队意识、合作精神是其价值核心。这也就是米尼斯所认为的个人在创业活动中经常要通过某一团队的资源去实现价值创造的过程。而在这种团队合作的过程中其实也是符合我们所说的创业者通过组合不同的要素形成一个新的生产关系，从而达到价值创造的过程。将不同的人组合到一起，开发其各自的优势资源从而达到利益最大化的合作过程也就是创业精神的一个重要体现。

（4）坚持不懈

创业者首先是一个从业者，如果没有一种对于事业执著的追求的敬业精神，那么又如何能够迎接创业的挑战呢？美国学者西姆巴特认为创业精神蕴含着一种力量，这种力量是源源不断、蓬勃向上的，这种力量是源于对成功、利润的孜孜以求。

1.1.6.2　创业精神的作用

创业精神有利于创业者或创新者们开创事业。对于创业者而言，创业精神是创业的动力源泉，也是创业的精神支柱，创业道路不可能一帆风顺，创业者凭借创业精神在创业活动中努力成就和开创事业。对于创新者而言，凭借创业精神不断开创各项工作和事业，必将会促进他们的职业发展。

（1）发扬创业精神有利于个人应对挑战

人的一生中要面对众多境遇挑战，凭借创业精神，一方面，有利于在任何环境下都能迎接挑战，解决问题，战胜困难和挑战，不断受到来自各方面的肯定赞许和良好评价；另一方面，面对挑战时，凭借创业精神就不会像平庸者那样反应迟钝或者尾随别人行事。而是充当先行者，应对挑战并发现和把握从中获益机会。

（2）发扬创业精神有利于经济增长

创业精神将在新时期发挥更大的作用，有利于加快转变经济发展方式，促进经济社会又好又快发展。一些著名的学者认为，在过去的几十年里，美国出现了创业革命、创业精神和创业过程是美国经济的秘密武器，创业者和创新者们已经彻底改变了美国和世界的经济。证明了将创业精神投入到创业活动或创新事业之中，会不断创造出更大、更多的财富和价值，促进经济增长。

（3）发扬创业精神有利于社会进步发展

社会为创业者或创新者们提供了一个广阔的展现舞台，发扬创业精神的创业者或创新者们在这个舞台上，积极行动并回报于社会。可以通过创业或创新活动，增加就业岗位。也可以创造和应用新产品、新技术、新成果，为客户带来更大好处，不断改变和提升人们的生活和工作方式。还可以为社会带来更多的财富，推动社会发展和进步。

1.1.6.3　大学生创业精神的培育

创业精神的培养不可能在一朝一夕之间完成，需要在日常的生活学习中有意识地培养，潜移默化地铸就。

（1）通过知识和技能学习来培育

不论哪种层次的创业精神，都要求创业者或创新者们能够掌握和运用一定的能力来解决问题。这些不是先天具备的，都是后天培养的。我们将能力分为知识、技能和特质。没有主动、持续的学习，很难获得有效、实用的知识和技能。树立正确的学习观，运用合理的学习方法，养成主动学习持续学习的习惯，会有助于大学生获取知识和技能，培育创业精神。一是通过学科教学渗透，将创业意识、创业能力的培养渗透于知识学习、技能训练之中，既避免了空洞说教，又找到了依托和载体。同时增强学生学习的针对性和实用感。如以文科类为载体渗透创业意识培养，以理科和工科为载体渗透创业技能、能力的训练。二是开设创业教育类课程，如创业知识和创业技能训练课、创业教育学、创造技能与方法等。

（2）通过实践和实训活动来培育

创业精神是一些高度行为特征的集合，作为行为特征需要在行为的多次、反复的强化中才能形成。任何实践活动以及与创业相关的实训活动都需要参与者付出实际行动来完成。良好创业精神品质的形成重在实践训练，积极的实践能带来及时的反馈和成就感，也能带来节节成功的喜悦；切切实实地投入到创业实践中去，定能磨炼出坚强的创业心理品质。一是学校要构建创业实践基地为学生提供创业实践的便利，如创业见习基地、创业实习基地和创业园等，实现产、学、研一体化。二是社会要为大学生提供更多的创业岗位供学生选择，如勤工俭学岗位、社区服务岗位等，使其经受创业实践熔炉的考验。三是大学生自己课余主动参与创业实践，熟悉各种职业特点和自己的能力特点，积累创业经验，增长创业才干，减少将来创业的盲目性。大学生应多参与各种社会实践、校园活动、创新训练、沟通训练、拓展训练、创业实训、创业大赛、创业讲堂、创业社团等实践活动，会有助于强化自身的行为特征，培育创业精神。

（3）通过承继前人精神来培育

精神是物质的最高产物，与物质相比，它有承续性、超越性、广泛性、不可磨灭性等特点，即某一精神产品可以代代相承袭，可以为不同的人的族群使用，可以广泛用于不同的领域，不仅不被磨损而且可以发扬光大。创业精神自古有之，当代的创业精神已经构成一个精神体系，涉及创业意识、创业观念、创业责任、创业态度、创业激情、创业思维等方面。这些还可以再列出若干创业精神。如创业责任的精神内涵可以包括：诚信精神，人与自然和谐的精神，社会利益、集体利益、公众利益高于个人利益的精神等。列夫·托尔斯泰说过，正确的道路应该是这样的：吸取你的前辈所做的一切，然后再往前走。前人创业表现的精神都是我们宝贵的财富，我们应该好好学习，好好应用并发扬光大。

（4）通过创业实践来培育

实践是将意识转化为现实的必经过程，实践是检验真理的唯一标准，实践出真知。凡有心创业的大学生必须将创业理想付之为行动。傅章强 1998 年 12 月靠申德宝公司出资 100 万元初始风险金在浦东注册了必特软件有限公司，成为申城大学生创业第一人，现增长到 2000 多万元。他第一个注册公司，第一个与他人谈判，第一个入驻浦东软件园，靠的是创业理想和敢为人先的精神。吉林大学经济学专业学生董一萌作为制片人成功发布我国第一部网剧《原色》，2001 年获得长春市政府/新星创业基金十万元，同年 9 月成立长春一萌电子有限责任公司，任董事长。经过几年的发展，该公司成为营业规模达 300 万元的高科技企业。2005 年，他成为吉林省创业标兵。他的成功，靠的是大胆实践、坚忍不拔、锐意进取、恒心不改、执著追求的创业精神。于晓明，1999 年参加高考，落榜后来到青岛的民办大学，一年后退学自主创业，现已是一家二十几个员工的负责人。他靠的是不怕苦，不怕累的拼命精神。凡取得创业成功的企业家，无不是大胆实践的结果。

【案例导读】

大山里走出的巾帼创业者谢军玉

谢军玉出生在新化县车田洞村，那里风景如画。每天上学，都要绕过几座山峰，山的中心是车田洞水库，车田洞水库的水清澈见底，宛如一块碧绿的宝石，路上花团锦簇，时不时地，她会在这里小憩会儿，感受大自然最无私的馈赠。每天与绿地打交道，让谢军玉对绿色有一份特殊的感情，渐渐长大，那份美好反而越来越纯净的直抵心间，一颗幼小的种子在心里发芽——让绿色遍布各个角落，让花儿开在每个人心中。

那时改革大潮刚刚兴起，山里人还受拘于脸朝黄土背朝天的传统耕作模式，温饱尚未解决，贫困如影相随，谢军玉家也不例外。为实现梦想，谢军玉不畏艰辛，勤奋学习，成绩名列前茅。升入高中时，由于品学兼优，经常代表班级参加各种活动，班级的黑板报与文艺表演，以及写作，都获得了满堂彩，能唱能跳能写能演，这女娃了不得，这使老师同学对她一致的感叹。考上大学，她毅然选择了园林专业，怀揣着绿色的梦想，畅饮科学知识的琼浆，以此滋养身心，一天天茁壮成长。

在大学里，大多数女孩子讨论的是保养品、包包、美食，她却不，她的桌上，永远是一叠叠厚厚的资料和班级系部的名单。在班上担任班长，对班级的大小事宜办理的妥妥帖帖；在学生会中，从开始的文艺委员到学生会主席，她从不叫苦，从不喊累；在处理工作的同时也能兼顾学习，并多次获得各种奖评和荣誉，学习工作两不误；在生活中，她细腻而大气，也会有女生的小心事，和室友打成一片，也正是大学三年中，不是在工作学习，就是在学校的路上的作风和服务同学、服务老师的精神，使她如松柏的性格更加稳固。

梦想虽然美好，现实却极为严酷，工作一路波波折折，谢军玉来到金叶电子厂任人事部文员，比起在学校时候的忙碌，文员的工作是轻松而简单的，工作完成得十分出色，加上写得一手好字，被老总看中，提升为老总助理，收入可观，大家都在祝贺、艳美之余时，她却做了一个谁也预料不到的决定——辞职。只有自己知道，那个绿色的梦一直萦绕在心头，心里的压力像千斤般压在心头，沉重得无法平静，那个绿色的梦又一次苏醒。

谢军玉并不满足，在人生旅程的艰难磨砺中，她已从懵懂的追梦少女成长为一个有远大志向和明确目标的有为青年，她意识到要完成自己儿时的梦想，除了自身的努力，必须从另一角度出发，披荆斩棘，开拓新的市场，几番磨砺，几度辗转，正巧与师兄陆珍子自主创业的想法不谋而合，两个人，一拍即合。

"自古英才多磨难，从来创业蕴艰辛"。初出茅庐，一切都是新的，最大的压力就是业务，因刚起步业绩还是空白，经常要一次又一次的跑，有时候为了节省成本，自己亲自开着电动车送苗上门，几趟下来回到家中已是深夜，在男性主导的行业里，一位女性在没有资金、背景的情况下取得成功，必须比别人付出更多的努力。在一次谈妥了租摆业务后回来的途中，包里揣着700多元的定金，不幸遭人抢劫；她不甘自己辛苦得来的血汗钱就这样被人抢走，死死护住钱包，虽然钱没被抢走，人却受伤了。在长时间的辛苦奔波下，她的腰连直起来都很困难，辛苦打拼两年下来，从几百块的租摆业务到上万的小工程，她凭着勤奋务实的拼搏精神、诚信守诺的良好声誉积累了不少人脉，为后期创办公司打下了坚实的基础。

青松寒不落，碧海阔逾澄，正在谢军玉努力绘制事业蓝图时，中共中央、国务院出台了《关于加快林业发展的决定》，市委、市政府也做出了大力推动林业成为支柱产业的决策。谢军玉敏锐地意识到，此时正是绿色梦想实现的大好时机，她审时度势，立即着手注册御景园林公司，一边跑业务，一边扩充基地，大力培养适应市场需求的精英人才。短短几年，不到而立之年的谢军玉在园林行业取得了巨大成功。2012年是捷报连连的一年，公司正式升为二级资质，多个单位荣获"园林式、花园式单位"称号，东莞市御景园林有限公司被评为"2012年度中国园林绿化行业优秀企业""中国园林绿化 AAA 级信用企业"等荣誉称号，2010年以来，公司年产值连续过亿元，公司累计完成大中型园林景观设计和施工建设100多万平方米，工程质量优良，获得普遍赞誉。乡亲邻里用美慕好奇的眼光打量着这个从山里走出来的女娃，惊讶于她取得的此番成就，我们发现在她身上，有许多闪光点，不急不躁、思维清晰，目标远大而明确；审时度势、抓住机遇，制定精细的计划去完成一项项工作；最重要的是她懂得"水，善下，乃为百谷之王"。

喝水不忘挖井人，她没有忘记小时候那片养育她的小山林，尽己所能的把山里大自然的美好，带到城乡的各个角落，把祖祖辈辈面朝黄土背朝天的模式改变，提供给他们一个良好的平台发挥所能，做到老有所养，老有所依；她没有忘记党和政府与师长的恩惠，每年提供给实习生一个带薪实习的机会，用自己的行动回报母校，回报社会；她看到梅州地区有不少农户将山林地荒芜，资源浪费，当地农民每天日出而作日入而息，却只能解决温饱问题，强烈的感恩意识和社会责任感，使她意识到自己必须主动站出来挑大梁积极带动群众致富，促进地方经济快速健康发展。为此她承包了500多亩的山林地，组织当地村民开拓新的道路，解决了几十户贫困人口的就业问题。

从娄底新化走出来自主创业的她，怀揣绿色梦想，拼搏在美好蓝图的道路上，具有高度社会责任感的年轻企业家，带着她的"御景"团队在如朝阳般冉冉升起的园林绿化行业中，大放异彩！

【课后练习】

写出你最佩服的企业家的创业故事

1.2　创新思维与创业

1.2.1　创新思维的阻力

影响创新思维的发展的阻碍因素很多，既有主观因素也有客观因素。一般说来，影响创新思维的最主要阻力是存在于创新主体思维中形成的习惯和定势以及头脑中的传统的、固定的思想观念。

1.2.1.1　思维定势

思维是人脑的机能。人们在认识事物时，由一定的心理活动所形成的某种思维准备状态，影响或决定同类后继思维活动的趋势或形成的现象，这就是通常所说的思维定势。在人的思维能力上，思维定势是一种重要的表现，是人们通过不断地学习和实践积累下来的经验和形成的自己独有的对世界、对客观认识、认知的规律、途径等方面的一种观点。它既有积极意义，也有负面性。这主要看每个个体如何对待自己和认识自己的思维定势，是自觉的认识、理解和运用自己的思维定势，还是根本不知道什么是思维定势以及思维定势的利弊。

思维定势对于解决常规性问题和例行性工作具有积极意义，它可以使人们在以往经验和模式的基础上驾轻就熟，快速地对问题作出反应。然而，对于创造性地解决问题，思维定势则只能成为一种阻力或障碍，它很容易造成某些主观框框，使人思路阻塞、思域狭窄，难以闪现出创新的灵感，这是思维定势可能导致的消极影响。

按预先设定心理状态的预期结果不同，思维定势分为积极的思维定势和消极的思维定势。

积极的思维定势：当面对问题发生时，相信采取某一行动一定会出现预期的结果，这种预先设定的心理状态是积极的思维定势。注意：思维定势产生的积极作用不同于积极的思维定势；积极的思维定势不一定都是正面的效应，积极的思维定势也存在正负两个方面的结果效应。

固守积极的思维定势会使企业付出不必要的代价。像当年秦池、爱多等很多中央电视台广告标王因为迷信品牌就是广告打出来的，只要有钱做广告就可以做好品牌，在如今这个广告媒体越来越分化、消费者越来越成熟的时候，仍然过于迷信单一广告的作用，结果巨额广告费用投进去却没有收到预期的效益，这是积极的思维定势付出的代价。

消极的思维定势：相信采取某一行动不会出现预期的结果，这种预先设定的心理状态是消极的思维定势。如诸葛亮成功上演了一出"空城计"逼退司马懿，就是利用了司马懿的一种消极思维定势：诸葛做事一向谨慎，千万不可冒险进攻。

积极的思维定势往往来源于已往的成功经验，消极的思维定势往往来源于已有的失败教训，两种思维定势都会形成创造思维的障碍。过去成功的经验应用于现在，不一定还能成功；过去失败的事情，现在不一定还会失败。

在创新过程中，应特别注意思维定势的消极影响，尽量防止或减少已有的思维定势可能产生的束缚作用。要冲破思维定势，主要途径是有意识地进行反定势思维，即注意有意识地从原有定势不同的方向和角度进行思考。美国伯纳姆曾提出著名的"三问"，他认为对任何一件事情，都可以提出三个基本问题：一是能不能取消；二是能不能合并；三是能不能取代。

1.2.1.2 传统观念

观念是内化于人脑潜意识中的观点和认识。人们在思维过程中，反复运用某种观点认识和思考问题，久而久之，这些观点和认识被积淀到大脑深层意识之中而达到了"无意识"状态，形成了一种约束性的一致观念，对人的认识活动起着巨大的制约作用。在人脑思维加工过程中，主体对材料的选择、组织，对问题的认识、评价，很大程度上取决于观念。历史上，每种观念的产生都是以当时的实践水平和历史文化发展为基础的，因而有它产生的根据和存在的合理性。当时代发展了，实践也随时代的发展而进步，深藏于人们头脑中的观念则不容易随实践和时代的改变而改变，成为一种思维的惯性力。这时，原本适时的观念就变成了过时的观念，这种观念一般称之为传统观念。传统观念是创新思维的重要障碍，它顽强地维护着它赖以存在的实践和社会基础，反对思维对现存事物的超越。受传统观念的影响，人们会因循守旧，墨守成规，用老眼光、老办法去面对新问题。所以说，传统观念是阻碍创新思维的重要因素是创新思维的大敌。

另外，固定观念也会阻碍创新思维的发展。固定观念一般是说人们在特定的领域内形成的观念。在该领域内某种观念是适用的，一旦超出这个范围，它们就可能变得不再适用了。但是由于观念在思维中的惯性作用，人们总是习惯于固有的观念去认识、评价面对的问题而不管这个问题是否超出了原来的适用范围。在经验范围内解决那些常规性问题，是不需要思维创新的。但如果思维超出了原有的领域而进入一个新的领域，那么适用于原来领域的固定观念在新的领域中只能起排斥新思想、扼杀新观念的作用。

创新思维阻力根源于创新主体的心理模式，创新思维受到创新主体知识、经验和个人素质的制约。因此，克服创新思维的阻力既要善于质疑和勇于批判，克服胆怯心理、实现超越，又要加强对创新主体创新思维原理等方面的学习和训练。

对创新主体来说，克服创新思维阻力的主要途径有以下几个方面：首先，要善于质疑、勇于批判。由于创新主体不知不觉地受到传统观念、固定观念和思维定势等因素的支配，因此要想克服这些因素，就要求创新主体必须有反思传统，有善于质疑的精神和敢于批判的勇气，要怀疑批判别人更要有怀疑批判自己，只有通过不断怀疑和批判，才能使创新主体冲破固定框框的束缚，在怀疑批判中不断创新。其次，要克服胆怯心理，不断超越。破除传统习惯，突破权威型思维枷锁，是需要有勇气的。传统的、权威的东西同时也是为多数成员所承认和接受的东西。突破它们就意味着向多数人支持的东西挑战。而这种挑战本身又不能保证次次成功，相反却经常伴随着挫折和失败。因此，这就特别需要创新主体正确对待管理创新过程中的错误和曲折。要努力克服胆怯心理，不断实现思维方式的超越，如果处处怕犯错误，唯恐失败，就会陷于保守，就不敢突破原有的界限，也就谈不上开拓创新。最后，要努力学习创新思维的原理和方法，应用于自己的创新实践中。现代创造学总结出一些有用的原理和方法，能够帮助人们突破传统、习惯和思维定势，掌握了这些原理和方法，能够有效地帮助人们自觉地抵制和克服各种创新思维障碍。如创新的思维方法，就是打破人们通常思考问题的单一思维方式习惯，从各种不同的方面和角度进行思考。多向思维可以帮助创新主体打破思维定势，寻找到更多解决问题的新思路。如果创新主体能够善于运用这样一些方法，就可以自觉地抵制传统观念、固定观念及思维定势等的干扰实现思维的不断创新。

【扩展阅读】

打破思维定势

　　有这样一道测试题：一位公安局长在茶馆里与一位老头下棋。正下到难分难解之时，跑来了一位小孩，小孩着急地对公安局长说："你爸爸和我爸爸吵起来了。"老头问："这孩子是你的什么人？"公安局长答道："是我的儿子。"

　　请问：这两个吵架的人与公安局长是什么关系？

　　据说有人曾将这题对100人进行了测验，结果只有两人答对。你是不是已经从婚姻、抚养和血缘等角度开始推测他们之间的关系，感觉是不是很复杂？

　　其实答案很简单：公安局长是女的，吵架的一个是她的丈夫即小孩的爸爸；另一个是她的爸爸即小孩的外公。为什么我们刚才把他们之间的关系想得很复杂呢？因为"公安局长""茶馆""与老头下棋"这些描述，使我们从以往的经验判断出发，为公安局长预先设定一个男性身份，这样就把简单的问题想得复杂了。这种预先设定的心理状态和惯性的思维活动就是思维定势。人们根据以往的知识和经验积累，逐渐形成一种判断事物的思维习惯和固定倾向，从而形成"思维定势"。

　　其次，"创造思维"这个叛逆的小孩，天生就不服"思维定势"妈妈的管教，时刻想挣脱她的束缚远走高飞，因而"创造思维"和"思维定势"又是一对生死冤家和宿敌。创造思维需要打破常规，而思维定势是一种固定的思维模式和思考习惯，常常对形成创造思维产生消极的作用。

　　思维定势可能都是在过去某一阶段的经验总结，是经过成功的经验或失败的教训验证的"正确思维"。但是当事物的内外环境变化时，仍然固守"正确的"定势思维却行不通了，甚至要吃大亏。

可见，不突破思维定势，就只能被原有的框架所束缚，就不可能激发出创造思维和取得新的成功。

1.2.2　创新思维的方法

创新思维使人能突破思维定势思考问题，从新的思路去寻找解决问题的方法。常用的创新思维有逆向思维、侧向思维、求异思维、类比思维、综合（集中）思维、发散（扩散）思维等方式。

1.2.2.1　逆向思维

所谓逆向思维，就是指有突破常规考虑问题的固定思维模式，采用与一般习惯相反的方向进行思考、分析的思维方式。通俗地讲，就是倒过来想问题。

我们都学过"司马光砸缸"的故事。小孩落水会淹死，要救出落入水缸的小孩，常规方法是把人拉出水面。把一个小孩拉出水缸，对大人来说不成问题，但对还是少年的司马光来说却不是一件容易的事，弄不好自己还可能被对方拉下水。司马光考虑的不是常人想的"人离水能活"这一条方法，而是反过来"水离人，人也能活"这种思维方法，结果砸破水缸救出小孩，这就是一种逆向思维。

逆向思维可分为功能反转、结构反转、因果反转、状态反转等几种。

从已有事物的相反功能去设想和寻求解决问题的新途径，获得新的创造发明的思维方式即为功能反转。德国一工厂生产的一种纸因严重化水无法使用，按常规只能打浆返工。有个工程师考虑到化水原因是吸水性太强，能否专门用这种纸来吸水呢？经过"功能反转"制成了专用吸水纸，并申请了国家专利，增加了工厂收益。在日常生活中有许多用具的"缺点"往往是大家主攻的目标，但在不同使用场合，这些缺点有可能成为"优点"，想方设法扩大缺点，使之逆用，实现反转。

从已有事物的相反结构形式去设想和寻求解决问题的新途径的创造性思维方式属结构反转。如一般的门锁锁舌有斜口，这样关门比较方便，但却容易通过塞入硬片等方法把门撬开，防盗功能差，有人把门框上锁孔内侧焊个斜片，将锁舌改成方形，这样从结构上与原锁反转，关门照样方便，但由外往里撬门，由于锁舌是方形的就不易被撬开了，从而使防盗性能大大增加。

从已有事物的因果关系，反过来由"果"去发现新的"因"（现象、规律），寻找解决问题的方法就是因果反转。如磁生电（发电机）←→电生磁（电磁铁），声转电（话筒）←→电转声（听筒）。

从已有事物的另一属性，反转过来，发现或创造一种新的产品或技术的方法称作状态反转。例如，日常生活中圆珠笔的漏油是一直难以解决的难题，人们认为是由于钢珠的磨损造成的，因而许多科学家、工程师、发明家都在考虑强化钢珠硬度、耐磨性上花费极大精力，但处于当时条件下，材料上难以突破。难道除了提高钢珠硬度、耐磨性之外就别无他法了吗？日本一位发明家想了一条与常人不同的思路——钢珠磨损后笔要漏油，但如果钢珠磨损后笔管中已没有油可漏了，这个问题不就解决了吗？他买来大量圆珠笔，反复使用，统计出常用圆珠笔写了多少字、用了多少油开始漏油的规律，采用在管中定量灌油的方式解决了圆珠笔的漏油问题。不从常人强化钢珠的方向思考，而是从油上动脑筋，使难题得以解决。

总之，当思考的问题用常规方法得不到解决时，应考虑转换思考角度，缺点逆用等思维方式来重新思考，这是人们在创新时常用的方法。

1.2.2.2　侧向思维

侧向思维与逆向思维一样，都是相对常规思维活动而言的。它们的区别在于：逆向思维在许多场合表现为与他人的思维方向相反，但轨迹一致，而侧向思维不仅在方向上，而且在轨迹上也有所不同，偏重于另辟蹊径。

在日常生活中常见人们在思考问题时"左思右想"，说话时"旁敲侧击"，这就是侧向思维的形式之一。在视觉艺术思维中，如果只是顺着某一思路思考，往往找不到最佳的感觉而始终不能进入最好的创作状态。这时可以让思维发散，有时能得到意外的收获，从而促成视觉艺术思维的完善和创作的成功。这种情况在艺术创作中非常普遍。达·芬奇创作《最后的晚餐》时，出卖基督的叛徒犹大的形象一直没有合适的构思。他循着正常的思路苦思冥想，始终没有找到理想的犹太原型。直到一天修道院院长前来警告画家，再不动手画就要扣他的酬金。达·芬奇本来就对这个院长的贪婪和丑恶感到憎恶，此刻看到他，达·芬奇转念一想何不以他作为犹大的原型呢？于是他立即动笔把修道院院长画了下来，使这幅不朽名作中每个人都具有准确而鲜明的形象。在一定的情况下，侧向思维能够起到拓宽和启发创作思路的重要作用。

侧向思维一般在下述两种情况下常用：第一种情况是实现目标的途径相当明确，原有各种思维方式、思路、方法均可达到既定目标，但由于人的习惯思维，尽管原方法有优有劣，但往往总是死抱住一条路不变，在这种情况下就必须果断寻找新途径。如要剪一圆纸板，通常先在纸板上画出一个相应直径的圆，再用剪刀仔细剪下，花费时间较长。有人想到用圆规画圆，把圆规的笔尖改装为小刀片，则成为一个很好的切圆片专用工具，不同方法解决了同一问题，还节省了时间。

第二种情况更为多用，为解决某一问题孜孜以求，朝思暮想，但按常规方法却难以完美解决，这时不妨转换一下思路，从与自己研究无关的领域中寻找解决的方法，或者请"外行"来参谋，出点子，或许很容易就能解决问题。例如，大家比较熟悉的鲁班发明锯、莫尔斯发明电报就是这种思维的典范。

侧向思维是进行创新的有效思维方式，尽量利用已有新技术及邻近领域的成熟技术以图从别人想不到的角度观察、分析，达到解决问题的目标。

1.2.2.3　求异思维

善于"标新立异"是发明家的共同之处。这就需要我们有一种求异思维，在常人习以为常的工具、用具、方法中标新立异，创出新品。求异思维的关键在于不受任何框架、任何模式的约束，能够突破、跳出传统观念和习惯势力的禁锢，从新的角度认识问题，以新的思路、新的方法创造人类前所未有的更好、更美的东西。日常所说的"出奇制胜"，就是求异思维，使"圆变方，纵变横，平面变立体，飞机入水，船上天"。如手机制造，屏幕越来越大、功能越来越强，成本越来越高。有厂家推出功能减少、使用方便、价格低廉的手机，就是求异思维的结果。

求异思维的主要规律和方法是对比联想。对比联想常常与客观事物之间的对比、语言学中的反义词有关系，正如上面所说的方与圆、纵与横、平面与立体、红与蓝、黑与白、天与地、大与小、长与短、宽与窄、厚与薄、高与矮、多与少、导体与非导体、金属与非金属、正与负、强与弱、少与多、加与减、乘与除、交流与直流、脚与手，以及名词、动词、形容词等都是对比联想的素材，开启求异思维的思路。

1.2.2.4　类比思维

类比思维是一种逻辑思维方式，人们通过类比已有事物开启创造未知事物的创新思路。它把已有的事和物与一些表面看来与之毫不相干的事和物联系起来，寻找创新的目标和解决的方法。

常见的方式有：形式类比、功能类比和幻想类比等多种类型。

形式类比包括形象特征、结构特征和运动特征等几个方面的类比，不论哪个形式都依赖于创造目标与某一装置或客体在某些方面的相似关系。如鸟的飞行运动制成了飞机；飞机高速飞行时机翼产生强烈振动，有人根据蜻蜓羽翅的减振结构设计了飞机的减振装置。

功能类比是根据人们的某种愿望或需要类比某种自然物或人工物的功能，提出创造具有近似功能的新装置的方法，这种方法特别在仿生学研究上有广泛应用，如鳄鱼夹、各种机械手等。

根据幻想中的某种形象、某种作用、运动装置进行发明创造思维，这种思维是幻想类比。如《海底两万里》的作者幻想了一种能长时间在海底活动的潜艇，经过几十年的努力后制成的现代潜艇即是这种幻想的实施。当然，一项成功的发明也可以是以上多种类比的综合，如各种机器人的出现绝非是一种单纯的创造性思维所能奏效的。

培根有句名言："类比联想支配发明"。培根把类比思维和联想紧密相联，有类比更需要联想，不论是寻找创造目标，还是寻找解决方法都离不开联想的作用。要用好类比思维，应该提高联想能力，特别是掌握相似联想，是用好这一思维的重要条件。

1.2.2.5　综合思维

学习物理我们知道，不同方向的力能够产生合力。在发明创造中，同样可以把几个不同的主意融合起来，取其长处、相互补充、组合起来，用以解决一个难题或者完成一件作品，这就是综合思维，又称集中思维。

综合思维可以综合多种方法，对原理、设计、结构进行合理改进、互补、综合，达到理想目标。近年来普遍使用的"头脑风暴法"和常说的"三个臭皮匠、抵个诸葛亮"就是这种思维的具体应用。

综合思维可在下列两种情况下使用，第一种情况是几个设想并无矛盾，分别可用在作品的不同部位，只需简单组合即可。另一种情况是几个设想集中在同一部位，相互之间各有长短，这时你就必须下一番工夫把它们各自具有的长处结合而消除弊端，就好像是几个分力使它们作用在同一直线上，你必须把它们合理安排，使它们能最大程度地达到你所想得到的效果。

1.2.2.6　发散思维

围绕一个问题，突破常规思维的束缚，沿不同方向去思考、探索，寻求解决这一问题的各种可能性，由一点到多点的思维形式就叫做发散思维，又称扩散思维、多向思维、辐射思维。通常人们考虑问题，总是由提出问题的起点到解决问题的终点，喜欢按一条思路进行，走不通就打住，问题被搁置。也许，换一个思路从多个不同角度去考虑就很容易能够解决问题。思维扩散的范围越广，产生的设想越多，解决问题的可能性就越大。面对一个新方法、新技术、新规律、新产品、新现象，对一个训练有素的创新者，他会考虑能否有其他更多的用途，制作更多类型的作品，设计新的装置，开创一个个新的技术种类，一项项新的系列化产品，一片片新的应用领域。

发散思维的常用操作方式有：材料发散，就是用某种材料为基点，设想它的多种用途，并对材料的各种专用特性进行研究、改进，达到要求的目标，如纸：可写字、包装、制作玩具、引火等；功能扩散，以某种事物的功能为扩散中心，设想这种功能的其他用途，如灯：发热、发光、取暖、烘烤、印相、发信号等；形态扩散，以某种事物形态（颜色、形状、声音、气味等）为扩散中心设想出能被利用的各种可能性，如钉子：可钉木板（把两种材料连结，挂物体）、钉墙面（水泥钉）、钉塑料（热固化材料，补洞等用）、钉鞋（防滑）、做钉耙（工具）等。

发散思维与综合思维不同，综合思维由多点集中到一点，而发散思维是由一点扩散到多点。应用发散思维，首先应寻找合适的发散源，掌握发散源的科学原理、技术基础，寻找新的应用领域去创造、去发明、去制造社会所需要的新产品。1898 年，居里夫妇发现了放射性元素，自此以后，许多科学家采用他们的方法，又发现了一系列放射性元素，又有人在用途上动脑筋，使放射性由实验室走到工业、农业、医药、科研等领域，现在在育种、消毒、杀菌、治病、食品保鲜等方面都得到了广泛应用。

1.2.3　创新能力的提升

正如我们经常把创新与创业放在一起，创新型人才与创业型人才的区分也并不明确。作为大学生，在进行未来职业的选择时，并不是每个人都会选择创业，但是我们每个人都应该努力成为创新型人才。现实中很多案例告诉我们，当你成长为一个出色的创新型人才时，创业只是水到渠成的事情。从能力的角度看，在现代人才的规格和素质要求中，创新能力被认为是一个人能力结构层次中最高层次的能力，具备不断创新的才能是未来人才素质的重要特征。可以说，创新能力将成为人们适应未来信息社会的急剧变化性和高度竞争性的一种生存能力，更是创业者披荆斩棘、开疆拓土时必须具备的核心能力之一。提升我们的创新能力，可以从以下几方面努力：

1.2.3.1　培养创新个性

人没有个性，就没有创造性，就没有发展。创新个性就是在对待事物的态度方面，能具备从事创新活动所必需的、正常的、健全的心理。

一要树立远大理想和抱负，提高创新欲望。大学生要胸怀远大理想，要有立志为国家、社会作贡献的创新渴望。创新欲望越强烈，越利于激发创新激情与创新意识，活跃创新。

二要坚信自己具有创新能力。培养提高创新能力的首要心理条件，就是充分坚信自己具有创新潜能。坚定的创造信心，有利于增强锐意进取、百折不挠的意志，促进创新思维和创新想象的活动。

三要培养探索问题的敏感性。大学生要培养自己对新生事物的好奇心和观察问题的敏锐性，逢事多问几个为什么，不要对什么事都习以为常，安于现状。要能及时发现和抓住新生事物的苗头，把握创新机会。

四要善于开动脑筋，保持思维的独立性，养成独立思考问题、解决问题的习惯。一个缺乏独立思考能力，习惯于附和多数，人云亦云的人，是很难有创新意识和创新作为的。

五要保持良好的竞争心态，积极参与竞争，在竞争中进行自我激励。

1.2.3.2　消除主观障碍

影响大学生创新思维发展的障碍包括：受传统观念的束缚、不加批判的学习和固执己见等。这些都是大学生需要克服和消除的。

传统的理论、观点和方法，往往束缚人们思想，如果大学生在思考问题时，总是过于轻信教科书和迷信学术权威的观点，不敢超越前人半步，常步入别人的思维轨道，就会阻碍自己创造性思维。大学生在学习探索活动中，要突破传统观念的束缚，敢于对传统学术观点大胆提出质疑。

任何创新都是在继承基础上进行的，广博的知识基础能促进人的创新思维活动。但是，如果大学生在学习过程中，只继承不批判，机械地照搬别人的知识，就不利于创造性思维的发展。因此，大学生应保持思维的批判性，在学习前人的知识时做到批判地汲取。批判就是否定，而否定就意味着创新活动的开始。

固执己见、偏见和过于依赖、谨慎、谦虚、病态的安全感等不健康心理，都会阻碍大学生创造性思维的发展，应加以克服。

1.2.3.3　优化知识结构

必要的知识储备是创新活动的重要前提。著名的生理学家巴甫洛夫曾对青年们说："你们要在攀登科学顶峰之前，务必把科学的初步知识研究透彻。"大学生应注重知识结构的建构与优化，应做到：

努力学习和掌握渊博的基础理论知识，力求融会贯通、化知为智。

努力拓宽知识面的同时，强化知识的系统性和整体效应。大学生除了要学好专业知识，还应对社会、经济、政治、人文、管理等方面的知识有所了解，掌握与专业相关的学科知识和技术要领，并注重各学科知识间的交叉、渗透与综合。

不断进行大容量的新知识储备。大学生要注重对最新理论、最新技术和最新信息的了解，不断探求新的知识，努力掌握社会、文化、科技发展的最新动向。

1.2.3.4 掌握创新方法

学习和掌握一些科学的创新理论和方法，是培养提高大学生创新能力的关键途径。科学的创新理论和方法是科学家们在长期的科学创造实践中探索总结出来的，对大学生创新能力的培养提高具有很强的指导意义。

一要掌握辩证唯物主义世界观和方法论，遵循辩证唯物主义的认识路线，用正确的认识论指导自己的实践，避免在创新活动中走弯路、误入歧途，否则，真理可能从自己的鼻子底下逃走。

二要学习有关创造学原理，掌握创新活动的内在机制、基本过程和内容，学会如何进行创新，同时还应掌握从事学科研究的一般方法、技能和规律，以提高科研能力。

三要学会用创新思维方法，如求异思考、求同思考、反向思考、联想思考、类比思考等创新思维方法。

四要掌握创新技法，如移植创新法、逆向创新法、外向创新法和极端化创新法等一些科学的创新技法。

1.2.3.5 参加创新实践

社会实践是人类能动地改造自然和社会的活动，人类的实践活动具有能动性、客观性和创造性等特点。可以说，一切创新的内容都来源于社会生活，来源于社会需求。在校大学生应充分认识社会实践对创新活动的重要性，多途径参加社会实践活动，如积极参加社会调查活动、社会实习活动、课外兴趣小组活动，以及亲自参与科研课题的研究工作等。大学生通过参加社会调查活动，有助于了解和掌握现实生活中出现的新问题、新情况和新需求；通过社会实习，有助于发现现有的理论、观点和研究方法在现实条件下遇到的新挑战，为寻找"创新点"，确立"创新选题"创造条件；通过亲自参加科研课题的研究，有助于大学生对学过的知识进行综合与深化，在科研中提升知识。

另外，在实践方法上，一方面，要坚持实践内容和形式的多样性，以实现多侧面、多领域锻炼；另一方面，要强调实践的创新性，提高实践的层次，每一次实践不能只简单地重复过去，只有在内容和形式上都比过去有所发展，有所突破，才能有所创新。同时，大学生还应注意提高对每次实践活动的利用率，注重在群体实践活动中相互学习、取长补短，提高自己。

【案例导读】

改变世界的乔布斯

史蒂夫·乔布斯被认为是计算机业界与娱乐业界的标志性人物，同时人们也把他视作麦金塔计算机、iPad、iPod、iTunes Store、iPhone 等知名数字产品的缔造者。

1976 年，乔布斯和朋友成立苹果电脑公司，他陪伴了苹果公司数十年的起落与复兴，深刻地改变了现代通讯、娱乐乃至生活的方式。2011 年 10 月 5 日他因病逝世，享年

56 岁。

乔布斯被誉为改变世界的天才，他凭借敏锐的触觉和过人的智慧，勇于变革，不断创新，引领全球资讯科技和电子产品的潮流，把电脑和电子产品变得简约化、平民化，让曾经是昂贵稀罕的电子产品变为现代人生活的一部分。

到目前为止，世界上还没有哪个计算机行业或者其他任何行业的领袖能够像乔布斯那样举办过一场万众瞩目的盛会。在每次苹果推出新产品之时，乔布斯总是会独自站在黑色的舞台上，向充满敬仰之情的观众展示出又一款"充满魔力"而又"不可思议"的创新电子产品来，他的发布方式充满了表演的天赋。计算机所做的无非是计算，但是经过他的解释和展示，高速的计算就"仿佛拥有了无限的魔力"。乔布斯终其一生都在将他的魔力包装到了设计精美、使用简便的产品当中去。

苹果精神的缔造者乔布斯去世了。乔帮主经历过痛苦的失败和辉煌的成功，他短暂的一生给人类留下无限精彩，他的名字跟创新连在了一起，他也让人们知道，一个企业家，原来也可以让全世界如此顶礼膜拜。

【课后练习】

画桥

1.3 创业与社会发展

1.3.1 经济转型与创业热潮的关系

1.3.1.1 经济社会的发展与知识经济

①农业经济　是研究农业中生产关系和生产力运动规律的科学。又叫劳动经济，即经济发展主要取决于劳动力资源的占有和配置。农业经济一直持续了几千年。在这一经济阶段中，人们采用的是原始技术，使用的是犁、锄、刀、斧等手工生产工具和马车、木船等交通运输工具，主要从事第一生产——农业，辅以手工业。在这几千年中，尽管科学技术有所发展，生产工具不断改进，但在工业革命之前，这种生产格局没有改变。这时的劳动生产率主要取决于劳动者的体力。因为从总体来看，人的智力方面的差别不太大。在农业经济阶段，广大人民的生活十分贫苦，缺衣少食比较普遍，不能抵御自然灾害造成的经济危机。教育很不普及，文盲占大多数，人才难以流动和发挥作用。

②工业经济　又叫资源经济，即经济发展主要取决于自然资源的占有和配置。自 19世纪以来，世界发达国家陆续完成了工业革命，科学技术取得了巨大发展，拖拉机、机床等代替了手工生产工具，汽车、货车、轮船和飞机代替了落后的交通工具，生产效率有了

很大的提高。但是在这一时期，知识对于经济的作用尚未起到决定性作用。铁矿石、煤、石油等发展机器生产的主要资源很快成为短缺资源，并开始制约经济发展，因此，这一阶段的经济发展主要取决于自然资源的占有。在工业经济阶段，生产的分配主要按自然资源（包括通过劳动形成的生产资料）的占有来进行。所以，虽然生产效率大大提高了，物质财富大大增加了，在这期间，它们基本普及了中等教育，开始了人才的自由流动，比较成功地开发了智力资源。

③知识经济　是知识在生产中占主导地位，知识产业成为龙头产业的经济形态。只有运用对称的、五度空间的、复杂系统论的方法的对称经济学才有可能真正揭示知识经济的本质、结构、意义和功能，才能科学定位作为新的经济形态的知识经济，知识经济才有可能成为严格意义上的经济学概念。科学定位的作为新的经济形态的知识经济，确实改变了经济规律。联合国经济合作与开发组织1996年发表的一篇《以知识为基础的经济》的文章，将知识经济定义为：建立在知识和信息的生产，分配和使用之上的经济。在知识经济时代，知识更新的加快使终身学习成为必要，受教育和学习成为人一生中最重要知识经济的时代。

④信息经济　又称资讯经济，IT经济。作为信息革命在经济领域的伟大成果的信息经济，是通过产业信息化和信息产业化两个相互联系和彼此促进的途径不断发展起来的。所谓信息经济，是以现代信息技术等高科技为物质基础，信息产业起主导作用的，基于信息、知识、智力的一种新型经济。信息资源的开发和利用结合，从而会全面扩展和加强人类的信息功能，特别是管理和决策功能。信息革命既是科技革命，又是产业革命，它正在深刻地改变着人类的生产、生活、工作、学习和思维的方式。

⑤智能经济　是以效率、和谐、持续为基本坐标，以物理设备、电脑网络、人脑智慧为基本框架，以智能政府、智能经济、智能社会为基本内容的经济结构、增长方式和经济形态。在智能经济时代，将人的智慧转变为电脑软件系统，通过电脑网络下达指令物理设备，物理设备按照指令完成预定动作。分析表明，智能与智慧是不同的概念，智慧仅仅是存在于人的大脑中的思想和知识，而智能是把人的智慧和知识转化为一种行动能力。智能家庭、智能企业、智能城市、智能国家、智能世界构成智能社会的不同层面，而且包括智能环保、智能建筑、智能交通、智能政府、智能医疗构成智能经济的不同领域。智能经济是信息经济与知识经济结合的产物，是继机械工业、电气工业、信息工业之后人类文明的又一重大进步，而这一进步将带来人类社会新的智能革命。

【案例导读】

阿强鸡蛋的创意创业

小顾从学校毕业之后，做出了一个改变他人生轨迹的决定——回乡、养鸡、卖蛋。这样的决定无疑是令人震惊的，一个在大城市读书多年的学子，回到臭烘烘的鸡笼子、交通不便的农村生活圈子令人不解。

他告诉母亲，自己和父亲虽然同样是卖鸡蛋，但他不仅靠母鸡，更靠科技，会走出不一样的路来。"父亲20多年前开始卖鸡蛋，从最初的只有2万羽蛋鸡，发展到今天拥有

150 万羽蛋鸡，他的经历告诉我，无论做哪一行，只要用心去做就一定会成功！"

小顾初试牛刀开发鸡蛋"身份证"和鸡蛋质量查询系统。为此，他还求助于精通计算机的大学同学和朋友，通过半年的探讨、实验，终于研制开发出"阿强"鸡蛋的"网上身份查询系统"，这在上海所有农产品中属于首家。从此，"阿强"鸡蛋的包装盒中多了一张薄薄的卡片，提醒消费者可以根据卡片上标明的查询号码和生产日期，到上海农业网上查询与这盒蛋有关的产蛋鸡舍、蛋鸡周龄、蛋鸡品系、饲料饮水及检验结果等信息，甚至还能看到鸡舍及员工消毒、喂养的视频画面。从此，市民购买"阿强"鸡蛋更放心了。半年时间，阿强鸡蛋的销量就比上年同期增长了 2.5 倍。

年轻有创意的小顾于是从包装开始重新打造自家的鸡蛋品牌，他逐一设计修改了阿强鸡蛋的包装，将"父亲时代"那些缺乏时代气息的包装，改造成了时尚、方便的样子。没用半年时间，厂里 95% 的鸡蛋包装都被他改过了，并且所有的鸡蛋上也都打上了"阿强"两个字。再一次把鸡蛋的销售推上高潮。

仅仅是自家厂里的经济效益有了提高，这样的成绩对于小顾来说，还是远远不够的。他所考虑的，是希望能够带动整个大农业的进步。于是一鼓作气，他又开发了茄子、青菜、黄瓜等蔬菜的身份证查询系统，然后向闵行、金山等郊区的龙头企业介绍推荐。

1.3.1.2　知识经济与创业热潮的关系

知识经济时代增加了创业机会。当今社会，知识更新的速度急剧加快，知识更新周期越来越短，联合国教科文组织曾经做过一项研究，结论是：信息通信技术带来了人类知识更新速度的加速。在 18 世纪时，知识更新周期为 80~90 年，19 世纪到 20 世纪初，缩短为 30 年，20 个世纪 60~70 年代，一般学科的知识更新周期为 5~10 年，而到了 20 个世纪 80~90 年代，许多学科的知识更新周期缩短为 5 年，而进入 21 世纪时，许多学科的知识更新周期已缩短至 2~3 年。伴随着新知识、新技术的产生与应用，创造出很多商业机会。

知识经济时代促进了合作共赢的创业模式发展。通过以股权为纽带，将投资银行家、创业投资家、科学家联系起来，其中投资银行家负责筹资、改制和上市，创业投资家负责项目评估、筛选，科学家、科研机构负责提供科技成果，这也是科技成果在经济社会中的一种转化。广义的转化和狭义的转化两种。广义的科技成果转化是指将科技成果从创造地转移到使用地，使使用地劳动者的素质、技能或知识得到增加，劳动工具得到改善，劳动效率得到提高，经济得到发展。狭义的科技成果转化实际上仅指技术成果的转化，即将具有创新性的技术成果从科研单位转移到生产部门，使新产品增加，工艺改进，效益提高，最终经济得到进步。

信息经济和智能经济是知识经济发展的两种快速表现形式。伴随着信息技术的日新月异的飞速发展，信息产业不断增大，人们获取信息变得越来越容易，这样，使得创业过程中所需要的各种资源获得更加便捷，在一定程度上降低创业的门槛。智能技术的发展，使得原本属于人的核心竞争力转嫁到了智能机器身上，降低对技术使用的难度，降低了技术创业的难度。

【案例导读】

"宅时代"创始人——周权

周权，湖南环境生物职业技术学院 2017 届物流管理专业毕业生，现为校园外卖连锁品牌"宅时代"的联合创始人、运营主管，曾任顺丰快递湘环代理点负责人、校园快递创始人。

2016 年 4 月，在学院的大力支持下，周权负责的"顺丰快递湘环代理点"成为学院"大学生创业就业孵化基地"第一个入驻的创业企业，主要承担顺丰快递包裹在学院范围内的派送与收件任务，服务于广大师生员工，准时准点完成当天的相关业务，得到了老师和同学的一致认可。

通过在"大学生创业就业孵化基地"的打磨与锤炼，在老师的关心与指导下，2016 年 5 月，周权与学弟周扶轮（2015 级物流管理专业学生）一起创立了"校园快递"，致力于解决——大学院园快递最后 1 公里收件与派送难的问题，提供上门取件及派件到门等特色服务，让客户足不出户就能享受到优质的快递服务；毕业季期间，组织了 15 人左右的业务团队，专门负责上宿舍收取毕业行李包裹，做到了"价格最低、服务最好、速度最好、安全最佳"，抢占了三分之二以上的市场份额，实现了盈利 1 万余元。

2016 年 9 月，在顺丰快递和校园快递的顺利开展及经验积累下，敏锐地洞察到湘环外卖市场的巨大潜力，果断地创立了"宅时代"，定位于快餐服务，高峰期达到了 150 单/天；2017 年 3 月，在校内开设了第二家"宅时代"连锁店，以特色小吃、奶茶饮品为主打，拓宽了产品的品类，在主攻外卖市场的基础上，进一步发展堂食业务，通过良好的就餐环境和优质的服务吸引顾客到店消费，日均营业额约 2000 元，顺利实现了自主创业的初期目标。

经过近 1 年多的积累与沉淀，更加坚定了周权"自主创业"的决心，下一阶段的目标是——进一步扩大"宅时代"规模，组建更加强大的大学生创业团队，主导校园外卖市场，开拓校园配送新模式，真正地服务于广大师生员工，成为校园外卖领导品牌。

1.3.2　知识经济时代赋予创业的重要意义

知识与经济的关系。知识与经济间的转化一个过程，要经过三个转化：一是知识到技术的转化；二是技术到产品的转化；三是产品到市场的转化。这是三个绝对不可逾越的过程，这三个转化的过程的艰难程度，不亚于原始知识本身的创造，又是新知识创造的过程，越是高新尖端的技术，碰到转化所需要的条件就越多，这个过程可能就会越长。知识形成经济，需要一定的过程。

推动社会创新不断向前发展。创业的过程是一个创造性资源整合的过程，在这一过程中，包含着诸多创新的因素，如技术创新、管理创新、产品创新、服务创新、运营创新等，创业活动推动着社会创新的发展。激发了社会创新的活力。

促进生产力发展和生产方式的转变。生产力狭义指再生生产力，即人类创造新财富的能力。创业活动使人们在生产的能力不断改进并增强，使生产力不断向前发展。人们在物质资料的生产过程中形成的社会关系。它是生产方式的社会形式。包括生产资料所有制的形式；人们在生产中的地位和相互关系；产品分配的形式等。在这其中，生产资料所有制的形式是最基本的，起决定作用的。创业是一种生产资料使用掌握在创业者手中的一种社会生产活动，大众创业奖促进人们在社会正产过程中更多的合作，将使生产关系更加和谐。

解决人类社会发展中问题的路径之一。 伴随着社会经济的不断向前发展，人类社会面临着全球气候变暖问题、人类疾病问题、社会发展不平衡问题、贫富差距过大问题、能源耗竭问题等诸多问题，知识经济时代下，人们就是要通过对新知识，新技术的研究和应用，不断解决人类社会向前发展过程中的各种问题，用商业思维去解决普遍的社会问题。

【案例导读】

绿色创业之路

是谁抛出了新的"读书无用论"？是谁说如今大学生就业难，创业更难？

当一些大学毕业生为找不到理想工作而迷茫困惑，为找不到创业机会而悲伤失望的时候，湖南环境生物学院园林工程专业 21 岁的大二学生周沐学一边坚持在校内学习，一边到校外创办了大型苗木基地。他学以致用，培育了桂花树、罗汉松、茶花树、中东海枣、老人葵等 40 多种苗木 140 多个品种，畅销衡阳、长沙、南宁、株洲等地。

周沐学是衡阳县杉桥镇丫村人，自幼爱好园林花木栽培。2010 年 9 月，他考入湖南环境生物学院后，就着手在衡阳市珠晖区东阳渡镇人民村筹建苗木基地，在父亲周孝来的支持下，通过租赁形式，从当地农民手里获取 270 亩土地 10 年期的经营权，从浙江、福建和浏阳等地购进苗木进行移栽培植。他将所学的专业知识应用于实践，针对中东海枣等树木产自沿海，不适应内地生长等情况，他采用给土质掺河沙，用薄膜将树木、树叶保温处理等办法，攻克了一个个移栽难题，并组成自己的技术团队，从绿色景观规划、设计、施工到养护，实行"一条龙"服务，深受周边机关、部队、厂矿和居民的欢迎。到 2009 年 2 月 9 日，产值已达 390 万元。

1.3.3　创业与个人职业发展

职业生涯规划的含义。 职业规划就是对职业生涯乃至人生进行持续的系统的计划的过程。在对一个人职业生涯的主观条件进行测定、分析、总结研究的基础上，对自己的兴趣、爱好、能力、特长、经历及不足等客观方面进行综合分析与权衡，结合时代的特点，根据自己的职业倾向，确定其最佳的职业奋斗目标，并为实现这一目标做出行之有效的安排。一个完整的职业规划由职业定位、目标设定和通道设计三个要素构成。

创业能力对个人职业生涯发展的作用。 创业是一个人对个人价值的追求，在这种追求中，需要创业者不安于现状，勇于承担风险，在资源条件不足的境况下通过资源整合把握机会，最终去创造价值。在这个过程中，创业者需要承受痛苦，付出努力，也锻炼了创业者的意志品质，增强了创业者捕捉机会的能力、整合资源的能力、良好的执行力、实践中的沟通能力、快速适应能力等，创业过程总锻炼出来的很多能力，是可迁移能力，在职业发展过程中也会发挥积极的作用。

【案例导读】

自强之星刘次敏的创业

刘次敏，湖南环境生物职业技术学院商学院 2017 届电子商务专业毕业生，重度残疾，由母亲在校陪读。三年求学期间，学校减免了三年学费，还连续三年享受了国家助学金。在校期间，他热爱学习，上课从不迟到早退，还能积极参加各类社会实践活动。由于身体残疾，在临毕业时曾极度迷茫，不知何去何从，在商学院的领导老师的帮助和鼓励下，2017 年 6 月毕业后，他没有去找工作，而是返乡开始了他的创业之路。结合校学习知识以及对家乡的地域优势认识，在学校和当地政府创业指导之下，成立了次敏食品商行。

次敏食品商行是刘次敏同学迈出创业的第一步，他朝着自己的目标坚持不懈地努力着。一天工作中，除了当老板，还要当好一名服务员、销售员、会计……几乎什么事情都要亲力亲为。

为了今后的长久考虑，"一站购齐"是他的理想。"多快好省，只为品质生活"是他加盟京东便利店的源泉和动力，他也在创业的道路上又迈开了一大步。以后的次敏商行将是集便利店、生鲜、快递点、餐馆集一身的大型休闲购物场所，"到时候在这里，会给你一种家的感觉，让温暖、轻松、美好的感觉环绕你左右，让每一位光临至此的顾客忘掉生活的烦恼，尽情地享受这快乐的购物商城"，刘次敏说过："对于实体店，必须要创新，才能生存得下来，否则会成为上千万家倒闭的实体店中的一员，我还想在网上开个网店，虽然竞争力比实体店大，但是我还是想试试，不然把学习的知识荒废了。我不仅会跟京东继续合作，还会有其他渠道的合作，寻求利益最大化。现在我的这个便利店还在初级阶段，还在不断地学习中，等到积累丰富的经验和人脉时，我就可以继续改造并扩大经营范围了。衷心感谢母校对我的培养和教育及在我创业时的帮扶和指导，感谢老师对我的关心和帮助，我才有了勇气和毅力来创业！"

【课后练习】

纸飞机竞赛

第二章
创业者与创业团队

【**教学目标**】通过本章教学，让学生了解创业者与创业团队的含义，理解创业者的能力与素质的内容，掌握提升创业者能力和素质的方法，了解创业团队的构成及组件流程，掌握组建创业团队的方法，了解时代对创型人才的要求，掌握提高创新能力的路径。

2.1　创业者

2.1.1　创业者的定义

2.1.1.1　创业者

创业者一词由法国经济学家坎蒂隆（Cantillon）于 1755 年最早引入经济学的领域。1880 年法国经济学家萨伊（Say）将创业者描述为将经济资源从生产率较低的区域转移到生产率较高区域的人，并认为创业者是经济活动过程中的代理人。到 20 世纪 90 时代，美国经济学家熊彼特提出：创业者应为创新者，具有发现和引入更好的能赚钱的产品、服务和过程的能力。可见，创业者的概念随着时代的发展逐渐地演变。换句话说，关于"创业"的理解尚且多种多样，关于"创业者"的概念必然也有很多理解。

在欧美的经济学研究中，普遍将创业者定义为"一个组织、管理生意或企业并愿意承担风险的人"。在当代中国，随着创业大潮的风起云涌，创业者一词被赋予了更广泛的含义，有狭义和广义两种。狭义的创业者指参与创业活动的核心成员，是创业队伍的灵魂人物，如乔布斯、马云。广义的创业者是指参与创业活动的全部成员，如参与到乔布斯或马云的创业活动中的人，也都是创业者。

在创业者的范畴内，大学生创业者是一个鲜明且独特的存在。大学生创业者常常指那些有理想、有胆识、有抱负，对个人价值与社会价值有强烈渴望的在校大学生和毕业大学生。大学生在学校里学到了很多理论性的知识，具有较高层次的技术优势，一些风险投资家往往就因为看中了大学生所掌握的先进技术，而愿意对其创业计划进行资助。大学生思维活跃，充满激情，是最具创业活力的人群。当代大学生有创新精神，有对传统观念和传统行业挑战的信心和欲望，而这种创新精神也往往造就了大学生创业的动力源泉，成为成功创业的精神基础。大学生还可以在创业的过程中，提高自己的综合能力，增长社会实践经验，给予我们未来的职业成长之路更多的养分。

2.1.1.2　大学生创业者

大学生创业者是指那些有理想、有胆识、有抱负，对个人价值与社会价值有强烈渴望的在校大学生和毕业大学生。大学生在学校里学到了很多理论性的东西，有着较高层次的技术优势，最有前途的事业就是开办高科技企业。技术的重要性是不言而喻的，大学生创业从一开始就可以走向高科技、高技术含量的领域，"用智力换资本"是大学生创业的特色和必然之路。一些风险投资家往往就因为看中了大学生所掌握的先进技术，而愿意对其创业计划进行资助。现代大学生有创新精神，有对传统观念和传统行业挑战的信心和欲望，而这种创新精神也往往造就了大学生创业的动力源泉，成为成功创业的精神基础。大学生心中怀揣创业梦想，努力打拼，创造了财富。大学生创业的最大好处在于能提高自己的能力，增长社会实战经验，以及学以致用；最大的诱人之处是通过成功创业，可以实现自己的理想，证明自己的价值。

2.1.2　创业者素质与能力

人是创业成功的第一要素，而创业者则发挥核心作用。创业活动是由创业者主导和组织的商业冒险活动。要成功创业，不仅需要创业者富有开创新事业的激情和冒险精神、面对挫折和失败的勇气和坚韧，以及各种优良的品质素养，还需要具备解决和处理创业活动中各种挑战和问题的知识和能力。

探索创业者需要具备的素质与能力，可以从成功创业者的身上去挖掘其特质。这方面的研究很多，说法庞杂。著名管理学家拜格雷夫将创业者所需要具备的素质归纳为 10D 模式，即：

理想（Dream）

果断（Decisiveness）

实干（Doers）

决心（Determination）

奉献（Dedication）

热爱（Devotion）

周详（Details）

机遇（Destiny）

金钱（Dollar）

分享（Distribute）

RISKING 模型（表 2-1）比较全面地展现了创业者需要具备的素质和能力，该模型也可用于评价创业者选择创业时哪些方面有优势，哪些方面有待弥补提升的缺陷。

表 2-1　RISKING 模型的要素及释义

首字母	要素	释义
R	资源（Resources）	包括人力、物力和财力在内的一切能应用于创业中的有形或无形的力量。最重要创业资源：好的项目、资金和人力资源
I	想法（Ideas）	创业设想应具市场价值，能在一定时期产生利润； 具有现实可行性，能付诸实践； 应具新意，有创新，能抓住市场空间
S	技能（Skills）	主要指创业者所需的专业技能、管理技能和行动能力等，如果个人不完全具备，但是团队之间能够形成技能互补，也是不错的能力组合
K	知识（Knowledge）	主要指创业者所必须的行业知识、专业知识以及创业相关知识。如商业、法律、财务等知识。良好的知识结构对创业者的视野开拓、才智发挥具有很高的价值
I	才智（Intelligence）	主要指创业者的智商与情商，具体表现为观察世界、分析问题、思考问题和解决问题的能力
N	关系网络（Network）	创业者需要良好的人际亲和力和关系网络，包括合作者、服务对象、新闻媒体甚至竞争对手
G	目标（Goal）	创业方向和目标必须明确，并作出准确的市场定位，集中精力和资源朝着特定目标前进认准了目标，执著于目标

【扩展阅读】

伟大创业者的七个特质

能力是完成一项目标或者任务所体现出来的素质。能力总是和人完成一定的实践相联系在一起的。离开了具体实践既不能表现人的能力，也不能发展人的能力。创业能力指拥有发现或创造一个新的领域，致力于理解创造新事物的能力，能运用各种方法去利用和开发它们，然后产生各种新的结果。创业者的能力是指创业者的技能。创业者需要具备的 8 大能力。

战略管理能力　是指对一个企业或组织在一定时期的全局的、长远的发展方向、目标、任务和政策，以及资源调配做出的决策和管理艺术。从企业未来发展的角度来看，战略表现为一种计划，而从企业过去发展历程的角度来看，战略则表现为一种模式。从产业层次来看，战略表现为一种定位。而从企业层次来看，战略则表现为一种观念。此外，战略也表现为企业在竞争中采用的一种计谋。战略管理有三方面内容，分别是：企业在哪里？企业去哪里？何时竞争？企业在哪里是指明晰企业的位置，知晓企业的优劣所在，如何从广泛的市场参与中选择有价值的目标市场与顾客，以提供满足其需求的服务举措。企业去哪里是企业的未来发展方向。何时行动指企业什么时间怎样行动才能战胜竞争对手。

战略管理能力是创业过程中一种重要的能力，伴随着企业的发展而越来越发挥着重要的作用。

战略管理的六大原则

学习能力　是学习的方法与技巧。有了学习的方法与技巧，学习到知识后，就形成专业知识；学习到如何执行的方法与技巧，就形成执行能力。学习能力是所有能力的基础。伴随着经济社会的发展，知识的不断增加，学校学习的东西越来越多。现代社会提出终身学习的概念。对于创业者，在创业过程中需要学习的东西要远远超于其他人，掌握学习能力是创业者必须要做的一件事。创业者培养良好的学习能力，养成良好的学习习惯。创业者的学习不简单是学习自己所经营的领域，所学企业经营过程中需要的知识，还要广泛涉猎，掌握更多的知识。创业者要科学安排自己的学习时间，制定自己的学习计划和学习目标。

【案例导读】

龙虾养殖的风雨历程

周廷海和朋友相约吃夜宵，夜宵中的龙虾是他的最爱，爱屋及乌，空余时，周廷海便在网上阅览与龙虾有关的资料，无意间得知，虽然湖北、江苏一带养殖龙虾的比较多，西南地区处于"真空带"，养殖前景广阔。

刚开始走上养殖道路，周廷海眼里的世界总是太小，匆匆投入 38 万元，承包了 37.5 亩土地，仅凭着对未来的美好向往和满腔热情，就开始做起了等着小龙虾长成商品虾上市的美梦。

现实是残酷的，对环境的不熟悉以及对养殖技术的匮乏，仅仅半个月，周廷海的小龙虾数量便开始每晚剧减，总体损失近八成。看着大量的虾苗死亡，周廷海只得干着急，因为缺乏相关养殖技术，根本无从寻找原因。创业之路在短短一个多月后宣告夭折。

是继续，还是放弃？心有不甘的周廷海勇敢选择了继续，可创业之初，几乎倾尽所有，资金成了摆在他面前最大的难题。一家人到处想办法，东拼西凑、化零为整，最终凑到了八万元，让他从头再来。

2013 年 5 月下旬，再次上阵的他吸取经验教训，并没有匆匆的开始养殖，而是做起了职业捕虾人，养殖田里的虾苗基本是他在田间捕捉的，这样能够尽早地适应环境。他购买小龙虾养殖方面的书籍，自学养殖技术，通过网络获取更多的小龙虾养殖的技术资料。在这个过程中，周廷海总结出一套适合自己的养殖技术——仿野生养殖技术，小龙虾养殖的关键因素（养草，造底，改底）要做得一丝不苟。渐渐的，养殖田里的龙虾数量不断增多。几个月后，周廷海的虾长势十分不错，他估算着，再等一个半月，第一批虾就可上市，赚得第一桶金。

可事与愿违，他永远记得 7 月 2 日那天，大雨磅礴，水库里的水通过水渠溢出，使地势低处水流成河，养殖田连成一片。周廷海守在田边，26 个小时不眠不休也无力回天，一夜之间损失近半。庆幸的是，精养池地势较高，未受影响，周廷海鼓起勇气，整治池子之后再次养殖。

功夫不负有心人，2014 年年初，周廷海的龙虾开始上市，中虾可卖到 22 元/公斤，大虾 36 元/公斤。

（本案例由编者整理）

自控能力　就是一个人控制自己思想感情和举止行为的能力。人指人们能够自觉地控制自己的情绪和行动。既善于激励自己勇敢地去执行采取的决定，又善于抑制那些不符合既定目的的愿望、动机、行为和情绪。自制力是坚强的重要标志。与之相反是任性。对自己持放纵态度，对自己的言行不加约束。任意胡为，不考虑行为及后果及事态带来的影响。创业过程中需要面对诸多矛盾，解决诸多问题，这需要创业者有较好的自控能力，冷静地面对并处理创业过程中的每一件事。

【扩展阅读】

提高自控力的七个方法

创新能力　是技术和各种实践活动领域中不断提供具有经济价值、社会价值、生态价值的新思想、新理论、新方法和新发明的能力。创新能力是民族进步的灵魂、经济竞争的核心。当今社会的竞争，与其说是人才的竞争，不如说是人的创造力的竞争。创新能力的增强要加强三方面的培养，其一是学习，创新能力主要包括获取、掌握知识、方法和经验的能力，包括阅读、写作、理解、表达、记忆、搜集资料、使用工具、对话和讨论等能力。把事物的整体分解为若干部分进行研究的技能和本领。其二是分析，事物是由不同要素、不同层次、不同规定性组成的统一整体。认识事物的有效方式之一就是把它的每个要素、层次、规定性在思维中暂时分割开来进行考察和研究，弄清楚每个局部的性质、局部之间的相互关系以及局部与整体的联系。做到由表及里、由浅入深、由易到难地认识事物和问题。其三是综合，强调把研究对象的各个部分结合成一个有机整体进行考察和认识的技能和本领。综合是把事物的各个要素、层次和规定性用一定线索把它们联系起来，从中发现它们之间的本质关系和发展的规律。

【案例导读】

高端胜利法

林永恩毕业后，便回到了古镇老家，在一家灯饰厂一干就是6年。从最基层做起，跑过销售，主管过生产产品开发等。因此对于灯饰行业，他比普通从业者更加谙熟。当时，古镇的灯饰生产较为盲目，都是大路货，一哄而上，市场很不成熟。由于全国的灯饰市场如雨后春笋般大量涌现，这些企业的销售不成问题，日子过得悠哉悠哉。

林永恩借了三万元办了一间简单的灯饰生产工厂。几年的"底层"生活使他观察到：许多厂家从材料到款式，都在模仿他人的产品，真正能够"静"下心来开发和研制高品质灯饰的厂家却不多见。因此，大路货色的日益增多，实际上已经形成了一个非常饱和的市场。所以他没有跟随别人，生产"自己"的产品。首先，他们坚持走高起点、专业化的路子，集中力量开发、生产高档民用灯饰产品及酒店、庭院和工程配套照明产品，直接向高端产品市场进军。

林永恩对于标准的要求几近苛刻。开元成立伊始，便成立了"不求最大，只求最好"的经营理念，严格控制产品质量，从原材料直至产成品都用行业最高标准要求自己。公司成立了质量复查委员会，对质量问题具有"最终否决权"授权质检部独立检验产品质量，保证其不受企业内部任何部门和个人的干预，以便正确行使鉴别、把关、试验等功能。开元灯饰成立后，聘请了有多年经验的顾问公司对工厂进行培训、指导。

苛刻的质量标准也使得开元的起步并不顺利。刚开始时由于资金限制，林永恩不能进行多方面的投资。针对当时古镇的加工制造已经比较专业的实际情况，开元灯饰决定把大部分的资金投入产品开发创新上，生产部分外包，自己则完成最后的组装。

问题也正出在这里。由于对产品工艺要求高，刚开始时没有多少加工企业能符合要求，寻找合作伙伴成了开元灯饰要迈过的第一道门槛。经过努力，开元开发的第一批产品，市场反映良好，出现供不应求的情况。但这一时期加工企业配合得还不够理想，有的产量不够，有的是工艺不够稳定。很多客户担心拿不到货，都争先垫付款项。开元为了确保产品质量，宁愿推迟产品上市日期。等到各个生产环节正常后，已经2个月过去了。这时仿制品开始冲击市场，给开元和经销商都造成了较大的影响，使开元遭到许多客户的抱怨。

尽管丧失先机使初战成绩不理想，但开元还是凭借过硬的质量逐渐为客户所认识，逐渐占领市场，在中高档灯饰产品中独树一帜。

(本案例由编委会委员整理)

合作能力　是指工作、事业中所需要的协调、协作能力。个人的能力是有限的，每一个创业者在创业过程中都需要培养合作能力，创业者不但要与自己的合作者、雇员合作，也要与各种与企业发展有关的机构合作，还要与同行的竞争者合作。创业者要善于站在对方的角度，理解对方，体谅对方，要善于与他人合作共事，和睦相处。创业合作伙伴的选择需要注意两个方面：一是平等合作，合作伙伴之间是完全平等的，是为了共同的目标走到一起的；二是合作共赢，合作者时间是互惠互利的，合作中不能单方面付出或者收获。

【案例导读】

书香门第创业者陈丽芳

陈丽芳出生于书香门第，湖南醴陵人，1991年6月毕业于原湖南林业专科学校（湖南环境生物职院前身），先后就职于湖南国光瓷厂和广州市花卉研究中心，并于1999年以自己的名字命名，创办了"广州市丽芳国林绿化管理有限公司"。

当问及以自己的名字"丽芳"命名公司名称赋予的含义时，她语重心长地说："应该有两个含义吧，一是代表了我从事绿化事业的坚定信心；二是寄望我们从事的绿化事业能为大家带来美丽和芬芳。"人与事业多么完美的结合！

在校期间就有创业梦想的她，毕业后，完成了一项由自己设计、施工的绿化工程，赚到了她人生的第一桶金。1999年，顶着亲戚朋友反对的巨大压力成立了公司，公司成立后面对的最大压力就是业务，因公司刚成立，业绩还是空白，谈业务的失败率很高。在外面跑业务的时候，为了省一点点车费，经常是下了公共汽车后要走一段很长的路，才能到达客户的办公室。曾是长跑冠军的她，半年下来双腿疼痛得连走路都很困难。通过一两个月时间的理疗和中医治疗，才得以康复。记得谈的第一单租摆业务只有每月一千多块钱，能让自己高兴好长时间。业务谈成后她负责采购、运输、财务所有工作，为了节省成本，当时的运输工具就是一辆旧自行车，初期公司发展得非常艰难。2001年珠江广场项目的承接成为公司发展史上的第一个里程碑，也是公司遇到的第一个大的挑战，此项目包含了绿化、国建、假山、亭子、游泳池、水电等，综合性很强、技术要求很高。在那段日子里，她每天顶着巨大的压力，经常熬夜到凌晨两三点钟，现场施工、预结算，使自己的潜能得到了充分发挥。这个项目最终以保质保量提前完工，得到了业主的高度评价，也为公司的发展奠定了基础。公司先后又顺利完成了南景园和汇景新城等各项绿化施工，"丽芳园林"也因此赢得了好的口碑。

为了创建一个学习型的公司，园林专业出身的她，2005年在大家不理解的情况下，利用周六、周日的时间，开始了企业管理的学习之路。之后又进行了大半年的美国之旅，在美国亲身体会了美国的人性化和制度化的究美结合，让她悟到了企业管理之道。

回国后，她继续参加企业管理的学习，有了绩效的概念，并于2006年提出并初步实施了绩效工资制度，并制定了绿化租摆养护为主要业务的发展方向。这对于一个已有良好基础和口碑的施工经验的绿化公司来说，要完成施工公司转为绿化服务型公司，需要的不仅仅是勇气，还需要胆识和智慧。实行了绩效管理后，公司每个人的状态发生了明显的变化，公司的业务有了新的突破。接下来，又开始了公司架构搭建、人才才引进、网站建设、对外宣传、企业文化建设等一系列工作。陈总通过学习，开始初步实施，经过几年的实践证明，这种打破传统管理的新型管理模式正显示出它强大的生命力，制定切实可行的措施。丽芳模式在大家的质疑声中最大限度地提高了每个员工的积极性。陈总谙知"未来企业的竞争就是商业管理模式的竞争"。通过几年的转型发展，公司的租摆养护业务和员工的收益都得以快速增长，"丽芳国林"目前已成为广州市绿化服务行业的知名品牌。丽芳模式的创立，成为公司又一个具有历史意义的里程碑。"丽芳模式"除了人人都做老板以外，它的另一个特点就是以健康、孝顺、子女教育、个人成就相结合的全方位成功的企业文化，充分体现了人性化制度化管理的企业特色。

丽芳模式在实施过程中不断进行完善，在凸显其魅力的同时，吸引了一批优秀的人才加盟。其中，最典型的就是 2011 年 5 月陈总的爱人，身为清华大学研究生的他，辞去公职加入公司。2012 年是丽芳公司创建以来最不平常的一年！2012 年的夏天，陈总一家人移民去了加拿大。这件事对于陈总的家庭来说是好事，实现了家庭团聚，但对丽芳公司的人来说，却是一个极大的考验和挑战！很多中小企业因老板移民去了国外，公司的骨干人才相继离去，各奔东西！这样的事情会不会在丽芳公司发生呢？当大家众说纷纭之时，也许只有陈总一个人心里最明白：凭她对丽芳公司运作模式的了解，她的这一次离开，不是危机而是契机！陈丽芳不再担任公司的总经理了，也不是公司的董事长。一年以后，即 2013 年的夏天，整整一年没回来的陈总一家回国了，更令人欣喜的是丽芳公司的骨干们一个也没走，公司这一年的业绩增长了 20% 以上！这就是丽芳公司"人人做老板"的最好见证：一个老板不在，还有三十几个老板在呀，大家都似乎想明白了：在丽芳公司的平台上做老板，拥有老板的责权利，却没有自己单独做老板的巨大风险。

人际交往能力　是指妥善处理组织内外关系的能力。包括与周围环境建立广泛联系和对外界信息的吸收、转化能力，以及正确处理上下左右关系的能力。人际交往能力由六方面构成。①人际感受能力。指对他人的感情、动机、需要、思想等内心活动和心理状态的感知能力，以及对自己言行影响他人程度的感受能力。②人事记忆力。是记忆交往对象个体特征，以及交往情景、交往内容的能力。总之，是记忆与交往对象及其交往活动相关的一切信息的能力。③人际理解力。即理解他人的思想、感情与行为的能力。人际理解力是现代企业管理中重要的工作技巧，也是人力资源管理人员必须具备的关键素质之一。人际理解力暗示着一种去理解他人的愿望，能够帮助一个人体会他人的感受，通过他人的语言、语态、动作等理解并分享他人的观点，抓住他人未表达的疑惑与情感，把握他人的需求，并采取恰如其分的语言帮助自己与他人表达情感。④人际想象力。从对方的地位、处境、立场思考问题，评价对方行为的能力。也就是设身处地为他人着想的能力。⑤风度和表达力。这是人际交往的外在表现。指与人交际的举止、做派、谈吐、风度，以及真挚、友善、富于感染力的情感表达，是较高人际交往能力的表现。⑥合作能力与协调能力。这是人际交往能力的综合表现，是企业团队合作的必要能力。创业者提升人际交往能力，重要注意保持良好的心态，真诚、友善地处理好人际关系。

【扩展阅读】

人际交往过程中五点注意事项

分析决策能力 分析能力是指把一件事情、一种现象、一个概念分成较简单的组成部分，找出这些部分的本质属性和彼此之间的关系单独进行剖析、分辨、观察和研究的一种能力。决策能力是识别和理解问题和机遇，比较不同来源的数据得出结论，运用有效的方法来选择行动方针或发展适当方法，采取行动来应对现有的现实、限制和可能的结果。创业者要以开放的态度，准确和迅速地提炼出解决问题的各种方案，准确地预测，准确地决断创业过程中遇到的问题和发展的方向，能够更好把握并解决问题。

【案例导读】

善于决策成就大市场

刚刚成立农资公司的时候，杜华美除了动用存款之外，还将房子作抵押到银行贷款。最终，杜华美与其他5名下岗人员筹资50万元成立公司。

农资行业本大利小，属于成本很高的运作，因此，小资金操作是很困难的。50万元，对于农资行业来说是很小的数字，而且由于刚刚起步，公司规模小，没有名气，运作不当很容易出现问题。这意味着她必须做出准确的选择。

杜华美分析后认为机会也同时存在：公司没有名气，就代理有名气的品牌；资金不够，就瞄准单一品种，做好、做大、做出量、做出特色。唯有如此才能做出市场，做出名气。

江苏是农业大省，更是农资生产企业云集之地。杜华美将公司定位在为农资生产企业做产前与产后服务上，即一方面为生产厂家提供原料供应，另一方面销售生产成品。为了拿下这些企业的业务，杜华美开始了一件艰苦、细致，以至于对未来发展起到决定性意义的事情。

她把江苏省按照地域划成5块，让公司的5个人分头去跑，一边与生产企业谈合作，一边进行详细的市场调查。江苏省197家农资生产企业，他们最终跑了192家，并且最后整理出了一份详细的客户档案与市场报告。

在这份报告里，经过分析，她已经对江苏省的生产企业市场需求情况了如指掌，更为重要的是，她从分析中明确了自己寻找的经营方向。

随着经营方向与经营产品的确定，杜华美开始了与氯化铵生产厂家的联系。最终，她把目光放在了位于大连的大化集团身上。大化集团是上市公司，为中国工业企业500强及化工百强企业之一。但是，由于杜华美希望拿到的是货源紧俏的原料，而江苏省有实力的大型国有企业也在紧锣密鼓地与大化集团联系同一业务，因此，做成这件事情难度极大。

为此，杜华美先后 4 次往返于南京与大连之间，进行艰苦的谈判。而最有分量的，还是她手中握着的根据市场调查写成的能够使合作双方得到"双赢"的可行性市场营销方案。这份将江苏省氯化铵市场分析得精细透彻的调查报告，让大化集团有关负责人极感兴趣。大化集团认为，报告对江苏省的企业情况、需求情况都了解得清清楚楚，这是产品在市场能够卖好的基础。而与桂华美接触之后，也认可了杜华美的业务技能和开拓精神。不过大化集团所需要的并非只是理念与计划。杜华美与大化集团合作还只是试运营而已。

为了让大化集团放心合作，杜华美出人意料地做出了一个决定：将先后筹到的 50 万元全部打到大化集团账上。杜华美说，我不能让大化集团感觉我的实力不够。

几乎没有企业会倾其所有资金，这显然意味着极大的风险。但杜华美却想到了另一层，因为是紧俏物资，因此只要拿到代理，她并不愁销路。她所要做的就是如何准确无误地将资金对接好。在将 50 万元划出的同时，杜华美也与江苏省生产复合肥的企业签订了另一份合同，合同约定：大化集团发货的车号报出的当日，接货的各企业就要将货款打到杜华美公司的账上，逾期结算按银行月利率 5.31% 息，并按总货款的 10% 付违约金，造成货物滞留发生的全部费用均由接货企业承担。这个稳妥的计划，轻易地就解决了困扰很多公司的资金流动的问题，实现了良性循环。杜华美的公司由一个名不见经传的小公司很快发展壮大，江苏金谷公司的名字响亮了起来。

（本案例由编者整理）

经营管理能力 企业经营能力是企业对包括内部条件及其发展潜力在内的经营战略与计划的决策能力，以及企业上下各种生产经营活动的管理能力的总和。管理能力是指系统组织管理技能、领导能力等的总称，从根本上说就是提高组织效率的能力。经营和管理在创业过程中是分不开的，无论是创业项目的尝试运行，还是企业的运营管理，都离不开经营管理能力，创业者要善于经营，精通管理，才能让创业的道路越走越宽。

【案例导读】

返乡创业的有志青年刘沙河

刘沙河，湖南环境生物职业技术学院商学院 2016 届市场营销专业毕业生，三年求学期间，他不仅热爱学习，更积极参加各类社会实践活动。在 2015 年，农业部会同国家发展改革委等 11 部门联合印发了《关于积极开发农业多种功能大力促进休闲农业发展的通知》以及学院有关创业的大力宣传和教育后，他便立志要创业干一番事业。

在广州某知名企业实习时，公司高层便非常看好刘沙河，许诺他业绩干得好，年薪会一年比一年高，可他的脑海里总盘旋着创业的理想，心里总盘算着希望利用家乡的好资源，真正为家乡、为自己做点什么。2016 年 6 月毕业后，刘沙河没有像其他同学去北广上就业，而是返回家乡，在当地政府的大力支持下，凭借对家乡大云山得天独厚的地域优势认识，结合自己多年实践经验，成立了衡阳云山桃园度假村有限公司。

建立云山桃园度假村是刘沙河迈出自己创业的人生第一步，他自己也正向着这个目标坚持不懈地努力着。一天工作的时间里，除了当老板，还要当好一名工人，除了和工人们一起干体力活，还得为工程的各项进度费尽心思，几乎什么事情都要亲力亲为。

"发展绿色农村经济，建设美丽新农村，拥有幸福新生活。"刘沙河说，以后的云山桃园度假村将是一个集休闲垂钓、宾馆、苗木、绿色农产品供应等服务项目，成为当地一个标志性的农家乐，"到时候在这里，会给你一种家的感觉，让温暖、轻松、美好的感觉环绕你左右，让每一位光临至此的顾客忘掉生活的烦恼，尽情地享受这个低碳、环保、无公害的世界。"

对于今后的长期规划，刘沙河说："我的家乡大云山是南岳七十二峰之一，是一座道教名山，海拔一千余米，位于衡阳县、祁东县和邵东县的三县交界处。云山桃园度假村虽然建立不久，在行业中知名度不算高，但却是未来大众娱乐消费发展的趋势，提供的娱乐方式众多，有度假休闲、垂钓、户外露营等，将来我们会与本村的农业生产者合作，提供苗木、蔬菜、果树的种植与销售，以及畜牧水产的养殖，把云山桃园度假村打造成一个集新型农业生产、乡村传统文化、休闲旅游度假于一体的综合项目，带动我们村民致富，促进我们本地的经济发展。"

（本案例由编者整理）

创业者的能力与创业者的素质是一样的，不是要求创业者在创业之前具备这些能力，而是要创业者知道这些能力的重要，在创业过程中要着重加强对这些能力的培养和练就。创业能力是形成与创业实践中，应用于创业实践内。

2.1.3　创业素质与能力的提升

立志创业的大学生，不妨通过以下途径和方法提高自己的创业素质与能力。

（1）通过学习积累创业知识

一个创业者，在具备了强烈的创业意识和较高的创业素质时，还应该有丰富的创业知识的积累。创业知识是与创业密切相关的知识，致力于创业的大学生应该有意识地去获取和学习，只有充分准备创业知识，才能在创业的路途上得心应手。创业知识包括与创业相关的法律知识、管理知识、经营知识以及与创业相关的专业知识等。

创业者除了在创业课堂中了解创业知识外，还可以通过专业学习拥有一门过硬的专业知识，在创业过程中将受益无穷；大学图书馆通常能找到创业指导方面的报刊和图书，广泛阅读能增加对创业市场的认识；大学社团活动能锻炼各种综合能力，这是创业者积累经验必不可少的实践过程。

当下与创业相关的媒体资源越来越丰富，很多进行孵化或投资活动的公司也会提供与创业有关的资讯。书籍、杂志、网站、微博、公众号，都可以成为我们了解创业知识的渠道。多关注与创业有关的政策、新闻，或成功创业人士的案例，既可丰富我们的视野，也将帮助我们更好地理解创业。

创业或商业活动是无处不在的。你可以在你生活的周围，找有创业经验的亲戚、朋友、同学、网友、老师交流。在他们那里，你将得到最直接的创业技巧与经验。更多的时候这比看书本的收获更多。你甚至还可以通过邮件和电话拜访你崇拜的商界人士，或咨询与你的创业项目有密切联系的商业团体，你的谦逊总能得到他们的支持。

（2）通过实践积累创业经验

真正的创业实践开始于创业意识萌发之时，大学生的创业实践是学习创业知识的最好途径。创业实践学习主要可借助学校举办的某些课程的角色性、情景性模拟参与来完成，如积极参加校内外举办的各类大学生创业大赛、创业计划书大赛、发明专利展赛、工业设计大赛等。利用课余、假期参加兼职打工、求职体验、参与策划、参与市场调研、试办公司、试申请专利等活动，也可以帮助我们提升创业的实践能力。

微软公司总裁比尔·盖茨曾说："我不认为一定要在创业阶段开办自己的公司。为一家公司工作并学习他们如何做事，会令你受益匪浅，打好基础对我们非常重要。"大部分成功的创业者创业前都有过为别人工作的经历，这种经历使他们对本行业情况了然于胸，在复杂的人际关系中游刃有余，整合资源的能力大大提高，并有可能积累到人生第一笔创业资金和人脉，这些直接构成了创业者所需的宝贵的创业资本。

对多数大学毕业生来说，进入一个大型企业或外资公司是一个不错的选择，因为这样的企业相对来说比较正规，各方面保障措施和制度比较健全。但对准备创业的大学生而言，进入一个小公司可能会得到更好的锻炼。如果对创业的目标行业没有经验积累，最好先去找这种行业的某个企业打工，哪怕半年、三个月，完成一定的积累，真正地深入其中去了解行业，提升自己的创业能力。

【扩展阅读】

创业者需要学习的课程

2.1.4　创业动机的含义与分类

2.1.4.1　创业动机含义

创业动机是指引起和维持个体从事创业活动，并使活动朝向某些目标的内部动力。它是鼓励和引导个体为实现创业成功而行动的内在力量。创业动机常常决定着创业的行业选择、目标定位、创业的起步等，源自于创业者个体心智与生活成长环境，是创业者个体综合个人特征、环境、价值追求等诸多要素而形成的，是创业前行的最初动力。

2.1.4.2　创业动机的分类

创业的动机大体上可以归为以下四类：对成就的需要、独立性的偏好、对控制的欲望、改变家庭和个人的经济状况。大学生创业是适宜的创业环境与做好创业准备的大学生相结合的产物，大学生创业动机归纳起来主要有以下四种类型：

生存的需要　由于经济的原因，有一些经济困难家庭越来越难以负担昂贵的学费，国家有助学贷款、奖学金制度也不能完全解决问题。在沉重的经济负担压力之下，为了顺利完成学业，这部分学生中的一部分人只好利用课余时间打工来维持正常的学习和生活。在打工的过程中有一部分具有创业素质的人会发现商机并且去把握它，开始走上了创业的道路。

【案例导读】

易拉罐成就了人生

他是个穷孩子，住在郊区的一个垃圾场附近。上三年级的时候，他在路上捡了一只易拉罐。这时，一个收破烂的正巧路过，他做了有生以来的第一笔交易，这笔交易的纯利润是一角钱。

从此，他发现满地被人弃置的东西都是金钱。从三年级到高三，他卖了 8745 公斤废纸，4762 只易拉罐，3143 只酒瓶，981 公斤塑料包装袋。无论同学们如何嘲讽和挖苦，他都认为真正傻的不是自己而是那些见到易拉罐不捡的人。十年间，他没向家里要过一分钱，没有因捡破烂使学业受到丝毫的影响。相反，他因增加了阅历而使自己的成绩总是名列前茅。后来，他顺利地考入广州的一所经贸大学。

大学里他重操旧业，不过这一次他只做了三个星期，因为在捡一只易拉罐的时候，他被站在别墅阳台上的一位外商发现，外商请求他把门前草坪上的一只易拉罐捡走。他走近别墅，外商用赞许的语言鼓励他。这时，外商惊奇地发现，这位捡垃圾的小伙子竟能听懂他讲的英语。外商异常兴奋，因为他的夫人正需要一位懂英语的草坪保洁员。

第二天，他就走进了这位外商的家庭，帮助修剪草坪，喷洒药剂，他的周薪是 50 美元。后来经他们的介绍，他又成了另外三家外国人的草坪保洁员。

大学四年间，他利用星期天挣了 4 万美元。临毕业时，他申请成立了广州第一家草坪保养公司。现在他的业务已从外商家庭的草坪延伸到住宅小区的草坪，经营范围也从单一的护理发展到兼营肥料、除草剂和除草机械。

如今，那位曾经捡易拉罐的小男孩早已是广州的一位百万富翁。据说，现在他的办公桌上放着一只用纯金做成的易拉罐，我想它的寓意也许不仅是为了显示主人的财富。

(来源：《创业资金解决之道》)

积累的需要　按照奥尔德弗的 ERG 理论，人的需求分为生存、相互关系和成长。这三种需求并不一定按照严格的由低向高的顺序发展，可以越级。当代大学生随着年龄的增长，对于相互关系和成长的需要会逐渐强烈。一部分大学生为了增加自己的实践经验，丰富自己的社会阅历，或者为了自己以后的发展或实现自己的某个目标做好经济上的准备，在条件成熟的情况下也会利用课余时间走上创业的道路。这个类型的创业者往往以锻炼为目的，承受失败的能力较强。同时由于压力较小，失败和半途而废的比例也比较高。

【案例导读】

回乡创业深耕绿化产业

罗佳斌，湖南环境生物职业技术学院 2018 届园林工程技术专业毕业生，现为长沙市柏加镇湘艺园创始人。

他曾在广西园林公司实习，毕业后在深圳一家大园林公司工作，工作吃苦负责，由于特别喜爱花草植物，动手能力强。了解到国内精品桩景造型奇特，观赏性强需求量比较大，数量少价格比较昂贵。由于现代社会发展快，人民生活水平，审美水平提高，对园林绿化档次方面的要求也越来越高。加上现在很多自然环境和森林生态系统被遭到人为破坏，对园林绿化植物的需求加大。很多家庭，事业单位，工程项目对植物的需求越来越大，所以想到自主创业。刚好自己学的是园林专业，又能把自己学的专业知识运用到实际生活中去，最后决定首先在家里周围三亩地打造一个小园子种植罗汉松、红花继木、椤木石楠等桩景，还有大型杨梅，香樟等景观树。由于家里基地地理位置离苗木市场比较远，客流量比较小，决定在柏加镇双村租 3.6 亩地再建一个苗圃，尽自己的努力，把苗圃慢慢的做得更加精致。经营精品造型树的同时，也搭一个钢棚批发各种工程常用地被和灌木球、红花继木、杜鹃、红叶石楠、小叶栀子、茶花、茶梅等工程常用地被和灌木球 20 多种，尽最大的努力找到最实惠的货源，让绿化植物和造型树能够走进更多的家庭。目前，种植造型精品桩景四亩地，常见地被六亩，各种灌木球十多亩，总共投资将近 160 万元。

创业初期，虽然对桩景造型植物了解一些专业的知识，但是罗佳斌还是虚心地向老师，有经验的人请教，植物造型有了很大的提高，随着园林绿化要求越来越高，苗木区很多地苗逐渐被淘汰，自己苗圃慢慢在发展各种杯苗，然后带动乡里邻居一起做，把杯苗和造型桩景越做越精，虽然在苗木市场新开的基地刚刚起步，收益不够明显，但家里的苗圃收益还比较可观，希望越来越多的桩景能够能走进千家万户，能尽自己的努力为祖国的绿化增添绿。

自我实现的需要 心理学研究表明：25~29 岁是创造力最为活跃的时期，这个年龄段的青年正处于创造能力的觉醒时期，对创新充满了渴望和憧憬。他们思维活跃、创新意识强烈同时所受的约束和束缚较少，按照 ERG 理论对成长的需要也更为强烈。另外，由于大学生所处的环境，他们往往更容易接触一些新的发明和学术上的新成果，或者他们中的一部分人本身拥有具有自主知识产权的科研成果。为了能早日实现自己成功的目标，他们中的一部分人改变了自己的成功观念也开始了自己的创业生涯。

【案例导读】

卞国民："泥鳅哥"变身创业导师

他，家境贫困，上小学时为 16 块钱学费，母亲带着他借遍全村；大学毕业后死活不愿意出去工作，为梦想回到大山；布局 10 年，苦熬 6 年，他赚得了人生中的第一个 100

万；化危机为商机，5 年的时间里，年销售额从 100 万增长到 6000 万，成为细分领域的 NO.1，被人们称为"泥鳅哥"。创业成功后他不忘回馈乡里，带富数百乡亲；他当选永州市农村青年致富带头人协会会长，创建"金鳅盟"，整合全市农村青年创业力量，变身创业导师。

卞国民在为返乡农村创业人员讲课

"我要像小泥鳅一样，个头虽小却有钻劲，在泥土中能找到前进的方向，在任何环境里都能成长、成功。"卞国民，一个 1983 年出生在零陵区邮亭圩镇小木口村的普通农村青年，湖南鳅祥生物科技实业有限公司董事长，第十届中国农村青年致富带头人，第二届中国青年创业导师，2018 年湖湘青年英才，永州市农村青年致富带头人协会会长。

做泥鳅精深加工领域 NO.1

寒冬的永州大地，草木正积蓄力量迎接春天。在湖南鳅祥生物科技实业有限公司零陵区菱角塘镇基地内，卞国民正同工人们一起，采取人工调节环境温度方式控制泥鳅提前产卵培育种苗。卞国民介绍说："通过冬季室内提早培育种苗，春季气温升高后就可以大田饲养，这样就能做到一年养两批泥鳅，还能错开上市高峰期，获得更好的效益。"

2004 年，卞国民以优异的成绩从长沙理工大学食品加工专业毕业，面对知名企业"招手"，卞国民毅然返乡，计划发展泥鳅生态养殖。对此，家里一片反对声："辛辛苦苦送你上大学，还回来种田？""出去打工也好啊，争取在城里安家"……而卞国民心中的"小泥鳅"在游动："坚定梦想，带富父老乡亲。"

卞国民借来 5000 元，流转 10 亩水田，尝试泥鳅人工授精。不到一个月，钱花光了。一场秋雨，泥鳅跑光了。可几个年轻人认准的事 10 头牛也拉不回。钱没了，大家再筹资，继续试验，大家分成 4 班，365 天 24 小时不间断观察泥鳅的生活生长状态。卞国民四处借债，在山上养殖土鸡，所得利润全部用于泥鳅人工授精。他时常在田边一蹲一整天，10 多本记事本密密麻麻记着田间水温、pH 值与泥鳅的习性等。"四年磨一剑"，泥鳅人工授精终获成功，但泥鳅苗的成活率不足 10%，大多活不过 3 天。

卞国民不气馁，继续潜心观察。2010 年，卞国民发现水温控制在 15 摄氏度左右，早晚温差不超过 8 摄氏度，泥鳅苗成活率可突破 90%。终于，"泥鳅+生态稻"种养成功，亩产泥鳅 750 公斤，每亩纯收入在 1 万元以上。随着养殖技术成熟和市场不断壮大，卞国民免费给村民特别是贫困户提供种苗，进行技术培训，帮助乡亲们发家致富，430 户农户养殖泥鳅走上了致富路，产业规模突破 1 亿元。

泥鳅多了咋办？2015 年，卞国民与母校长沙理工大学签订长期"产学研"技术合作协议，投资 150 万元开发泥鳅复合片系列产品。卞国民带领团队没日没夜做试验，他经常连续工作 30 多个小时。光小白鼠试验，他们就进行了 5000 多例。终于，泥鳅多糖的提取率由 18% 上升到 30%，纯度由 78% 上升到 90%。

1 公斤泥鳅提取的黏液，可制作 240 克左右的精华液，做成高档面膜等化妆品。1 公斤泥鳅的价值，一下提高到了 650 元。卞国民将黏液制作成的美容面膜放在网上销售，受到消费者青睐。网上商城卖面膜带来的流量，还带动了周边产品的销售，商城年销售额达 6000 多万元，卞国民也被乡亲们亲切地称为"泥鳅哥"。"目前我们已经研发并上市护眼鳅灸系列、泥鳅祛斑系列、泥鳅王子保湿隔离系列、金鳅黑茶系列等多个泥鳅美容美体和大健康产品，泥鳅精深加工领域我们就是 NO.1。"

创建"金鳅盟"化身创业导师

"新加坡学者郑永年提出了中国应重视文化中产阶层，李子柒用短视频传播中国美食文化，引起世界关注，这都说明我们不是没有文化，而是要有文化自信，农村创业最关键的是要打好文化这张牌，以文化建品牌。"1 月 10 日，在永州市农村青年致富带头人协会年会上，卞国民结合自身创业的历程，融合当下热点和农村创业的政策与方向，讲述的创业思路让与会农村创业青年深受启发。

通过养殖泥鳅创业成功的卞国民得到了社会各界的广泛认可，先后获得永州市"创业之星"、第十届全国农村青年致富带头人等荣誉称号。2018 年 9 月，永州市农村青年致富带头人协会换届，卞国民当选为新一任会长，这对卞国民来说是一次全新的挑战。"原来我只需要做好自己的企业，研发好产品、做好销售就可以了，但作为会长，更需要引导广大农村青年创业致富，不同的人、不同的产业会要面对不同的困难和挑战。"

创业一路走来，从来都是迎着困难和挑战前行，卞国民带领永州市农村青年致富带头人协会成员不断研究政策、研究发展趋势、研究创业过程中的共性问题和困难，协会先后举办"如何做项目申报"培训班、邀请老师现场指导产业创新发展、组织青年创新创业项目与金融机构路演对接会、参加"永州市第三届创新创业大赛"等活动，为广大青年创业者提供政策、金融、销售等多方面支持，多名会员分别获评湖南省 2018 年度十佳农民、全国农村青年致富带头人、湖南省青年创新创业项目扶持、十佳脱贫致富能手等荣誉和项目扶持，农村青年致富带头人协会带富农村。

"目前我主要通过互联网推广'金鳅盟'这个创业共同扶持平台，联合各地、各行业、各层次创业者，集合大家的力量，研究政策、方向、技能、资金、研发、销售、物流等创新创业全过程。"卞国民介绍，通过研究大量个例，系统性的分析创业过程中可能存在的所有问题，针对问题提前设计好解决办法，让农村创业者在创业之初就能清晰明了。"明明白白地创业，通过资源、平台、信息、人才、市场有偿共享，让创业项目落地快、起得来、能长久，这样农村创新创业才能源源不断涌现新力量。"

（来源：中国青年网，http://chinadxscy.csu.edu.cn/entre/bible/case/story/20200407
32281.html）

就业的需要 我国的大学生就业形势相当严峻，一方面表现为毕业生数量不断增加，2010—2015 年毕业生人数分别是 631 万、660 万、680 万、699 万、727 万和 749 万，不断增加的毕业生数量导致毕业生就业竞争越来越激烈。另一方面，伴随着经济发展速度放缓，提供的就业岗位相对减少，导致就业竞争越来越激烈。

【案例导读】

鲁山县：返乡创业大学生深山"乐养"小毛驴

在鲁山县土门办事处焦山村，黄昏时分，一头头小毛驴排着队慢悠悠地从山坡上走下来，见了陌生人也不害怕，有的还用舌头舔舔人的衣裳，然后轻车熟路地走进了山坳里的一处养殖场。

焦山村党支部书记杨长生介绍，这个养殖项目是他 25 岁的侄子杨惠琳于 2018 年大学毕业后创办的，现存栏毛驴 260 余头，带动周边 30 余户贫困户就业或通过养殖增收。因近期业务繁忙，杨惠琳就委托他负责养殖场的日常管理。

早在山东日照读大学时，杨惠琳就到东阿阿胶生产企业参观过，暑假期间，他又多次到辛集乡"养驴状元"叶晓娜的养殖场实习，当时就萌生了通过养殖毛驴进行创业的想法。毕业后，杨惠琳说干就干，但起初家人都反对。为争取家人支持，他自己买来水泥硬化养殖场地，没日没夜地垒砖砌墙，终于感动了父母和亲戚，他们向杨惠琳支援了 20 万余元创业启动资金。

2018 年，杨惠琳雇车从内蒙古赤峰购进一批小毛驴，开始利用家乡得天独厚的自然条件进行散养，当年年底就卖出 27 头。善于钻研的他将自己的创业项目起名为"乐养牧业"，注册成立了鲁山县乐养养殖农民专业合作社和河南乐养生物科技有限公司，不仅在县城人民路开了一个驴汤餐饮店，还研究开发驴肉、驴奶、驴皮胶等系列产品，依托淘宝网店将这些产品销往全国各地。

今年，杨惠琳的综合毛收入已经突破了 100 万元，不仅收回了投资成本，还与 20 余户农民达成了联合饲养协议，批量收购方城县及我县四棵树乡农民散养的毛驴。"我觉得自己创业的前景还是很广阔的，现在一有闲暇时间，我就回老家忙活儿，无论是产品品质，还是销售服务，我都要做到精益求精，我的梦想就是以小毛驴撬动家乡的大产业，带动更多的乡亲脱贫致富。"杨惠琳在采访结束时对笔者说。

（来源：中国青年网，http://chinadxscy.csu.edu.cn/entre/bible/case/story/2019121231982.html）

【课后练习】

制定提升创业素质与能力的计划

2.2　创业团队

2.2.1　创业团队的构成

创业团队是由少数具有技能互补的创业者组成，他们为了实现共同的创业目标和一个能使他们彼此担负责任的程序，共同为达成高品质的结果而努力的共同体。在创业团队的组建过程中，第一，团队的所有人都要志同道合，大家有统一的目标和想法。第二，创业团队最好都是自己了解透彻的多年朋友或同事。第三，创业团队中的每个人应该分工明确，各有优势，并能互补。第四，创业团队中的每个人对自己都要很认可，并能在将来的创业中积极配合合作。第五，根据所选择的创业内容去选择所需的各类人才形成精简、高效、富有激情的创业团队。

创业团队对创业的重要性。创业者选定了创业项目之后，就要开始对创业项目进行尝试，同时要在创业实践中组建创业团队，创业团队对创业有着重要的影响。一项针对美国在20世纪60年代创办104家高科技企业的研究报告中指出，在年销售额达到500万美元以上的高成长企业中，有83.3%是由创业团队建立的。组建一支优秀的创业团队对创业来说至关重要，优秀的创业团队需要有五种人才。

①具有高瞻远瞩的战略意识的人。这个一般是创业的最初的发起人。一个创业的团队必须有高瞻远瞩的人，创业是一件艰苦卓绝的事情，是需要时间也需要不断经营努力的，不是一朝一夕的事情，所以首先我们团队必须有长远的战略目光，也需要这样的领头人，并且是正能量的人。是既能看到公司未来，又有一套落地可行的执行计划和目标的人，他能指引大家走下去，也能让大家信心十足地走下去。

②具有高效执行力的人才。没有执行就没有结果，好的、高效的执行才会有可能得到好的结果，一个团队必须有执行力强的人，不然发展下去都困难，要有弄潮儿，要有行动的标兵。

③良好沟通能力的人。一个团队必须有一个好的氛围，这个氛围的营造除了彼此的性格所致之外，还需要一个和稀泥的人，这个人具有良好的沟通能力，对内可以团结队友，对外可以维护客户，这种人才必须具备。

④具有缜密思维的人才。公司的不断发展与壮大，离不开每一次的思维碰撞和执行能力，只有好的思维，缜密而严谨，才能有好的执行方案，所以必须要有缜密思维的人才助阵才能使得团队健全。

⑤敢于向权威挑战的人才。之所以说是敢于向权威挑战是因为，一个团队的发展和创新离不开不同的意见和想法，不能让团队和公司成为一言堂，要广泛吸引大家的意见和想法，这样我们才能让整个业务或是管理贴近现实，也符合市场。

团队有几个重要的构成要素，总结为5P（图2-1）。

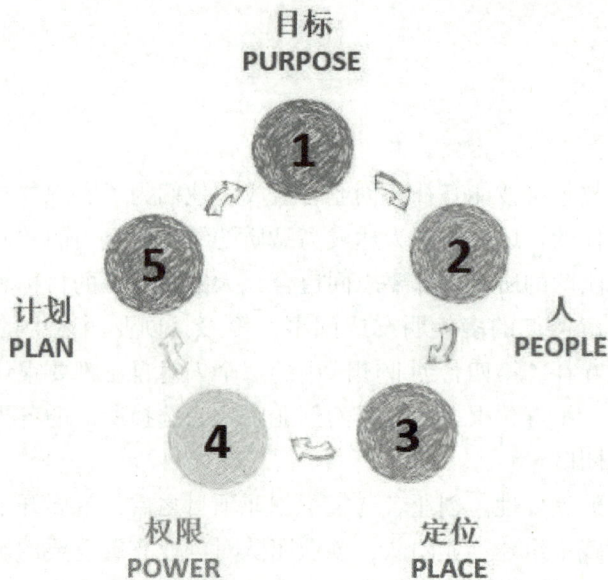

图 2-1 团队 5P 要素

①目标（Purpose）　　创业团队应该有一个既定的共同目标，为团队成员导航，知道要向何处去。没有目标，这个团队就没有存在的价值。

②人（People）　　人是构成创业团队最核心的力量，在一个创业团队中，人力资源是所有创业资源中最活跃、最重要的资源。应充分调动创业者的各种资源和能力，将人力资源进一步转化为人力资本。

③定位（Place）　　定位包含两层意思：一是创业团队在企业中的定位，创业团队在企业中处于什么位置，由谁选择和决定团队的成员，创业团队最终应对谁负责，创业团队采取什么方式激励下属？二是个体在创业团队中的定位，作为成员在创业团队中扮演什么角色，是制定计划还是具体实施或评估？是大家共同出资，委派某个人参与管理，还是大家共同出资，共同参与管理，或是共同出资，聘请第三方（职业经理人）管理？在创业实体的组织形式上，是合伙企业还是公司制企业？

④权限（Power）　　创业团队当中领导人的权力大小与其团队的发展阶段和创业实体所在行业相关。一般来说，创业团队越成熟，领导者所拥有的权力相应越小，在创业团队发展的初期阶段，领导权相对比较集中。高科技实体多数是实行民主的管理方式。

⑤计划（Plan）　　计划有两层含义：一是目标最终的实现，需要一系列具体的行动方案，可以把计划理解成达到目标的具体工作程序；二是按计划进行可以保证创业团队的顺利运行，只有在计划的操作下，创业团队才会一步一步地接近目标。

一般来说，创业团队构成的要素之间相互影响、相互作用，缺一不可。它们共同保证了：创业团队有共同的价值观、统一的目标和标准，创业团队成员负有共同的责任，创业团队成员的才能互补，创业团队成员愿为共同的目标做出奉献。

2.2.2 创业团队组建的原则与流程

创业团队的组建应遵循以下三点原则：

（1）志同道合、价值观相近

目标对创业团队非常重要。所谓"志同"，就是有共同的奋斗目标，"道合"则表现为创业团队成员的性格、个性、兴趣特征，这些都会影响团队的稳定性。在创业初期，大家同甘苦、共患难，怀着满腔热情工作。在这种情况下，团队成员在性格上的差异、个性上的差异、兴趣爱好上的差异和处理问题的不同态度就容易被掩盖，从而表现出不同的行为方式。而一旦企业发展到某个阶段的时候，由于个性冲突导致的矛盾就会激化，使创业团队出现裂痕，严重的还会导致团队分裂。

在一个创业团队中，成员的价值观念和道德品质决定了今后企业文化的形成。甚至可以说，企业文化的最初源头就是企业创始人自身价值观念和道德品质的体现。有的人诚信为本，有的人利益至上；有的人"天下兴亡，匹夫有责"，具有极强的社会责任感，有的人"事不关己，高高挂起"，只求独善其身。一个人的价值观念很难改变，因此，在创业团队形成之前，必须通过深入的交流和充分的了解，使价值观念相近、个人素质较高的人一起组成团队，这样创业成功的可能性更大。

（2）个体优势互补、知识结构互补

创业者之所以寻求团队合作，其目的就在于弥补创业目标与自身能力间的差距。只有当团队成员相互间在知识、技能、经验等方面实现互补时，才有可能通过相互协作发挥出"1+1>2"的协同效应。

在一个创业团队中，成员的知识结构越合理，创业越可能成功：纯粹的技术人员组成的公司容易形成技术为王、产品导向的情况，从而使产品的研发与市场脱节；全部是市场和销售人员组成的创业团队缺乏对技术的领悟力和敏感性，也容易迷失方向。因此，在创业团队的成员选择上，必须注意人员的知识结构，技术、管理、市场、销售均不可或缺，并应充分发挥个人的优势。

（3）明确责权利和进入与退出机制

在团队成员确定以后，团队的组织结构就可以基本确定了。组织结构的设计归根结底是组织中个体层次需要与组织目标相协调的问题，是个体价值发挥与群体绩效达成的问题。为了避免创业团队在今后的组织行为中因为利益分配、企业决策等方面产生分歧，在创业团队形成之初，必须通过章程或者协议的方式，确定发展目标、业务领域、出资及退股原则、利润分配方法、分歧解决原则等。尤为重要的是，创业团队要有好的分配制度，不仅充分照顾到现有团队成员的利益，还要考虑吸收新的成员或者员工时的股份再分配。

创业过程是一个充满了不确定性的过程，团队中可能因为能力、观念等多种原因不断有人离开，同时也有人要求加入。因此，在组建创业团队时，应注意保持团队的动态性和开放性，使真正完美匹配的人员能被吸纳到创业团队中来。

【扩展阅读】

永远与最靠谱的人并肩作战

2.2.3　创业团队组建的方法

组建创业团队一般要经过以下六个步骤（图 2-2）：

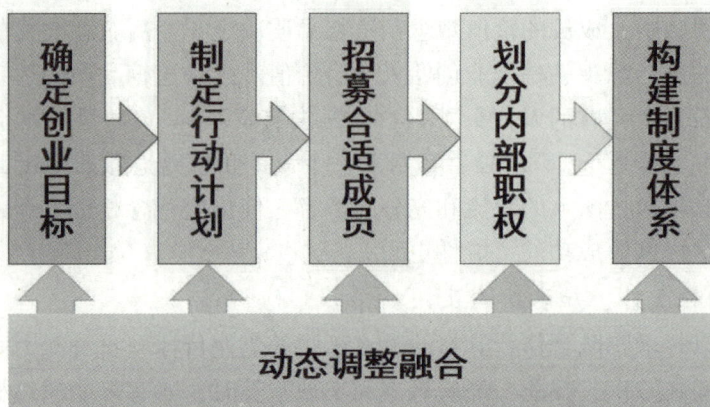

确定创业目标 → 制定行动计划 → 招募合适成员 → 划分内部职权 → 构建制度体系

动态调整融合

图 2-2　创业团队组建方法

（1）确定创业目标

创业团队的总目标就是要通过完成创业阶段的技术、市场、规划、组织、管理等各项工作实现企业从无到有、从起步到成熟。总目标确定之后，为了推动团队最终实现创业目标，再将总目标加以分解，设定若干可行的、阶段性的子目标。

（2）制定行动计划

在确定了一个个阶段性子目标以及总目标之后，紧接着就要研究如何实现这些目标，这就需要制定周密的创业行动计划。行动计划是在对创业目标进行具体分解的基础上，以团队为整体来考虑的计划，行动计划确定了在不同的创业阶段需要完成的阶段性任务，通过逐步实现这些阶段性目标来最终实现创业目标。

（3）招募合适成员

招募合适的人员也是创业团队组建最关键的一步。关于创业团队成员的招募，要注意适度规模、精简高效。适度的团队规模是保证团队高效运转的重要条件。团队成员太少则无法实现团队的功能和优势，而过多又可能会产生交流的障碍，团队很可能会分裂成许多较小的团体，进而大大削弱团队的凝聚力。一般认为，创业团队的规模控制在 2~12 人之间最佳。过多的成员也会加重创业成本的负担，所以还是要尽可能地保持组织的精简，把较少的人放到适当的位置，发挥最高的效率。

（4）划分内部职权

为了保证团队成员执行行动计划、顺利开展各项工作，必须预先在团队内部进行职权的划分。创业团队的职权划分就是根据执行行动计划的需要，具体确定每个团队成员所要担负的职责以及相应所享有的权限。团队成员间职权的划分必须明确，既要避免职权的重叠和交叉，也要避免无人承担造成工作上的疏漏。此外，由于还处于创业过程中，面临的创业环境又是动态复杂的，不断会出现新的问题，团队成员可能不断出现更换，因此，创业团队成员的职权也应根据需要不断地进行调整。

（5）构建基本制度

创业团队制度体系体现了创业团队对成员的控制和激励能力，主要包括了团队的各种约束制度和各种激励制度。一方面，创业团队通过各种约束制度（主要包括纪律条例、组织条例、财务条例、保密条例等）指导其成员避免做出不利于团队发展的行为，实现对其的行为进行有效的约束、保证团队的稳定秩序。另一方面，创业团队要实现高效运作要有效的激励机制（主要包括利益分配方案、奖惩制度、考核标准、激励措施等），使团队成员才能看到随着创业目标的实现，其自身利益将会得到怎样的改变，从而达到充分调动成员的积极性、最大限度发挥团队成员作用的目的。要实现有效的激励首先就必须把成员的收益模式界定清楚，尤其是关于股权、奖惩等与团队成员利益密切相关的事宜。需要注意的是，创业团队的基本制度应以规范化的书面形式确定下来，以免带来不必要的混乱。

（6）动态调整融合

完美组合的创业团队并非创业一开始就能建立起来的，很多时候在企业创立一定时间以后随着企业的发展逐步形成的。随着团队的运作，团队组建时在人员匹配、制度设计、职权划分等方面的不合理之处会逐渐暴露出来，这时就需要对团队进行调整与融合。由于问题的暴露需要一个过程，因此团队调整融合也应是一个动态持续的过程。如图2-2所示，团队的调整与融合工作专门针对运行中出现的问题不断的进行调整直至满足实践需要为止，特殊情况下也需要对创业目标做出适当的调整。在进行团队调整融合的过程中，最为重要的是要保证团队成员间经常进行有效的沟通与协调，强化协作效果，推动团队的建设与完善，保障创业活动的进行。

【案例导读】

创业团队中的"黄金组合"

《西游记》中由唐僧率领的取经团队被公认为是一支"黄金组合"的创业团队。

阿里巴巴集团董事长马云尤其非常推崇这支团队，认为它是最完美的团队，四个人的性格各不相同，却又同时有着不可替代的优势：唐僧慈悲为怀，使命感很好，有组织设计能力，注重行为规范和工作标准，所以他担任团队的主管，是团队的核心；孙悟空武功高强，是取经路上的先行者，能迅速理解、完成任务，是团队业务骨干和铁腕人物；猪八戒看似实力不强，又好吃懒做，但是他善于活跃工作气氛，使取经之旅不至于太沉闷；沙僧勤恳、踏实，平时默默无闻，关键时刻他能稳如泰山、稳定局面。

但是，创业路上并没有那么巧的机缘和条件，能幸运地集聚到这样四个不同性格的人。所以，如果只能从这四个人中挑选出两个人来作为创业成员的话，你会挑选哪两位？

这其实是牛根生在"我能创未来——中国青年创业行动"活动现场对俞敏洪和马云提出的一道问题。俞敏洪选沙僧和孙悟空，马云选择了沙僧和猪八戒。两人都选择了耿直忠厚的沙僧，但是关于另一个人选，两人的选择却很有意思。

一向语不惊人死不休的马云这样解释他为什么选择猪八戒："最适合做领袖的当然是唐僧，但创业是孤独寂寞的，要不断温暖自己，用左手温暖右手，还要一路幽默，给自己和团队打气，因此我很希望在创业过程中有猪八戒这样的伴侣。当然，猪八戒做领导是很欠缺的，但大部分的创业团队都需要猪八戒这样的人。"

俞敏洪不赞同马云的选择，他认为猪八戒不适合当一个创业伙伴，猪八戒是很能搞活气氛，让周围的人轻松起来，但是缺点也很突出，就是不坚定，需要领袖带着才能往前走。而且猪八戒既然没信念，哪好就会去哪，哪有好吃的就往哪去，很容易在创业过程中发生偏移，企业有钱时会（大赚一笔后）离开，企业没钱时也很可能会弃企业而去。而孙悟空就不会这样，他是一个很理想的创业成员。俞敏洪列举了他的理由：

他（孙悟空）的优点很明显：第一，有信念，知道取经就是使命，不管受到多少委屈都要坚持下去。第二，有忠诚，不管唐僧怎么折磨他都会帮助他一路走下去。第三，有头脑，在许多艰难中会不断想办法解决。第四，有眼光，能看到别人看不到的机会和磨难。

当然，孙悟空也有很多个人的小毛病，会闹情绪，撂担子，所以需要唐僧必要时念念紧箍咒。但是，在取经路上，孙悟空所起到的作用是至关重要的。如果将西天取经比喻成一次创业过程，孙悟空就是其中不可或缺的创业成员。

新东方的创业团队就有些类似于唐僧的取经团队。徐小平曾是俞敏洪在北大时的老师，王强、包凡一同是俞敏洪北京大学西语系80级的同班同学，王强是班长，包凡一是大学时代睡在俞敏洪上铺的兄弟。这些人个个都是能人、牛人，俞敏洪曾坦承：论学问，王强出自书香门第，家里藏书超过5万册；论思想，包凡一擅长冷笑话；论特长，徐小平梦想用他沙哑的嗓音做校园民谣，他们都比我厉害。

所以，新东方最初的创业成员，个个都是"孙悟空"，每个人都很有才华，而个性都很独立，俞敏洪敢于选择这帮牛人作为创业伙伴，并且真的在一起做成了大事，成就了一个新东方传奇，从这一点来说，俞敏洪是一个成功的创业团队领导者。他知道新东方人多是性情中人，从来不掩饰自己的情绪，也不愿迎合他人的想法，打交道都是直来直去，有话直说。因此，新东方形成了一种批判和宽容相结合的文化氛围，批判使新东方人敢于互相指责，纠正错误；宽容使新东方人在批判之后能够互相谅解，互相合作。这就是新东方人的特点：大家互相之间不记仇，不记恨，只计较到底谁对谁错谁公正。

这种源自北大精神的自由文化，是俞敏洪敢用"孙悟空"，而且是多个"孙悟空"的前提条件，这是新东方成功的关键因素之一。而另一个关键因素就是俞敏洪本人所具备的包容性，从这一点来讲，俞敏洪的身上有唐僧的影子。唐僧坚忍而正直，领导了四个本事十分高强的徒弟（还有一个是龙王三太子变成的白马），这些徒弟无论是齐天大圣、天蓬元帅还是西海龙王三太子，个个都不是省油的灯，硬是在唐僧领导下，取得了真经，完成了任务，各人也都洗除了罪孽，修成正果。而俞敏洪同样带领着一帮比他厉害的"牛人"，不仅将新东方从小做大，还完成了让局外人都为之捏了一把汗的股权改制。最令人意料不到的是，俞敏洪居然还将新东方带到了美国的资本市场，成为中国第一个在海外成功上市的民营教育机构。这一份成绩虽然还不能定义为最终的胜利，但是仍然有着非同寻常的意义，即它告诉了人们，对于中国教育来说，一切价值正有待重估。

同学们，如果是你来选择创业伙伴，你会如何选择呢？

2.2.4 创业团队管理的一般策略

与成熟企业相比，创业团队的管理有一定的特殊性。虽然有统一的目标，但由于创业的未知性比较大，风险性比较高，导致创业团队的稳定性相对较差，比较脆弱。所以从管理策略的角度看，可以侧重从以下几个方面进行创业团队的管理。

（1）凝聚核心价值观，强化共同使命

创业团队只有在价值观的认同上凝聚在一起，才能向着共同的使命团结奋进。我们不能要求团队成员在创业一开始就必须达到统一的认识高度，应该不断强调强化创业的目标，尽可能得到每一位成员的认同。

价值观的内化，首先在于团队领导者或核心成员的以身作则、言行一致。还要不断把价值观向其他成员灌输，同时建立、健全和完善必要的规章制度，特别是相应的激励和约束机制，使团队既有价值观的导向，又有制度化的规范。

（2）树立团队精神，共忧患共进步

团队精神往往是一个创业团队的核心竞争力。团队精神可以使每一个团队成员自发地、热情地参与到创业的活动中，并主动把个人的发展与团队的未来捆绑在一起，这样成员就会热烈期望团队、真心关心团队，并与团队成为利益共同体、甚至是命运共同体。

危机和忧患意识是团队精神形成的外在客观环境。不管我们承认与否，没有压力的创业活动是不存在的，世界500强每年排名的变化就说明了这一点。"我们的公司离破产只有12个月"，这是著名的微软公司总裁发出的声音。

（3）用沟通化解矛盾，用制度约束行为

通常情况下，创业企业由于人员少，下属和领导的沟通是比较方便的，沟通不应该成为薄弱环节。然而事实上，一些创业企业的领导的思想并不开放，以"一家之主"自居，因此也就不注重与员工沟通，久而久之，员工认为既然自己的意见不被采纳，也就没有沟通的必要了。我们应该意识到：集体的创造力往往比个人的创造力要强得多。要想让员工说出真心话，真心为企业付出，前提是要保持上下级的沟通顺畅，用开放的心态去听取意见和建议，平等对话，及时反馈，才能解决掉工作中产生的矛盾，保障团队协作力的正常运转。

对于创业团队人员分工，管理的架构一般都比较粗放，很多事情都是一起决策，共同实施，但一定要注意落实责任，权责明确，必要时打破部门分工，协同作业。在实践中不断优化创业团队的运行机制，解决好决策权限分配问题，做好激励机制，以及建立绩效评估体系，并且要不断依据企业的发展和环境的变化做出调整。

（4）营造归属感，合理分享财富

对大多数管理者来说，缺少的不是理智，而是情感。员工归属感就如同企业的生命，对创业团队来说，尤其如此。凭借归属感，员工不仅可以释放出潜在的巨大能量，而且还可以发展出一种坚强的个性；凭借归属感，员工可以把枯燥乏味的工作变得生动有趣，使自己充满活力；凭借归属感，可以感染周围的同事，让他们理解你、支持你，拥有良好的人际关系；更重要的是，凭借归属感，可以感染顾客，实现更成功的业绩。今天，工作的目的不仅仅是生存，而是通过工作有成就感。员工工作的目的包括一份满意的薪水，快乐地工作和一个好的工作环境。其中最重要的就是在企业中能快乐地工作。环顾四周，总是对员工们板着面孔、高高在上的创业者越来越少，而"远景规划者""煽情高手""团队的服务者"却大受欢迎。

创业团队应该具有这样的意识：与帮助企业创造价值和财富的人一起分享财富。关于如何分配创业收益的问题，往往很难在创业活动的初始阶段就被制定出来并加以实施，不过团队成员应该达成共识，即在创业活动的一定周期内，根据贡献程度分配利益。在衡量每一位团队成员的贡献率时，需要充分考虑创始地位、所起作用、所供资源、岗位职责等多种因素，更重要的是，团队成员之间要多沟通、多协商，努力达成对各项贡献价值的一致意见，并且保持充分的灵活性，以适应今后的变化。

【案例导读】

马云和他的十八罗汉

阿里巴巴是由马云在1999年一手创立企业对企业的网上贸易市场平台，目前已经成为全球最大的电子商务平台。阿里巴巴的借着全球互联网和电子商务的迅速发展而快速扩张，然而，阿里巴巴的成功也是马云从一开始18人的小团队开始的。现在回头去看阿里巴巴保存的一段录像，会觉得很有意思。录像记录的是1999年春阿里巴巴刚成立时，在杭州湖畔花园马云家，马云妻子、同事、学生、朋友共18个人围着马云，听马云慷慨陈词：从现在起，我们要做一件伟大的事情。我们的B2B将为互联网服务模式带来一次革命！

类似的话在1998年年底的北京，马云已经讲了一次。当时，在下定离开北京回杭州的决心后，马云和跟随着他从杭州到北京打拼的兄弟们说："我近来身体不太好，打算回杭州了。你们可以留在这里，在北京的收入也非常不错；你们在互联网混了这么多年，都算是有经验的人，也可以到雅虎，雅虎刚进入中国，是家特别有钱的公司，工资会很高，每月几万元的工资都有；也可以去刚刚成立的新浪，这几条路都行，我可以推荐。反正我是要回杭州了。"

接着马云又说："你们要是跟我回家二次创业，工资只有500元，不许打的，办公就在我家那150平方米里，做什么还不清楚，我只知道我要做一个全世界最大的商人网站。如何抉择，我给你们三天时间考虑。"

　　像当年离开中国黄页一样，马云的决定又一次在他的团队里引起轩然大波。所不同的是这次没人哭。大家讨论时，很多人不能理解马云的决定，也有人坚决反对这个决定。不过，5 分钟后，所有人都表达了一个共同的意愿，跟着马云回杭州。

　　1999 年是中国互联网的第一波高峰时期，有经验的互联网从业人员是稀缺资源，很容易找到高薪工作，与 500 元相比，月收入上万元还是很有诱惑力的。至于为什么这些人会一致地选择跟随马云南下，日后马云的一次内部讲话多少能说明一些问题。"现在互联网江湖很昏暗，谁也不知道未来是什么，这个时候你可以去找一份收入不错的工作，但很可能你几年后还得换地方。现在我们用一支团队的力量在这片江湖里拼杀，十几个人在一起还有什么可怕的，拿着大刀片子往前冲即可。"

　　财经作家郑作时为此感慨，"这一团队和马云之间建立了超越利益之上的联系，既然几万元的月薪都可以放弃，那还有什么力量可以让他们分开"。

　　关系再好的团队，由于朝夕相处，不免还是有磕磕碰碰的地方。从创业一开始，马云团队就定下了一些原则，从某种意义上说，这些原则是马云团队最终并肩走得足够远的保证。

　　这些原则中，与团队有关的最重要的一条是解决矛盾的原则：从一开始，马云和他的创业伙伴就定下原则说，团队中任何两个人发生矛盾，必须由他们自己互相面对面地解决。只有在双方都认为对方无法说服自己的情况下，才引入第三者作为评判。

　　简单、开放议事原则的提出和确立，对于阿里巴巴团队的建设至关重要。它使阿里巴巴基本杜绝了"办公室政治"，大大减少了交流沟通成本，减少了内耗，大大增强了团队的凝聚力和战斗力。

　　不要小看这个原则，对一个创业团队来说，矛盾是不可避免的，但如何解决矛盾是一个问题，在马云团队看来，办公室政治在于矛盾的不断累积。

　　如果没有这个原则存在，没有这个原则长期坚持而自然形成的简单开放的价值观，阿里巴巴 18 罗汉打天下的故事很有可能不能圆满，至少华星时代的创始人风波很难过去。

　　2000 年，成功拿到高盛等 500 万美元的风投后，阿里巴巴从湖畔花园拥挤的居民楼搬到华星大厦宽敞的办公楼，随着空间环境的变化，阿里巴巴创业者们的心态也发生了微妙的变化。

　　搬到华星之后，随着公司正规化建设的开始，划分部门、明确分工都是自然而然的事，而有了部门就得有负责人，于是提干就是顺其自然的事。在 18 个创始人中，第一批提干的有 3 人：孙彤宇、张英和彭蕾，职务都是部门经理。于是原来的 18 个创业者分成了两拨：4 个官和 14 个兵。从北京 EDI 时代起，这支团队就习惯了只有一个头，那就是马云，其他人都是平等的兵。湖畔花园时代也是如此。到了华星时代，这种人们已经习惯了的现状突然改变了。

　　搬到华星大厦不久的一个晚上，马、张、孙、彭之外的 14 个创始人来到一家名为名流的咖啡馆聚餐。大家一开始说好不谈工作只叙旧，但谈着谈着就说到公司说到工作，所有的不解、疑惑和怨气都发泄出来了，一直谈到半夜。团队里的老大哥楼文胜首先倡议："说了这么多，屁股一拍就走，于事无补，我们应该写出来送给马云。"大家纷纷响应。于是由楼文胜执笔，大伙儿补充，整整写了一大张纸。

　　散伙之后，楼文胜回家将这份东西整理成一封写给马云的长信，然后发给了马云。第二天傍晚，马云收到信后立即把18位创始人召集到一起，大家围着圆桌坐下后，马云说："今天大家不用回去了，既然你们有那么多怨恨，很多人有委屈，现在当事人都在，都说出来，一个个骂过来，想哭就哭，所有都摊在桌面上，不谈完别走！"

那天的会从晚上9点开到凌晨5点多。那是一次彻底的宣泄，也是一次彻底的灵魂洗礼。会上许多人情绪激动，许多人痛哭失声。整整一夜，这些跟随马云浴血奋战了少则2年多则5年的老战友，吵过、喊过、哭过之后，一切疑虑都已消散，一切误解都已消除，一切疙瘩都已消解。

华星时代创始人风波的导火索是那封写给马云的信。事后18罗汉之一的吴泳铭说："我们能写出来告诉马云，说明我们是一支很好的团队。"如果那14位创始人不这样做，而是任其发展，让误解和矛盾蔓延下去，那么18位创始人团队的分崩离析是早晚的事儿。

【课后练习】

组建最佳团队

2.3 创新型人才的培养

2.3.1 时代对创新型人才的需求

创新型人才应该具备的主要特征，包括以下方面：

（1）有可贵的创新品质

当前，我国正处于发展的重要战略机遇期，大力培育创新型人才，为建设创新型国家、国家创新体系和全面建设小康社会，提供坚强的人才保证和智力保障，显得尤为迫切和重要。从一定意义上说，创新型人才正以前所未有的时代需求承载着推进国家自主创新，在激烈的国际竞争中占据主动，实现中华民族伟大复兴的历史使命。因此说，创新型人才必须是有理想、有抱负的人，具备良好的献身精神和进取意识、强烈的事业心和历史责任感等可贵的创新品质。具备了这样一种品质，才能够有为求真知、求新知而敢闯、敢试、敢冒风险的大无畏勇气，才能构成创新型人才的强大精神动力。

（2）有坚韧的创新意志

创新是一个探索未知领域和对已知领域进行破旧立新的过程，充满各种阻力和风险，可能遇到重重的困难、挫折甚至失败。人类科学技术发展到今天，要获得一点进步相当困难。因此，创新型人才每前进一步都是需要非凡的胆识和坚忍不拔的毅力，为了既定的目标必须始终不懈地进行奋斗，锲而不舍，遭到阻挠和诽谤不气馁，遇到挫折和挫败不退却，牺牲个人利益也在所不惜，不达目的誓不罢休，不自暴自弃，不轻言放弃。只有具备了这样的创新意志，才能不断战胜创新活动中的种种困难，最终实现理想的创新效果。

（3）有敏锐的创新观察

历史上的科学发现和技术突破，无一不是创新的结果。从这个意义上讲，创新就是发现，而且是突破，哇的发现。要实现突破，哇的发现，就要求创新型人才必须具有敏锐的观察能力、深刻的洞察能力、见微知著的直觉能力和一触即发的灵感和顿悟，不断地将观察到的事物与已掌握的知识联系起来，发现事物之间的必然联系，及时地发现别人没有发现的东西。创新型人才的观察力同时还应当是准确的，能够入木三分，发现事物的真谛，具有善于在于常中求不寻常的创新观察能力。壶水滚沸使瓦特发明了蒸汽机，苹果落地使牛顿创立了"万有引力"说，带细齿的野草划破了鲁班的手指使他发明了锯，无不证明了敏锐的创新观察能力在创新中的重要作用。

（4）有超前的创新思维

创新思维是创新的基本前提，创新型人才具备思维方式的前瞻性、独创性、灵活性等良好思维品质，才能保证在对事物进行分析、综合和判断时做到独辟蹊径。

（5）有丰富的创新知识

创新是对已有知识的发展，在人类知识越来越丰富和深奥的今天，要求创新型人才的知识结构既有广度，又有深度。因此，创新型人才须具有广博而精深的文化内涵，既要有深厚而扎实的基础知识，了解相邻学科及必要的横向学科知识，又要精通自己专业并能掌握所从事学科专业的最新科学成就和发展趋势，这是从事创新研究的必要条件。只有通过知识的不断积累才能用更为宽广的眼界进行创新实践。创新型人才拥有的信息量越大，文化素养越高，思路便越开阔。同时，完备的知识结构使他们具有料学综合化、一体化意识，有助于增强综合思维能力和创新能力。

（6）有科学的创新实践

创新的过程是遵循科学，依据事物的客观规律进行探索的过程，任何一种创新都不能有半点马虎和空想，因此，创新型人才必须具有严谨而求实的工作作风，严格遵循事物的客观规律，从实际出发，以科学的态度进行创新实践。冬暖式蔬菜大棚的发明人、社会主义新农村建设的重大典型、山东省寿光市三元未村党支部书记王乐义同志，在创建冬暖式蔬菜大棚之初，为了求证大棚的最佳地理朝向，用罗盘连续两年观测当地的光照情况，最后提出了本地区的大棚最佳朝向为正南偏西 5 度的理论，来自北京的专家都赞叹说，"地理学上的专题被一个土专家钻研透了"。在带领群众发展蔬菜生产的过程中，也正是基于他这种严谨科学的创新实践，才使他得以不断改进种植模式，并相继研发了立体种植、无土栽培等 20 多项蔬菜种植新技术，从而由一个土生土长的普通农民，站到了农业科技的最前沿。

【案例导读】

三星：从学习模仿到自主创新

有人说，韩国以三星为代表是学习模仿日本，成功地重走了一遍日本走过的道路，有一个发展电子工业的基本大法——"电子工业振兴法"。三星公司自创立至今，其产品开发战略演变大致经历了"拷版战略""模仿战略""紧跟技术领先者战略"和"技术领先战略"四个阶段。

三星公司成功地重走了日本公司的发展之路，特别在作为电子工业的基础——IC 和 FPD 方面。日本 NEC/东芝搞 DRAM 战胜了美国的 Intel，一度称霸于世；韩国三星公司还是搞 DRAM 打败了日本 Elpida，至今稳握世界 DRAM 市场牛耳。正如三星公司成立初的总裁李秉喆说："我们要是在电子革命中落后，我们就会永远沦为落后国家。"90 年代掀起的以 TFT-LCD 为代表的平板显示器浪潮，三星公司不甘落后，紧跟日本 Sharp 公司，于 1995 年推出 22 英寸 LCD 屏，1997 年上市 30 英寸屏，1998 年开发出高清 LCD TV，并出口美国。

三星公司在引进外国技术的同时，始终强调内部研究与开发的重要性，强调在提升内部技术能力的基础上寻求市场、产品和技术的动态匹配。三星电子自己认为：正是自主、不懈的研究与开发，才使三星电子成为一家冉冉升起的全球领导企业。1990 年三星电子的研发经费为 2.09 亿美元，1997 年增加到 9.04 亿美元，1998 年为 11.4 亿美元，2003 年则高达 29 亿美元；2003 年，三星电子在韩国有 6 个研发中心，在世界其他国家有 10 个研发中心，建立了一个全球研究与开发网络；研发人员共 19700 人，占全部员工的 34%。

发展至今，三星集团已是集电子、机械、化工、金融及贸易于一身的国际特大型企业，其中电子是重中之重，收入约占公司的三分之一。这一切都离不开三星自主、持续、高投入和高强度的研究与开发活动和坚持自主创新发展的方向。

2.3.2　大学生应当具备的创新素质

2.3.2.1　当代大学生创新素质的现状

（1）具有创新意识，但不善于利用和创造条件

创新能力的发展与创新行为的展出，都是建立在创新观念和创新欲望的基础之上。大学生普遍具有创新动机，对创新有一定程度的认识，希望在学习中产生新思想与新理论，积极寻找新的学习方法，但由于学校创造性学习条件的局限及学生自身不善于创设和利用学校的现有条件，缺乏向知识经验丰富的教师或同学请教的勇气，往往不能把握本学科最新发展的动态和相关学科知识的横向关系，由此限制了学生创新能力的进一步发展。

（2）思维相当敏捷，但缺乏创新性思维的方式

随着知识和经验的积累，大学生的想象力逐渐丰富，思维能力，尤其是逻辑推理思维能力有了很大程度的发展，思维相当敏捷；然而由于他们的知识面宽度不够，知识的吸收是独立的、互不相关的，出现"见树不见森林"的现象。机械地、片面地看待各科知识的结构，缺乏必要的合理整合，致使他们的思维方式往往是直线式，思考问题缺乏灵活性、全面性和深层次，处理问题的方式方法千篇一律，没有太多的新意和突破，最明显表现在发言、作业、试卷、论文中缺乏新意。

（3）有创新的灵感，但缺少必备的创新技能

大学生经过不断的脑力劳动，大脑皮层下产生某些暂时性的神经联系，在特定因素的

诱发和引领下，神经联系会彼此刺激，产生灵感。然而灵感往往是短暂的、昙花一现，此时若有较强的创新技能，会使灵感成为现实。创新技能是指创新主体的行为技巧的动作能力，包括新信息加工能力、动手操作能力、掌握和运用创新技法能力、创新成果表达能力及物化能力。我国学生长期受应试教育的影响，其应试能力较国外学生具有很大的优势，但在动手能力与运用创新技法的能力方面却远远弱于外国学生。

（4）有创新的兴趣与热情，但缺乏毅力

创新过程并不仅是纯粹的智力活动过程，还需要以创新情感为动力，在智力和创新情感的共同作用下，创新才可能获得综合效应的能量。调查显示，大学生在兴趣的深度、广度、稳定性及效能上，都有相当的发展，但有待于进一步提高，这需要具有坚强的毅力。毅力是人类自觉确定目标，根据目标来支配、调节自己的行动，克服各种困难，实现自己目标的心理过程，是能动性和个体积极性的集中体现。大学生能够意识到毅力在创新活动中的重要性，但缺乏毅力，在实际工作中往往是虎头蛇尾，见异思迁，甚至放弃追求。

2.3.2.2 大学生应该具备的创新素质

（1）无私无畏

创新是思前人未思、做前人未做之事，首先需要无私无畏的品质，即不为私利也不惧困难而敢于做破天荒去吃螃蟹的第一人。无私是对创新型人才进行创新的目的而言，因为创新目的决定着创新的最终价值，只有创新活动超越个体私利才不致引起创新失当，对人类发展、社会进步具有积极意义。正所谓，"创新型人才比一般人具有更高的道德修养和更好的个性心理品质，具有为社会、为国家、为民族服务的意识和自觉性，为社会和他人的奉献精神和忘我精神，因为他们肩负着国家和民族的希望，需要具备比一般人才更高的社会责任感和使命感"。当然，无私并非否认个体利益，而是强调创新型人才通过创新活动实现个人价值时不为私利如个人荣誉、经济利益所动，从而不顾创新成果可能带来的负面效应甚至是对人类造成危害进行不恰当的创新活动。无畏意味着在创新实践中要不畏艰难、勇于探索，是创新型人才进行创新活动的必备要求。创新是一项具有探索性的极其艰巨复杂的实践活动，因此创新型人才既要有敢于质疑、敢为人先、不怕打压、坚忍不拔的创新勇气，还要为之付出大量的时间精力、进行物质消耗和智力消耗甚至承担一定的经济风险、政治风险或舆论压力。通过考察科技发展史可以发现，一个新科学理论的提出往往会同传统观点相对立，这种对立不仅表现为科学本身发展的新旧冲突而且还表现为与宗教势力或政权利益的对抗，因而通常会遭到嘲笑、污蔑和打击。因此，创新型人才需要具备无畏的品质，做到为了取得一项成果、验证一个结论孜孜以求、奉献一生甚至献出生命。

（2）独立个性

独立个性是进行创新性活动的前提，只有具备独立自主精神，不盲目追从，能独立思考判断，才能取得非凡成绩。英国心理学家特尔曼曾对1500名超智儿童的成才过程进行系统的追踪调查，并把其中800名男性中成就最大的20%与成就最小的20%进行比较分析，发现两者最显著的差别是他们的个性品质不同，成就最大者的个性品质明显高于成就最小者的。从当今世界发展看，独立个性尤为重要，因为一个多变的时代、多元的社会要求有不同的人才来解决不同的问题，如果缺乏独立个性，不相信自己的力量而过分依赖环境和他人，就难以成功成才。

（3）超常思维

超常思维是人们在思维活动中表现出来的敏锐性、前瞻性、放性、多样性、独创性等思维品质，它往往与创新实践密切相连，让人们为把握事物本质、破解各种难题而主动独特地思考。有学者认为，超常思维可理解为"打破传统思维方式，突破传统观念，使思维具有超前性"。只有具备超常的思维，创新型人才才能在实践活动中摒弃偏见和成见，通过选择、突破和重构已有知识、经验、信息，对事物进行去粗存精、去伪存真、由此及彼、由表及里的蹄选、加工和制作，进而以独特的认知模式把握事物的内在本质和规律，形成新的认识、新的判断、新的思路、新的结论。

（4）综合素养

个体创新能力与生理、心理等因素密切相关，但其知识结构往往起着决定性作用。如果没有扎实的知识功底与合理的知识结构，就难以在既有知识体系基础上对其进行转化和整合进而形成新的、有利于创新发生的知识体系。创新型人才只有有了深厚扎实的基础知识、精通本专业的知识技能并了解相邻及相关学科的知识，才能在不同学科之间进行科学合理的整合，避免在分析解决问题时出现单一性和直线式，从而较好地实现知识的正向迁移和转化，促成创新性成果的产生。事实表明，知识数量增大可使知识品种和类型呈现出多样性，思想也就相应地倾向于多元化，因而个体能产生丰富的联想、形成新的思路、提出多个设想，有助于创新。一般来说，创新型人才应具备"新、专、博"的知识结构。一是"新"，即掌握新的前沿性知识。目前各种知识的更新与转移速度加快，仅仅凭借个人原有的知识系统已难以满足创新的需要，创新型人才必须不断汲取新鲜的知识"营养"，这样才能跟上时代发展的步伐。二是"专"，即在某一领域有较深造诣。面对无限的知识，精力有限的个人不可能成为各个方面的全才，因此，立足某一领域并精通其知识是个体成长的必然要求。三是"博"，即有广泛的知识基础。随着学科的交叉与渗透，许多事情和问题的解决需要运用不同领域的知识和方法，因此广泛获取知识并提升多角度分析问题的能力显得尤为重要。

（5）合作意识

创新成果的出现往往需要多人共同努力。在诺贝尔奖开设最初的 25 年中，获奖者的工作中有 41% 是合作性的，到了 1972 年 79% 的获奖者由于合作而获奖。尤其是在知识爆炸的今天，任何人也无法收集和掌握每年约有 10 亿信息单位的信息量，没有任何一个个人可以单独从事一项社会创新工程和研究项目。因此，创新型人才要有较强的合作意识，善于整合多方力量、争取广泛配合，在团结协作中从事创新实践并获得创新成果。

（6）显现绩效

成为创新型人才，不仅要有极大的创新激情和强烈的创新欲望并以务实的态度和科学的方法进行长期不懈的创新实践，更要取得社会认可的创新成果，这是衡量创新型人才的最终标准。一个人具有创新精神和创新能力却没有创造出社会认可的成果，不能被称为创新型人才，充其量也只是潜在的创新型人才。

【案例导读】

将创新进行到底的大学生

刘哲在创业之初，之所以将公司命名为"魂世界"，是因为其在上大学期间曾经开发过一款同名的桌面游戏。也正是从那个时候，毕业于清华大学建筑系的刘哲坚定了自己投身游戏之路的决心。彼时，刘哲不仅兼修了数字娱乐设计的双学位，还创建了一个小型的独立游戏工作室。这为其后来正式担当游戏制作人打下了坚实的基础。

毕业之后，刘哲曾先后任职于游卡和Zynga，分别设计桌游和手游。然而，很多创新理念由于受限于公司体制而不能完全实现，于是刘哲萌生了自主创业的念头。2012年6月，在拿到了第一轮的天使投资后，魂世界信息技术有限公司正式成立了。从成立公司的第一天起，刘哲就坚定不移地将"创新"确立为公司最为核心的企业文化。

自立门户无疑为"创新"增添了更广阔的施展空间，然而创业之路的艰辛也是不言自明的。魂世界的前三款产品涵盖战旗、卡牌、策略等多种类型，在游戏玩法上力求突破并且得到了一定认可，但其市场表现却差强人意。随之而来的是维持公司生存的资金压力与日俱增，然而刘哲对于当时的处境却始终保持着乐观的态度。事实证明，这种乐观并不是盲目乐观，而是基于对创新品质的绝对自信。在充分总结了前三款产品的经验教训后，魂世界开发出了第四款集大成之作《天降》。这款产品也正如刘哲所期待的一样收获了成功，最终在海外和国内都卖出了大价钱。这款"从天而降"的及时雨不仅缓解了公司的生存压力，对于公司未来的发展更是具有里程碑意义。按照刘哲本人的定义，正是由于《天降》的启示，公司从凭借个人兴趣进行玩法设计的第一阶段过渡到了针对付费模型进行产品研究的第二阶段。

为什么要经历这种转变？刘哲对此的回答仍然回归到了"创新"这个原点。游戏行业始终强调创新，呼唤创新，但为什么真正能做到让人眼前一亮的创新产品却越来越少？实际上，尝试创新的开发者大有人在，然而很多产品最终没能得到市场和资本的认可，沦为了倒在创新之路上的尸体。这种不具有可持续性的创新显得并无价值，只有那些"叫好又叫座"的产品才能引起业内的重视，才能真正体现创新的价值。而这正是刘哲长久以来的愿望——努力地让创新可以成功。

想要实现这一点，就必须合理的利用"商业化"这个武器将"创新"有效的保护起来。这也正是魂世界要转攻付费模型研究的原因所在。事实证明，这种转型是必要且正确的。既《天降》之后，魂世界所开发的第五款产品《萌面星球》同样表现不俗。该作在台湾地区仅上线两周，就取得了远超预期的成绩。这款消除类的休闲游戏首创了技能系统，并结合养成和收集等要素进行了巧妙的付费点设计，堪称魂世界迈入第二阶段后的一次突破性尝试。

伴随着成熟产品的不断涌现，刘哲对于自己的创新方法论，也愈加拥有了绝对的自信。在保证每一款立项产品都能"叫好"的前提下，如何同时实现"叫座"，成为了公司面临的最大课题。为了解决这个课题，在进入 2015 年后，魂世界在两个方面采取了新的举措。

第一点是尝试用新思路改造重度付费模型，公司正在开发的一款 SLG 游戏正是按照这个思路进行打造。刘哲将其定义为一种品类创新，旨在颠覆玩家对于策略游戏，对于重度游戏的传统理念。该游戏目前刚刚作出第一版测试版本。刘哲计划再用 3 个月左右的时间进行细节优化和反复调试。

第二点是成立一个专门的小组去做苹果推荐。近几年，用户成本成指数级上升，相比于安卓渠道，iOS 的生态环境更好。在这个更为公平的平台，存在着潜在的降低推广成本的可能。苹果向来青睐具备创新元素的新产品，而这一点恰恰是魂世界所擅长的。目前，公司已经递交了自研的多款产品，均获得了苹果方面的积极反馈。在未来，魂世界还将致力于发行业务，力争帮助更多的国内优秀产品获得苹果推荐。

就在前不久，魂世界刚刚度过了自己的 3 周岁生日，而且公司也完成了新一轮的融资，拥有足够的资源储备来迎接未来更为激烈的竞争。3 年来尝尽酸甜苦辣的刘哲如今看着自己的孩子羽翼渐丰步入正轨，难免感慨良多。在一封名为《我们为何而来》的内部邮件中，刘哲向全体员工表达了自己的长远愿景。他希望魂世界能成为业内的下一个 Valve，不仅能做出优质的游戏，而且能做出可以改变整个行业的事情。

【扩展阅读】

周世宁院士：创新人才的六个素质

2.3.3 提高创新能力的路径

在现代人才的规格和素质要求中，创新能力被认为是一个人能力结构层次中最高层次的能力，具备不断创新的才能是未来人才素质的重要特征。可以说，创新能力将成为人们适应未来信息社会的急剧变化性和高度竞争性的一种生存能力。

在知识经济时代，当代大学生成为推动中国知识经济发展的中坚力量。在教育部制定的"面向 21 世纪教育振兴行动计划"中，已明确把培养学生的创新意识和创新能力放到教育教学的突出位置，这就在客观上为大学生提高创新能力提供了有利的环境支持。但从根本上来说，大学生创新能力的培养与提高，除了需要有很好的教育环境支持外，更重要的是需要大学生自己从主观方面去努力。

（1）注重创新个性

人没有个性，就没有创造性，就没有发展。个性，是指人的个性在后天活动中逐步形成的习惯和行为方式，它包括一个人的处事原则、对事物的态度和活动方式三个基本要素。创新个性就是在对待事物的态度方面，能具备从事创新活动所必需的、正常的、健全的心理。创新人才应具备以下个性心理品质：①有高度的自主性和独立性，不肯雷同；②富于幻想，敢于大胆假设，勇于冒险，善于抓住机遇不放；③思维灵活、敏捷；④有旺盛的求知欲和强烈的好奇心，兴趣广泛；⑤具有坚韧不拔的毅力和科学的探索精神等。

要做到以上五点，大学生可以从以下方面努力：

一要树立远大理想和抱负，提高创新欲望。大学生要胸怀远大理想，要有立志为国家、社会作贡献的创新渴望。创新欲望越强烈，越利于激发创新激情与创新意识，活跃创新。

二要坚信自己具有创新能力。培养提高创新能力的首要心理条件，就是充分坚信自己具有创新潜能。坚定的创造信心，有利于增强锐意进取、百折不挠的意志，促进创新思维和创新想象的活动。

三要培养探索问题的敏感性。大学生要培养自己对新生事物的好奇心和观察问题的敏锐性，逢事多问几个"为什么"，不要对什么事都习以为常，安于现状。要能及时发现和抓住新生事物的苗头，把握创新机会。

四要善于开动脑筋，保持思维的独立性，养成独立思考问题、解决问题的习惯。一个缺乏独立思考能力，习惯于附和多数，人云亦云的人，是很难有创新意识和创新作为的。爱因斯坦曾指出："发展独立思考和独立判断能力，应当始终放在首位，而不应当把获得专业知识放在首位。"可以说，没有独立思考，就没有爱因斯坦的"相对论"，没有独立思考和对"地心说"的批判，就没有哥白尼的"日心说"。

五要保持良好的竞争心态，积极参与竞争，在竞争中进行自我激励。

（2）消除主观障碍

影响大学生创新思维发展的障碍包括：受传统观念的束缚、不加批判的学习和固执己见等。这些都是大学生需要克服和消除的。

传统的理论、观点和方法，往往束缚人们思想，如果大学生在思考问题时，总是过于轻信教科书和迷信学术权威的观点，不敢超越前人半步，常纳入别人的思维轨道，就会阻碍自己创造性思维。大学生在学习探索活动中，要突破传统观念的束缚，敢于对传统学术观点大胆提出质疑。

任何创新都是在继承基础上进行的，广博的知识基础能促进人的创新思维活动。但是，如果大学生在学习过程中，只继承不批判，机械地照搬别人的知识，就不利于创造性思维的发展。因此，大学生应保持思维的批判性，在学习前人的知识时做到批判地汲取。批判就是否定，而否定就意味着创新活动的开始。

固执己见、偏见和过于依赖、谨慎、谦虚、病态的安全感等不健康心理，都会阻碍大学生创造性思维的发展，应加以克服。

（3）优化知识结构

知识是人类进行观察、思考和想象的基础。没有丰富的知识支持，就不可能有丰富的想象力，而想象力在创新能力的内在形成机制中起着十分重要的作用。虽然知识的多少和创新能力并不成正比关系，但有着内在的关联，必要的知识储备是创新活动的重要前提。

因为任何创新都是对旧的水平、理论、方法、规范的突破，如果一个人对前人的知识、技能不能很好地继承，达到融会贯通，就很难有所"突破"，提出自己新的思想、观点和方法。著名的生理学家巴甫洛夫曾对青年们说："你们要在攀登科学顶峰之前，务必把科学的初步知识研究透彻。"[①] 因此，大学生就应注重知识结构的建构与优化，应做到：

①努力学习和掌握渊博的基础理论知识，力求融会贯通、化知为智。

②努力拓宽知识面的同时，强化知识的系统性和整体效应。大学生除了要学好专业知识，还应对社会、经济、政治、人文、管理等方面的知识有所了解，掌握与专业相关的学科知识和技术要领，并注重各学科知识间的交叉、渗透与综合。

③不断进行大容量的新知识储备。大学生要注重对最新理论、最新技术和最新信息的了解，不断探求新的知识，努力掌握社会、文化、科技发展的最新动向。

（4）掌握创新方法

学习和掌握一些科学的创新理论和方法，是培养提高大学生创新能力的关键途径。科学的创新理论和方法是科学家们在长期的科学创造实践中探索总结出来的，对大学生创新能力的培养提高具有很强的指导意义。对大学生来说，一要掌握辩证唯物主义世界观和方法论，遵循辩证唯物主义的认识路线，用正确的认识论指导自己的实践，避免在创新活动中走弯路、误入歧途，否则，真理可能从自己的鼻子底下逃走；二要学习有关创造学原理，掌握创新活动的内在机制、基本过程和内容，学会如何进行创新，同时还应掌握从事学科研究的一般方法、技能和规律，以提高科研能力；三要学会用创新思维方法，如求异思考、求同思考、反向思考、联想思考、类比思考等创新思维方法；四要掌握创新技法，如移植创新法、逆向创新法、外向创新法和极端化创新法等一些科学的创新技法。

（5）参加创新实践

社会实践是人类能动地改造自然和社会的活动，人类的实践活动具有能动性、客观性和创造性等特点。可以说，一切创新的内容都来源于社会生活，来源于社会需求。在校大学生应充分认识社会实践对创新活动的重要性，多途径参加社会实践活动，如积极参加社会调查活动、社会实习活动、课外兴趣小组活动，以及亲自参与科研课题的研究工作等。大学生通过参加社会调查活动，有助于了解和掌握现实生活中出现的新问题、新情况和新需求；通过社会实习，有助于发现现有的理论、观点和研究方法在现实条件下遇到的新挑战，为寻找"创新点"，确立"创新选题"创造条件；通过亲自参加科研课题的研究，有助于大学生对学过的知识进行综合与深化，在科研中提升知识。

另外，在实践方法上，一方面，要坚持实践内容和形式的多样性，以实现多侧面、多领域锻炼；另一方面，要强调实践的创新性，提高实践的层次，每一次实践不能只简单地重复过去，只有在内容和形式上都比过去有所发展，有所突破，才能有所创新。同时，大学生还应注意提高对每次实践活动的利用率，注重在群体实践活动中相互学习、取长补短，提高自己。

---

① 引自《科学家名言》，河北人民出版社 1980 年版，第 45 页

【案例导读】

从华为、小米看创新

在"大众创业、万众创新"的浪潮下，创新成为推动我国经济转型升级的重要支撑。然而，由于受社会环境等各种因素的影响，中国很难复制西方国家的创新模式。在自主创新的过程中，企业如果获得成功，将带来巨大经济和社会效益，但创新失败的风险也令很多企业对创新望而生畏。在本文中，笔者探讨了华为和小米的创新经历，希望能为其他中国企业提供参考和借鉴。

创新模式各有不同

相关数据显示，在 2014 年全球手机品牌排名前十位企业中，中国手机厂商占据了半壁江山，除了中兴通信、华为、酷派、联想外，还有小米。以华为为代表的传统创新模式和以小米为代表的新兴创新模式孰优孰劣？

华为的核心竞争力是对技术孜孜不倦的追求，技术创新是华为不断增强自身竞争力的关键。过去 10 年，华为的研发投入累计超过 1900 亿元人民币。咨询机构 Strategy 发布的一项全球研发费用报告显示，华为 2015 年的研发投入与大众、三星、英特尔等行业巨头相差无几。

在坚持自主创新的同时，华为还善于借助外部资源不断完善自己的产品。华为由内向外的转变实际上是由封闭式创新向开放式创新演进。因此，华为不仅自主量化生产手机芯片，而且还积极在竞争对手研发的前沿技术的基础上进行再创新。经过十几年的积累，华为形成了以核心技术和标准专利为核心的竞争资源。

小米起步较晚，但其以"互联网+手机"的模式一举打破了中兴通讯、华为、酷派、联想相对稳定的市场结构。2014 年前，小米的专利授权量较少，因此，小米采取了与华为完全不同的创新模式。从"粉丝经济"到"饥饿营销"，小米的创新更多集中在品牌和营销方面，而互联网的宽容和开放又为小米的商业模式创新插上了翅膀。这种全新的商业模式为小米带来了巨大的商业价值，事实证明，相比技术创新的贡献度，小米的商业模式创新对自身发展同样具有巨大贡献。

依然面临创新困境

在互联网的冲击下，包括华为在内的手机生产商发现商业模式创新可以独立于技术创新之外，过去靠知识产权制度构建的市场准入壁垒正在被逐渐打破，完全依靠知识产权的垄断性获取竞争优势已难以抑制业界新贵的崛起。微信、淘宝，滴滴打车以及小米都是借助互联网平台发展壮大的企业。

国内外都不乏在硬件上投入大量资金却遭遇发展瓶颈的企业，例如，诺基亚，大多数消费者称赞诺基亚过硬的技术和质量，但却不再购买诺基亚手机。与华为并驾齐驱的中兴通讯，虽然手里掌握着大量的核心技术和专利储备，但中兴通信智能终端的市场占比却不断下降。目前，华为与酷派痛定思痛后，开始向"互联网+"前进，通过互联网对传统产业进行改造，谋求转型升级。

　　小米创造的"硬件+软件+服务"的商业模式让小米赚足了风头。以现在小米的发展势头，2015年小米还将继续领跑国内手机市场。小米模式并非那么容易复制，例如，凡客在模仿小米的过程中越走越远，小米互联网电视也没能重复小米手机的成功。在开拓海外市场的过程中，2014年小米刚踏进印度就被爱立信盯上，并被申请禁令。可以说，小米在专利储备方面的薄弱，导致小米开拓海外市场时遭遇困局。

　　小米在智能手机上的技术创新远不及传统的手机厂商，却分得了国内市场最大的蛋糕，长此以往，小米有可能遭遇知识产权诉讼。目前，小米已经意识到自身发展的困境，为了改变这种尴尬的局面，正积极展开专利布局，其提交专利申请的技术领域涵盖了手机操作、数字传输、图像处理及无线通信网络等方面。

　　由此可见，小米的知识产权战略是通过市场领先反哺技术创新，在商业模式取得阶段性成功以后，将商业上取得的优势资源用于弥补技术创新的不足，逐渐缩小甚至消除专利壁垒。

（来源：http：//www.sipo.gov.cn/mtjj/2015/201505/t20150527_1123352.html）

【课后练习】

每个人都有创造力

第三章
创业机会识别与选择

【**教学目标**】通过本章教学，让学生了解创意与机会的含义，理解创业机会的来源与特征，掌握产生创业机会的方法，掌握识别创业机会的一般方法，理解蒂猛斯与刘常勇创业机会评价的内容，能够掌握个人与创业机会匹配的方法。

3.1 创意与创业机会

3.1.1 创意与机会

（1）创意的概念

创意是打破常规的哲学，是破旧立新的创造与毁灭的循环，是思维碰撞，是智慧对接，是具有新颖性和创造性的想法，不同于寻常的解决方法。创意是否具有商业价值存在不确定性。

（2）产生创意的方法

创意的产生是可以训练的。联想产生创意，头脑风暴法产生创意，洞察细微产生创意，勇于尝试产生创意。

①联想法产生创意　联想，是一种心理活动的方式，也是一种重要的构思方式。是充分激发人的大脑的想像力和联想力，提高创造性思维能力，从而产生有创造性的设想的方法。联想法可以迫使人们去联想那些根本联想不到的事物，从而产生思维的大跳跃，跟踪逻辑思维的屏障而产生更多的新奇怪异的设想，而有价值的创造性设想就孕育在其中。

这是以丰富的联想为主导的创意方法系列，其特点是创造一切条件，打开想象大门，提倡海阔天空，抛弃陈规戒律；由此及彼传导，发散空间无穷。虽然从方法层次上看属于初级层次，但它是打开因循守旧堡垒的第一个突破口，因此极为重要。"头脑风暴法"是联想系列方法的典型代表。它所规定的自由思考、禁止批判、谋求数量和结合改善等原则，都是为丰富的想象创造条件。

②头脑风暴法产生创意　所谓头脑风暴最早是精神病理学上的用语，指精神病患者的精神错乱状态而言的，现在转化为无限制的自由联想和讨论。其目的在于产生新观念，或激发创造性设想的产生。由头脑风暴一词可想而知允许自由联想的程度以及创造者须将创造力（确切地说应是想象力、联想力）激发到何种程度。

这种集体自由联想方式可以创造知识互补、思维共振、相互激发、开拓思路的条件。

【扩展阅读】

常见的产生创意的联想方法

③组合法产生创意　事物由两个或两个以上的技术因素组合在一起的，这其中蕴含着一种组合的思想。运用这种思想进行创意发明的技法，称之为组合法。即按一定的技术原理或功能目的，将两个或两个以上分立的技术因素通过巧妙的结合或重组，而获得具有统一整体新功能的新产品、新材料、新工艺等新技术的创造发明方法。组合的方式可分为：成对组合、内插式组合、辐射式组合、系统组合、焦点组合、模块组合等。

这是一个以若干不同事物的组合为主导的创意方法系列。其特点是把似乎不相关的事物有机地合为一体，并产生新奇。组合是想象的本质特征。与类比族相比，组合族没有停留在相似点的类比上，而是更进一步把二者组合起来，因此方法层次更高，它也是以联想为基础的。

④移植法产生创意　移植法就是把某一事物或领域的原理、结构、功能、方法、材料等转移到另一事物或领域中去。利用这种更换载体启发发明创造的方法叫移植法。换言之，就是在不同事物上不同领域中进行模仿的方法。

【案例导读】

"叶画"艺术

25岁的刘晓是武汉人。对商业的触觉，和女人天性中对美的感悟，创造了她的"叶画"艺术，成就了她的财富梦。

国庆节放假期间，刘晓去杭州旅游，一场"水幕电影"让她大受启发。原本在银幕上放的电影，现在移到水幕上放映，就引起了新的关注与欣赏。

一回武汉，刘晓就开始寻找画画的新载体。冥思苦想了几天之后，地上的树叶映入她的眼帘，树叶的形状千姿百态各不相同，变幻万千。她突发奇想："能不能在树叶上作画呢？"

为了寻找到最合适的叶子，刘晓走访了华中农业大学、武汉植物园的专家，得到了一些帮助。但由于经费有限，刘晓此后在外出采集树叶或拜访专家时，几个馒头成了一天的干粮，能坐公共汽车决不会坐出租车，不太远就走路去。

短短半年内，刘晓的足迹踏遍了武汉市城院，终于，一种野生的剑麻叶让她如愿以偿，她画出了自己第一幅"叶画"。颜色渗入树叶的程度恰到好处，树叶经过干燥处理后，也没有出现破裂的情况，还具有一定的韧性。

三个月后，刘晓为"叶画"申请了专利。之后，她在步行街租了一个小门面，开始大量制作"叶画"。慕名而来的顾客一走进她的"叶画"店，就立即被吸引了。巴掌大的一片树叶上，人物、山水、鸟兽……一应俱全，栩栩如生。刘晓根据树叶的大小、所画的内容、做工的精细程度，将"叶画"的价格定位在 50~5000 元之间，虽然价值不菲，但也不乏购买者。为了吸引更多的顾客，刘晓以推出了"系列套画"，如"金陵十二钗""桃园三兄弟"、中国古代"四大美女"等。

在开"叶画"店短短半年时间里，她获得的纯利润达 20 万元。就在这时，一位从事外贸生意的商人找到了她，提出可以把"叶画"出口到国外，双方一拍即合。"叶画"投放市场之后，激起了强烈的反响，很多外国人惊叹不已，市场大开。

3.1.2 创业机会的概念与特征

3.1.2.1 创业机会的概念

美国经济学家柯兹纳（Kirzner）认为，创业机会是未明确市场需求或未充分使用的资源或能力。潜在的消费者可能很清楚自己的需要、兴趣或问题，也可能不明确自己的需要。即使消费者不清楚他们想要什么，当创业者把新产品推荐给他们并向他们说明产品的好处时，他们也能够识别这个新产品给他们带来的价值。和有发展潜力的新能力或新技术一样，未得到充分利用的资源也有为潜在消费者创造和传递价值的可能性，尽管这种新价值的形式还不确定。

随着市场需求被创业者精确定义出来，未得到利用或充分利用的资源也被更精确地定义为潜在的用途，创业机会就从其最基本的形式中发展起来，形成了一个商业概念。这一概念的核心观点是如何满足市场需求或如何利用资源。这一商业概念在创业者的开发下将变得更加复杂了，包括产品或服务（提供什么），市场（提供给谁），供应链、市场营销、经营（如何将产品或服务提供给市场）等。我们可以总结为：创业机会是有利于创业的一组条件的形成情况。

3.1.2.2 创业机会的特征

蒂蒙斯认为，创业机会的特征是具有吸引力、持久性和适时性，并且伴随着可以为购买者或者使用者创造或增加使用价值的产品和服务。

①吸引力 创业者所选择的行业，即创业者所要提供的产品和服务，对于消费者来说应该是具有吸引力的，消费者愿意消费该产品和服务。

②持久性 创业机会应当具有持久性，能够得到进一步的发展，具体来说，市场能够提供足够的时间使创业者对创业机会进行开发。创业者进行创业机会分析时，应把握创业机会的这一特征，以免造成对资源和精力的浪费。

③适时性 适时性与持久性相对。创业机会存在于某个时间段，在这个时间段进入该产业是最佳时机，这样一个时间段被称作"机会窗口"。换句话说，创业机会具有易逝性或时效性，它存在于一定的空间和时间范围内，随着市场及其他创业环境的变化，创业机会很可能消失和流失。

④创造顾客价值 创业机会来源于创意，创意是创业机会的最初状态。创意是一种新思维或者新方法，是一种模糊的机会，如果这种模糊的机会能为企业和顾客带来价值，那

么它就有可能转化为创业机会。

3.1.2.3 商业机会与创业机会

商业机会是指存在于某种特定经营环境条件下，企业可以通过一定的商业活动发现、分析、选择、利用，并为企业创造利润和价值的市场需求。《21世纪创业》的作者杰夫里帝蒙斯教授提出，好的商业机会有以下四个特征：

它很能吸引顾客；

它能在你的商业环境中行得通；

它必须在机会之窗存在的期间被实施；

你必须有资源（人、财、物、信息、时间）和技能才能创立业务。

可见，创业机会必然是商业机会，但商业机会未必是创业机会。商业机会与创业机会之间并不存在截然的界限，对二者进行比较，是要强调创业机会独有的价值或者利润创造特征，突出其创新性、变革性。

第一，创业机会常常需要重新组合资源，而商业机会的范畴更广，涵盖所有优化组合资源的可能性。

第二，创业机会是一种独特的商业机会，它往往会表现为超越现有情况的全盘变化甚至颠覆性变化，而商业机会只是蕴含于局部或全盘变化之中。

第三，创业机会具有持续创造超额经济利润或价值的潜力，而其他商业机会只可能改善现有利润水平，这也是创业机会与商业机会的根本区别所在。

【扩展阅读】

创业的机会窗口

3.1.3 创业机会的来源与类型

创业机会既可能是自然生成的，也可能是需要创业者自己去创造的，且多数是后一种情况。创业者要想赢得创业机会，那就需要搞清并关注创业机会的来源。创业机会主要来源于环境和技术的变化。

3.1.3.1 环境的变化

外部环境对创业者来说是可变的，也是不可控的，既包含创业发展的机遇，也包含可能面临的挑战。创业者要善于发现和把握对自身有利的环境因素，积极利用环境机会。

宏观的环境因素包括社会文化、社会习俗、社会道德观念、社会公众的价值观念、工作态度以及人口统计特征等。变化中的社会因素影响社会对企业产品或劳务的需要，也会改变企业的战略选择和发展方向。社会的不断进步会催生很多新的需求，或改变人们对于创业的看法，诱导出更多的机会。

随着经济的发展，经济建设和人民生活水平的提高以及个人消费意识和企业经营意识的变化，必然会产生一些新的需要。其中一些是新的消费需求，一些是中间性消费需求。相应地，就需要有企业去满足这些新的需求，这意味着是创业者可利用的商业机会。

市场供求平衡过程中，总有一些供给不能实现其价值。而只能以"伪均衡价格"低价售出；也总有一些需求不能真正得到满足，需求者只能以其他商品来近似地"满足"自己的消费欲望。这实际上是供给结构缺陷问题。即由于供给有缺陷，迫使人们放弃自己真正的需求，而用其他可得到的供给来将就满足。创业者如果能发现这些供给结构性缺陷，同样可以找到可利用的商业机会。

改革开放以来，存在这样一种现象，即沿海学国外，内地学沿海。这种学习模式的原因在于沿海与国外、内地与沿海，其差距不外乎是产品上的、技术上的、产业上的、商品经济发达程度上的，或者是市场经济制度完善程度上的。只要我们经常将本地区、本企业与先进地区或国家相比较，看看别人已有的哪些东西我们还没有，这"没有的"就是差距，其中即可能发现某种创业机会。

3.1.3.2　技术的变化

创业的技术机会是指由于技术进步、技术变化带来的创业机会，包括现存技术的规范或性能有改进的可能性，也包括全新技术的出现和应用。由于新的技术突破，就为创业者提供了创业的"技术来源"，这些技术来源有可能触发创业机会。

技术的发展推动新技术的诞生，技术推力表现为科学和技术的重大突破，从而创造全新的市场需求，或是激发市场潜在的需求。技术创新的需求并不是由市场产生，而是由拥有技术专利的创新主体按技术的功能适用性进行创新，从而间接地满足市场上存在的某种需求或在市场上创造新的需求。在经济发展过程中，许多重大的技术创新成果，如尼龙、人造纤维、核电站、半导体等都是属于这一模式。技术突破往往意味着新产品的出现。

技术进步可以创造新的市场，产生大量新型的和改进的产品，改变创业企业在产业中的相对成本及竞争位置，也可以使现有产品及服务过时。技术的变革可以减少或消除企业间的成本壁垒，缩短产品的生产周期，带来比现有竞争优势更为强大的新的竞争优势。对于创业者来说，能正确识别和评价关键的技术机会与威胁是至关重要的。

技术融合是指沿外延机会将不同领域的现有技术进行融合集成，形成新的生产能力。在技术发展的不同阶段，技术机会是不一样的，在一项技术的萌芽阶段或成长的初期，多数创新是重大的技术突破，如晶体管代替真空管、集成电路取代分立元件等。随着新技术与新产业的不断发展，在进入成长期或成熟早期以后，技术创新从产品创新转向工艺创新，突破型技术创新让位于渐进型技术创新，技术机会从内涵更多地转向外延，技术融合逐渐占主导地位。

技术会在国家之间、地区之间和企业之间发生扩散，产生技术扩散有两个原因：一是存在着技术势差，二是存在着模仿学习者潜在利益的刺激。技术扩散可以包括技术贸易、技术转让、技术交流、技术传播等活动。由于技术的扩散，创业者在本国、本地区和本行业率先采用了扩散技术，能够获得技术上的优势，发现创业机会。

技术转移一般需要通过技术贸易来完成，技术贸易又称有偿技术转让，或技术的商业转让，是相对于技术的无偿转让而言的。在现实生活中，绝大多数涉及产品和生产技术的转让都是通过有偿方式进行的。技术贸易的基本内容是专利使用权、商标使用权和专有技术使用权。

技术引进是创业企业外部获得先进适用的技术的行为，包括引进技术，以及技术服务、配套设备、管理方法、先进人才等。通过技术引进能够弥补创业企业在技术方面的差距，提高技术水平，填补技术空白，获得发展的良好机会。创业者通过对引进技术的消化、吸收与改进，也能够形成技术机会。创业者可以进行创造性模仿、消化、吸收引进技术，减少对技术提供方的依赖，实现更大的经济效益，甚至在新旧技术结构的相互适应下形成新的技术结构。创业者还能形成自我研究开发的能力，进而根据市场需要，通过自主的研究和开发，进行改进创新。后续开发能够促进创业者对技术的消化，并建立自我发展的能力，是建立技术机会的重要途径。

3.1.3.3　创业机会的类型

根据创业机会来源的不同，我们可以把创业机会分为问题型创业机会、预测型创业机会、组合型创业机会。

问题型创业机会，指的是顾客现有需求，或尚未解决的问题而产生的着眼于实际的创业机会。

预测型创业机会，指的是基于环境的动态变化，对顾客的潜在需求预测而产生的着眼于未来的创业机会。

组合型创业机会，指的是基于环境变化、顾客需求、创新变革、市场竞争等多种因素，为创造顾客新价值而产生的，且通常是由多项技术、产品或服务组合而成的创业机会。

根据创业机会的识别难度，我们又可以把创业机会分为模仿型创业机会、挖掘型创业机会、创造型创业机会。

模仿型创业机会，指的是与现有商业机会类似，能够比较明显的辨识出来的创业机会。其前提条件是市场中现有的机会非常明显。

挖掘型创业机会，指的是还需要创业者去进行挖掘，比较难辨识的创业机会，这类机会的一般特点是商业链条的某一部分处于未知或模糊状态，难以发现。

创造型创业机会，指的是完全要靠创业者创新创造，几乎无法辨识的创业机会，这种创业机会的整个商业链条都是不明朗的，不过，在这种情况下，对创业者的机会识别能力要求也特别高。

【案例导读】

凭借 1 包零食，1 年狂赚 60 亿

有人放着百万的年薪不要，非得跑去卖零食，还抵押房子去卖。很多人取笑他，嘲讽他是疯子。然而，他用成绩证明了自己：在仅有 4 名员工的小店，做出了估值上百亿的零

食帝国，开出了 2300 多家连锁店，拥有 8 千多名员工！他就是良品铺子的创始人：杨红春！

1972 年，杨红春出生于湖北荆州。1997 年 6 月，大学毕业后的他直接去了广东顺德的科龙电器。正是在科龙，杨红春的设计天分发挥了出来。此后 3 年，他节节高升，先后做过广告部的科长、渠道部的副总经理，2000 年，杨红春更是被委以重任，直接派往广西分公司担任总经理。与别的一把手不同的是，杨红春从来没有把自己当做总经理，"一年 365 年，有 300 天泡在客户那里"。榜样的力量是无穷的，下面 100 多个销售经理都跟打鸡血一样，疯狂扑向市场。

连续 3 年成为集团销售冠军。杨红春的年薪也超过百万。不过，让人大跌眼镜的是，2005 年，就在杨红春事业如日中天的时候，他从科龙辞职了！是发展空间有限？还是待遇不成正比？都不是，只因为杨红春是个孝子，"在广东呆了 8 年，又外派 5 年，根本没有时间陪父母"。

受久久鸭影响，萌生自己创立连锁

回到老家后，有很多朋友给杨红春介绍工作，更有不少电器公司三顾茅庐请他出山，但是都被杨红春回绝了，这个时候，顾青出现了。顾青也是一个传奇人物，久久丫品牌创始人，6 年时间开出 1000 多家连锁店。顾总却在一次聚会中感叹，"开专卖店诚然很好，但是前期投入太大，周期过长，没有巨额资本支撑，活下去都很难""如果能将全国各地最好吃的东西放在一起，起步不需要太多投入，或许将来也是个不错的生意"。当然，零食的核心顾客还是女性居多，尤其是年轻的妈妈，"既管着家里的钱包，又管着家人的胃"。但是，口味也很习钻，"必须健康、营养、天然"。所以当年 5 月，杨红春跑了 20 多个省，考察了 150 家食品店，"光机票就花了 10 多万"，最终敲定了大理话梅、临安核桃、琼海芒果干等 50 个非常有特色的品种。于是，2006 年 8 月 28 日，一家 40 平米的店铺在武汉广场对面开张，取名"良品铺子"，寓意品质第一。为吸引顾客，杨红春带领 4 个员工在门口大声吆喝"免费品尝"。一看不要钱，呼啦啦来了 200 多人，当天销售额仅为 1300 元，而免费品尝就吃掉 1400 元。

但一旦没有免费，客流量马上下来，结果头一个月就亏了 10 万多，3 个月以后，亏损达到 50 万。为了填补窟窿，杨红春不得不把自己在顺德的房子也给卖了。

是地理位置不好么？店铺就在武汉市中心。是品种太少？杨红春百思不得其解。

直到 9 月下旬，他把自己的困惑告诉久久丫的顾总。高手就是高手，说出的话也是一针见血，"一招鲜，吃遍天，久久丫能火，就是以卖鸭脖子闻名，良品铺子叫得响的产品是什么？"

一颗枣挽救了良品铺子

直到 2007 年国庆前夕，杨红春来到河北黄烨。黄烨盐碱地多，当地不产别的，就产脆冬枣，据说有 3000 多年的历史，"冬枣口感脆甜，维 C 含量是普通水果的 50-3000 倍，被誉为百果之王"。但脆冬枣有一个致命弱点，就是成熟期只有一个月，即便是冷藏，保质期也只有两周，过时即腐烂。所以，商家根本不敢多进，很难形成规模。一个缺销路，一个缺产品，二人马上不谋而合。摆在眼前的困境是，怎么才能延长冬枣的保质期，又不破坏其口感呢？杨红春首先想到从欧洲引进低温脱水工艺。但是脱水后的冬枣就像是被油锅炸过了一样，吃一口非常油腻。那就必须脱油，"确保吃起来不腻"。为保证冬枣的营养不流失，杨红春采用了低温脱油，"完全不添加防腐剂，既保留了大部分营养，又极大延长了脆冬枣的保质期"。此后，为保证口感，杨红春又在冬枣的水分控制方面做了 200 多次试验，最后证明，水分控制在 18% 到 25% 之间，口感最佳。2007 年 "十一" 黄金周，脆冬枣终于上线。这回，由于脆冬枣太好吃了，"吃完还想吃"，很快，店里就挤满了回头客，更多的是买了送人，结果一个月后，账面就出现了盈利。后来，又有女性顾客说冬枣一包太大，"半个月都吃不了，再放就潮了"。于是，杨红春就把大包装变为小包装，散包装变为袋包装，后来索性听从了营养师的建议，每袋为 160 克，"一天吃一包维生素就够了"。

为倾听到顾客的声音，杨红春还专门成立品控部，品控部的员工不能坐在办公室，而要各店铺转悠，"根据顾客的需求，随时对产品进行改进"。比如辣椒作为一种调味品，不同的省市所需调配的辣味是不一样的，"湖北人喜欢酱辣，湖南人喜欢鲜辣，江西人喜欢酸辣，成都人偏好麻辣"。如此好吃的产品，如此贴心的服务，脆冬枣立马成了良品铺子的一款爆品，当年就给杨红春带来 3000 万的营收。正如杨红春所说，人的味觉有九味，"吃了辣的东西就会去吃一点比较涩和润的东西，酸的吃多了要吃一点脆的"。随后，内蒙古的瓜子，新疆的葡萄干等 500 多种产品进入了良品铺子。

良品铺子的一步一步扩张

坚持了十多年的良品铺子，如今，已经成为了中国零食行业的巨头，每年零食的销售总额高达 60 亿元。良品铺子于 2019 年 11 月 28 日上会接受审核，并成功上市。这期间，良品铺子 2015 年、2016 年、2017 年分别实现营收 31.49 亿元、42.89 亿元、54.24 亿元，2018 上半年营收为 30.35 亿元，归母净利为 1.12 亿元。2006 年，杨红春在武汉开张第一家良品铺子门店，彼时中国休闲食品市场规模已经达到百亿级，诸如徐福记、喜之郎、洽洽等国内品牌和雀巢、玛氏等国际巨头在这一领域厮杀正酣。或许他自己也不会想到，良品铺子能在群雄盘踞下杀出重围，以连续三年全国销售领先的成绩稳居中国休闲零食品牌龙头地。

（来源：中国青年网，http://www.dxs361.com/Article/detail/id/4491.html）

3.1.4 产生创业机会的方法

3.1.4.1 从创业者自我身上产生创业机会

每个人都是一座宝藏，创业者从自己出发，就能够找到创业机会。主要从四个视角去审视自己。

其一是兴趣，有的与生俱来，有的后天养成，都是潜藏在自身的某种特质的外在表现，可以成为生命存在的形式，也可以成为事业目标。例如，音乐家是以音符作为生命存在的形式，作家是以文字作为生命存在的形式。有了兴趣项目，便在其中流淌才智，挥洒创造力，演绎生命的精彩，幸福与成就融合为一。把兴趣变成能创业机会，成为生活的内容与生存状态。

【案例导读】

罗光明和他的空气清新机

罗光明以优异的成绩考取了厦门大学，读上了自己喜欢的电子工程专业。从小的劳动，使他养成了勤动手习惯，对于电子技术的喜欢，又让他有了勤动脑的习惯。在厦门大学就读的四年时间里，罗光明找到了属于自己的天地。

大学毕业后，按照自己的志趣，罗光明想在自己喜欢的电子工程技术领域方面发展，可是，一切却并没有如他所愿。罗光明选了在超市商场做营业员的工作，在商场，他在小家电产品柜负责促销导购工作，时间一长，渐渐喜欢上了这份工作。因为对电器产品感兴趣，在为顾客介绍产品时，他总是显得很专业，讲解得很有耐心，这样一来，他的销售额直线上升。还有更重要的是，他在这里获得了创造的乐趣。

一件小事的发生，让罗光明的命运再一次有了改变。这天下午临近下班时，有一位顾客前来购买用于清新空气杀菌的机器。罗光明向她推荐时下正热销的臭氧消毒机。可是，顾客却还想要具有过滤空气清除颗粒灰尘的功能。罗光明向她推荐了单独的空气净化机，可是老人又嫌多买一个机器回家占地方，而且价格也贵。最后顾客什么也没有买，遗憾而去。顾客走了，罗光明却动起了脑子，商场现有的一些空气净化器跟空气消毒机，都只是单一性的产品，没有综合功能，如果将多种功能集中在一起，这样既能避免顾客买了多种机器在家摆放占地的不便，还能降低成本，让顾客受益。这个想法让罗光明看到了创业的曙光，于是，他开始查找资料，实施这个创意。

国内外空气净化普遍采用 HEPA 过滤技术、负氧离子、臭氧技术，经过三十多年的应用，技术已十分成熟。罗光明将这三种技术集中在一起，设计出具有多重功能的空气清新机。高效 HEPA 过滤网，可过滤空气中 99.9% 以上的尘埃微粒、花粉、细微毛发、螨虫尸体、烟雾等；采用活性炭，具有强大的吸附作用和脱臭功能；每秒钟散发 150 万个负氧离子可增强心肺功能、提高人体免疫力；经过空气干燥后的臭氧，纯度更高，杀菌能力更强。如果每天使用空气清新机 3 小时以上，对流行性感冒、肺炎、鼻炎、哮喘等有一定的预防作用。

产品技术完善后，罗光明设计出了具有人性化、独特外观样机。带着样机，罗光明找到厦门好几个生产小家电的厂家，希望得到认同与之合作。一连好几天，当初感兴趣的厂家都没有与他联系，罗光明的心揪得紧紧的。担心的一幕在一周后终于出现，几个厂家都回了话给他：你要是有兴趣，可以付款我们替你生产，但要双方合作，我们不愿意担风险。

罗光明只好再想办法，他想到了与他有过一面之缘的香港商人林先生，恰巧林先生这时刚好在厦门成立了香港百事（厦门）分公司，投资贸易业务。与林先生见面后，罗光明讲明了自己的处境，真诚希望林先生能帮助他。林先生虽然感动于罗光明的一片赤诚，但在商言商，他提出要产品有市场反馈时才能投资。这无疑又给罗光明出了难题，产品未生产出来，怎么能看到反馈？情急之中，罗光明猛然想到互联网，他提议，先将产品放到林先生的贸易网上去投石问路。

一个星期后，产品在网上有了反馈香港的几家公司和欧盟国家的一些公司都发来了邮件询问，美国一家公司还发来一封邮件，希望订购 500 台这样的机器。虽然只是一笔意向性的业务订单，却带来了林先生跟罗光明的合作。接下来，产品在通过中国疾病预防控制中心、福建省卫生防疫站的检测和认证后，终于开始了生产。

欧洲 500 台订单成了他们的第一笔业务，就是这一笔业务，赚得了人民币 100 多万元。有了良好的开端，林先生也信守承诺，与罗光明签订了合作协议。

（本案例由编者整理）

其二是优势，是创业者所具有的强项、特长和某种资源。只要优到一定程度，就成为创业机会。如何确定优势呢？与别人比，自己有的别人没有，自己突出的而别人很一般。与自己比，能够做好是事情有几个，其中哪个是最好的。

【案例导读】

90 后大学生创业案例：旋转在指间的"陶艺梦"

两个来自农村的 90 后大男孩，毕业后凑起来的创业启动资金不到 5 万块，却以初生牛犊不怕虎的精神在昆明成立了自己的工作室；两个陶艺狂热爱好者，在大家云集的云南陶艺界名不见经传，却以勇于创新的锐气赢得业界前辈的肯定。

又是一波大学生毕业创业的高峰期，回想起 1 年前，"爱雅陶艺"的两个创业者——朱国军、杨伟正四处找房子，而现在，他们的陶艺工作室已经有模有样。

云南省首届陶艺大赛中崭露头角

朱国军是云南民族大学 09 级美术学陶艺专业毕业生，比他大一点的杨伟是云南师范大学 09 级艺术设计专业毕业生。两个在普洱江城的家中"玩泥巴"长大的男生，在上大学以前从没想过要以此为生，直到 2011 年第一次在云南省首届陶艺大赛中崭露头角。

2011 年，云南省首届陶瓷艺术作品大奖赛举行。这次大赛，云集了刘也涵、谢恒、田波、李向阳、谭知凡等业界大师，可谓竞争激烈。当时还是在校大学生的朱国军，也带来了他的作品——《面具》，与陶艺大师同台竞技。

朱国军的《面具》是一个中空的人物面具造型，它突破了传统面具平面和半弧形的模式，高约 55 厘米，最宽处直径约 25 厘米，夸张的手法给人强烈的视觉冲击。在面具图案设计上，朱国军凭借自己对陶土的理解，融入了云南的东巴图腾文化元素、民族图案中蕨草的图案元素，并引入非洲木雕夸张的表现形式，使得传统与现代完美融合，给人以耳目一新之感。

正是凭借强烈的视觉冲击和极富创新的设计，《面具》一举获得大赛铜奖。这一次获奖，让朱国军对自己的陶艺作品信心大增，也正是这一次获奖，让他有了创业的念头。

此后，朱国军参加了很多比赛并频频获奖。作品《土陶靠椅》在"云南民族大学'元盛杯'民族民间工艺品创新大赛"中获得最佳创意奖；作品《卷边荷叶茶盘》在"云南省首届大中专院校师生旅游手工艺品和工艺设计大赛"中获得三等奖。

破旧工棚里建起工作室

2012年,大三的朱国军用家里给的学费买了一台拉坯机、3吨陶泥、1辆电动车,约来高中同学杨伟,融入杨伟的艺术设计,两个人开始做一些陶艺挂件、手工艺品,然后用电动车拉着到昆工门口摆地摊。

"那时一天可以卖一百来块钱。"朱国军和杨伟一边学习,一边开始了他们的"地摊生意",积累了最初的创业经验。

2013年,大四的他们持续创作,已经从原来的粗泥拓展向了更细腻的建水陶泥。朱国军认为,做陶艺创作应该了解粗陶、细陶的不同特点,抓住每种材料的优点来展开创造,而不应该排斥不同种类的陶艺。就这样,他们的陶艺作品无论在用料上还是在设计上,都日趋成熟。

2013年7月,两位90后大男孩从学校毕业,东挪西凑,凑了不到5万块钱,毅然决定在昆明成立自己的陶艺工作室。"当时最头疼的是找地方,宽敞的地方租金贵,而我们的资金有限。"杨伟回忆。后来,他们通过网络找到了位于新河村的一个旧工棚,虽然那里破旧得没有一个完整的窗子,四壁漏风,但却足够摆放他们的气窑、原材料、拉胚机以及成品。于是,两个大男孩就在这里开始了真正的创业。

竹编工艺嵌入陶艺大放异彩

在那里,虽然条件艰苦,但是两个大男孩的内心是火热的。他们大胆创新。"从小就接触竹编的生活用品,自己也编过,于是就想到了用陶泥来表现竹编工艺。"朱国军指着一个茶壶介绍。

这个茶壶的形状是传统的,但因为引入竹编的图案而变得与众不同。茶壶的壶身下半部分是竹编图案,这个造型先要用陶泥做成条,再仿传统竹编工艺的方法进行编制,然后靠泥与泥之间的黏性粘合起来,整个工艺为手工制作,很考制作者的水平。配合茶壶壶身的竹编图案,壶嘴和把手都引入竹节元素,再结合紫陶本身能烧出的古铜色和象牙黄色,使得茶壶或古朴、或自然,让人爱不释手。在2013年的文博会上,爱雅陶艺的竹编系列产品大放异彩。

如今,朱国军和杨伟在去年的基础上,又进一步完善形成了竹编系列茶壶、茶罐、茶杯等产品。在今年8月9日举行的新一届文博会上,朱国军和杨伟带着他们新的竹编系列陶艺作品,以及高山流水荷叶香道等作品参加。他们认为,创新才是陶艺的生命所在,而他们的创新之路,才刚刚开始。

(来源:中国大学生创业网,http://chinadxscy.csu.edu.cn/entre/bible/case/story/2017050629690.html)

其三是眼界,目力所及要大、见识所及要多,思维所及要宽,创业机会自然产生。眼界广者其成就必大,眼界狭者其作为必小。目力所及的范围太小、见识所及的事物太少,思维所及的领域太窄,创造的能力被创造发生的元素之贫乏限制了。做一件事需要专注。但在专注之前,一定要开阔眼界,才有对比与选择的机会,才有最好的创业机会产生。

【案例导读】

劈波斩浪闯商海 勇立潮头唱大风

益阳，以地处益水（资江古称）之北而得名，资江穿境而过，汇入洞庭通江达海，水陆交通便利，自古以来就是洞庭湖畔商业重镇，享有银城美誉。心忧天下、敢为人先的湘商文化和崇文尚义、超越通达的益阳精神，赋予了在这片热土上繁衍生息的人们勇于创业的激情和百折不挠的韧劲。在"美丽中国"与"绿色湖南"建设的时代大潮中，一位益阳寒门学子借舟起航，中流击水，十度春秋顶风战浪，百舸争流脱颖而出，成为"敢立潮头唱大风"的当代大学生回乡创业典范。他就是益阳市苗木花卉产业协会副会长、湖南绿苑园林景观工程有限公司董事长、湖南环境生物职院校友裴小明。

让我们一起回过头来，看看他十多年来扬帆疾进的航迹吧！

2000年毕业后，他南下海南、广东打工积累经验与人脉；2003年，自主创业做花卉苗木自由经纪人；2008年，牵头成立益阳绿苑花卉苗木生产合作社，联系农户2800余户，苗木种植面积达12000余亩；2010年，注册成立湖南绿苑园林景观工程有限公司，注册资金1050万元，集城市园林景观设计与绿化工程施工、苗木花卉种植、销售与养护于一体，步入规模发展快车道。至2012年底，企业产值连年过亿，上缴税费1220万元，公司资产总额达1.52亿元。近年来，公司先后被评为"省级林业产业化龙头企业""市级农业产业化龙头企业"，他个人被益阳市人民政府评为"创业新星""2012年度杰出经济人物"。2013年，公司总部移师省会长沙，升为城市园林绿化二级资质，与全国排名前十的上市地产商签订战略合作协议，承接多个大型园建、绿化项目，在业内声名鹊起！

扬帆起航，在风浪中成长

——栉风沐雨，寒门学子意志坚。裴小明1978年农历马年春节降生在益阳市赫山区衡龙桥镇沛林村。衡龙桥素有樟树之乡和竹林之乡的美称，山民们都有种植苗木的习惯，不少农户以经营苗木为生。耳濡目染，裴小明自幼对花卉苗木有一份特殊的感情，萌生了一个绿色的梦想：将花卉苗木遍种城乡，让人们的生活更加美好！为实现梦想，裴小明不畏艰辛，勤奋学习，从小学到初中，学习成绩一直名列前茅，升入高中时，由于品学兼优，年仅18岁的他就光荣加入了中国共产党。1997年高中毕业时，绿色梦想驱使他毅然报考了湖南林业专科学校（现湖南环境生物职业技术院）。开学了，家境贫寒，父母只好将东拼西凑借来修房子的2000块钱给他交了学费，生活费则靠他自己勤工俭学打工赚取。临近毕业那年，收入微薄的家庭再也负担不起并不高昂的学费了，幸有政府的减免和周建良等几位老师的接济，他才得以完成学业。母校老师的风范，培养了他真诚善良的品质，赋予了他不怕吃亏、受苦和坚韧不拔的性格。当时林业工程系主管学生工作的书记梁忠厚老师这样评价裴小明：他善于钻研，学习成绩优异，任院学生会学习部长，生活简朴，吃苦耐劳；做事敢担当，讲义气，情商高，善交际，善用资源，懂得感恩，乐于助人。时任班主任的姜小文老师在时过十三年之后，一提到他的这名学生的事，仍如数家珍，说他组织能力强，综合素质高，责任心强，能吃苦，胆子大、脑子活，执行力超强。

——**砥砺前行，积累经验和人脉。**2000年大学毕业后，他与两名志同道合的同学一起，带着仅有的220块钱，一路风餐露宿来到海南，找到当地一家颇有名气的园林公司开始实习。刚进企业，公司只提供食宿，不发工资。裴小明毫不在意，他看重的是让书本知识在社会实践中得到检验和升华。他求知若渴，从育苗基质、砧木选型、催芽、扦插、移栽、浇水、施肥、整形修剪等最繁重、最基础的工作做起，一丝不苟地完成，既巩固了理论知识，又提高了动手能力。他边做边潜心观摩，了解各种苗木生长习性，钻研高效栽培技术，并学会从管理者和决策者的角度去观察公司的日常管理和运作方法，空余时间，他购买和借阅专业书籍和相关技术资料，边学边记，写满了10多本心得笔记。为创业打下扎实的基础。勤奋学习促使他的工作能力快速提升，得到了老板的器重，不到半年时间，就从实习生破格升为施工员，2001年初便成了项目经理。虽然收入可观，来势看好，但他始终没有忘记自己的创业梦。2002年初，他毅然辞职前往园林业正在蓬勃兴起的广东寻求更大发展机遇。几番磨砺，几度辗转，他来到东莞，寻访到名噪海峡两岸的国际著名景观设计大师杜台安门下拜师学艺。这位事业有成、著作等身的台商，在专业领域造诣颇深，项目遍及广东和海南，他很欣赏裴小明的人品和才气，不仅教他怎样做好项目，还教他如何处理人际关系，如何在甲方、民工方、采购方、管理方之间游刃有余，传授他"以诚信为本，凭优质取胜"的经商真谛。在东莞的一年多时间里，裴小明虽然干的是项目经理的活，拿的却是普通民工的工资，但这段经历使他终身受益。工作之余，他四处拜师访友，虚心请教，广结善缘，积累了大量人脉资源。

经过在海南和广东园林行业两年多时间的打拼，裴小明对苗木生产、苗木市场、营销网络、苗木养护、园林景观设计等有了全面了解。时间一晃到了2003年春节，大年初一也正是裴小明的25岁生日。公司的人都欢天喜地回家过大年去了，他腰包里只剩下5元钱。他买了一包方便面，孤身一人走到海边，和泪咽面，面对大海，心潮共波浪起伏，思绪同云涛翻飞，回想几年的经历，思考自己的未来，感到虽学有所成，但闯荡异乡，寄人篱下，终难成大业，人生路靠双脚走，绿色梦须自己圆，该回家自主创业了！

——**风雨兼程，劈波斩浪闯商海。**2003年春节过后，裴小明告别恩师，回湖南家乡创业。他做的第一件事就是赶到上海，找到在一家外贸公司做会计的女友杨代花，说服她一起回乡创业，在裴小明诚心实意的感召之下，杨代花放弃了在上海大都会的白领生活，跟着他回到家乡开始共同创业生涯。俩人东拼西借，凑了几万块做本钱，开始奔波于浏阳、益阳和上海、广东之间，做起了苗木自由经纪人。

裴小明还清楚地记得，做苗木经纪人的第一单生意，来自一个在东莞打工时结识的园林公司朋友，他在一个小区做园林工程时，需要几棵湖南楠木，打电话找到正跃跃欲试的裴小明。他问清要求后，二话没说，就将苗木按时按质送到了对方手中。这一单下来，虽然没有赚到什么钱，但毕竟是他们自立门户以来赚到第一笔钱，更主要的是裴小明的能力和诚信得到认可，不但建立了长期稳定的合作关系，对方还为他介绍了不少客户。正是由于裴小明做经纪人能够急人之所急，想人之所想，从不拖欠别人的款项，讲信誉、口碑好、人缘好。广东、江西、上海等地与裴小明打过交道的苗木经销商对他很信任，不仅有业务找他，有时还请他帮忙送货多赚点钱，而裴小明不仅是一个热心人，也是一个有心人，利用送货的机会，勤学好问，了解行情，熟悉渠道，搞清流程，在短短半年内，就掌握了苗木中介行业的运营思路与方法，很快就成了行业内的一匹黑马。

——自古英才多磨难，从来创业蕴艰辛。初出茅庐又年轻纯朴的裴小明在创业路上遭遇了一次滑铁卢。那是2003年下半年，沿海一个曾经有过一面之缘的客户，提出要一车苗木，裴小明想方设法凑齐了对方要的苗木，自己开车千里迢迢把货送过去，验收交货后，客户跑了，本指望能赚点钱，结果8万多元苗木款血本无归。祸不单行，心神恍惚的裴小明在开车返湘途中又遭遇车祸，右手掌骨折。遭此重创，裴小明表现出了益阳经商者特有的坚韧顽强、通达超越的品格，心中流血，眼不流泪。他想起学校老师曾经的教诲，想起了身边给他默默支持的父母，想起所有给予他关注、关心的人们期待与关爱的目光，他再次坚定自己的信念：不在困难面前趴下，要有勇往直前的精神，杨代花更是坚定地站在丈夫后面抚慰他、支持他。面对挫折和困难，他没有气馁，没有放弃，坚定自己的理想和信念，一步步学会在市场中求生存、求发展的本领，终于在业内站稳了脚跟。

造船出海，在发展中壮大

——自建苗木基地，打造发展平台。裴小明在做苗木经纪人的实践中深刻体会到，要自主创业，必须自建苗木基地，满足市场多样化需求。2006年开始，在小有收获之后，他以家里自有的十几亩山林为基地逐步扩张，自繁自育，稳步发展，以诚实守信赢得了不少客户青睐，向着自己的绿色梦想迈开了坚实一步。自公司注册成立后，先后在益阳衡龙桥镇、长沙县干杉镇建造了占地面积达1226亩的精品苗木生产基地，采用自动化喷灌滴灌繁育技术和规范化、精细化管理措施，培植各类大型乔木30多个品种，100万余株精品苗木，并大量引种香樟、香橼、香泡、桂花、杨梅、紫薇、红枫、樱花、乐昌含笑、朴树、红叶石楠等优质苗木，与国内大型上市房地产企业及省内外相关产业经销商建立了稳定、完善的苗木花卉供销网络，自2010年以来，连年销售过亿元。因业绩显著，贡献突出，近年来公司先后被评为"省级林业产业化龙头企业""市级农业产业化龙头企业"，裴小明被推举益阳市"大学生回乡创业先进典型和2012年度十大创业新星""十大杰出经济人物"。

——组建专业合作社，带领乡亲发"林财"。回报乡亲，惠及万家是裴小明的心愿。他看到衡龙桥沿319国道一带不少农户虽然多年从事花卉苗木种植，但由于各自为战，粗放经营，市场信息不灵，销路不畅，技术也跟不上，销售打乱仗，权益难保障，农民难致富，几家没赚到钱的村民干脆把苗挖掉了。强烈的感恩意识和社会责任感使他认识到自己应该主动站出来挑大梁，积极带头发动群众共同致富，促进地方经济快速健康发展。为此，他积极向当地党委政府反映情况，提出建议，得到益阳市赫山区、衡龙桥镇两级政府部门的高度重视，各级领导都鼓励和支持裴小明动员和组织广大苗木种植农户，成立益阳市赫山区绿苑花卉苗木专业合作社。裴小明独自承担组织合作社的全部费用，联系黄正良、方德军、岳得等骨干专业农户主动挑重担，引进先进管理经验建立健全合作社章程，坚持"民办、民营、民受益"的发展方向，同时采取"公司+基地+合作社+农户"的运作方式，由绿苑园林承担经营风险和承揽业务，为广大农户免费提供市场信息、种苗供应、技术指导、保价销售，积极维护合作社成员的合法权益，确保农民增产增收，带动了一方产业发展。合作社实行五个统一，即：一是统一供应苗木品种，避免盲目种植；二是统一技术指导，免费发放资料及技术培训；三是统一生产资料采购，降低采购成本；四是统一销售，设定最低价，防止恶性竞争和无序竞争，保证合法权益；五是统一办证，确保合法销售。5年来，加入绿苑专业合作社农户2800户，种植面积达12000余亩，共组织农民开展花卉苗木栽培实用技术培训120期次，培训农民3800多人次，发放各类市场信息资料和苗木技术资料共12000多份，统一供给农户低于当时市场均价的各种苗木共2650万元，帮助农户统一销售价位合理的各类花卉苗木共1.32亿元，为当地参工参运的劳动力发放工资380万元，合作社成员年均增收达3.6万元，比入社前平均增长38%，其中有8户骨干专业种植户年均收入过100万元，30万元以上上百户。带动了草绳编织、吊车挖机业务、运输业务、农资供应。住宿餐饮等相关行业发展，仅公司花卉苗木基地每天需要劳动力60余人，促进了当地农村劳动力转移。"我们靠移花接木，走市场，移走了穷根，接通了富路"，专业合作社社员说。"一花独放不是春，百花齐放春满园"，在绿苑园林的带动下，花卉苗木产业已成为当地的一大支柱产业，为地方经济和社会发展作出了积极贡献。

——借助校友资源，延伸园林产业链。时光一晃到了2010年，裴小明着手注册成立绿苑园林公司，一边继续扩充苗圃生产培育基地，大力培植适应市场需求的精品苗木。同时公司开始陆续对外承建小型园林绿化工程中的栽植、花坛、园路、广场铺装等项目。至今短短2年，公司逐渐建立了一支拥有38名各类专业技术人员的园林景观施工团队，并具备了城市园林绿化施工二级资质，自2012年3月以来，先后在长沙、张家界、湘潭、宁乡、浏阳、郴州以及广东、湖北、江苏等地独立承担和参与园建、绿化项目12个，工程产值突破亿元大关。

校友间的相互支持是公司发展壮大的一大法宝。裴小明在园林界创业成功的师兄弟大有人在，如1995级校友、东莞市百林园林工程有限公司总经理邹水平；1996级校友、东莞岭南园林股份有限公司副总裁秦国权；1997级校友、东莞市华南园林有限公司总经理刘锦林；1997级校友、广州市花都区诚顺园林公司总经理李丰勖等，形成校友网络，互相支持帮助。裴小明2008年组建苗木专业合作社，通过校友引荐成功进入一家在全国位于前10位的大型上市房地产公司，为其提供苗木并承担了部分园林建设工程。由于裴小明讲诚信、能吃苦、严格履约，该房地产商在江西、湖南、湖北、江苏、广东等地的小区建设，60%的苗木由裴小明提供。公司总部进驻长沙后，也是在校友的帮助下，绿苑公司的园林施工业务涉及华南、华东、东北、西北等地区。由于技术力量雄厚，施工质量过硬，项目施工合格率达100%，独立承担和参与施工的绿化施工面积达320万平方米，部分项目成为当地精品示范项目。

打造航母，在新时期奋进

好风凭借力，扬帆正当时。党的18大提出"把生态文明建设放在突出地位，融入经济建设、政治建设、文化建设、社会建设的各方面和全过程，努力建设美丽中国，实现中华民族永续发展"，明确了中国特色社会主义事业的"五位一体"总体布局。美丽中国和绿色湖南建设，为绿苑园林发展注入了新的活力提供了新的机遇。"绿苑园林"在裴小明的精心经营下有了长足的发展，他在思考着把绿苑园林品牌做大做强，将"绿苑园林"打造成知名品牌，立足益阳，走出湖南，走向全国。

——明晰产权关系，建立现代企业制度。进入新的发展时期，裴小明审时度势，清醒地认识到，企业创办初期，靠的是朋友兄弟感情，要发展壮大，必须理顺关系，要把家族式、作坊式企业改造成产权明晰、管理科学的现代企业。为此，他学习沿海发达地区上市园林公司的先进管理经验，结合本地企业的实际着手完善了公司的组织架构，聘请苗木栽培、景观设计、工程项目管理、行政、财务管理等方面的专业人才，充实到重要岗位上，强调"用专业的人才做专业的事情，靠优秀的团队打造优秀的业绩"，实行严格的岗位责任制和绩效考核及一整套既运作规范又富有人性化的管理制度，对原先一些松散性合作伙伴，依法、依规、合情合理的作出妥善安置，仅用三个多月时间实现了平稳过渡，顺利转型。

——引进和培育并举，强化团队建设。"以发展吸引人，以事业凝聚人，以工作培养人，以感情留住人，以人格魅力感染人。"裴小明是这样说的，也是这样做的。一是以事业凝聚人，着力引进高端人才。裴小明求贤若渴，四处寻访志同道合的高端人才，通过十下广东，数十次推心置腹的沟通交流，终于从一家大型上市集团公司工程设计院引进一名年轻有为的工程师加盟绿苑园林，担任工程技术总监。他多次到市委、市政府相关部门寻求支持，不要资金，也不要项目，只要求为企业推荐作风稳健、经验丰富的行政管理人才。通过多方做工作，聘请了一名有在行政机关和国有企业任职经历、具有广泛人脉资源的退休干部到企业担任行政总监。此外，还分别从福建西山、湖北荆门引进两名专业人才到企业担任主管。"加盟绿苑，共筑梦想"，让来自不同地方的人共同追求同一个梦想，是裴小明吸引人才、壮大团队的"秘诀"，在他的感召下，大家充分发挥各自的积极性、创造性，为绿苑园林的快速发展起到了重要作用。二是以工作培养人，为公司发展储备人才。从2011年开始，裴小明深怀感恩之心，与母校湖南环境生物职业技术学院签订校企合作协议，将绿苑园林作为学校的实习基地，每年安排数十名学生到公司实习。即使是大二实习生，除提供食宿外，每月还发放1200元的津贴。他从自己的亲身经历中深切地感受到走出校门，进入社会的第一步对一个人的人生道路具有至关重要的影响。因此，他对来自母校的师弟师妹们十分关心，总是尽其所能，为他们的学习和工作提供良好的环境。作为年产值过亿的企业掌门人，其工作之繁忙可想而知，但为了培养和发现人才，他尽量挤出时间来，深入生产基地和施工工地第一线，对实习生和施工员进行传帮带。他深谙"十年树木，百年树人"的育人之道，他日常理财总是精打细算，但为了培训员工却舍得大把投入；他平时律人律己近乎苛刻，但为了培育人才，却表现出有悖常理的大度与宽容。2010级实习生祝玲试用期满后自主选择了苗木购销岗位，一次去浙江采购桂花苗木，稍一疏忽中了对方瞒天过海之计，三车苗木有两车暗中调包，送到施工工地后被要求退货，不仅造成数万元经济损失，还给企业信誉带来负面影响。当时，公司行政部已拟出除名和经济处罚决定。裴小明通过深入了解后，一方面亲自出马做好善后工作，一方面力排众议，说服企业相关管理人员，对祝玲做出相应处罚和留观处理。他说，一个员工和一个企业在成长过程中总要付出学费的，失败的教训比成功的经验更宝贵。祝玲年轻单纯，犯的是无心之过，她能吃苦，悟性强，相信她会吸取教训，知道今后的路怎么走！祝玲对此十分感激，工作更加尽心尽责。今年六月，她冒着酷暑高温又去浙江嵊州采购红枫和树，她深入进行市场调查，绕开二级经销商，多次跑到数十公里外的市郊寻访苗木基地，终于找到了比市场批发均价还低25%~30%的苗木资源，仅此一单，为公司节约采购成本10.5万元。经常与她打交道的红枫基地女老板见她诚实敏慧、踏实肯干，对她十分疼爱，非要收她做干女儿，并帮她联系业务、开拓市场。在她的帮助下，祝玲迅速打开了市场渠道，建立了购销网络，仅在今年七月，她一个人独自完成采购任务达300余万元。由于业绩突出，她到公司转为正式员工不到一年，就被破格提拔为业务主管。三是以个人魅力感染人，着力营造和谐融洽的氛围。裴小明认为，绿苑园林团队不断壮大，不仅是人数的垒加，而是一个个性鲜明而又有共同目标的集体。员工加盟绿苑，固然是为了获取一份应得的薪酬，但更多是渴望早日成才，实现自我价值，获得人生应有的体面与尊严。因此，他十分诚恳而又公平公正地对待每一位加入绿苑团队的员工，尽量让每一个入职的员工选择有利于自己发展的专业方向。原行政助理王玉华，在条件优裕的长沙总部办公室工作一段时间后，要求到一线去工作。有人认为她是不安心本职工作，而裴小明对她经过一段观察和在岗培训后，将其安排到她选择的采购部门工作。她到任后不远千里奔赴自然条件十分艰苦的西北地区采购苗木，风餐露宿，四处奔波，较好地完成了采购任务。个人特长得到充分发挥，现在她工作起来心情舒畅、干劲十足，成为了一名合格的采购主管。裴小明善于运用认知心理学，要求公司行政部记住每个员工的生日，大家一起欢聚庆祝，只要他在家，他就会抽空参加活动。今年十月的一天，他去干杉生产基地督查指导工作，在途中他得知有一名员工过生日，便驱车到浏阳河边买鱼，自己下厨做菜，为这名员工庆祝生日，令大家十分感动。他抓住现代人在紧张的工作之余普通都有出游欲望的心理，每年分批安排员工搞1~2次集体出游，让员工在旅游中开阔视野，融洽感情，积蓄和凝聚团队力量。"轻财足以聚人，重情足以留人"，裴小明认为绿苑园林近几年来业务增长迅速是大家共同努力的结果，企业红利应该共同分享，他每年都在提取一定发展基金后，拿出全年利润的30%论功行赏，让员工普遍感觉到在绿苑园林有奔头，从而激发了员工的向心力、凝聚力和执行力。

——**精心打造企业文化，凝聚力量共创品牌**。"诚信、优质、创新、共赢"——是裴小明带领绿苑团队多年来精心打造出的企业文化和鲜明的价值坐标。诚信，是绿苑园林立于不败之地的根本。绿苑园林从创办至今，信守合同、严格履约，即使自己吃亏受苦，也从不失信于人。今年上半年湖北一小区建设需要草皮，报价每平方米8元，因天气干旱，广东供货价达到每平方米8.5元，加上运费、人工费，成本在每平方米9元以上，每送一车，就要亏损上万元。但公司讲诚信，及时供货。优质服务是考验一个团队能否满足客户要求的刚性标准。裴小明对团队的要求是：我们的团队要敢于完成看似不可能完成的任务。2012年8月，绿苑园林承接张家界一家五星级酒店达1800万元的绿化施工工程，等发包方腾出施工场地，离开业日期不到20天，当时有人认为对方没有按期腾出场地，误了工期责任在业主。裴小明认为，绿苑团队要有敢打硬仗、能打胜仗、可成人之所不能成的精神，才能在市场竞争中独树一帜。为此，他一方面精心组织、周密部署，一方面身体力行、带头苦干，连续三天三夜奋斗在第一线，渴了，喝一口矿泉水，困了，靠着树干打个眈。就这样带领着400多人的队伍日夜奋战，终于赶在开业前顺利竣工，绿苑园林一战成名，在业内广受好评。2013年6月份，甘肃兰州一个地产项目部园林绿化工程需要大量雪松、柳树、国槐、海棠等苗木，该公司人员到甘肃各大苗圃基地找了20多天，没有找到资源。此时离楼盘开盘时间越来越近了，有人提醒可找敢打硬仗的裴小明。当时的绿苑园林正上下忙于抗旱，接到电话，裴小明急人之所急，立马带上公司精干力量12人，连夜驱车1300多公里，动用所有的资源，终于在杨凌、临潼、渭南、张掖等地找到了所需要的槐树和榆树，并率领公司员工在20天时间内完成了200万元的采购任务，完成了别人难以完成的任务，确保了该楼盘的顺利开盘。

锐意创新，是绿苑园林开拓奋进的发动机。裴小明在业内有"经营怪才"之称，"见热不赶，见冷不丢""培育市场、开拓市场"等经营理念运用得出神入化。2010年朴树市场过剩，行情下降，他却在一片嘲讽声中种植70亩朴树，结果在次年上半年朴树成为市场的紧俏货，他在同行美慕嫉妒恨的目光中赢得了丰厚的回报。2011年他们把沅江又苦又涩，歪扭硬实、连当柴烧都没人问津的香橼（臭皮干）弄回来，种植在一片刚流转开垦出来的荒山上。这种树枝干挺拔遒劲，冠幅枝叶披散，能观叶观花观果，果树成荫时，他特意邀请几家经营地产的集团公司绿化设计专家和工程主管来观赏，引起一片惊叹，这种果树点缀高档住宅小区，能起到一种独具特色的审美效果。信息一传出，绿苑园林的香橼香泡立即成为市场的抢手货，售价每株6000元以上还供不应求。互利共赢是绿苑园林迅速做大做强的核聚变反应堆。凌云志从磨砺出，感恩心自苦寒来。在贫困中长大，在磨难中发展的裴小明有着一颗与生俱来的感恩之心，他深知在市场经济如春潮涌荡的形势下，一个企业的发展，单打独斗难成气候，只有秉承互利共赢的宗旨，吸引更多人来共铸绿苑品牌，企业才能做好、做大、做强。裴小明在经营过程中，从不在合作伙伴身上打主意，而是向市场要效益。他有一句口头禅："与人做生意，只要自己有所得，不要怕别人赚了钱。"裴小明言必行、行必果，多年来凡是与绿苑园林做生意、打交道，凡是为绿苑园林的发展帮过忙、出过力的人，都能得到相应的回报。广结善缘、必有善报，寻求与绿苑园林合作的商家越来越多，企业滚动发展，呈现出雪球效益，业务越做越大。尤其在近三年实现了超常规的跨越式发展。业内不少人惊叹：年轻的绿苑园林目前不是业内规模最大的，但成长性能是最好的，发展势头是最强劲的！

其四是敏感，对生活中看到、听到、接触到的某些事物，去联想它的商业价值。敏感是商业意义上的聪慧和灵敏。敏感是从哪里来？础性因素是来自商业历练中经验的积累，而产生的识别商业价值的眼力。直接因素是来自创业的想法长期萦绕在心头，形成的一种潜意识，这种潜意识在偶然中与某个现象发生碰撞，一个新的项目产生了。

【案例导读】

灵感闪现，卖起涂鸦鞋

林格卖鞋的灵感来自女友的生日，他在白帆布鞋上画了两个猪头，送给女友。女友非常高兴，出去见朋友，也总能收到赞美声。朋友们在美慕之余，纷纷请求林格给他们画鞋。林格想："那多人喜欢我画的鞋，我何不开家店？"经过精心准备，"格林涂鸦"正式开张，专卖涂鸦童鞋。因为他觉得孩子的钱更好赚，利润也高。

但彩绘童鞋店刚开业时，生意并不怎么好。逛市场的儿童毕竟很少，而太多年轻人逛了之后，又因为图案和款式太孩子气，遗憾离开。于是，林格在2008年底，变童鞋涂鸦为时尚涂鸦，目标顾客瞄准15~35岁的年轻人。为了紧跟时尚，他买回大量时尚杂志，浏览时尚网站，还招聘了美术学院的学生做驻店画师。他的手绘鞋也变得丰富多彩起来，以前童鞋一天顶多卖5双，现在一天一般都能卖8双左右。

及时转变，抓住时尚抢得市场几经波折的林格对生意有了些经验，开始思考更多关于特色和战略战术的问题。他发现，年轻人追求个性化的需求和成年人爱玩的心态日益流行，这正是自己要占领的市场，于是他独创了"发财鞋"。为了在白色帆布鞋上画出漂亮的"红中""发财"等个性时尚的图案，林格画坏了不少双鞋。第一次画的鞋子很简单，只有简单的白底红字，经过几次修改，林格在上面加了麻将桌、色子等立体图案。现在，发财鞋成了镇店之鞋，不少来逛的顾客都会惊叹一句，"哇，这图案特别，要的就是这效果。"林格眼里透着得意。

如今，林格的小店已经走入正轨，盈利比工薪多了不少。他正打算再开一家分店，并且将网上交易和实体店结合起来经营。

（本案例由编者整理）

3.1.4.2　在生活中发现创业项目

创业源于对生活的理解和把握，创业者从生活点点滴滴出发，就能够发现创业机会，可以从如下四个不同的视角去深入探析。

其一是发现某个产品的缺陷就是一个好创业机会。不满意的事情：不方便、不完善、不安全、不环保、不简洁、不牢靠、不便宜、不必要、不够、不及、不爽、不足……社会生活中的困难、问题、矛盾。现有服务，产业链条，经济模式中的缺陷，不足和错误。把这些"不"加以改进、完善和提高，就是一个好创业机会。

【案例导读】

小店开到国门口

大学毕业后，陈思涵成了北京一家国际、贸易公司的白领丽人。因工作需要，她必须出国为公司处理进出口业务。在纽约下飞机住进酒店后，她想给家人打电话报平安，手机却没电了，准备使用随身携带的充电器，却气馁地发现，中国的电压是220V，而美国是110V。在芝加哥住了两天，陈思涵在异国他乡四处打听，费尽周折地采购笔记本电脑连接线、当地的手机卡、吹风机、针线包等诸多生活必需品。突然，原本郁闷的陈思涵眼前一亮：如今出国的人越来越多，要不，开个"出国店"当老板去。

2005年初，陈思涵毅然辞去白领工作，揣着东拼西凑的10万元跳入商海，在临近北京第二使馆区的街上盘下了50多平米的店面。第二使馆区设有70多个国家的使馆，中国人的出境签证大多要来这儿办理。

店面装修一新后，陈思涵便频频光顾各大市场，根据中国人的海外生活需要，精心挑选出一批商品，例如，充电器；全球通用的男士剃须刀；英标、美标、欧标等不同制式的电饭煲及电器用品；伸缩式电话线、网线、折叠式衣架、压缩毛巾等轻便实用的物品等。开业当天，小陈接待了一对母女。女儿就要去加拿大留学了，母亲正为该准备什么物品而犯愁。她们最先注意到一个看似极为普通的手电筒，微笑着将其拆开，手电筒的腹中是没有电池的，国外环保意识非常强，像电池这类非环保产品的售价是很昂贵的，这种手摇充电式手电筒，手摇1分钟可以正常使用45分钟，不仅经济实用，而且还会受到外国朋友的赞许与尊重。这对母女当即让陈思涵列出一份留学必备物品清单。第一单生意，陈思涵有了1800多元的营业额。

一站式购物的"出国用品专卖店"，随着购物者的口口相传，光顾的人越来越多．开店5个月后，陈思涵就顺利赚回了当初投入的10万元。而在留学高峰期，小店的营业额更是直线飙升。然而好景不长，陈恩涵的独门生意越做越火，一些人纷纷模仿。到2006年3月，京城已经出现六七家颇具规模的出国用品专卖店，甚至不惜打起价格战。

"人无我有，人有我优"。陈思涵很快从美国、日本、新加坡等地订购到一批既新鲜有趣，又非常适合出国华人使用的商品．另外，她还委托北京的几家小型企业，为自己加工了一批诸如转换插头、一次性内裤、一次性马桶坐垫之类的小商品。花钱不多．但因为这些产品贴上了"思涵出国"的商标，并印有其专卖店的地址和电话，小店不久声名远播，并给人"比较专业"的印象。她又招募两位有着丰富海外生活经验的人充当"出国顾问"，前来咨询、购物的顾客络绎不绝。虽然这些咨询服务都是免费的，而由此生成的美誉度却是无价的，更多的财富，正源源不断地向她滚来。

（本案例由编者整理）

其二是澄清事物混沌的表象，深入进去看个明白，就能够发现创业机会。经济这个事物，大到一个行业，小到一个产品，细到一项技术，只有深入进去才能看明白，由理解到通透，要么发现一个空白或看到一种趋势；要么弄清其中的某种联系找到问题的关键；要么产生灵感创造出新的模式，要么学会机智的利用行道中的潜规则。找到各种独立资源和要素的关联，在它们的关系中发现利润点。

【案例导读】

弄清楚了建材市场的真相

一次在和客户聊天时，提起这两年室内装饰材料总不如人意之类。由于平时在研究所里常接触与涂料有关的东西，此时的吴魁产生了辞职的想法。

为了得到最直接的市场情况，吴魁在北京、河北、山东、江苏、黑龙江、安徽等省（市）的建材市场进行了几个月的调研。结果表明：

垄断建材市场的装饰材料主要是天然大理石和花岗石，但由于其容易碎裂、表面有毛细孔，污渍易进入等先天缺陷，加之其放射性严重超标，国家有逐步禁止其开采和应用的趋势。而发达国家早已流行的化学合成石材，在国内销售价格昂贵（每平米500元左右，比国内产品价格高出将近 2 倍），消费群体小，难以占领庞大的市场空白。

掌握了 6 省市建材市场 200 多家的需求之后，得到的结论是：有 90% 的业主希望有新的装饰材料来取代旧产品。吴魁敏锐地意识到：市场正急需一种环保且能大众普遍接受的装饰材料。

此时的吴魁，决定要研制出一种可以填补这个市场空白的装饰材料。早前在科研所的工作经历为他的专利研发奠定了理论基础，关键就是选那种材料做实验。在比较多种可选原料后，最后把目光落在废旧玻璃上。

经过一年多的反复测试，以废旧玻璃，配以化工原料和天然颜料聚合而成的"丽晶石"，在 1997 年研发成功。这种高档绿色环保建材质地纯正，色彩丰富，既具有天然石材的质感和坚硬，又可以任意切割、随意组合，板材之间也可实现无缝拼接，且无毒环保。

丽晶石专利技术的研发历时一年多，花费却不多，因旧玻璃资源丰富且廉价，测试成本投入只有 1 万元左右。

样品做出来，反响出奇好。为了保护技术，吴魁开始着手申请专利。专利被授权以后，首先是花费不到两万元召开了丽晶石产品的新闻发布会。随后，选取了几家颇具影响力的地方卫视投放广告。还与建材类报刊建立联系。一时间，丽晶石成了媒体和大众的关注对象点。广告投放期间就开始有来学习技术的客户。到 1998 年，推广投入的 12 万元已全部收回。

慢慢地，咨询电话和信件开始多了起来，吴占魁喜在心头的同时也明白：专利如果不能最终转化为实实在在的生产力，也只是废纸一堆。

（本案例由编者整理）

其三是寻找隐蔽的资源，改进、提升、完善、转换成为新创业机会。挖掘的本意是探求、寻找。行为指向是天然性质的隐蔽资源。挖掘是项目发生的一个途径：面向隐蔽的资源，寻找而发现，提炼而结晶，加工而提升，成为有市场价值的东西。具有资源性质的东西大体可分为五类：自然的、文化的、历史的、风俗的和家庭的。把资源从隐蔽状态挖掘出来之后改进提升，就是一个好创业机会。

其四是找到各种独立资源和要素的关联，在它们的关系中发现利润点就是创业机会。一般性的把项目所需资源相加是简单的资源组合。整合是思维创造的功力：发现"资源之间"别人没发现的联系，在新的联系中产生新的功能；把各自"独立的利益"关系联系在一起产生新的利润点；把自己可借助的各种优势集中在一点实现某种市场突破；在改变视角的前提下创造新的运作模式。

【案例导读】

借钱买船

在中国航运史上，有一位"船王"就是靠"借钱买船"发家的。他就是香港船王包玉刚。包玉刚开始创业的时候，就是向朋友借的钱。他借钱先买了一条破船，然后，用这条船去银行抵押贷款，贷来了款，再买第二条船。然后，再用第二条船作抵押，去买第三条船。他就是采取这种"抵押贷款"的办法，滚动发展起来的。

有一次，他竟两手空空，让著名的汇丰银行为他买来了一艘崭新的轮船。他是怎样操作的呢？他跑到银行，找到信贷部主任说："主任，我在日本订购了一艘新船，价格是100万，同时，我又在日本的一家货运公司签订了一份租船协议，每年租金是75万，我想请贵行支持一下，能不能给我贷款？"

信贷部主任说："你这个点子不错，但你要有担保。"他说："可以，我用信用状担保。"什么是信用状？就是货运公司从银行开出的信用证明。很快，包玉刚到日本拿来了信用状，银行就同意了给他贷款。你看，船都没有造，钱就给他了。

你会问：为什么银行会给他贷款？我们来分析一下：如银行给他100万元造这条船，每年就有75万元的租金，不需2年，他就可以还清100万元的贷款；银行肯定担心，怕他有钱不还，或遇到情况还不了钱。这没关系，因为银行有货运公司的信用状担保，这家公司很守信用，如他不给钱，银行可以找这家货运公司，安全不成问题。所以，银行就敢贷给他。这就是包玉刚的说法。

（本案例由编者整理）

3.1.4.3 在产业中挖掘出来创业项目

产业是指由利益相互联系的、具有不同分工的、由各个相关行业所组成的业态总称，尽管它们的经营方式、经营形态、企业模式和流通环节有所不同，但是，它们的经营对象和经营范围是围绕着共同产品而展开的，并且可以在构成业态的各个行业内部完成各自的循环。在产业的关联中，在产业的跌宕起伏中找到创业机会。

其一是为那些淘金的人们供应矿泉水与牛仔裤。居住在海边的人们，根据潮涨潮落的规律，赶在潮落的时机，到海岸的滩涂和礁石上打捞或采集海产品，称为赶海。这给创业机会产生提供了一个思路：为那些追逐市场大潮的人们提供服务。市场经济潮起潮落。多少人在注视这"潮"的涌起，寻找这"潮"的信息，一旦发现就是他们翘首以盼的商机，不遗余力扑上去。弄潮需要准备、需要资源。我们可以紧紧地跟在这"潮"的后面，轻松地拣那些螃蟹、海蛤，贝壳。是大潮涌起的本身在创造一种需求。我们为那些急急赶潮的人们提供物资、劳务、信息、保障、服务等。

【案例导读】

拆房赚钱

年35岁的李胜利是农民的儿子，两年前，他和村里的其他人一起到城里打工，骑着一辆破自行车，满世界找活干。扛过包，掏过粪，冲过下水道。活辛苦不说，还不怎么赚钱。每天除了吃住，所剩寥寥无几。

一天，李胜利和一帮穷哥们儿为一家城市的居民扒房。这家人嫌平房低矮，住着不气派，想盖高楼。于是请了李胜利和几个民工来为他家扒房。在扒房的过程中，雇主却为扒下的破砖头、破瓦、旧门窗、旧檩子、旧梁、破家具发愁，往哪扔呢？乱扔乱放弄不好是要被城管罚款的。李胜利灵机一动说，要是你们真没地方搁的话，不如送给我，我把他拉到俺家去，正好家里需要建一个猪圈，用得着这堆东西，扒房的工钱我就不要了。

雇主喜出望外，急忙要他拉走，并给他找了一辆小四轮。就这样，李胜利把这堆"废物"拉回了家。并在农村叫卖开了，赚了500多元！他敏感地意识到扒旧房蕴藏着巨大的商机，就组织几个人成立了一个扒房公司，专门为城镇居民扒房。而且不要工钱，只要扒下来的废料。

适逢新农村建设大潮，城里人抓着头皮琢磨怎么把生意做到农村去，然而一不留神，被城里人"丢掉"的生意却被乡下人做得意兴盎然。

（本案例由编者整理）

其二是进入一个成长中的产业链条中成为一个环。经济生活是一个系统，每个系统都是一个长长的链。每个链由多个环连接组成。链的特点是，每个环都不能独立动作，把一项目比作链中的一个环，只要能够进入某个链中成为其中的一个环，你就是链中人，上推下拉想不动都不行。问题是进入哪个链？首先是与人类社会生活的永恒主题相关的需求：恒久、潜在、初露端倪的。其次是与人类社会的困难、矛盾、问题的解决相关的事情。

【案例导读】

带领留守村民致富的大学生村官

2008年6月初，嵇芳从徐州师范大学毕业。涟水县陈师镇沙河村担任村主任助理。

嵇芳在熟悉了村里工作之后，看到村里集体经济发展还十分薄弱，许多妇女除了日常家务和农忙"一阵子"之外，还有大量的剩余时间无所事事，不是打小牌，就是唠家常。

她决定为农村留守妇女开辟就业渠道，让她们在家门口打工赚钱。"我得想办法给当地村民找点事情做。"

思考数日，毅然决定自己创办一个劳动密集型企业，专门吸收农村妇女就业。她在自己深思熟虑后及亲友的推荐下，最终锁定了生产针灸专用针项目。

这种医疗器械技术含量小，农村妇女易操作。她了解到丹阳市是全国著名的医疗器械生产基地，就通过多种渠道和其中一个厂家取得联系，并三次自费去丹阳进行洽谈。真诚与执着，终于感动了这家企业老总，答应帮助她办企业。

2008年9月10日，嵇芳创办的"涟水县雨露医疗器械厂"成立了。企业吸纳村内富余劳动力25人，人均年收入10000元左右。村民在家门就有事可做了，无事赌博的现象也少了，整个村子的精神风貌焕然一新。

（本案例由编者整理）

其三是通过缝隙来借成熟产品的东风，同样是对优势资源的借助。有许多产品有着很长的历史，在漫长的年月里，留给老百姓不可磨灭的印象，形成了稳定的消费群体。与它的历史久远相联系，其生产工艺、销售模式是成熟的。但生产经营者和消费者对它的缺陷也司空见惯，不去用心琢磨。有的没有进行标准化生产，有的在工艺上并不讲究，有的不搞品牌推广，有的包装老套，有的在质量上存在欠缺，有的在某些功能上明显不足，也有的功能多余。这就为稳健的创业者留下空隙：在接受这个成熟的产品的同时，改进它的缺陷，强化、优化、细化某些功能。这就是从成熟产品的薄弱处入手，对其优势的借助。

【案例导读】

宠物摄影兴起：广西"90后"用耐心捕捉温情瞬间

"拍下主人和宠物的温情瞬间，用相机把这个瞬间定格成永远，十分有意义。"广西柳州市"90后"宠物摄影师罗婷婷1月19日表示。

春节前夕，柳州市叁兒喵摄影工作室里，罗婷婷和搭档黄珺为名为"六一"的小猫及主人拍摄"全家福"。"'六一'看这里，你最喜欢吃的零食。"只见在黄珺的挑逗下，罗婷婷拿着相机不时更换拍摄角度，捕捉"六一"的呆萌瞬间。但宠物毕竟不是人，比较难配合，经过数次尝试罗婷婷仍未抓拍到满意的照片，只得让"六一"停下休息。罗婷婷介绍，作为一名宠物摄影师，除了具备基本的摄影技巧外，还要懂得和动物打交道。多数猫咪生性胆小，去到陌生的环境容易"应激"反应。往往先要安抚，等到它情绪稳定后才尝试拍摄。"拍宠物需要耗费较长的时间和耐心，不停安抚再不停找角度拍摄，最长一次拍摄花费近5个小时。"罗婷婷称。

此外，宠物拍摄写真同样需要美化修图。罗婷婷介绍，其会根据顾客的需要给宠物进行亮眼、美毛等后期美化。

近年来，随着养宠人数的持续增加，宠物摄影师这一新兴行业兴起。2年前，作为"铲屎官"的罗婷婷和黄珺发现柳州市这一市场的空白。黄珺记得，那时陪伴其多年的猫咪病危，她跑遍多个摄影店希望能与其合影留念，但没有找到此类服务。最终，她拉上罗婷婷两人一起创业。"刚刚创办时，在柳州宠物摄影还比较小众，一个月往往只能接到五六单，现在越来越多主人愿意为宠物买单，特别是节假日生意火爆，最多一个月能接五六十单。"罗婷婷表示，今年春节前期预定已经排到大年三十，春节两人准备不打烊营业，且价格上调10%。如今，该工作室拍摄宠物写真套餐收费500~900元不等，生意好时能月入上万元。

尽管生意得到起色，但家人却并不看好这一行业。黄珺表示，有时候跟朋友、亲戚介绍工作，他们抱着怀疑的态度，感觉做这一行在吃青春饭。

但黄珺认为，近年养宠物人数增多，宠物摄影市场前景广阔，在未来将会得到更多人的认可。她们只需要做好本职工作，拍出令客户满意的照片。罗婷婷则表示，在宠物摄影中收获更多的爱及被治愈。

（案例来源：中国新闻网）

其四是向前看，市场竞争似乎有新的趋势，国际上大企业间整合、重组、并购，商业巨头抢占销售终端，互联网谋划物流配送。这些现象会让我们想到企业竞争的新特点，那就是大型的企业集团之间，不同的物流配送网络之间，商业连锁系统之间的竞争，会成为今后企业竞争的新景观。新景观启发我们，在创业的开端，为了资金的安全，为了获得现代商务的历练；加入一个企业集团运行的链条，进入一个商业流通的环节，参与一个供应或配送体系等，都可以作为创业投资的切入口。

【案例导读】

郭台铭的创业故事

1966 年，郭台铭进入台湾"中国海事专科学校"学习。求学期间，他曾在橡胶厂、砂轮厂和制药厂打工，靠半工半读完成了学业。服完兵役后，郭台铭在复兴航运公司当起了业务员。和大多数台商一样，郭台铭的偶像王永庆有着卖米起家的传奇故事，而他自己的创业故事也十分传奇。

20 世纪 70 年代是台湾经济即将腾飞的时候，时年 24 岁的郭台铭遇到这样一个机会：一位朋友告诉他，自己认识的外商有一批塑料零件的订单，想找公司承接生产。郭台铭想，有现成的订单，顺势办一个这样的厂，肯定赚钱。就这样，郭台铭出资 10 万元新台币与朋友在台北县成立了"鸿海塑料企业有限公司"，招聘了 15 名员工，在租来的 70 平方米的厂房里开了张。

20 世纪 80 年代，世界进入个人电脑时代，郭台铭靠所掌握的成熟模具技术，以连接器、机壳等产品为重心，力行"量大、低价"的竞争策略，迅速占领市场。1982 年公司再度更名为"鸿海精密工业股份有限公司"，郭继续投资 1600 万元进入计算机线缆装配领域。

【课后练习】

请用本章学习的产生创业机会的方法填写下面的表格

3.2　创业机会识别

3.2.1　创业机会识别的过程

创业机会的识别的过程，是创业者对内自我剖析和对外环境把握的一个过程，我们可以通过三个阶段来初步识别创业机会。

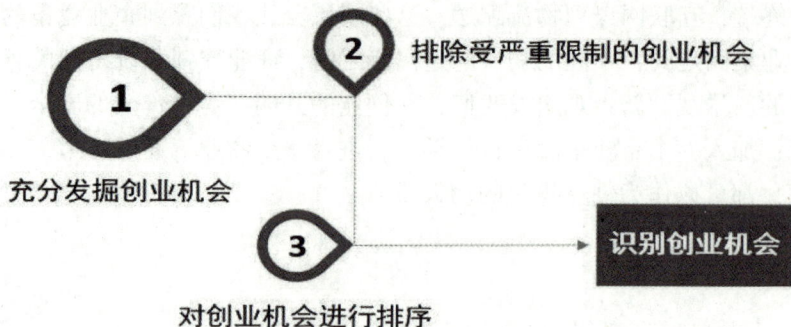

图 3-1 创业机会识别的过程

（1）充分发掘创业机会

从创业机会来源的不同视角，创业者结合个人与环境特征，充分发掘创业机会，之后将每个创业机会写出来。这一部分可以由创业者或在创业团队内部进行头脑风暴，列出尽可能多的创业机会。记住，不要轻易否定任何一个看上去不起眼的机会，很多惊人的创意都来源于创业者一瞬间的灵感。

（2）排除受严重限制的创业机会

有一些具有严重缺陷的创业机会，是无需考虑的，应及时排除。常见的严重限制包括：

政策限制：国家明确规定的民间投资者不能进入、或有较大进入限制的领域。

不够环保：作为创业者，应该有承担一定的社会责任，尽量不要去触碰底线，在进行一些工业或生产项目时，要衡量环保状况是否可控，或者是否有办法解决，这也是为了避免后续的麻烦。

易燃易爆：此类项目必定会增加生产、储备、运输、销售的难度和风险，并时刻受到有关部门的监督，安全风险过高，所以要慎重考虑。

资源紧缺：项目所必需的原料，材料，辅助材料绝对量日益减少，或者被垄断组织控制，获取难度过大。这里的资源紧缺，也可以指创业者由于自身的局限，对特定资源的获取无能为力，而又没有办法通过其他方式进行整合，导致创业难以开展和持续。

消费能力过低：如果你的产品或服务是面对一个消费能力过低的群体，又不可能在短时间内形成规模，赢利是困难的，可能需要你从长计议。

缺乏突出优势：要么是技术的，要么是成本的，或者功能、特色、模式、创新程度、技术含量……总之，与同类项目相比，你的项目如果"一无是处"，那开发该项目的意义就不大了。

需要转变观念：观念的转变往往需要时机。如果你的产品或服务，一定要以转变消费者的观念为前提，那就要做好面对巨大难度的市场、长短未知的等待等难题。

启动资金过大：在没有前期运作过程，不能充分证明项目的优势的时候，最好不要指望私人股权资本和职业投资机构给你投资。这样的故事虽然确实存在，但发生的几率很小，除非你有巨大突破的技术或创意。

直接面对强大对手：竞争对方已有品牌、技术、市场和消费者认知，密集地占据你所在的地盘，与其直接对抗是不明智的，除非你能在某一个方面有绝对突出的优势。就像所有想挑战 BAT（指百度、阿里巴巴、腾讯）的创业者，都必须慎重考虑如何避开与这三大巨头的直接竞争。

严重依附他人：你的存在是建立在别的存在的基础之上，而这个"别的存在"又是自己不能控制的，不论是原料、技术和市场，此时应充分考虑依附他人带来的风险，最好还是能掌握"自己的命运"。

最后我们应注意：存在以上问题的创业机会，不是绝对不能进入，也不是注定会创业失败。大学生创业者要根据自己的实际情况和能力进行判断，操作难度远远超过自己的控制范围的，理论上就不应该予以考虑。当然，也可以以此为目标，不断学习，积累资源和经验，等到恰当的时机再进入。

（3）对创业机会进行排序

在排除了具有严重限制的创业机会后，我们得到了若干个比较好的创业机会。我们不可能开发自己所有的好创意，所以应该根据一定的标准，对创业机会进行排序，从而深入地识别这些创业机会。

关于创业机会的评价方法，后文将做详细的介绍。在此处识别创业机会时，可以主要依照两个标准进行排序。一是市场需求，市场需求必须是直观而具体的，至少要符合五点：正当的、恒久的、潜在的、有支付能力的、客户目标清楚的；二是自身优势，包括专业的知识、经验的积累、拥有的资源、独有的强项、特别的兴趣等。将每一个创业机会按照这两个标准进行评估，符合的内容越多且分布越均衡，就是需要我们重点考虑和优先选择的创业机会。

3.2.2　影响创业机会识别的因素

创业机会识别过程是一个不断调整反复权衡的过程。不同的创业者可能愿意关注不同的创业机会，即使是同一个创业机会，不同的人，对其评价也往往不同。在影响机会识别和开发的各项因素中，主要可以分为两个方面，即机会的自然属性和创业者的个人特性。

机会的特征是影响人们是否对之进行评价的基本因素。创业者选择这项机会是因为相信其能够产生足够的价值来弥补投入的成本，创业机会的自然属性很大程度上决定了创业者对其未来价值的预期，因而对创业者的机会评价产生重大影响。

对于机会识别来说，更重要的因素应当来自创业者的个人因素，这是因为从本质上说，机会识别是一种主观色彩相当浓厚的行为。事实上，即使某一机会已经表现出较好的预期价值，但是并非每个人都能从事这一机会的开发，并且坚持到最后的成功，因此创业者的个人特征对于机会识别来说更为重要。

创业者与机会识别相关的个人特征包括：自信心、觉察力、风险感知、知识水平、社会网络等。

自信心：成功的创业者需要有执著的信念，并且能够坚持他们的事业直至最后成功。创业者的自信能够提升其对机会与风险的感知能力，降低错过好机会的风险。

觉察力：创业者渴望成功、渴望机会，这就驱使他比其他人格外留意信息，更加善于从大量的信息中快速提取与自己创业相关的进行思考。对周边事物的觉察力的差别，就意味着对创业机会的识别力的不同。

风险感知：机会评价与创业者的风险感知显著相关，而创业者的风险感知又取决于创业者的自信心、控制力、承受能力等因素。如果你对风险毫无意识，那在你眼里所有的机会都是好机会，你就难以发掘出真正属于你的创业机会；如果你对风险过于抗拒，那么你将举步维艰，因为没有任何的创业机会是不具有风险的。

知识水平：创业者更加关注与他们已经拥有的信息、知识相关的机会，并且创业者拥有的知识将在技术开发、机会识别、机会开发三个方面影响机会的发现。

社会网络：社会网络是创业者宝贵的资源，它影响着创业者对机会的识别、对机会的开发，影响着创业的整个过程。拥有大量社会网络的创业者与单独行动的创业者在机会识别上有显著的差异。

以上这些个人因素并非彼此独立存在，在某种程度上，它们彼此之间也存在一定的相关性。影响创业机会识别的因素，也不仅仅限于以上这几点。总之，创业者应该全面提升自己的素质与能力，这可以帮助我们更好的识别创业机会。

3.2.3 识别创业机会的技巧

可以通过多种方法和技巧识别创业机会，这里介绍两种常见的识别技巧，很多要点其实已经在前文中有所介绍，毕竟创业机会的识别是建立在对创业机会概念、特征、来源、类型以及影响因素的了解基础之上，对创业机会的内涵认识的越深入，越容易抓住创业机会。大学生可以从以下这些层面进行思考和探索，逐渐明晰适合的创业机会。

3.2.3.1 通过市场对比识别创业机会

（1）现有市场机会和潜在市场机会

市场机会中那些明显未被满足的市场需求称为现有市场机会，那些隐藏在现有需求背后的、未被满足的市场需求称为潜在市场机会。现有市场机会表现明显，往往发现者多，进入者也多，竞争势必激烈。潜在市场机会则不易被发现，识别难度大，往往蕴藏着极大的商机。

（2）目前市场机会与未来市场机会

那些在目前环境变化中出现的市场机会称为目前市场机会，而通过市场研究和预测分析它将在未来某一时期内实现的市场机会称为未来市场机会。如果创业者提前预测到某种机会会出现，就可以在这种市场机会到来前早做准备，从而获得领先优势。

（3）全面市场机会与局部市场机会

全面市场机会是指在大范围市场出现的未满足的需求，如国际市场或全国市场出现的市场机会，着重于拓展市场的宽度和广度。而局部市场机会则是在一个局部范围或细分市场出现的未满足的需求。在大市场中寻找和发掘局部或细分市场机会，见缝插针，拾遗补缺，创业者就可以集中优势资源投入目标市场，有利于增强主动性，减少盲目性，增加成功的可能。

（4）行业市场机会与边缘市场机会

行业市场机会是指出某一个行业内的市场机会，而在不同行业之间的交叉结合部分出现的市场机会被称为边缘市场机会。一般而言，人们对行业市场机会比较重视，因为发现、寻找和识别的难度系数较小，但往往竞争激烈，成功的几率也低。而在行业与行业之间出现"夹缝"的真空地带，往往无人涉足或难以发现，需要有丰富的想象力和大胆的开拓精神，一旦开发，成功的概率也较高。

3.2.3.2 探寻创业项目的常见路径

所有的创业行为都要落实在一个个具体的创业项目之上。创业项目的寻找和选择至关重要，在探寻创业项目时要舍得花工夫。

（1）解决他人的困难

别人的困难往往就是企业成功的机会。企业通过为他人提供有益的服务、为他人解决工作和生活中的困难可以获得正当合法的盈利。譬如，北大方正公司创始人王选先生为解决印刷行业困难，发明了激光照排系统，一举创业成功；有人针对大城市中的三口之家，夫妻两人上班经常为接送孩子上学和孩子吃饭的事发愁这一困难，开办托教服务项目，投资少、见效快，也取得了成功。

（2）解决已有商品存在的问题

市场上销售的商品总会存在这样或那样的问题。有的样式呆板，有的颜色单一；有的在功能和性能方面不够完善，有的在结构方面不够合理等。创业者经过调查分析，针对这些商品存在的问题，进行改进、完善、提高，以此作为创业项目往往成功率很高。例如，美国迪斯尼乐园的创始人迪斯尼，就是针对当时市场上卡通影片存在的问题，通过改进技术创业的。

（3）透视热销商品背后的商机

以热销商品为导向，认真分析热销商品背后隐藏的商机，再选定创业项目进行经营。例如，当看到市场上鸡蛋热销时，分析预测鸡蛋热销背后隐藏的商机：一是马上会兴起养鸡热，二是当养鸡热兴起后，鸡饲料将会供不应求。因此，既不去卖鸡蛋也不去养鸡，而是跳过这两个阶段去生产鸡饲料。这样当养鸡热兴起后，自然就会财源滚滚。

（4）分析市场供求之间的差距

从宏观上看，任何产品或服务的市场需求总量和市场供给总量之间往往都会存在一定的差距。通过调查分析，若发现哪个产品或服务的市场供给不足，就可以从中找到创业机会，选定创业项目。市场需求不仅是多样化的，而且是不断变化的。因此，即使有时市场供求总量平衡，但结构也会出现不平衡，这样就会有需求空隙存在。创业者通过分析供需结构差异，也可以从中发现创业机会，选定创业项目。例如，我国饮料市场的供求状况总体上看是供过于求的。但广东三水酒厂厂长李经纬先生，当年创业时就是在这供过于求的市场状态中，通过分析供需结构差异发现了创业机会，开发出运动保健饮料，起名"健力宝"，一举打开市场，不断发展壮大为今天的健力宝公司。

（5）尝试科学的市场细分

所谓市场细分，就是根据整体市场上顾客需求的差异性，以影响顾客需求和欲望的某些因素为依据，把某种商品的整体市场划分为若干个消费者群的一种市场分类方法。通过市场细分划分出的每个消费者群就是一个子市场。每个子市场都是具有相同或类似需求倾向的消费者构成的群体。因此，属于同一子市场的消费者对同一商品的需求极为相似；分属不同子市场的消费者对同一商品的需求则存在着明显的差异。因此，进行科学的市场细分有利于发现市场机会，选定目标市场，确定创业项目。

【扩展阅读】

企业家眼中的未来创业趋势

【课后练习】

无处不在的创业机会

3.3 创业机会评价

3.3.1 蒂蒙斯创业机会评价框架

蒂蒙斯的创业机会评价框架（表3-1），涉及行业和市场、经济因素、收获条件、竞争优势、管理团队、致命缺陷问题、个人标准、理想与现实的战略差异八个方面的53项指标。通过一种量化的方式，创业者可以利用这个体系模型对行业和市场问题、竞争优势、经济结构和收获、管理团队、致命缺陷等做出判断，来评价一个创业企业的投资价值和机会。

该评价框架对评价主体要求相对较高，一般要求评价者是行业经验丰富、商业嗅觉敏锐且具有一定管理经验的投资人或创业者，同时还要求使用者熟悉指标内涵以及评估技术。

用该评价框架进行评估，一般要求运用定性与定量相结合的方法，才能得出创业机会的可行性及不同创业机会间的优劣排序。

表3-1评价指标比较多，在实际运用过程中可以结合实际需求进行适当的梳理简化、重新分类，提高使用效能。需要注意的是，无论怎样简化，都要把握创业机会的本质特征

和基本标准。

对于刚刚创业起步的大学生来说，我们更多的是利用这个框架，参照分析自己的若干创业机会，可以按极好（3分）、好（2分）、一般（1分）三个等级进行打分，形成打分矩阵表，选出比较好的创业机会。

表 3-1 蒂蒙斯创业机会评价框架

评价项目	评价指标
行业与市场	1. 市场容易识别，可以带来持续收入 2. 顾客可以接受产品或服务，愿意为此付费 3. 产品的附加价值高 4. 产品对市场的影响力高 5. 将要开发的产品生命长久 6. 项目所在的行业是新兴行业，竞争不完善 7. 市场规模大，销售潜力达到 1 千万~10 亿元 8. 市场成长率在 30%~50% 甚至更高 9. 现有厂商的生产能力几乎完全饱和 10. 在五年内能占据市场的领导地位，达到 20% 以上 11. 拥有低成本的供货商，具有成本优势
经济价值	1. 达到盈亏平衡点所需要的时间在 1.5~2 年以下 2. 盈亏平衡点不会逐渐提高 3. 投资回报率在 25% 以上 4. 项目对资金的要求不是很大，能够获得融资 5. 销售额的年增长率高于 15% 6. 有良好的现金流量，能占到销售额的 20%~30% 以上 7. 能获得持久的毛利，毛利率要达到 40% 以上 8. 能获得持久的税后利润，税后利润率要超过 10% 9. 资产集中程度低 10. 运营资金不多，需求量是逐渐增加的 11. 研究开发工作对资金的要求不高
收获条件	1. 项目带来附加价值的具有较高的战略意义 2. 存在现有的或可预料的退出方式 3. 资本市场环境有利，可以实现资本的流动
竞争优势	1. 固定成本和可变成本低 2. 对成本、价格和销售的控制较高 3. 已经获得或可以获得对专利所有权的保护 4. 竞争对手尚未觉醒，竞争较弱 5. 拥有专利或具有某种独占性 6. 拥有发展良好的网络关系，容易获得合同 7. 拥有杰出的关键人员和管理团队
管理团队	1. 创业者团队是一个优秀管理者的组合 2. 行业和技术经验达到了本行业内的最高水平 3. 管理团队的正直廉洁程度能达到最高水平 4. 管理团队知道自己缺乏哪方面的知识

（续）

评价项目	评价指标
致命缺陷	不存在任何致命缺陷
创业家的 个人标准	1. 个人目标与创业活动相符合 2. 创业家可以做到在有限的风险下实现成功 3. 创业家能接受薪水减少等损失 4. 创业家渴望进行创业这种生活方式，而不只是为了赚大钱 5. 创业家可以承受适当的风险 6. 创业家在压力下状态依然良好
理想与现实的 战略性差异	1. 理想与现实情况相吻合 2. 管理团队已经是最好的 3. 在客户服务管理方面有很好的服务理念 4. 所创办的事业顺应时代潮流 5. 所采取的技术具有突破性，不存在许多替代品或竞争对手 6. 具备灵活的适应能力，能快速地进行取舍 7. 始终在寻找新的机会 8. 定价与市场领先者几乎持平 9. 能够获得销售渠道，或已经拥有现成的网络 10. 能够允许失败

3.3.2 刘常勇创业机会评价框架

台湾中山大学教授、知名创业管理研究学者刘常勇的创业机会评价框架涉及市场评价、回报评价两个方面的 14 项指标（表 3-2），与蒂蒙斯框架相比，这个框架更简单、容易操作，且更加符合中国企业的特点。

表 3-2　刘常勇创业机会评价框架

评价项目	评价指标
市场评价	1. 是否具有市场定位，专注于具体顾客需求，能为顾客带来新的价值 2. 依据波特的五力模型进行创业机会的市场结构评价 3. 分析创业机会所面临市场的规模大小 4. 评价创业机会的市场渗透力 5. 预测可能取得的市场占有率 6. 分析产品成本结构
回报评价	1. 税后利润至少高于 5% 2. 达到盈亏平衡的时间应该低于 2 年 3. 投资回报率应高于 25% 4. 资本需求量较低 5. 毛利率应该高于 40% 6. 能否创造新企业在市场上的战略价值 7. 资本市场的活跃程度 8. 退出和收获回报的难易程度

3.3.3　创业机会的基本维度分析

创业机会评价就是通过一系列方法对创业机会进行全面考察和综合分析，最后作出一个比较科学的结论。世界上并不存在百分百好的创业机会，对于创业者来说，任何创业机会都各有利弊，而且都存在一定的风险。创业者在利用创业机会之前一定要对创业机会进行科学分析与评价，然后作出选择。只有这样才能最大限度地避免创业的盲目性和随意性，增加创业成功的几率。

上文介绍的两个评价框架固然经典，但是都涉及比较具体的定性和定量分析，这对于一些创业基础比较薄弱的学生来说，很难做到准确有效。因此我们试图对创业机会评价的几个重要维度给出解释，便于同学们进行相对模糊的创业机会评价，准确性可能不如上面两个框架，但依然有一定的指导作用。

3.3.3.1　市场

（1）市场规模和价值

如果市场规模和价值小，往往不足以支撑企业长期发展的。而创业者若进入一个市场规模巨大而且还在不断发展的市场，即使只占有很小的一个份额，也能够生存下来度过发展期。并且存在竞争对手也不担心，因为市场足够大，构不成威胁。一般来说，市场规模和价值越大，创业机会越有价值。

（2）市场进入障碍

如果创业机会面临着进入市场的障碍，那么就不是一个好的创业机会。如存在资源的限制、政策的限制、市场的准入控制等，都可能成为市场进入的障碍，削弱了创业机会。但是，对于进入障碍要进行辩证的分析，进入障碍小是针对创业者自身的。如果创业者进入以后，不能够阻止其他企业进入市场，这也不是一个好的创业机会

（3）市场控制程度

如果能够对渠道、成本或者价格有较强的控制，这样的创业机会比较有价值。如果市场上不存在强有力的竞争对手，控制的程度就比较大。如果竞争对手已有较强的控制能力，例如，把握了原材料来源、独占了销售渠道、取得了较大的市场份额、对于价格有较大的决定权，在这种情况下，新创企业的发展空间就很小。除非这个市场的容量足够大，而且主要竞争者在创新方面行动迟缓，时常损害客户的利益，才有可能进入。

3.3.3.2　运营

（1）启动所需资金

大多数有较大潜力的创业机会需要相当大数量的资金来启动，只需少量或者不需要资金的创业机会是极其罕见的。如果需要过多的资金，这样的创业机会就缺乏吸引力。有着较少或者中等程度的资金需要量的创业机会是比较有价值的，创业者需要根据自身的资金实力和可以动用的资源来评价创业机会，超出能力范围的不应考虑。

（2）盈利能力与潜力

创业的目标就是要获得收益，这要求创业机会能够有合理的盈利能力，包括较高的毛

利率和市场增长率。毛利率高说明创业项目的获利能力强，市场增长率表明了市场的发展潜力，使得投资的回报增加。如果每年的投资收益率能够维持在25%以上，这样的创业机会是很有价值的；而每年的投资收益低于15%，是不能够对创业者和投资者产生很大的吸引力的。

（3）成本竞争优势

竞争优势的来源之一就是成本，较低的成本会给创业企业带来较大的竞争优势，使得该创业机会的价值较高。创业企业靠规模来达到低成本是比较可行的，低成本的优势大多来自于技术和工艺的改进以及管理的优化，创业机会如果有这方面的特质，对于创业者来说是非常有利的。

（4）盈亏平衡点

有价值的创业机会可能是项目在两年内盈亏平衡或者取得正现金流。如果取得盈亏平衡和正现金流的时间超过3年，那对于创业者的要求就高了，因为大多数创业者支撑不了这么长的时间，其他的投资者和合作伙伴也没有这么长时间的耐心，这种创业机会的吸引力就大大降低了。除非有其他方面的重大利好，一般要求创业机会具有较短的获得盈利时间。

3.3.3.3 缺陷与退出

创业机会不应该有致命的缺陷，如果有一个或者多个致命的缺陷，将使得创业机会变得没有价值。

有吸引力的创业机会还应该有比较理想的获利和退出机制，便于创业者和投资者获取资金及实现收益。没有任何退出机制的创业企业和创业机会是没有太大吸引力的。

【扩展阅读】

机会也有成本

3.3.4 个人与创业机会的匹配

创业机会随处可见，从个人的视角，不是每一个创业机会都能够把握住。有些创业机会能够看到，依个人当下可以整合的资源，无法把握住机会，这样的创业机会的价值潜力再大，盲目行动都会导致失败，如何能判断创业机会与个人的适应，主要从个人积累、社会网络、资金状况和创造性四个方面评价。

个人积累：不同的教育背景和生活背景能够带来不同的创业机会，先前经验和经历中产生创业机会。在特定产业中的先前经验有助于创业者识别机会。有调查发现，70%左右的创业机会，其实是在复制或修改以前的想法或创意，而不是全新创业机会的发现。

专业知识中产生创业机会。拥有在某个领域更多专业知识的人，会比其他人对该领域内的机会更具警觉性与敏感性。例如，一位计算机工程师，就比一位律师对计算机产业内的机会和需求更为警觉与敏感。

社会网路：社会网络是指社会个体成员之间因为互动而形成的相对稳定的关系体系，社会网络关注的是人们之间的互动和联系，社会互动会影响人们的社会行为。个人社会关系网络的深度和广度影响着机会识别，这已是不争的事实。通常情况下，建立了大量社会与专家联系网络的人，会比那些拥有少量网络的人容易得到更多机会。

资金状况：资金是创业过程中不可或缺的重要资源，创业之初，大多数创业者都没有充足的**资金**。不同的创业机会需要的启动资金的数量不同，这就决定了有些启动资金大的创业机会不好把握。而创业之初的资金大都是创业者自己或者家族的积累。创业者能够调动的现金的数量影响着其能够把握的创业机会。

创造性：从某种程度上讲，机会识别实际上是一个创造过程，是不断反复的创造性思维过程。在许多产品、服务和业务的形成过程中，甚至在许多有趣的商业传奇故事中，我们都能看到有关创造性思维的影子。

【课后练习】

设计创业机会评价量表

第四章
创业风险识别与管理

【教学目标】通过本章教学，让学生了解创业风险的概念与构成，理解创业风险的来源与分类，掌握识别创业风险的基本原则与常用方法，掌握创业中常见的风险管理与控制的办法。

4.1 创业风险识别

4.1.1 风险的概念与构成

通俗地讲，风险是指一个事件产生我们所不希望的后果的可能性，以及某一特定危险情况发生的可能性和后果的组合。学术界对风险的内涵没有统一的定义，由于对风险的理解和认识程度不同，或对风险的研究的角度不同，不同的学者对风险概念有着不同的解释，但无论如何定义风险一词，其基本的核心含义是"未来结果的不确定性或损失"，以及"个人和群体在未来遇到伤害的可能性以及对这种可能性的判断与认知"。如果采取适当的措施使破坏或损失的概率不会出现，或者说智慧的认知，理性的判断，继而采取及时而有效的防范措施，那么不仅可以规避风险，可能还会带来比例不等的收益，有时风险越大，回报越高、机会越大。

构成风险的要素主要包括风险因素、风险事件和风险损失三个方面（图4-1）。

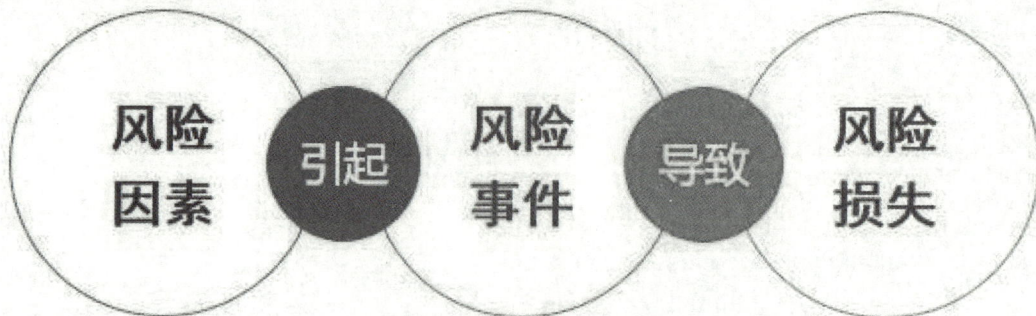

图4-1 风险的构成要素

4.1.1.1　风险因素

风险因素是指能够引起或增加风险事件发生的机会或影响损失的严重程度的因素，是事故发生的潜在条件，一般又称为风险条件。引发风险的因素是多方面的、综合性的，但在风险因素作用过程中有主次之分，有时是人的因素为主，有时是物的因素为主；有时是社会因素为主，有时是自然因素为主，并且主要风险因素与次要风险因素的地位也是随着条件的变化而改变着的。

4.1.1.2　风险事件

风险事件是风险因素综合作用的结果，是产生风险损失的原因，也是风险损失产生的媒介物。换言之，风险事件是指风险的可能变成了现实，以致引起损失的后果。如火灾、水灾、地震、爆炸、碰撞等均是典型的风险事件。风险事件与风险因素是不同的，之所以要严格区分风险事件与风险因素，是因为两者在风险损失形成过程中的作用是不一样的，两者之间存在着先后的逻辑关系。

4.1.1.3　风险损失

风险损失是指非故意的、非预期的、非计划的利益的减少，这种减少可以用货币来衡量。一般而言，风险和损失构成一对因果关系，风险为因，损失为果。但是，风险并不是损失的同义词，风险是发生损失的可能性，而损失是实际上发生的财产物资的损耗或消耗。风险只有转化为现实，才能造成损失，但它本身并不是损失。风险损失有两种形态：一是直接损失，包括财产损失、收入损失、费用损失等；二是间接损失，包括商业信誉、企业形象、业务关系、社会利益等的损失，以及由直接损失而导致的第二次损失。如某一国际企业的海外子公司等被国有化或违规操作被关闭，除了财产上的损失（直接损失）之外，企业不能再在该国从事生产经营活动，从而引起该企业全球战略被破坏（间接损失）。

风险因素引起风险事件，风险事件导致风险损失。风险因素、风险事件、风险损失密切相关。它们三位一体构成了风险存在与否的基本条件。

4.1.2　创业风险的来源

创业路上充满风险，这是每一个创业者都一定要面对的问题，这是由创业的本质与创业活动的特点决定的。创业环境的不确定性，创业机会与创业企业的复杂性，创业者、创业团队与创业投资者的能力与实力的有限性，是创业风险的根本来源。由于创业的过程往往是将某一构想或技术转化为具体的产品或服务的过程，在这一过程中，存在着几个基本的、相互联系的缺口，它们是上述不确定性、复杂性和有限性的主要来源，也就是说，创业风险在给定的宏观条件下，往往直接来源于这些缺口。

4.1.2.1　融资缺口

融资缺口存在于学术支持和商业支持之间，是研究基金和投资基金之间存在的断层。其中，研究基金通常来自个人、政府机构或公司研究机构，它既支持概念的创建，还支持概念可行性的最初证实；投资基金则将概念转化为有市场的产品原型（这种产品原型有令人满意的性能，对其生产成本有足够的了解并且能够识别其是否有足够的市场）。创业者可以证明其构想的可行性，但往往没有足够的资金将其实现商品化，从而给创业带来一定的风险。通常，只有极少数基金愿意鼓励创业者跨越这个缺口，如富有的个人专门进行早期项目的风险投资，以及政府资助计划等。

4.1.2.2　研究缺口

研究缺口主要存在于仅凭个人兴趣所做的研究判断和基于市场潜力的商业判断之间。当一个创业者最初证明一个特定的科学突破或技术突破可能成为商业产品基础时，他仅仅停留在自己满意的论证程度上。然而，这种程度的论证后来不可行了，在将预想的产品真正转化为商业化产品（大量生产的产品）的过程中，即具备有效的性能、低廉的成本和高质量的产品，在能从市场竞争中生存下来的过程中，需要大量复杂而且可能耗资巨大的研究工作（有时需要几年时间），从而形成创业风险。

4.1.2.3　信息和信任缺口

信息和信任缺口存在于技术专家和管理者（投资者）之间。也就是说，在创业中，存在两种不同类型的人：一是技术专家；二是管理者（投资者）。这两种人接受不同的教育，对创业有不同的预期、信息来源和表达方式。技术专家知道哪些内容在科学上是有趣的，哪些内容在技术层上是可行的，哪些内容根本就是无法实现的。在失败类案例中，技术专家要承担的风险一般表现在学术上、声誉上受到影响，以及没有金钱上的回报。管理者（投资者）通常比较了解将新产品引进市场的程序，但当涉及具体项目的技术部分时，他们不得不相信技术专家，可以说管理者（投资者）是在拿钱冒险。如果技术专家和管理者（投资者）不能充分信任对方，或者不能够进行有效的交流，那么这一缺口将会变得更深，带来更大的风险。

4.1.2.4　资源缺口

资源与创业者之间的关系就如颜料和画笔与艺术家之间的关系。没有了颜料和画笔，艺术家即使有了构思也无从实现。创业也是如此。没有所需的资源，创业者将一筹莫展，创业也就无从谈起。在大多数情况下，创业者不一定也不可能拥有所需的全部资源，这就形成了资源缺口。如果创业者没有能力弥补相应的资源缺口，要么创业无法起步，要么在创业中受制于人。

4.1.2.5　管理缺口

管理缺口是指创业者并不一定是出色的企业家，不一定具备出色的管理才能。进行创业活动主要有两种：一是创业者利用某一新技术进行创业，他可能是技术方面的专业人才，但却不一定具备专业的管理才能，从而形成管理缺口；二是创业者往往有某种"奇思妙想"，可能是新的商业点子，但在战略规划上不具备出色的才能，或不擅长管理具体的事务，从而形成管理缺口。

4.1.3　创业风险的分类

根据不同的角度，创业风险有很多种分类。了解创业风险的分类，可以帮助我们了解创业风险可能发生的情况。不论是哪类风险，在创业机会识别阶段，创业者都应该尽可能地预测到相应的风险，进而理性把握相关风险。

4.1.3.1　系统风险与非系统风险

系统风险即创业环境的不确定性带来的风险，诸如商品市场需求及竞争的不确定性、生产要素市场供给的不确定性、国家法律及政府政策规制的不确定性等带来的风险。系统风险是创业者自身难以掌控的，创业者只能加强监测和预警，进而努力规避之。

非系统风险即创业者自身行为的不确定性带来的风险，诸如创意可实施性的不确定性、创业团队能力的不确定性带来的风险等。非系统风险是创业者通过自身的努力，有可能防范、甚至可以化解的。

4.1.3.2　创业过程中的风险

在创业过程中，可能出现的风险包括：机会的识别与评估风险、团队风险、确定并获取创业资源的风险、创业产品开发风险和创业企业管理风险等。

机会识别与评估风险，是指创业者在项目选择过程中，由于创业者信息掌握不够全面，能力不足，问题解决不当等主客观因素，面临创业方向选择和决策失误的风险。

团队风险，是在团队组建过程中，由于团队成员选择不当或者缺少合适的团队成员带来的风险。

确定并获取创业资源的风险，是指由于存在资源缺口，无法获得所需要的资源，或者得到所需要的资源对创业活动带来较高的风险。

创业产品开发风险，是指在产品开发过程中存在技术转化不好、开发周期过长等风险。

创业企业管理风险，是指由于管理方式、企业文化等因素，在建立企业组织、管理制度、营销方案等方面中存在的风险。

4.1.3.3　创业投资产生的风险

按风险对所投入资金即创业投资的影响程度，创业存在：安全性风险、收益性风险和流动性风险。

安全性风险，是指从创业投资的安全性角度来看，不仅预期实际收益有损失的可能，而且专业投资者与创业者自身投入的其他财产也可能蒙受损失，即投资方财产的安全存在危险。

收益性风险，是指创业投资的投资方的资本和其他财产不会蒙受损失，但预期实际收益有损失的可能性。

流动性风险，是指投资方的资本、其他财产以及预期实际收益不会蒙受损失，但资金有可能不能按期转移或支付，造成资金运营的停滞，使投资方蒙受损失的可能性。

4.1.3.4　市场与技术的选择风险

按创业与市场和技术的关系划分，可分为改良型风险、杠杆型风险、跨越型风险和激进型风险。

改良型风险，是指利用现有的市场、现有的技术进行创业所存在的风险。这种创业风险最低，经济回报有限，即风险虽低，但要想生存和发展，获取较高的经济回报也比较困难，一方面，会遭遇已有市场竞争者的排斥或进入壁垒的限制；另一方面，即便进入，想要占有一定的市场份额非常困难。

杠杆型风险，是指利用新的市场、现有的技术进行创业存在的风险。该风险稍高，对一个全球性公司来说，这种风险往往是地理上的，常见于挖掘未开辟的市场，如彩电行业，利用原有技术进入农村市场。

跨越型风险，是指利用现有市场、新的技术进行创业存在的风险。该风险稍高，主要体现在创新技术的应用方面，往往反映了技术的替代，是一种较常见的情况，常见于企业的二次创业，领先者可获得一定的竞争优势，但模仿者很快就会跟上。

激进型风险，是指利用新的市场、新的技术进行创业存在的风险。该风险最大，如果市场很大，可能会带来巨大的机会，对于第一个行动者而言，其优势在于竞争风险较低，但是知识产权保护力度很弱，市场需求不确定，确定产品性能有很大的风险。

【课后练习】

防范诈骗风险

4.2 创业风险的识别

创业风险是创业过程中不可避免的现象，我们必须直面风险并化解之，这是创业过程中的重要任务。

风险识别是应对一切风险的基础，只有识别了风险才可能有化解的机会。同时风险也是一种机会，应该开拓、提高它积极的作用。创业风险识别是创业者依据企业活动，对创业企业面临的现实以及潜在风险运用各种方法加以判断、归类并鉴定风险性质的过程。创业者都必须掌握风险识别的能力，并不断提高这种能力。

感知风险和识别风险是创业风险识别的基本内容。前者是通过调查了解，识别创业风险的存在；后者是通过归类、掌握创业风险产生的原因和条件以及鉴别创业风险的性质，为采取有效的风险处理措施提供基础。创业风险识别不仅要识别创业所面临的风险，更重要的、也是最困难的是识别创业过程中各种潜在风险。创业风险识别是创业风险管理过程中最基本和最重要的程序，创业风险识别工作进行得是否全面、深刻，将直接影响到整个创业风险管理工作的最终效果。

4.2.1 识别创业风险的基本原则

在识别创业风险的过程中，要注意以下原则：

4.2.1.1 持续动态

由于风险具有可变性，因此，创业风险识别工作应该连续地、系统地进行，成为一项持续性、制度化的工作。风险的识别是风险管理的前提和基础，识别将准确与否在很大程度上决定风险管理效果的好坏。为了保证最初分析的准确程度，就应该进行全面系统的调查分析，将风险进行综合归类，揭示其性质、类型及后果。如果没有科学系统的方法来识别和衡量，就不可能对风险有一个总体的综合认识，就难以确定哪种风险是可能发生的，也不可能较合理地选择控制和处置的方法。此外，由于风险随时存在于单位的生产经营（包括资金的借贷与经营）活动之中，所以，风险的识别和衡量也必须是一个连续不断的、制度化的过程。

4.2.1.2　全面周详

为了对风险进行识别，应该全面系统地考察、了解各种风险事件存在和可能发生的概率以及损失的严重程度，风险因素及因风险的出现而导致的其他问题。损失发生的概率及其后果的严重程度，直接影响创业者对损失危害的衡量，最终决定风险政策措施的选择和管理效果的优劣。因此，必须全面了解各种风险的存在和发生及其将引起的损失后果的详细情况，以便及时做出比较完备的决策准备。

4.2.1.3　综合方法

风险是一个复杂的系统，其中包括不同类型、不同性质、不同损失程度的各种风险。由于复杂风险系统的存在，使得某一种独立的分析方法难以对全部风险奏效，因此，必须综合使用多种分析方法。从风险损失的不同角度来看，至少要从三个方面来识别创业风险。

一是直接损失。识别直接财产损失的方法很多，例如，询问经验丰富的生产经营人员和资金借贷经营人员，查看财务报表等。

二是间接损失。它是指企业受损之后，在修复前因无法进行生产而影响增值和获取利润所造成的经济损失，或是指资金借贷与经营者受损之后，在追加投资前因无法继续经营和借贷而影响金融资产增值和获取收益所带来的经济损失。间接损失有时候在量上要大于直接损失。间接损失可以用投入产出、分解分析等方法来识别。

三是责任损失。它是因受害方对过失方的胜诉而产生的。只有既具备了熟练的业务知识，又具备了充分的法律知识，才能识别和衡量责任损失。另外，创业团队的核心人员的意外伤亡或伤残所造成的损失，一般是由特殊的检测方法来进行识别的。

另外，对风险进行识别的过程，也是对企业生产经营状况及其所处环境进行量化核算的具体过程。在条件允许或具备能力的情况下，风险的识别和衡量要以严格的数学理论作为分析工具，在普遍估计的基础上，进行统计和计算，以得出比较科学合理的分析结果。

4.2.1.4　节约成本

风险识别的目的就在于为风险管理提供前提和决策依据，以保证创业者以最小的支出来获得最大的安全保障，减少风险损失，因此，在经费限制的条件下，创业者必须根据实际情况和自身的财务承受能力，来选择效果最佳、经费最省的识别方法。在风险识别和衡量的同时，应将该项活动所引起的成本列入财务报表，作综合的考察分析，以保证用较小的支出，来换取较大的收益。

4.2.2　识别创业风险的常用方法

一般而言，风险识别的方法包括：信息源调查法、数据对照法、资产损失分析法、环境扫描法、风险树分析法、情景分析法、风险清单法等。有能力的创业者也可以自行设计识别风险的方法，如专家调查法、流程图分析法、财务报表分析法、SWOT 分析法等。

这里简要介绍几种常见的风险识别方法：

4.2.2.1　流程图分析法

流程图分析法是对流程的每一阶段、每一环节逐一进行调查分析，从中发现潜在风险，找出导致风险发生的因素，分析风险产生后可能造成的损失以及对整个组织可能造成的不利影响。流程图是指使用一些标准符号代表某些类型的动作，直观地描述一个工作过程的具体步骤。

流程图法将一项特定的生产或经营活动按步骤或阶段顺序以若干个模块形式组成一个流程图系列，在每个模块中都标示出各种潜在的风险因素或风险事件，从而给决策者一个清晰的总体印象。在企业风险识别过程中，运用流程图绘制企业的经营管理业务流程，可以将与企业各种活动有影响的关键点清晰地表现出来，结合企业中这些关键点的实际情况和相关历史资料，就能够明确企业的风险状况。这个方法在创业活动中同样适用。

4.2.2.2　资产财务状况分析法

资产财务状况分析法即按照企业的资产负债表及损益表、财产目录等的财务资料，创业者经过实际的调查研究，对企业财务状况进行分析，发现其潜在风险。在创业的初期阶段，创业者常常需要对投资方案进行经济评价，以此分析资金风险，这里介绍几个常用的指标。

对投资方案的经济评价之静态评估，常用三个指标：

投资利润率（ROI）＝年利润或年均利润/投资总额×100%

投资回收率＝（年利润或年均利润+折旧）/投资总额×100%

简单投资回收期（不考虑资金的时间价值）＝投资总额/年平均盈利

对投资方案的经济评价之动态评估，常用两个指标：

现金净流量现值＝累计财务净现值＝Σ（CI-CO）t/（1+IC）t

式中：t 为计算年份数；（CI-CO）t 为第 t 年的净现金流量；IC 为折现率。

内部收益率：指投资项目的净现值为 0 时的报酬率。

内部收益率是一个宏观概念指标，最通俗的理解为项目投资收益能承受的货币贬值，通货膨胀的能力。如内部收益率 10%，表示该项目操作过程中每年能承受货币最大贬值 10%，或通货膨胀 10%。

在实际操作中，如有需要，同学们可以自行学习相关知识，或找经济相关专业的教师或老师帮忙，按照合适的指标，进行合理的评估，科学准确地识别创业风险。

4.2.2.3　其他

分解分析法指将一复杂的事物分解为多个比较简单的事物，将大系统分解为具体的组成要素，从中分析可能存在的风险及潜在损失的威胁。

失误树分析方法（Fault Tree Analysis，简称 FTA，也称作故障树分析法、事故树分析法）是以图解表示的方法来调查损失发生前种种失误事件的情况，或对各种引起事故的原因进行分解分析，具体判断哪些失误最可能导致损失风险发生。失误树分析从一个可能的事故开始，自上而下、一层层地寻找顶事件的直接原因和间接原因事件，直到基本原因事件，并用逻辑图把这些事件之间的逻辑关系表达出来。

任何一种方法都不可能揭示出目标项目面临的全部风险，更不可能揭示导致风险事件的所有因素，因此必须我们建议根据创业的一般过程，对可能涉及的所有问题进行考虑，尽可能多地罗列可能发生的风险。

风险识别是一个连续不断的过程，仅凭一两次分析不能解决问题，许多复杂的和潜在的风险要经过多次识别才能获得较为准确的答案。

【扩展阅读】

评估你的创业风险承受力

【课后练习】

思考练习题

4.3　创业风险的管理

4.3.1　创业风险的管理策略

管理创业风险，根据特定风险可能的发生频率与损失程度，一般有这样几种应对策略。

4.3.1.1 风险回避

指创业者有意识地放弃风险行为，避免特定的风险损失。简单的风险回避是一种最消极的风险处理办法，因为创业者在放弃风险行为的同时，往往也放弃了潜在的目标收益。所以一般只有在以下情况下才会采用这种方法：

- 创业者对该风险极端厌恶。
- 存在可实现同样目标的其他方案，其风险更低。
- 创业者无能力消除、转移、抑制或防范该风险。
- 创业者无能力承担该风险，或承担风险得不到足够的补偿。

4.3.1.2 风险控制

风险控制不是放弃风险，而是有目的、有意识地通过计划、组织、控制和监察等活动来阻止或防范风险损失的发生，削弱损失发生的影响程度，以获取最大利益。风险控制主要包括风险抑制和风险防范，抑制侧重于"阻止"，防范侧重于"预防"。对于创业者来说，风险的防范是需要格外留意的风险管理策略。

4.3.1.3 风险转移

是指通过契约，将让渡人的风险转移给受让人承担的行为。通过风险转移过程有时可大大降低创业者的损失程度。

风险转移的主要形式是合同和保险。合同转移，就是通过签订合同，将部分或全部风险转移给一个或多个其他参与者。保险转移，是使用最为广泛的风险转移方式。

4.3.1.4 风险自留

即风险承担。也就是说，如果损失发生，创业者将以当时可利用的任何资金进行支付。风险保留包括无计划自留、有计划自我保险。

无计划自留指风险损失发生后从收入中支付，即不是在损失前做出资金安排。当创业者没有意识到风险并认为损失不会发生时，或将意识到的与风险有关的最大可能损失显著低估时，就会采用无计划保留方式承担风险。一般来说，无资金保留应当谨慎使用，因为如果实际总损失远远大于预计损失，将引起资金周转困难。

有计划自我保险指可能的损失发生前，通过做出各种资金安排以确保损失出现后能及时获得资金以补偿损失。有计划自我保险主要通过建立风险预留基金的方式来实现。

4.3.2 系统风险与非系统风险的防范

系统风险是由于某种全局性的共同因素引起的，创业者或初创企业本身控制不了或者无法施加影响。相对较难采取有效的消除风险的方法。由于环境引起的、市场引起的风险一般是系统风险。对于系统风险，创业者或初创企业应该尽量做好防范，一般有如下三个方面的做法。

首先，深入分析创业者或初创企业所处的环境。当下，国家对大学生创业十分支持，创业者要深入了解创业的税费减免、小额贷款担保、无息贷款、政府贴息贷款、科技型创业在场地、项目、资金、技术、培训等方面的资讯。以便于自己的创业项目更好得到政策的帮助。另外，创业者要深入分析创业的宏观环境、行业环境、地区环境等，对创业过程中可能遇到的系统性风险进行预判。

其次，正确预测能够预测的风险。在创业中很多风险是不可预测的，有一些风险也是可以预测的，创业者要尽可能利用自己掌握和能够调动的所有资源，采用科学的方法，对那些能够预测的风险进行深入分析，通过企业内部成员的探讨和外部专家的预测未来的变化，准确判断变化对企业未来会产生的影响。

最后，采取有效措施，合理应对。由于系统风险的不可分散性，创业者只能依据以上两个步骤对系统风险分析，并制定合理的应对措施，当创业者经过以上两个步骤做出了判断之后，要给出妥善应对办法，预判的风险是尚未发上的风险，不能心存侥幸，待风险发生后追悔莫及。

【案例导读】

80 后家装公司的创业历程

老家宿迁的张涛涛，2007 年毕业于金陵科技学院影视动画专业。还在大学时，他就有创业的想法，每逢寒暑假，只要一有空他都会去装饰公司实习，努力寻求创业机会。他在实习中了解到，虽然装饰行业市场将近饱和，但局部装修却备受青睐，特别是厨房整体橱柜的市场空间相当庞大。于是，他又找了一个橱柜公司无偿实习，经过一年时间的努力工作和行业摸底，有了一定把握，他决定投资经营整体橱柜安装。

公司起步之初相当艰辛，筹集的 8 万元资金全部投入到注册和展柜上面，不久便出现资金短缺。由于公司刚开张，缺乏实际成功案例，客户根本不信任。为了节省成本，发给客户的宣传资料也是黑白稿。公司开门三个月，没接到一个订单，差点就坚持不下去了。后来，张涛涛办了一张信用卡，透支了 5000 元先给员工发工资。

为了找客户，张涛涛和两名员工一起跑各小区，四处打电话，终于联系到了第一笔业务，为了抓住这个客户，大热天陪着他到装饰城看材料，讲解材料的好坏。客户最终被张涛涛的诚心打动，定下这笔 6000 元的单子。经过一年的奋斗，公司逐步走入正轨，并从橱柜安装逐步转到室内装修上，平均每月能接十几笔订单，营业额超过 5 万元，利润在 2 万元。可正在此时，房地产市场因国际金融危机而陷入低迷。

又是三四个月没有订单，他的压力比以前更大，员工从 10 人减到 2 人，为了最大限度地节约成本，他每个活都身兼设计师、工头、搬运、小工、保洁等数职，为了按期完工，通宵设计方案更是经常的事。但即使这样吃苦，他还是吃了不少亏。正是如此，公司挺过来了。凭借认真负责的态度，公司逐步树立了口碑。发展壮大起来。

（本案例由编者整理）

非系统性风险是由创业者或者初创企业自身引起的，只对创业者或者初创企业产生影响，因此，创业者或初创企业可以在某种程度上进行控制，并且通过一定的手段进行预防。

机会选择风险防范。创业者在创业之初，由于缺乏创业能力，缺乏实践经验，在选择创业项目过程中可能出现随意性。项目来源有朋友介绍的；有偶然碰到的；有靠灵感产生的；有看到别人正在做的；有听了一场报告知道的；有看到了报纸上介绍的。在进行项目操作过程中有随意性。偶然发现的项目，能够做起来也是偶然。解决的办法是：把选择项目设定为创业必须的程序之一，并且要在实践中去选择创业项目，不能依靠创业者的主观评价。

【案例导读】

大学生创业不要做大而全，而要做小而精

有的人一想到创业，就想做行业的第一名，就想做成中国 500 强，就想垄断整个市场，其实，这样创业思维往往是不容易成功的，因为创业家跟企业家不一样。企业家已经有了财富积累、客户积累和经验积累，他们已经具有了做强做大甚至做成中国 500 强的能力。

创业的关键首先是学会生存，只有生存了才有发展的可能，只有企业发展了才能做强做大。所以创业需要定位，需要做小而精。企业只有聚焦，你才能发挥自己的优势，让资源有效利用。不怕千招会，只怕一招精。

特别是在中国的市场上做企业，全国人口多，面积大，一个小小产品只要做专业了，同样可以做成亿万富翁。老干妈做辣椒酱做成亿万富翁，谭木匠做梳子做成了亿万富翁。其实，有时经营什么产品不重要，如何经营才重要。

"大姨妈"这么小的一个应用就有好几百万的用户，而且还在不断增长。有人会问，这样的应用能赚什么钱？其实，从"大姨妈"延伸开来，从经期到怀孕，从怀孕到生产，从生产到母婴，这其实就是一个健康的服务平台。但是，创始人柴可一开始并没有想这些东西，只是琢磨着如何把这个经期助手做好，真正为女人的那几天提供周到的服务，不断改进产品，持续完善服务，逐步赢得了用户的青睐。如果大姨妈一开始就做一个健康医疗服务平台，十有八九做不成，刚开始没有用户经验的积累，没有团队的磨练就铺摊子，什么都要做，什么都做不精，用户得不到良好的照顾，当然会遭到抛弃。

所有的入口和平台都是从最开始的一个功能应用做起的，就像 QQ、360 一样，都是先从一款应用或产品做起，一点点做起。所以创业不要追求大而全，而要追求小而精。在大与小的问题，小就是大。现在的小才能成就将来的大。

对创业者来说，在经验、资金、人才等方面比较匮乏，一开始从一款产品、一项服务做起比较妥当，从一个行业的一个点做起，去扎扎实实地解决用户的痛点，做专做透做精，然后逐步发展壮大，而不是贪大贪多。创业者不要满脑子想着做平台、全国连锁之类的，不要一创业就想改变世界，颠覆规则，打败这个打败那个，找一个大公司看不到的角落，给用户解决问题才是创业开始的王道。平台是大公司玩的，你玩不起也玩不动。

而大公司之所以能够成为平台，是因为他们在解决用户问题的过程中，把规模做大了，自然就变成了一个平台。而对没有资源，比较寒碜的创业者来讲，要把自己的资源聚

焦、聚焦再聚焦，把产品和服务做到极致。至于平台，则是顺其自然，水到渠成的事。一开始就奔着平台去的人，老想着做大而不在用户体验上下工夫，一般都没有好下场。同时我们想创业，想学习创业，一定要从大处着眼，从小处着手。不要总是想着远方模糊的事，而是要清楚身边的事。小企业与大企业的生存方式或操作方式不一样，我们不要天天研究大企业而忽视了身边的小企业，因为大企业的管理模式和经营方式，你的企业没有经济实力，无法模仿和复制。即便你要向大企业学习，也要学习他们是如何从小企业做成大企业的过程，而不是学习他们现在的经营策略和管理方式，这些你学了也用不了。恰恰相反，有些小企业的经营方式更值得我们学习和研究。

因为学习过程比学习结果重要。过去创业的人少，就业的人多。企业可以多元化经营。今天不管你从事哪个行业，经营企业产品，都会有无数的竞争对手等着你。如果创业者没有独特的竞争方式，那么你很难在一个行业内立足、生存或发展。所以我们只有集中优势兵力，把一件事，一个产品做好，做出特色，做出品牌，才有自己的生存空间。当你的企业做精了、赢利了，自然就做大做强了。

（本案例由编者整理）

技术风险防范。 技术创新能够带来丰厚的回报，但是技术转化到产品过程中也存在着巨大的风险，在具有一定技术含量的创业项目进行操作时，要注意防范技术风险。解决办法是：首先，加强对技术创新方案的可行性论证，减少技术开发和技术选择的盲目性，技术要聚焦，不能过于分散；其次，要通过该组建技术联合体或建立创新联盟等方式来分散技术创新的风险；最后，要不断激发技术开发人员工作的积极性和创造性，高度重视知识产权。

【案例导读】

一次失败的兼并

赵老师兼并一家区属集体企业，生产原子灰（高级钣金腻子，是汽车在喷漆之前对钣金打磨用的）。使用了全部的可支配的资源整整折腾了半年，最后不得不放弃了。

是赵老师小看原子灰的技术了，四项指标都是对立的，软和硬：软，是指结构松软，刮到钣金上，用砂纸刷刷几下子就能磨平；硬，是指粘到钣金上锤子都砸不掉。快和慢：快，是指刮到钣金上5分钟干透；慢，是指放在桶里半年内呈糊状。

对这四项指标，靠所掌握的技术无论如何也达不到。开始以为是配方问题，后来才知道是它的最基本成分——树脂的问题。为了寻找树脂技术，赵老师在一辆北京吉普上颠了一个月，拜访了许多业内行家。最后知道了，生产这种专用树脂的技术难度非常之大，北京、常州等研究所搞了多年未能突破。正是这个原因，日本关东的"99"牌才能够长期独占中国市场。

还能继续干下去吗？只有放弃。半年时间，七十万资金，就这样地完了。如果在实施兼并之前，对树脂技术进行试验，对产品进行市场测试，这一切是不会发生的。

（来源：《民富论》第144页）

管理风险防范。是指管理运作过程中因信息不对称、管理不善、判断失误等影响管理的水平。管理风险具体体现在构成管理体系的每个细节上，可以分为四个部分：管理者的素质、组织结构、企业文化、管理过程。预防风险办法：①在管理者方面：首先要加强领导者自身的品德修养，从而增强企业凝聚力和激励力，同时着力弥补其他方面如资源劣势等方面的不足，提升管理的效率和效果；同时要扩展知识，对技术创新涉及的知识方法等有一定程度的理解，增强与技术创新人员的沟通，从而对创新活动的组织更为科学；还要全面提升管理层人员的素质和能力，在管理人员中尤其要注重协作沟通能力的提高，刻意培养管理创新意识和创新能力。②在组织结构方面：中小企业应在组织效率和灵活性上充分发挥自身先天优势；积极利用多种渠道与社会组织加强内外信息沟通和交流；注重知识经验的有效识别和积累，加强企业知识管理，建立知识储备库；扩大企业开放程度，利用各种社会力量，与高校、科研院所建立密切关系，增强组织对创新方向的把握。③在企业文化方面：要致力于良好的企业文化的培养，除了凝聚力、向心力的形成和培养，尤其应该塑造创新精神和团队精神，真正把创新作为企业生存和发展的根本所在，树立朝气蓬勃、齐心向上的企业精神，为一切创新活动创造良好的环境。④在管理过程方面：应该遵循对技术创新管理的科学性，减少管理人员的随意性。首先要设立正确的创新目标，最大限度地利用现有条件制定科学合理的计划，其中包括对风险的预测及建立相应的防范规避机制；同时，组织的过程管理要以计划为依据，充分挖掘企业各种资源，使现有资源的效用发挥到最大，注意组织结构的适时调整。领导过程要以现有目标为前提，加强对参与创新人员的适当激励，保持创新团队的士气；最后，控制环节除了一般的信息准确及时、控制关键环节、注意例外处理等方面，应突出关注控制的经济效益，要关注采取行动的效率和效果。

【案例导读】

昂贵的实验

赵老师的第一个实体项目是与台湾宏伟公司合作生产强化固体燃料。一年时间经历了轰轰烈烈—苦苦支撑—住院反思—从头再干四阶段。

轰轰烈烈：上半年，从立项到形成规模生产能力仅用了三个月。正当他沉浸在骄傲的亢奋中，问题接踵而来：定型设备罐装机不好用的问题；成品属易燃物铁路不给运问题；技术转让方承诺的订单不兑现问题；最严重的是产品质量问题。电话里一次次的传来大客户老总的抱怨：在即将燃尽的几秒钟发出呛人的辣味，客人都给呛跑了。怎么回事呢？

苦苦支撑：是配方问题，还是原料问题，还是反应温度……不论什么问题，装置要停下来，货要拉回来，庞大的固定费用却要支付着，资金象漏水的缸只出不进。结果：一塌糊涂，一败涂地，一筹莫展，一百万元没了。

住院反思：他大病一场住进医院。住院医一个月，思考一个月，想明白了一些问题：技术的优势与缺陷问题；工艺设计的合理性问题；目标客户究竟是谁的问题；生产能力与市场容量；开拓市场的能力与经营规模的设定。

从头再干：两个月后另起炉灶，投资5万，两个月收回。以后的时间，每月净利润2~3万元。100万干灭火了。5万元干起来了。为什么？

（来源：《民富论》第138页）

财务风险的防范。财务风险是指公司财务结构不合理、融资不当使公司可能丧失偿债能力而导致投资者预期收益下降的风险。财务风险是企业在财务管理过程中必须面对的一个现实问题，财务风险是客观存在的，企业管理者对财务风险只有采取有效措施来降低风险，而不可能完全消除风险。预防风险办法：①建立财务预警分析指标体系，防范财务风险产生财务危机的根本原因是财务风险处理不当，因此，防范财务风险，建立和完善财务预警系统尤其必要。②建立短期财务预警系统，编制现金流量预算。由于企业理财的对象是现金及其流动，就短期而言，企业能否维持下去，并不完全取决于是否盈利，而取决于是否有足够现金用于各种支出。③确立财务分析指标体系，建立长期财务预警系统。对企业而言，在建立短期财务预警系统的同时，还要建立长期财务预警系统。其中获利能力、偿债能力、经济效益、发展潜力指标最具有代表性。反映资产获利能力的有总资产报酬率、成本费用利润率等指标；反映偿债能力的有流动比率和资产负债率等指标；经济效率高低直接体现企业经营管理水平，反映资产运营指标有应收账款周转率以及产销平衡率；反映企业发展潜力的有销售增长率和资本保值增值率。④树立风险意识，健全内控程序，降低或有负债的潜在风险。如订立担保合同前应严格审查被担保企业的资信状况；订立担保合同时适当运用反担保和保证责任的免责条款；订立合同后应跟踪审查被担保企业的偿债能力，减少直接风险损失。

【案例导读】

金链断裂烘焙王瞬间崩盘

王伟庆1969年出生，1991年毕业于河南医科大学，先做医生，后进入广九大酒店接触餐饮。1997年，他在郑州西区开设一家蛋糕店，至2008年已在河南省内布局50余家门店。2009年，他获得多轮风投融资，闪电并购了石家庄五羊皇冠、包头丹尼娅（两者均为当地最大的烘焙连锁商），门店规模由40间扩至110间，在国内烘焙连锁业有着"并购教主"之誉。至2011年年末，好嘉利门店总量升至140间，年销售规模逼近两亿元，无可争议地坐上了行业"河南王"的交椅，拥有员工1100人，并准备在香港上市。

2014年12月6日，郑州媒体刊发报道，称好嘉利部分店面关停，33家关停18家，仅剩15家，导致持券卡顾客抢购。到12月12日，店面仅剩7家。当月底，郑州市好嘉利门店全部关闭。

王伟庆在公开信中说，"我们这些做私营企业的人从起家开始就没想过留后手，所有的资金和资产都在企业内滚动，企业就是家，家就是企业。虽然这样我还是承受了，因为我欠钱我不对，自责的同时更希望大家能理解我，我真的不是有钱不给，我真的是身无分文了，原谅我吧，只要我不死一定会偿还大家的。人人都是由生至死，我也希望在我离开这个世界的时候所有的债务已偿清，心中无愧地走向另一个世界。"

在公开信中，王伟庆将企业目前面临困境的原因归于银行的抽贷、压贷。

他表示，从 2012 年开始，好嘉利就遭遇银行抽贷，后来依靠民间借贷继续经营，然而不到 3 年，民间借贷利息就高达 7000 多万元。从 2013 年开始，由于郑州市的门店费用无力支付，筹措的资金全部用来偿还客户本金和利息，根本不能用到经营上，造成门店供货不足，消费者卡券不能足额兑付。

2013 年底，3 家银行又对好嘉利压贷 5500 万元，导致之前短期拆借的民间借贷无力偿还，这成为 2014 年好嘉利资金链全面断裂的导火索。

为维持企业运营，在银行压贷后，他又努力向亲戚朋友借贷几千万元，到资全部枯萎时，还背负一身债务。

（来源：http：//www.cyone.com.cn/Article/Article_ 38223.html）

4.3.3 创业者风险承担能力的估计

创业者在创业过程中，要合理评估创业的风险和自身承担风险的能力，以采取合理的风险管理的办法，减少创业过程中的不确定性，促进创业的成功。创业者承受风险的能力是指创业者能承受的最大的失败。创业者承担风险的能力与创业者的心态、个人能力、家庭情况、工作情况、个人收入等。对创业者风险承担能力的估计可以从以下四个方面进行。

明确从 0 到 1 过程中可能遇到的风险。创业是一个从 0 到 1 的过程，在这个过程中，要经历不同的阶段，创业者要能够针对不同的创业项目，深入领会创业项目需要经历的各个过程，评估在这些过程中存在哪些创业风险。

获得解决风险发生所需要的资源。创业过程中，有一些风险是不可控制的，创业者要善于整合资源，从不同的渠道获取资源，创业者从其他渠道获取资源的能力与创业者承担风险的能力正相关。

创业者用于承担风险的资金。一般来说，创业者的家庭经济状况和创业者的年龄会对承担风险的资金有一定影响。刚刚毕业的大学生，资金积累较少，用于承担风险的资金就相对较少，有一定工作经历的从业者，创业前会有一定的积蓄，家庭经济富裕的创业者，用于承担风险的资金会较多。用于承担风险的资金数量和创业者承担风险的能力正相关。

创业者危机管理能力。创业者危机管理能力影响着创业危险发生时采取的风险控制措施和效果，从而影响着风险带来的损失的大小。当创业风险发生的时候，创业者要能够沉着冷静对待风险，及时采取措施，避免损失进一步扩大。所以创业者危机管理能力越强承担风险的能力也越强。

4.3.4 基于风险估计的创业收益预测

按照风险报酬均衡的原则，创业者所冒的风险越大，其所获得的收益应该越高，当创业者合理评估自己承担风险的能力并对风险进行有效防范后，创业者应该对创业收益进行预测，以便将其和所冒的风险相匹配，进行创业风险收益决策。基于风险评估的创业收益预测可以采用以下步骤：

首先，预测不同情况下的收入、成本情况。创业者针对发生不同风险的概率进行估计，在发生这些风险的情况下，收益变化的情况将如何。其中的风险主要在两大方面，其一是产品制造成本方面可能存在增加的风险，其二是市场推广方面，因为市场销售量、价格等原因，会带来销售额较少的风险。

其次，计算风险收益的预期值。创业者要在第一步中估计的各种收益发生的概率及对应的收益情况做出计算，预期收益＝预期收入－预期成本。通过计算，明确各种境况下的预期收益。

最后，分析最大风险和创业者风险承担的匹配性。通过对预期收益的计算，创业者对各种危机发生境况下，创业的收益有一定的了解，结合创业者自身的情况，进行决策。

4.3.5 资金管理技巧

赚钱比找钱更容易，找钱比赚钱难得多。创业者要时刻认识到，资金的本质是职业金融机构向优秀的企业投入股权资本的行为，其直接目标是为了赚钱。创业项目是能够让资金增值的载体。这个项目必须有自己的前期投入，有运作过程，并在这个过程中，能够显示项目的核心优势，证明这个优势的标准是项目的市场目标和销售额和利润，一个项目做到这个程度，已经是一个企业了。只有项目优势显现的时候，资金才需要项目。创业者决定项目，项目决定资金。项目规模特点和启动方式决定资金数量和进入时间。创业者的能力和项目特点，共同决定投入资金的时间、方式和数量。

【案例导读】

在"做"中圆梦

林海发现了一种保健枕头，不但睡着舒服，还能保持颈椎不悬空，还能随体温的改变而变化。国外每3个家庭就有一个这样的枕头，国内市场还是空白。林海决心上这个项目。

一了解才知道，加工这样的枕头，光设备就要20万元。他自己总共才有1万元哪！怎么办？

他决定先赚钱，同时学习做枕头市场。有了经验和资金，再回头去做那个理想中的好枕头。

林海先租下一个小门面。有了它——这叫渠道，就能以代理方式从国内生产枕头的工厂进货。开张后，他不断寻找新的有保健功能的枕头，把全国，还有日本的保健枕头来个大集合，慢慢做成了小有知名度的保健枕头的品牌店。

门店销售业绩不断攀上升，每月以1万利润的速度发展。两年后，他已经攒下了20多万元。他再次把目光投向那心仪的枕头。

真的要干了才知道，还有技术转让费呢！仅仅技术转让这一项就花掉了12万，还是没钱买设备呀！怎么办？

这时候的他，已经不是两年前的他了。他已经熟悉枕头生产的工艺，熟悉许多生产枕头的工厂。有了！选择一家最有实力的，技术装备最强的工厂，委托他们来加工啊！

刚好有家工厂正巴不得有新项目呢，又与小林老板多年打交道，知道他的为人，更知道他市场营销的本事。厂长说："没说的，就是上点新设备也要帮小林老板圆这个'枕头梦'。"

（来源：《民富论》第 101 页）

时点通病，现金流断裂。是指在资金的使用上，计划到把产品制造出来推向市场的那个时间"点"为止。这样安排资金，是在指导思想上认为只要到了那个"点"，资金就会回流，再生产所需要的资金就会在销售收入中得到补偿。而事实是，创业进程一旦到了计划中的那个"点"，销售收入往往不会自然产生。在相当长的时间内达不到能够补偿全部耗费的程度。这时，如果没有后续资金的补充，现金流就中断了，"时点通病"届时发作。解决办法：要储备现金，以产品销售现金回流为准。

管理失控，现金流断流。初创企业现金断流的另一个原因是创业管理失控。有的是摊子铺大了，控制能力与管理手段跟不上了，有的是创业之初讲排场，大肆铺张浪费。解决办法：①减少固定资本的投入。如果马的力量足够大，负荷重点也能行进。创业初期能实现多少销售收入是不确定的。创业者需要减少投入，减轻补偿的负荷。首先，减少甚至不要固定成本投入，要充分利用社会分工细密的条件，能借则借，能租则租，要么采用委托，代理，合作等方式。其次，用销售收入补偿耗费做投入的标尺，在投入数量、种类和时间三个方面，以能够实现运转为限度，只要是与运转不直接相关的投入则不投，少投，缓投。②减少运营费用的使用。此外，有计划地使用资金。首先，制定费用合理的标准，要以运转为尺度，对运转必要的为合理，否则是不合理；其次，设计项目实施的阶段，按照项目发展阶段，规定每个阶段的计划费用额度；最后，是抓住费用的最大的一个头，千方百计控制它。

【案例导读】

步步为营走稳创业路

入学起，李同学就开始接项目。学生会、学院各系网站大多数都是由他开发完成的，这些简单的工作给了他实践锻炼的机会。不断遇到实际问题，不断解决问题，专业水平进步得非常快。

毕业后，他先选择了去两家专业公司实习，因为他知道自己缺乏大项目的经验，对软件公司的正规运作流程不熟悉。实习期间，他勤勤恳恳，兢兢业业。备受领导赏识，学习到了软件公司的各项事宜，并且交到了很多朋友。

2007 年，他创办自己的心生软件有限公司。公司初创时期，当务之急是求生存，要活着。

他对自身形势和面临的环境进行了整体分析，首先，本地尚无专业的软件开发公司，且人才也比较少，以小公司之力难以聘请到高技术人才，所以暂时缺乏接手大项目的能力；其次，资金投入超过6位数的项目，势必会引起众多的竞争者，其中不缺乏外地有雄厚实力的公司。因此，他将业务定位于几千至几万元的小项目，并且主要依靠低价格优势吸引客户。

确立了方向之后，他开始承接业务，网站建设、企业电子商务平台、企业信息化建设等业务，他都做，并且确保低价，别的公司报价 7~8 万的项目，他 3~4 万就做。在业务开展过程中，他特别注重公司的形象，只要客户遇到问题，他总是第一时间解决。多措并举之下，公司业务区域稳定，并保持上升趋势，公司活下来了。经过 2 年的发展，公司业务不断扩大，涵盖了网站开发、软件开发、企业形象设计、网站推广等多项服务。

（本案例由编者整理）

销售管理失控，现金流断裂。由于创业者急切的产品销售的心理，在市场推广方面，一场乱仗打下来，有多种业务推广方式存在。可能产生大量应收货款，导致现金流断流。解决办法：一是现金与销售额和利润脱离。产品卖出去了，会计则依据开具的销售凭证记账，销售额和其中的利润就反映出来了。可资金是否全额地及时到账则是另一笔账目。这中间的差额所体现的是现金与销售额，现金与利润的不相等。它会经常掩盖真实的现金流量。二是减少由"应收"产生的"差额"。财务明细中的"应收"，反映的是资金往来关系，体现的是企业短期债权，记在资金平衡表中的资金来源一方。但它掩盖了资金平衡的真实，应收不等于实收，甚至不等于能收，不是资金的真实存在。

【案例导读】

开酒厂的悲惨经历

一位母亲投资女儿的酒厂 15 万，加上女儿当年自有资金 5 万，再找人东拼西凑，最终启动本金 50 万。这 50 万的支出是：租厂房，买设备，买制酒原料，全部都是现金支付。她的企业应付账款为零。

把产品生产出来后，下游所有的饭店酒馆，都是要先赊销，后付款。常常是货卖了，还收不到款。因此，酒厂生意的特点是，对下游，表现为弱势。这样，企业账面上，就会产生大量的应收账款。常常是有应收账款而收不回来钱。还有些人，酒卖了，但饭店却关张了，人都找不见了。于是，虽然发货了就成了死账呆坏账了。呆坏账时间越长，收回的可能就越小。好不易收回点应收款，还要东打点，西打点，请人吃吃喝喝。这无形中又加大了企业的运营成本。

2003 年非典席卷全国，导致酒厂的酒，虽然发货了，可完全卖不动。这样，尽管有应收款，可产品无销路，应收账收不回来。这样，对上游要支出，下游又无款可收，企业现金断流。酒厂于 2003 年春节后，倒闭，破产清算。

（本案例由编者整理）

4.3.6 产品开发风险管理技巧

制约非理性思维。一旦开始创业活动，会不可避免地产生一种非理性的思维定势：表现在"心理偏好"和"偏执心态"两个方面。先是心理偏好的产生。创业者看好了一个项目，对利益的追求一旦落实到具体目标上，追求目标的过程就会强化着实现目标的愿望。日益强化的愿望通过持续的"注意"而产生"心理偏好"。"心理偏好"一旦产生，就自然地转化为对目标本身和其相关假定的信任。这种被不断加强了的信任是宗教般的执著的偏执心态。表现在对待项目上的义无反顾的气概。在许多人看来不可行的事，当事人却信心十足，直到撞到南墙头破血流方如大梦初醒。解决方法：小规模探索性对创业项目进行尝试，认识、理解、通透和把握创业项目中诸多要素之间的关系。

【案例导读】

盲目自信

老肖原是某高校物理教师，长期专注于环保节能产品研究，取得了不少科研成果。通过成果转让，老肖逐渐积累了一笔可观的资金。老肖素有凌云之志，52岁那年内退办起了自己的环保设备厂，专门生产一种环保高效节能炉和节能灶。但真正干起来，建厂房、进设备、买原料、发工资，早先看起来不少的150万元自有资金外加30万元贷款，眨眼间就没了。

第一批产品生产出来时，老肖的资金账户上只剩下几百元了。可产品要推广，生产要进行，员工要发工资，水电费要付，哪去弄钱呢？老肖借钱请银行的人吃了几顿，结果是肉包子打狗，有去无回。无奈，老肖只有动员加大产品销售，争取用销售回款转动企业。可老肖的产品主要推向小城镇和农村市场，需要人海战术。单凭企业原有的十来个人根本不够，招聘一些能力强的人销售人员吧，不好找不说，找到了，工资也付不起。

老肖急得满嘴燎泡，有病乱投医，他想借政府部门将产品推出去，但和扶贫办、农机站的人一接触，人家说帮忙可以，但必须把产品价格上浮50%～120%不等。老肖磨破了嘴说明自己的产品都是卖给农村用户，加那么高的价卖不出去。但被拒绝，结果一个前景非常好的产品，就因为缺少必须的后续资金，缺少足够的销售人员和渠道等，老肖的企业不得不搁浅了。

（本案例由编者整理）

创建企业的第一目标。新企业一经建立，创业者就把收回投资与盈利当成最直接的目的、最强烈的愿望、最急切的行动。为此而集中一切能量，调动一切资源，使出浑身解数不遗余力全力以赴。导致创业失败。解决办法：创业企业的第一目标是存活。是销售收入能够补偿耗费。将这明确为创建企业的第一目标，能够让创业者走上理性创业的道路。

【案例导读】

日本首富孙正义的创业故事

日本首富，著名的互联网风险投资公司"软件银行"的创立者，公司的资产约300亿美元，个人的身价约为40亿美元，日本传媒称之为"带动日本走出网络的黑暗时代"，美国《商业周刊》在评定 1999 年度全球 25 名"管理精英"中，孙正义名列榜首，《福布斯》杂志称他为"日本最热门企业家"。

所谓"时势造英雄"，当人们还不知道计算机是什么的时候，人们的嘴里谈论的是摩根、洛克菲勒、李嘉诚，但自从有了计算机、互联网，几乎所有的人都知道了比尔·盖茨、杨致远、艾利森，在这场迅捷而又掀起了狂风暴雨的运动中，或许人们会问，谁是互联网时代最大的受益者？答案不是比尔·盖茨，而是孙正义。谁是网络时代的无冕之王？不是杨致远，还是孙正义。他是互联网时代的一个奇迹，虽然有人说他是赌徒，说他是投机者，但这些都不妨碍他实施自己的雄心壮志，建立起自己的网络帝国。

第一个 100 万

1957 年 8 月 11 日，孙正义出生在日本佐贺县马栖市。孙正义的祖父在二次大战前即从韩国渡海来日本，在筑丰煤矿做矿工，所以孙正义应该算是第三代的韩裔日人。孙正义刚出生的时候，家里的情况并不是很富裕，父亲靠养鸡养猪来讨生活，为了给鸡弄些饲料，祖母每天都很早起床，推着推车去各个地方搜集剩饭，而孙正义便坐在推车上，虽然很辛苦，但祖母却乐观向上，教育孙正义有颗学会感恩的心，至今孙正义想起祖母，都会流泪。

渐渐地，在全家人的努力之下，家境开始好转，父亲开始做点小生意，略有资产。1974 年 2 月，年仅 17 岁的孙正义踏上了前往美国的征途。一到美国，孙正义先进了加利福尼亚的一所英语学校。1975 年 9 月，又进了塞拉蒙特高中，但入学仅两星期，他就通过了大学入学测验，一跃进入霍利·耐姆兹大学。

两年之后，孙正义又转入加利福尼亚大学的伯克利分校经济系，插班进了三年级。可以说，伯克利的生活彻底改变了孙正义后来的人生。在美国留学的 6 年中，孙正义学习十分刻苦，常常连走路、吃饭、如厕甚至进澡盆都捧着书，每天的睡眠时间浓缩为 3~5 个小时。

一次偶然的机会，孙正义买到了一本《大众电子》，看到了那幅伟大的照片——英特尔生产的计算机芯片的扩大照片。这时的孙正义"激动得像是失去了知觉，不仅出了很多汗，连眼泪都涌了出来"。下意识地，他知道这个小小的芯片将会改变世界，改变自己的一生。而这一瞬间的直觉，让孙正义踏上了与计算机结缘的不归路——"我要搞计算机，企业家应走的路是计算机行业。"

当时大学里很多人都在勤工俭学，可是孙正义却不想去洗盘子，他认为那没有创造性，他想通过自己的发明创造去赚钱。他规定自己，每天都必须有个发明，不管大小。一年后，在他的"发明研究笔记"中一共洋洋洒洒记载了 250 项发明，其中最重要的一项发明就是"多国语言翻译机"。它是从字典、声音合成器和计算机这三个单词组合而来的。类似于今天的"词霸"，只要你输入一个日文单词，就会有正确的英文发音来回应。

为了推销自己的产品，孙正义在假期里回到日本，事前先发信给 50 家家电厂商的社长，并亲自拜访佳能、欧姆龙、惠普、卡西欧、松下电器、夏普等 10 家公司，但无一例外，都遭到了拒绝，有的前台人员甚至说这个东西"一文不值"。

但孙正义并不气馁，几经周折和关系，孙正义见到了"夏普"的负责人、"日本电子产业之父"佐佐木正，刚开始的时候，佐佐木对这个年轻人并不在意，但在孙正义认真讲述自己的发明时，他被这种"认真"和"朝气"打动了，他认为这个年轻人很勇敢，要"大力栽培"，于是，佐佐木用4000万日元也就是当时的100万美元买下了这个发明，而孙正义获得了自己的第一桶金。1978年，孙正义利用销售多国语言翻译机与翻译软件所取得的巨额权利金，在美国开设一家公司，名叫Unison World，从事多国语言翻译机的商品化与其后的产品开发，以及进口电玩机与开发电玩软件。他从日本买进电玩机，经过重新组装后，放在餐厅、酒吧、咖啡厅与学生宿舍等地，全盛时期，曾经拥有350部电玩机。

当这一切都是如此的顺利的时候，孙正义却选择了放弃，他把社长宝座让给友人，丢下一句"I shall return"后，回到日本。因为他只是把这个学生时代的产物当作一个打工的工具，一个正式公司的预演，而日本才是他事业的真正开始！

软件银行

21岁时，孙正义回到了日本。没有休息，这个工作狂就开始筹划自己的事业，成立了"株式会社和音世界"。那时，他到处奔走，想对市场做彻底的调查。"要做，我就要做到在该领域是日本第一。问题是，选择哪个竞技项目。"孙正义决定花两年时间来寻找合适的项目，但实际上日子却很难熬。家有妻子，大女儿又刚刚出生，怎么才能维持生计？他越来越感到不安，"就好像钻进了看不到头的隧道"，很想随便找个项目做算了，但又觉得"一旦事业起步，就要投进去好几年，如果不成功，重新来一次的话，就绕远了"。为此，他对40种项目都做了10年的预想损益计算表、预测平衡表、资金周转表及组织结构图。所有的文件垒起来，竟然有十几米高。经过一段漫长的煎熬，孙正义总算在隧道中看到尽头微露的曙光，那就是个人电脑用软件的流通销售事业，这是个不做太技术化的行当，那是因为开发软件要冒很大的风险，搞不好就栽了，但是软件的销售风险就要小得多。正如孙正义自己常说的：我们是修路的，不是生产汽车的。不管你是丰田汽车还是福特汽车，都要在路上跑。

1981年9月，孙正义在靠近福冈市南方的大野市创立日本软件银行，资本额1000万日元。办公室位于一间铁皮屋建筑物的二楼，公司成员除了孙正义之外，只有两名打工的职员。可以说一穷二白，但孙正义却兴奋地发表了自己的就职演讲："5年以内销售规模达到100亿日元。10年以内达到500亿日元。要使公司发展成为几万亿日元，几万人规模的公司。"两个工人认为这个老板简直是神经病，没过多久就辞职了。

一个月后，在大阪举行的电子产品展销会上，刚刚成立的软件银行公司拿出资本的80%租下了会场最大、距入口最近的展厅，并免费提供给各软件公司，和孙正义熟识的人都认为他疯了，但这个最大的场地吸引了十几家公司参展，产生了相当大的影响。此后，孙正义成功地和当时最大的软件公司哈德森签订了独家代理合同。"要和别人合伙，一开始就要策划好和最大的公司合伙，这是我的观点，为此也尽了全力。一旦合伙成功，剩下的，你不用吭声就能做好了。"软件银行的业务由此迅速展开，短短几个月就成为日本最大的软件营销商，控制了日本软件市场40%的份额。公司的业绩像翻倍游戏一样飞速增长。"再也没有这样舒服的经营了。"孙正义说。

但是在创业的道路上，如果想继续前进，资金缺乏是最大的障碍，为了扩展自己的事业，孙正义决心进行一笔大数额的借贷——5亿日元。年仅24岁的他拜访了第一劝业银行的经理御器谷，尽管经理对个人电脑或软件几乎一窍不通，但听了孙正义的解说后，他直觉感受到这个产业的有趣与成长性。经过一个小时左右的谈话后，御器谷已经决定要借钱给他。后来经过银行大小领导的讨论，终于答应了孙正义的要求。有了这5个亿，孙正义开始大展拳脚。

接着，孙正义又涉足出版业，原因是计算机媒体拒绝刊登软件银行公司的广告。孙正义干脆自己搞起计算机专业杂志。显然，那些目光短浅的人为自己树起一个强敌。创刊初期，杂志一直处于"亏本"的局面，每月账单如洪水般涌来。孙正义花半年时间，阅读数以万计的读者卡，提出6条改革方案，其中心就是："完全按读者的要求去做。"改革方案预算达到1亿日元，对当时的孙正义实在不是个小数目。但孙正义认为，如果拖拖拉拉，就会出现一两亿日元的赤字来，与其坐以待毙，不如花上一亿日元获得新生。为此，他设法打出著名电器厂商NEC的牌子做电视宣传，因为NEC的个人电脑畅销，孙正义的电脑杂志也得到了大卖，以前每月印5万册，会有8成被退回。现在印10万册，3天就卖光了。孙正义的出版业一下子就红火起来了1995年，孙正义又发现了互联网的价值，虽然当时互联网电子商务交易仅3亿美金（现在已达1110亿美金），而网址也仅17.7万个（而现在已达420万个）；他还身陷30亿美金债务压力，但孙正义仍然决定冒险，倾力筹措资金向互联网下赌注。

孙正义遍访美国硅谷，寻找有希望的互联网新办企业。依靠两项由公司经营的风险资本家基金，他已在55家新开办的网络公司中投入了3.5亿美元。到了8月，他又看上了雅虎。当时的雅虎是个小公司，是一帮年轻的学生创建的，还有亏损，几乎没有什么收入。但孙正义认为，学生能够拿出非常伟大的想法，有一些疯狂的想法，有很大的激情，他喜欢这种态度。于是，孙正义拿出了1亿美元，占有了公司30%的股份。事实证明他的眼光无比准确，现在他的1个亿回报是200亿美元。

即使在坐飞机回国的时候，孙正义在旧金山国际机场的休息室里也做了一笔大买卖，用1540万美元买下Cyber Cash公司9.5%的股份。公司董事长丹·林奇颇为惊讶地说："我们只花了一小时。"这就是孙正义，永远雄心勃勃，永不停止自己的收购脚步。

孙正义兵法

1983年春，因为过度劳累，孙正义患上了严重的慢性肝炎，这时他刚刚25岁，公司成立也刚刚一年半。孙正义辞去了社长职务，开始养病。在这期间，他读了大量的经营及历史方面的书，大约有4000多本，而在这段期间所读的书，孙正义印象最深的是介绍有关《孙子兵法》与《兰契斯特法则》的书。

孙正义说："孙子与兰契斯特都是相当优秀的兵法家，有趣的是，他们的想法非常相近。简而言之，就是不打失败的仗，战而应胜。战争并非赌博，它是科学且有理可循的。这两大兵法的真正精神，正是不战而胜，而购并就是不战而胜。国内许多经营者与媒体相关从业者，无法了解我采取购并策略的真意。如果他们仔细阅读《孙子兵法》与《兰契斯特法则》，相信对购并与我的经营策略，观感将会改变得多……"从一开始看到这两本书，孙正义就感觉十分亲切，孙子与兰契斯特信奉第一主义，而孙正义从年轻时就告诉自己，一旦决定要做，就要成为那个领域的第一；而这就是战争法则，同样适用于商场。同时孙正义并不拘泥于此，还总结出了自己的"孙正义兵法"。这套兵法是他在与病魔缠斗时，以《孙子兵法》为基础，再加上自己的看法，所创造出来的金科玉律。

可以总结为：一流攻守群，道天地将法，智信仁勇严，顶情略七斗，风林火山海。

正是凭着这种兵法，凭着这种勇气和毅力，孙正义成就了自己的事业！他说："即使我死了，公司还是会以生命体的型态生存下来，有时我会思考究竟公司可以持续多久，我认为至少应该持续300年左右。100年太短了，500年又太过不实际，300年最适当。"

这就是一个看起来平凡无比的亚洲人的300年大计，它甚至让世界首富比尔·盖茨为之震惊，也许还会有人认为这是痴人说梦，毕竟现在互联网市场竞争如此激烈，可是，如果一个人用了十几米厚的资料来做事业选择，如果一个人的目光看的总是几十年甚至300年之后的事情，想让这样的人彻底失败，恐怕也难！有人说，孙正义一半是风险投资家，一半是企业家；一半是杰克·韦尔奇，一半是沃伦·巴菲特；一半是比尔·盖茨，一半是杨致远。当然，更重要的一点，他是100%的孙正义。

（来源：http：//blog. Sina. com. cn/s/blog_ 6a95b7de0100l7hf. html）

【课后练习】

风险级别与应对措施

第五章
商业模式设计与创新

【教学目标】通过本章教学，让学生理解商业模式的概念与含义，了解商业模式的类型，掌握商业模式设计的原则与方法，掌握常见商业模式的应用环境与方法。

5.1 商业模式

5.1.1 商业模式的概念

商业模式是商业运作的内在机理。是为实现客户价值最大化，把能使企业运行的内外各要素整合起来，形成一个完整的高效率的具有独特核心竞争力的运行系统，并通过最优实现形式满足客户需求、实现客户价值，同时使系统达成持续盈利目标的整体解决方案。

与商业模式类似的提法有很多，如盈利模式、客户生成模式、收入模式、竞争优势、战略优势、价值主张等这些词常常与商业模式混用，我们应该了解：这些词都不能代表商业模式，商业模式没有同义词。那么到底什么是商业模式呢？事实上，商业模式作为一个特定的词汇，出现的时间并不长，却受到越来越多的重视。

2016 年 3 月 22 日，淘宝宣布阿里巴巴中国零售交易额（GMV）突破三万亿元人民币。紧接着 4 月 6 日，阿里巴巴官方微博发布博文宣布，截至 2016 年 3 月 31 日财年底，根据阿里巴巴集团中国零售交易市场的交易总额，阿里巴巴集团已经正式成为全球最大的零售体。阿里巴巴超越 54 年的零售业巨头沃尔玛，只用了 13 年的时间！这样的例子并不罕见，国外的 Facebook 在 2004 年上线，发展十分迅速。时至今日已然成为全球社交网络的垄断者。随着越来越多的企业迅速取得巨大的成功，人们开始提出疑问：这种情况是怎么发生的呢？唯一合理的答案就是企业拥有越来越好的商业模式。随着经济收益越来越像买彩票中大奖（尤其是在互联网领域），商业模式的概念受到了空前的关注，围绕商业模式的研究也越来越丰富，这使得其背后涉及的理念向复杂化发展。

在《商业模式新生代》[①] 一书中，作者给出的定义是：一个商业模式描述的是一个组织创造、传递以及获得价值的基本原理。从这个定义出来，我们可以从以下几个角度去理

---

① 《商业模式新生代》由机械工业出版社 2011 年出版，作者：（瑞士）亚历山大·奥斯特瓦德（Alexander Oster-walder）（比利时），伊夫·皮尼厄（Yves Pigneur），译者：王帅，毛心宇，严威，这本书介绍的"商业模式画布"影响广泛。

解商业模式：

最简单的商业模式是一种盈利模式，它是一种吸引客户、为他们服务并从中赚钱的方法。

从最基础的层次来说，你的商业模式就是能够让你赚钱的准则。你可以将其视为自己所做的所有工作的结合，也就是你的秘方，以此为你的客户提供价值，自己获取利润。你的工作组合差异性和专有性越强，就越能获得更多收益。

商业模式属于企业的基本架构，企业提供什么服务，生产什么产品，或者销售什么以赚取收益都囊括在这个框架之中。所以每个企业都有自己的商业模式，无论创业者或企业家是否注意到。

商业模式属于整体商业战略的一部分，所以两者经常被混淆。商业战略存在不同层级，我们需要特定的战略，去实施商业模式的各个部分。换句话说，商业模式关注的是价值创造，也会涉及为客户提供价值时你需要完成的工作；商业战略关注的则是为什么以及如何创造并提升价值。

总的来说，商业模式关注的重点在于创造盈利性收入并保证收入的流动。绝大多数运营、财务及人力资源的问题，都属于创造盈利性收入的附带问题，所以这些问题不在商业模式的范畴之内。

相同的产业，商业模式可能完全不同。淘宝和京东都做线上零售业务，但是这两家企业却有着截然不同的商业模式。由于商业模式各不相同，两家企业的运营原则、企业文化以及盈利模式都大不相同。

商业模式是你在竞争中能够赚取利润的核心要素。很多能让你的产业具有差异性的要素直接来自你的商业模式。如苹果和诺基亚都生产手机，但其商业模式大相径庭，最终诺基亚黯然离场，苹果至今所向披靡。

商业模式和商业计划不是一回事，商业模式是企业运营的核心理念，在此之上，你才能制定自己的商业计划。因此，商业模式应当在你的商业计划中占据大量篇幅。有很多商业计划忽略了商业模式，把大量篇幅留给了与商业计划相关的财务预测与运营细节上。当缺少一个扎实的商业模式时，提出这些预测和细节都是过于草率的行为。相比过去仅仅依靠商业计划，你可以利用在商业模式基础上制订的计划，更准确地预测自己的企业能够取得成功。

商业模式也不能等同于竞争优势。竞争优势只是商业模式的一部分，而非全部。商业模式的内涵比竞争优势更广。例如，你可以拥有巨大的竞争优势，但商业模式依然非常脆弱。假如星巴克决定通过单杯咖啡售价降低的方式提高咖啡销售量，它的竞争优势可能得到些微提升，但是，低价策略可能导致星巴克的商业模式出现巨大变化，甚至会恶化。

商业模式绝不仅仅是一种理念，好的商业模式能够创造性地为客户解决问题，带来比预想更高的利润。

【案例导读】

4 人卖睡衣年赚 7000 万

"支付快递费是 23 元可以拿到一件价值 188 元的女士睡，支持货到付款，支持退货。消费者是零风险。"同一时段在 157 家网站打这个广告，有 80% 的人会订上一件。

这家公司既不是中国 500 强，也不是世界 500 强，这时候，很多人即使只为了满足一下好奇心，都会定一件。于是，你就会留下名字、电话、手机、地址，13 天后，快递真的送到你家了，你打开信封一看，这个睡衣质量真不错，在市场里面可能超过 188 或者 288，很多人看不明白，这家公司是干嘛的？是做慈善？还是赔钱赚吆喝？

商业价值计算：1000 万件睡衣免费送，首先我们需要解决货源问题。做生意的人都知道，中国义乌小商品批发市场世界闻名，在那有很多小型的服装加工厂，所以制作起来，成本可以很低。有 1000 万件，就可以实现制作成本由 10 块降到 8 块。

为什么 8 块钱成本的睡衣在商场里面可以卖到 188 元？因为商场及其中间所有的渠道都要赚得利润。梦露睡衣生产成本只有 8 块钱，但是到消费者手中没有任何商场环节，所以 8 块钱的睡衣拿到商场里卖 188 元。平时快递一样最小的东西，至少需要 10 块钱，但是，如果一年有 1000 万件快递要在快递公司运送，肯定可以便宜，所以，最后 5 元敲定，因为夏天的女式睡衣很轻，又很小，一个信封就可以装下。下面就剩下广告了，本来网上做这种免费送东西的广告是不需要花钱的，因为网站要的是浏览量，为了让我的睡衣送的更疯狂，只要在你家的网站上送出去一件，就给网站商 3 块钱的提成，于是，所有的网站都帮着打广告。

23 块钱减去 8 块减去 3 块减去 5 还剩下多少？7 块，那么就是说，他们实际上送一件睡衣只付出了 16 块钱的成本，但是，消费者却付了 23 块钱的快递费。就是说，他们只要送一件睡衣就赚了 7 块钱，中国有 13 亿人口，一年免费送一千万件是可行的。最后，他们送睡衣一年就赚了 7000 万。

这家公司从总裁、设计总监、销售总监、到会计，全公司加在一起只有四个人。

5.1.2　商业模式的构成

商业模式具有很强的可塑性，使得创业者能够调整自己的模式，去满足商业需求。无论商业模式如何变化，有些基本的要素是共同存在的。也正是这些构成要素让商业模式从其他商业工具，如商业计划、战略计划、运营模式中脱颖而出。

关于商业模式的构成，有很多说法。帝莫斯（Timmers，1998）认为，商业模式是由产品/服务、信息流结构、参与主体利益、收入来源四者及其联系构成的。韦尔（Weill，2001）认为，商业模式是由战略目标、价值主张、收入来源、成功因素、渠道、核心能力、目标顾客、IT 技术设施八者及其联系构成的。奥斯特瓦德（Osterwalder，2005）认为商业模式是由价值主张、目标顾客、分销渠道、顾客关系、价值结构、核心能力、伙伴网络、成本结构、收入模式九者及其联系构成的。

这里介绍一种相对简单直观的构成。著名商学教授与作家加里·哈默尔（Gary Hamel）认为，商业模式由四个要素构成：核心战略、战略资源、伙伴网络和顾客界面。这个构成也非常利于我们进行商业模式设计的思考。

（1）核心战略

核心战略从企业的使命、产品/市场范围、差异化基础等方面描述了企业的基本定位以及企业如何与竞争对手进行竞争。

企业的使命，即使命陈述，描述了企业为什么存在及其商业模式与其实现的目标。在不同程度上，使命表达了企业优先考虑的事项，并设置了衡量企业绩效的标准。

企业的产品/市场范围定义了企业集中关注的产品和市场。产品的选择以及企业从事经营活动的市场都对企业商业模式的选择有重要影响。

差异化战略意味着商业模式应集中于开发独特的产品和服务，索要更高的价格。

（2）战略资源

如果缺乏资源，企业难以实施其战略，所以企业拥有的资源会影响其商业模式的持续性。两种重要的战略资源是企业的核心能力和战略资产。

企业的核心能力是企业胜过竞争对手的竞争优势的来源。它是超越产品或市场的独特技术或能力，对顾客的可感知利益有巨大的贡献，并且难以模仿。企业的核心能力在短期和长期内都很重要。在短期内，正是核心能力使得企业能够将自己差异化，并创造独特价值。从长期看，通过核心能力获得成长以及在互补性市场上建立优势地位也很重要。

战略资产是企业拥有的稀缺、有价值的事物，包括工厂和设备、位置、品牌、专利、顾客数据信息、高素质员工和独特的合作关系等。一项特别有价值的战略资产是企业的品牌。企业最终试图把自己的核心能力和战略资产综合起来以创造可持续竞争优势。

（3）伙伴网络

新创企业往往不具备执行所有任务所需的资源，因此需要依赖其他合作伙伴以发挥重要作用。在很多时候，企业并不愿独自做所有事情，因为完整地完成一项产品或交付一种服务会分散企业的核心优势。企业的伙伴网络包括供应商、合作伙伴和其他重要关系。

供应商是向其他企业提供零部件或服务的企业。几乎所有的企业都有供应商，它们在企业商业模式的运作中起重要作用。传统上，企业与供应商维持着一定距离的关系，并把它们看作竞争对手。需要某种零部件的生产企业往往与多个供应商联系，以寻求最优价格。如今，企业更多地将精力放在如何推动供应商高效率运作的层面上来。

企业还需要其他合作伙伴来使商业模式有效运作。合资企业、合作网络、社会团体、战略联盟和行业协会是合作关系的一些常见形式。现代企业大多需要组建多元化的合作关系，以此来支持自己的商业模式有效运作。良好的合作关系可以给创业企业带来了更多的创新产品、更多有益的机会和高成长率。当然，合作伙伴关系也包含着风险，在仅有的合作关系成为企业商业模式的关键要素时更是如此。

（4）顾客界面

顾客界面是指企业如何与顾客相互作用。主要包括目标市场、销售实现与支持和定价结构三个方面。

目标市场是企业在某个时点追求或尽力吸引的有限的个人或企业群体。企业选择的目标市场影响它所做的每件事情，如获得战略资产、培育合作关系以及开展推广活动等。可以很明显地看出，拥有清晰界定的目标市场将使企业受益。由于目标客户的明确界定，公司能够将自己的营销和推广活动聚焦于目标顾客，并且能够发展与特定市场匹配的核心竞争力。

销售实现与支持描述了企业产品或服务"进入市场"的方式，或如何送达顾客的方法，以及企业利用的渠道和它提供的顾客支持水平，所有这些都影响到企业商业模式的形式与特征。

企业的定价结构随企业目标市场与定价原则的不同而变化，包括收入来源及收费模式等内容。

5.1.3　常见的商业模式类型

世界上既有延续了几百年的商业模式，也有刚刚诞生没几年的商业模式，如互联网免费增值模式。一些利润较高的企业并没有创建新的商业模式，他们只是从其他产业借鉴了不同的模式。例如，剃须刀的商业模式（消费者购买一种低利润商品，必要消耗品的价格则定在相当高的水平）也被很多喷墨打印机创造了巨额利润。有些时候，只要对现有商业模式进行一些小小的改动，改动后的模式就能在不同行业产生惊人的效果。

下面介绍几种我们身边比较常见的商业模式，由于对商业模式的类型并没有统一的界定，也无此必要，所以我们常用该模式代表性的企业来命名其商业模式，有时一种模式有几种说法，或一种说法包含几种模式，一个企业具有几种模式的特点，甚至对模式的说明不十分清晰，这都是正常的，无需计较。我们了解商业模式，不是为了简单的复制，而是为了拓展视野，为创造自己的商业模式汲取灵感。

表 5-1　常见的商业模式

商业模式	关键词	代表企业
特许经营	出售权限、商业模式使用权	麦当劳、假日酒店
低价连锁模式	酒店连锁、低价	如家
定金模式	经常性收入、绑定顾客	健身房、美发店
国美模式	资本运作、专业连锁、低价取胜	国美
新直销模式	多层次直销、直销	玫琳凯、雅芳
超级女声模式	娱乐营销、整合营销、事件营销	湖南卫视"超级女声"
分众模式	新媒体、新蓝海、眼球经济	分众传媒
核心产品模式	打造核心产品、持续改进完善	腾讯（QQ）、优视（UC 浏览器）
专业化模式	专注、细分市场、创新	我买网、途牛网
虚拟经营模式	虚拟经营、外包	耐克
网络社区模式	流量、人气、广告	天涯社区、百度贴吧、豆瓣

（续）

商业模式	关键词	代表企业
平台模式	开放、生态圈、整合	腾讯、亚马逊、乐视
免费模式	永久免费、部分收费、交叉补贴	360、微软（Windows10）
网络搜索模式	竞价排名、网络广告、搜索营销	百度
网络游戏模式	免费模式、互动娱乐	盛大
电子商务模式	网上支付、安全交易、免费模式	淘宝网、易趣网
O2O模式	线上线下、最后一公里	大众点评、到家美食会
参与感模式	用户体验、全方位参与、营销互动	小米、魅族
大数据模式	大数据产业链、大数据营销	阿里巴巴
跨界模式	整合、重塑	谷歌、格力

【案例导读】

小米的商业模式

2015年4月6日是小米公司成立5周年的纪念日，短短的5年时间，雷军就把小米手机做到了一个世界级公司的规模。《美国时代周刊》甚至用长篇幅报道了雷军和小米手机，并用"中国的手机之王"这样的称号高度评价雷军，超过了国内媒体对雷军的评价。

小米对自己的目标人群有着清晰的定位，尤其是小米1和小米2。20~25岁，大专以上学历，毕业不到五年，收入2000~6000元，喜欢网购，有自己的消费观，社会地位不高，从事社会底层工作。从人群上看，小米初期定位的就是典型的屌丝人群。无论小米1、2、3都是低价高配，2000元价位的小米手机配置几乎可以和苹果5、三星note3媲美，这样的配置对于低端消费人群无疑是杀手锏，击中了他们的痛点。低价高配的市场定位让小米无往而不利，小米以低价高配的策略进入了移动电源市场，一万毫安的移动电源可以卖到69元，小米手环更是卖到79元，要知道市场同类产品的价格高达1000元。

从研发、生产、销售和服务这四个环节看小米，就是一家典型的轻资产模式的公司，他没有自己的工厂，不自建零售渠道和终端，却把注意力放在两头，研发和售后服务环节。小米不投资制造工厂，却投入巨大的财力和人力在研发环节，是典型的众包方式做研发，米优系统每周都会升级一次，目前已经发布了200多个版本。而在生产制造环节，小米却选择和采购最好的原材料和供应商，红米都是富士康生产的，用最好的生产换来的是好的品质，和如期完成的产品，貌似成本较高，其实是降低了成本。小米最初都是通过小米官网直接销售，随着定位的大众化，小米的销售渠道主要分为四类：小米手机官网，淘宝、京东网上商城，苏宁、国美实体店和联通、移动、电信的运营渠道。小米对售后服务非常重视。第三方做客服很难做，服务不好，人员流失率高，但是小米做售后服务都是自己做，小米投入巨资创办了"小米之家"，有1700个客服席位，2750人的售后服务队伍，是竞争对手的10倍，优质的服务确保了小米的口碑。

传统的工商企业主要靠技术、品牌与行业控制力维持企业的盈利。小米则更注重利用社交网络加强品牌与行业控制力。如2011年8月，小米1上市，雷军在微博上"炫耀"自己用过56部手机，结果有56万人参加互动，雷军利用自己影响力让他们成为小米的"粉丝"；2012年5月，雷军又在微博上抛出一个话题：传说人的灵魂是21克，那为什么是150克呢？引发了网友和粉丝的讨论和转发，最后揭晓：小米青春版手机的重量是150克。手机巨头每年投入百亿美金打广告，但小米却几乎不做广告，小米用社交媒体、自媒体、网络媒体进行营销，代表着非广告时代的来临。小米的论坛也是极其活跃的地方，每天都会新增20万的帖子，小米会筛选出8000条反馈给工程师，每个工程师必须回复150个帖子，这等于将管理工作下放到用户和工程师，而粉丝的回赞让工程师也很开心。因此，小米手机30%的功能改进来自粉丝的建议。

雷军关于小米商业模式的七字诀，在业内很有名气：专注、极致、口碑、快。对于很多传统企业而言，转型互联网+，小米的案例具有很现实的借鉴意义，可以给传统企业更多的启示，体现在五个层次。

第一层次是做产品。作为互联网行业的一个实物品牌，小米做产品的战略就是做爆品，单机绝杀市场，靠的是过硬的品质，降低成本，和良好的口碑。爆品战略可以把营销更多的凝结在产品中，产品本身就是广告，不需要打广告，这种模式也为复制提供可能。

第二层次是做人。工业化时代的营销，是推出产品，做广告，打知名度，提升美誉度。而在互联网+的时代，消费者与企业冰冷的物质关系结束了，营销的做法完全相反，通过情感连接，先有忠诚度，然后才是美誉度，最后形成知名度，小米营销的模式就是强调情感，不强调功能。

第三层次是复制。做出一个成功产品的商业模式，然后把他迅速地复制出去，在地产行业，万达广场就是这种模式，不断地把万达的模式复制到全国各个城市。但是，万达的模式非常复杂，风险大。互联网产品就不同了，可以把产品串起来，交易成本很低。因此，小米把这种成功的模式很快的复制到小米手环、小米盒子、小米移动电源、小米活塞耳机、小米摄像头、小米智能血压仪、小米家装、小米净水机等领域。

第四层次是作生态系统。小米更厉害的地方在于，小米建立起了一个生态系统，就成为三个小米：一个小米是小米的米优系统，包括小米的内容、服务等；第二个是小米的硬件，包括小米手机、小米路由器、小米电视等；第三个小米则是小米投资的1000家智能硬件，这一块还没有完全建立起来。

第五个层次就是国际化。目前小米已经进军俄罗斯、印度、东南亚国家，据悉，在印度小米已经获得印度塔塔公司的战略投资。

5.1.4　商业模式与商业战略

商业战略是指一个公司指导其在自己所在行业如何竞争的战略总和，包括一系列财务政策、组织结构等活动。制定恰当的商业战略是一个公司在自己所处行业中获得可持续竞争优势的最佳方法。

从商业模式和商业战略的含义分析，商业模式侧重于创造客户交织的基础架构和系统的设计，本质上回答"企业提供什么样的产品"和"企业如何提供产品"这两个基本的问题，而商业战略则侧重于回应环境的变化和竞争，进而通过适当的企业行为选择来赢得竞争。商业模式和商业战略有如下联系：

（1）商业模式与战略具有相同的本质

商业模式是"价值创造"导向，商业战略是"建立竞争优势"导向。然而，从商业模式概念的递进过程可以看出，这两种导向应是相互依存和不可分割的。从经济层面到运营层面再到战略层面，定义的综合性是递进的。"价值创造"导向是基于经济层面和运营层面的定义而对商业模式的定位，其中经济层面描述的是对企业价值的创造（包括成本控制和收入来源），运营层面描述的是对顾客价值的创造。这两个层面的定义未强调所创造的价值必须具有独特性、不可模仿、不可替代，由于缺乏这三个特点的价值是不可持续的。所以商业模式的概念进一步发展，出现了战略层面的商业模式定义，即商业模式是符合以上三个特点的价值创造逻辑，能为企业建立竞争优势。可见，战略层面的商业模式的本质，是对能够获得竞争优势的价值创造活动的描述（经济逻辑、运营逻辑、战略方向分别描述了价值活动开展方式及其所遵循的战略原则）。曼斯菲尔德（Mansfield）和傅立叶（Fourie）后来又提出了整合性定义，但其与战略层定义实质是相同的。由以上分析可知，商业模式和战略的本质是相同的，从价值活动实施前的角度定义，它们都是对能够获得竞争优势的价值创造活动的规划或设计；从实施后的角度，它们就成了对带来了竞争优势的价值创造活动的描述。

（2）商业模式是对已实施的战略的描述，与战略在内容上高度一致

商业模式的内容可以通过其构成要素或三个逻辑层面来描述，构成要素和三个逻辑层面是完全一致的，它们可以归入不同的逻辑层面。首先，商业模式是对已实施的战略的描述。将价值链上的价值活动方式作为中介（中间变量），来对商业模式和战略的内容进行比较分析。价值活动方式包含了价值创造过程中所有的价值活动、结构及价值链中的伙伴关系。其次，经济逻辑和运营逻辑是对战略措施体系的描述，它们是等价的。价值链各环节由企业的各种职能构成，职能战略是对价值链上所有价值活动的具体规划，实施后的（职能）战略措施体系直接表现为企业价值链上的价值活动方式。根据商业模式的定义它们实际上就是对已实施的战略措施体系的描述。是战略措施体系本身所具有的。是对战略措施体系的全面描述，所以它们是等价的。最后，商业模式中的战略方向描述了战略原则。因为商业模式来自于对价值活动方式的描述和分析，商业模式中的战略方向必然从价值活动方式中得到。尽管价值链活动方式是对战略措施体系的直接体现，但企业战略、业务战略、核心竞争力又体现在战略措施体系上，所以可以通过可视的价值链活动来察觉这些战略原则。通过对价值活动的分析可能无法察觉所有战略原则，但这并不影响战略方向与战略原则的高度一致性。

（3）商业模式与战略的区别

商业模式与战略的区别主要在于关于它们的理论侧重点的不同。商业模式理论与战略理论研究的侧重点不同。由于新技术、新观念的不断涌现，企业在制定战略措施体系时可

以有更多选择，于是很多别具特色的战略措施体系出现了。这引起了人们对战略措施体系及其所呈现的商业模式的研究的兴趣，商业模式理论的主要研究对象或侧重点就是这些别具特色的战略措施体系。商业模式理论从战略制定的结果处开始研究，着重于对特定战略措施体系的分析，归纳出其包含的各种内在逻辑，特别是价值创造逻辑，不同的逻辑呈现出不同的商业模式。商业模式所包含的逻辑关系对企业构建具体的战略措施具有很好的指导作用，这是战略理论所欠缺的。战略理论从战略制定的源头开始研究，主要研究战略制定方法及形成过程，缺少对具体战略措施的研究。因为战略理论缺少对具体战略措施体系内在逻辑的研究，人们并没意识到运营逻辑和经济逻辑是战略措施体系本身所包含或应该包含的，所以往往认为商业模式和战略是两回事。战略理论的很多重要内容是商业模式理论所不具备的。如波士顿矩阵、SWOT 分析等分析工具，并未出现在商业模式理论中，很多战略学派的重要战略理论或观点也是商业模式理论所未涉足的。

由于以上区别，战略制定过程中，应将商业模式理论与战略理论相结合。理论侧重点的不同，并不影响商业模式与战略在内容上的一致，只是内容的形成方法不同而已。

【课后练习】

下定义

5.2　商业模式的原则与方法

5.2.1　商业模式设计的原则

企业能否持续赢利是判断其商业模式是否成功的唯一的外在标准。一个成功的商业模式不一定是在技术上的突破，而是对某一个环节的改造，或是对原有模式的重组创新，甚至是对整个游戏规则的颠覆。

创业者在设计商业模式时，要兼顾考虑以下八个原则：客户价值最大化原则、持续赢利原则、资源整合原则、融资有效性原则、组织管理高效率原则、创新原则、风险控制原则和合理缴税原则等八大原则。

（1）客户价值最大化原则

一个商业模式能否持续赢利，是与该模式能否使客户价值最大化有必然关系的。一个不能满足客户价值的商业模式，即使赢利也一定是暂时的、偶然的，是不具有持续性的。反之，一个能使客户价值最大的商业模式，即使暂时不赢利，但终究也会走向赢利。所以对客户价值的实现再实现、满足再满足是创业者应该始终追求的主观目标。

（2）持续赢利原则

在设计商业模式时，赢利和如何赢利是必须重点考虑的问题。当然，这里指的是在阳光下的持续赢利。持续赢利是指既要"赢利",又要能有发展后劲,具有可持续性,而不是一时的偶然赢利。

（3）资源整合原则

整合就是要优化资源配置,就是要有进有退、有取有舍,就是要获得整体的最优化。在战略思维的层面上,资源整合是系统论的思维方式,是通过组织协调,把企业内部彼此相关但却此分离的职能,把企业外部既参与共同的使命又拥有独立经济利益的合作伙伴整合成一个为客户服务的系统,取得1+1>2的效果。在战术选择的层面上,资源整合是优化配置的决策,是根据企业的发展战略和市场需求对有关的资进行重新配置,以凸显企业的核心竞争力,并寻求资源配置与客户需求的最佳结合点,目的是要通过组制度安排和管理运作协调来增强企业的竞争优势,提高客户服务水平。

（4）创新原则

时代华纳前首席执行官迈克尔·恩说:"在经营企业的过程中,商业模式比高新技术更重要,因为前者是企业能够立足的先决条件。"创业者应该在设计商业模式时,始终保持创新的意识,力所能及地创造出新的、突破性的商业模式。商业模式的创新形式贯穿于企业经营的整个过程之中,贯穿于企业资源开发、研发模式、制造方式、营销体系、市场流通等各个环节,也就是说,在企业经营的每一个环节上的创新,都可能演变成一种成功的商业模式。虽然商业模式一旦确定,不应随意变动。但是也要时刻警惕内外环境的变化,而保持商业模式的与时俱进,适应发展,才能在激烈的竞争中维持住优势。

（5）融资有效性原则

融资模式的打造对企业有着特殊的意义,尤其是对广大的中小企业来说更是如此。我们知道,企业生存需要资金,企业发展需要资金,企业快速成长更是需要资金。资金已经成为很多企业发展中绕不的障碍和很难突破的瓶颈。谁能解决资金问题,谁就赢得了企业发展的先机,也就掌握了市场的主动权。从一些已成功的企业发展过程来看,无论其表面上对外阐述的成功理由是什么,但都不能回避和掩盖资本对其成功的重要作用,许多失败的企业就是没有建立有效的融资模式而失败了。商业模式的设计很重要的一环就是要考虑融资模式,能够融到资并能用对地方的商业模式就已经是成功一半的商业模式了。

（6）组织管理高效率原则

高效率是每个企业管理者都梦寐以求的境界,也是企业管理模式追求的最高目标。用经济学的角度来衡量,决定一个国家富裕或贫穷的砝码是效率;决定企业是否有赢利能力的也是效率。现实生活中的万科、联想、华润、海尔等大公司,在管理模式的建立上都是可圈可点的,也是值得我们学习的。

（7）风险控制原则

设计再好的商业模式,如果抵御风险的能力很差,就会像在沙丘上建立的大厦一样,经不起任何风浪。这个风险指的是系统外的风险,如政策、法律和行业风险,也指的是系统内的风险,如产品的变化、人员的变更、资金的不继等。

（8）合理缴税原则

合理缴税,而不是逃税。合理纳税是在现行的制度、法律框架内,合理地利用有关政策，设计一套利于利用政策的体系。合理缴税做得好也能大大增加企业的赢利能力，千万不可小看。

【扩展阅读】

成功商业模式三个基本特征

5.2.2 商业模式设计的方法

5.2.2.1 商业模式画布

"商业模式画布"是现在最为流行、也最受认可的商业模式工具。这里做一个简要的介绍。同学们可以在《商业模式新生代》这本书里找到其详细的理论与方法。

按照商业模式画布，设计商业模式，就是利用画布中的九个模块，进行充分的构想。如图 5-1 所示：

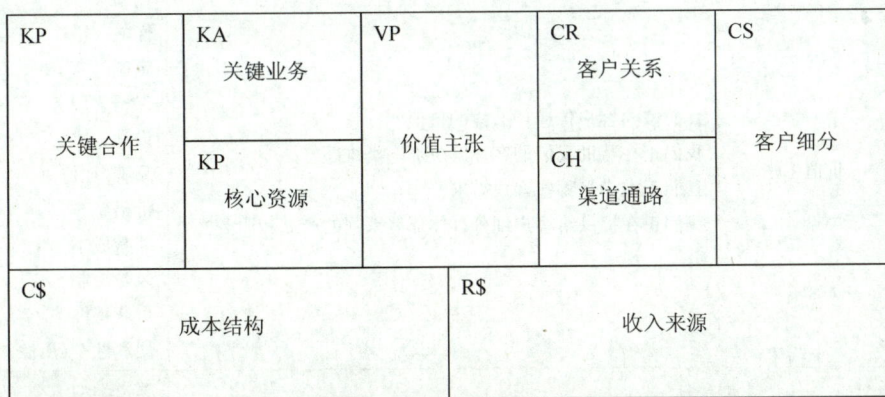

图 5-1 商业模式画布

我们先来了解下这九个模块的意思：

- 客户细分（CS，Customer Segments）：描述了一家企业想要获得的和期望服务的不同的目标人群和机构。
- 价值主张（VP，Value Propositions）：描述的是为某一个客户群体提供能为其创造价值的产品和服务。
- 渠道通路（CH，Channels）：描述的是一家企业如何同它的客户群体达成沟通并建立联系，以向对方传递自身的价值主张。
- 客户关系（CR，Customer Relationships）：描述的是一家企业针对某一个客户群体所建立的客户关系的类型。
- 收入来源（R＄，Revenue Streams）：代表了企业从每一个客户群体获得的现金收益

（须从收益中扣除成本得到利润）

- 核心资源（KR，Key Resources）：描述的是保证一个商业模式顺利运行所需的最重要的资产。
- 关键业务（KA，Key Activities）：描述的是保障其商业模式正常运行所需做的最重要的事情。
- 重要合作（KP，Key Partnerships）：描述的是保证一个商业模式顺利运行所需的供应商和合作伙伴网络。
- 成本结构（C$，Cost Structure）：描述的是运营一个商业模式所发生的全部成本。

对以上九个模块进行构想，主要思考的问题见表5-2。

表5-2 商业模式画布的构想

序号	构想模块	主要构想问题	构想方向示例
1	客户细分	我们为谁创造价值？ 谁是我们的最重要的客户？	大众市场 小众市场 求同存异的客户群体 多元化的客户群体 多边平台
2	价值主张	我们该向客户传递什么样的价值？ 我们正在帮助我们的客户解决那一类难题？ 我们正在满足哪些客户需求？ 我们正在提供给客户细分群体那些系列的产品和服务？	创新 性能 定制 保姆式服务 设计 品牌/地位 价格 缩减成本 风险控制 可获得性 便利性/实用性
3	渠道通路	通过哪些渠道可以接触到我们的客户细分群体？ 我们现在如何接触他们？我们的渠道如何整合？ 哪些渠道最有效？哪些渠道成本效益最好？ 如何把我们的渠道与客户的例行程序进行整合？	渠道类型 （自有渠道） （合作方渠道） 渠道阶段 （知名度） （评价） （购买） （传递） （售后）
4	客户关系	我们每个客户细分群体希望我们与之建立和保持何种关系？ 哪些关系我们已经建立了？ 这些关系成本如何？ 如何把我们与商业模式的其余部分进行整合？	私人服务 专属私人服务 自助服务 自动化服务 社区 与客户协作，共同创造

（续）

序号	构想模块	主要构想问题	构想方向示例
5	收入来源	什么样的价值能让客户愿意付费？ 他们现在付费买什么？ 他们是如何支付费用的？ 他们更愿意如何支付费用？ 每个收入来源占总收入的比例是多少？	资产销售 使用费 会员费 租赁 许可使用费 经纪人佣金 广告费
6	核心资源	我们的价值主张需要什么样的核心资源？ 我们的渠道通路需要什么样的核心资源？ 我们的客户关系呢？ 收入来源呢？	实物资源 知识性资源 人力资源 金融资源
7	关键业务	我们的价值主张需要什么样的核心资源？ 我们的渠道通路需要什么样的核心资源？ 我们的客户关系呢？ 收入来源呢？	生产 解决方案 平台/网络
8	重要合作	谁是我们的重要伙伴？ 谁是我们的重要供应商？ 我们正在从伙伴那里获取那些核心资源？ 合作伙伴都执行哪些关键业务？	优化及规模效应 降低风险和不确定性 特殊资源及活动的获得
9	成本结构	描绘运营一个商业模式所引发的所有成本 什么是我们商业模式中最重要的固有成本？ 哪些核心资源花费最多？ 哪些关键业务花费最多？	成本导向 价值导向 固定成本 可变成本 规模经济 范围经济

在设计商业模式过程中，并不一定必须要回答上述所有的问题。很难有人能做到面面俱到，我们更多的是用这些问题，引导我们去思考，去勾勒，去完善，不断推敲，不断绘制，不断创新，去设计自己的商业模式。

你可以在一个大房间里，按照以上的顺序依次在九个板块里填写内容——最好是以便签纸的形式，每张纸上只写一个点，直到每个板块拥有大量可选答案。然后，摘掉不好的便签纸，留下最好的那些，最后按照顺序让这些便签上的内容互相产生联系，就能形成一套或多套商业模式。

商业模式画布的优点在于让讨论商业模式的会议变得高效率、可执行，同时产生不止一套的方案，让每个决策者心中留下多种可能性。错误的方案被删除，防患于未然；优秀的方案在半个小时内便确定下来，同时还会产生很多备选方案用来应对变化。商业模式画布是关于全局的集体智慧和长远设计。

关于商业模式的设计，还有很多其他方法。有兴趣的同学可以多了解，帮助自己更全面的构想商业模式。

【扩展阅读】

创新商业模式的六个方法

5.2.2.2　商业模式设计五步法

设计和完善企业商业模式，需要借助有效的分析手段，商业模式的五大要素。它们是利润源即企业顾客、利润点即企业提供的产品或服务、利润渠道即产品或服务的供应和传播渠道、利润杠杆即生产产品或服务的内部运作、利润屏障即保护产品或服务的战略控制活动五大要素，五大要素相互协同的价值创造系统。无论是设计还是完善企业商业模式，都必须遵循商业模式设计完善的五步法。

第一步，界定和把握利润源——顾客

企业利润源是指购买企业商品或服务的顾客群，它们是企业利润的唯一源泉。企业利润源及其需求的界定，决定了企业为谁创造价值。企业顾客群分为主要顾客群、辅助顾客群和潜在顾客群。好的目标顾客群，一是要有清晰的界定，没有清晰界定的顾客群往往是不稳定的；二是要有足够的规模，没有足够的顾客群规模企业的业务规模必然受到局限；三是企业要对顾客群的需求和偏好有比较深的认识和了解。

设计商业模式的时候，首先需要分析顾客需求，目的就是要为产品寻找能够比较容易呈现价值的顾客群。一般来说，企业赢利的难度并非在技术与产品端，而主要还是在顾客端。有时纵然是把握好企业顾客的一点点需求，也可能产生巨大的顾客价值。在复印机行业，施乐公司的利润源主要是大型企业与专业影印公司，因此他看不到个人客户对于影印便利的需求，所以失去开发桌上型复印机的先机。佳能在资源规模上无法与施乐竞争，因此采取差异化策略，重点对企业个人客户这一利润源进行了系统分析和研究，根据个人客户的价值需求，发掘尚未被满足的特殊顾客群，最后才导致开发简便型桌上复印机的创新构想。佳能在1976年推出简便型桌上复印机，这项新产品的技术创新程度较为落后，不但影印速度慢，影印品质不佳，提供的影印功能也极为有限。不过在顾客看来却是一项能带来重大价值的成功产品，因为它能提供经理人与个人工作者在工作上极大的方便，这些顾客不需要为影印一页文件，专程跑到影印中心，只需要简单的操作，在家中或个人办公室中即可满足影印需求。

第二步，不断完善企业利润点——产品

利润点是指企业可以获取利润的、目标顾客购买的产品或服务。利润点决定了企业为顾客创的价值是什么，以及企业的主要收入及其结构。好的利润点是顾客价值最大化与企业价值最大化的结合点，它要求一要针对目标顾客的清晰的需求偏好，二要为目标顾客创造价值，三要为企业创造价值。有些企业的产品和服务或者缺乏顾客的针对性，或者根本不创造利润，就不是好的利润点。

　　微软的商业模式是国际公认最为成功的商业模式，但回顾微软不断完善企业利润点的历史，就会发现微软并不是一开始就能够设计出具有竞争力的产品的。看一看微软开发图形操作系统就会发现，根据顾客的需求对产品持续改进是微软商业模式的竞争力之所在。当微软推出 Windows1.0 时，这个产品比数字研究公司的 GEM 图形用户界面好不到哪去。评论家们甚至将它比作是对施乐 PARC 所开发产品的苍白模仿。直到 1990 年 Windows3.0 发布时，微软才拿出了内存管理方面的改进成果，从而可以让用户利用 286 和 386 微处理器的能力。1993 年微软又用了三年时间改进了与 Windows95 界面类似的 NT，新产品强大的管理控制功能使得 WindowsNT 在 IT 社区中流行起来。在网络浏览器业务上，微软又用了三次长期的努力才赶上网景。微软建立了伟大的商业模式，原因是微软倾听客户反映，修复了产品中的不足，微软成就的原因并不是因为它开发出了"轰动一时"的技术。微软完善了一个整合客户反馈和改进企业利润点的系统，这可以解释为何微软长期以来成为这个领域的第一号企业。

第三步，打造强有力的利润杠杆，构筑商业模式内部运作价值链

　　打造利润杠杆——规划企业内部运作价值链是商业模式设计与完善重要内容，它决定了产品或服务是否为企业带来价值和带来价值的多少。企业利润杠杆主要包括以下几种：组织与机制杠杆、技术与装备杠杆、生产运作杠杆、资本运作杠杆、供应与物流杠杆、信息杠杆、人力资源杠杆等。这些内部运作活动可以清楚界定企业的内部运作的成本及其结构以及计划实现的利润目标。设计良好的利润杠杆可以使商业模式极具竞争力。美国西南航空公司却创下了连续 29 年赢利的业界奇迹。能取得这样的成功，在于西南航空始终坚持"低成本营运和低票价竞争"的策略，在自己竞争对手不注意和注重的内部价值链上下工夫，找到了属于自己的财富增长点。西南航空主营国内短途业务。由于每个航班的平均航程仅为一个半小时，因此西南航空只提供软饮料和花生米，这样既可以将非常昂贵的配餐服务费用"还之于民"，又能让每架飞机净增 7~9 个座位，每班少配备 2 名乘务员。在西南航空公司的大多数市场上，它的票价甚至比城市之间的长途汽车票价还要便宜。一些"巨人级"航空公司称西南航空是"地板缝里到处蔓延的蟑螂"，可以感觉到，但就是无法消灭掉。将没有竞争优势的企业内部价值链外包，是打造利润杠杆的一条有效途径。很多公司意识到在一个非常长而复杂的企业内部价值链上，他们也许只能在价值链的 3~4 个环节具有高度竞争力，但要想在所有环节上都具有竞争力是不太可能的，而一旦认识到企业内部价值中的优势环节，就应该把公司定位在那个位置，将其他部分以签约方式外包给别的公司，从而使利润杠杆更加有力。

　　同样的产品，由于利润杠杆不同，或者说由于企业内部运作价值链的差异，导致了产品的成本迥异，一个企业可能赚钱，另一个企业可能亏损。这足以说明，利润杠杆决定了企业利润的多寡。

第四步，疏通拓宽利润渠，构筑商业模式外部运作价值链

　　利润渠——即企业向顾客供应产品和传递产品信息的渠道，是商业模式得以正常运作必不可少的外部价值链。产品或服务的价值传递是企业把产品和服务传递给目标客户的分销和传播活动，目的是便于目标客户方便地购买和了解公司的产品或服务。

戴尔是成功的商业模式，它的利润渠本身就为戴尔创造了巨大的价值，首先，直销模式大幅降低成本，戴尔的"直销模式"实质上就是简化、消灭中间商，这样避免庞大的渠道成本。戴尔因直销而减少了20%左右的渠道成本。其次，直销模式加快了戴尔的资金周转速度。利用代销商销售电脑的各大电脑公司从制造到销售一般需要6~8周。而戴尔从订单到送货到客户手中的时间为5天，从发货到客户电子付款在24小时以内，戴尔的资金周转天数已降到11天。

1963年家乐福在巴黎郊区创办第一家超级市场。在30年内，家乐福发展成为一个年销售额290亿美元、市值200亿美元的国际连锁超市集团。其成功的关键是为客户提供了优异的渠道。在家乐福产生前，法国拥有高度分散的小商店系统，他们对客户和供应商来说是一个十分低效的渠道。客户需要花数小时采购，而分销商需要花费可观的成本和费用运送货物到成百上千家零售店。这一渠道的多重失效和低效，激发了渠道集中的趋势。家乐福发掘到这一机会从而创造了巨大的股东价值。家乐福、沃尔玛的成功是因为它为众多商品生产企业构筑了高效的流通渠道，而这对几乎所有的商业模式都是必不可少的。

第五步，建立有效保护利润的利润屏障

利润屏障是指企业为防止竞争者掠夺本企业的目标客户，保护利润不流失而采取的战略控制手段。利润杠杆是撬动"奶酪"为我所有，利润屏障是保护"奶酪"不为他人所动。比较有效的利润屏障主要有建立行业标准、控制价值链、领导地位、独特的企业文化、良好的客户关系、品牌、版权、专利等。

【扩展阅读】

制造商领域的商业模式

5.2.3 商业模式的自我评价

商业模式的设计是一个需要慎重、长期思考和决策的过程，很难有一次设计就成功的商业模式。我们需要对设计出的模式进行反复的评价与验证，才能最终确定下来。验证是一个实践的过程，对创业者来说，只能是小规模的检验，所以我们有必要在评价商业模式上下工夫。我们可以通过讨论以下七个问题，来评价自己的商业模式，如果难以回答或发现问题，就要及时回过头、修正商业模式。

（1）客户的"转移成本"有多高？

转移成本是指客户从一个产品或服务转移到另一个产品或服务所需的时间、精力或者金钱。转移成本越高，客户就越忠实于某项产品或服务，不会轻易离开去选择竞争对手的服务。

将转移成本融入到商业模式中一个很成功的例子就是2001年苹果iPod的产品。这是一个专注于存储的产品创新，也是一个商业模式策略，让消费者将音乐拷贝进 iTunes 和 iPod 里，这种方式会让用户一旦用了这个产品以后很难再用其他竞争对手的数字音乐播放器。仅仅是用户这一点选择偏好，就为苹果后来强大的音乐中心和创新打下了坚实基础。

（2）商业模式的扩展性怎样？

扩展性是指在没有增加基本成本的情况下，能很容易地拓展商业模式，赢得利润。当然，基于软件和互联网的商业模式比基于砖头和水泥的商业模式有天然的扩展性，但是即使如此，数字领域的商业模式仍然有很大的区别。最让人钦佩的例子就是 Facebook，只用几千个程序员就可以为亿万用户创造价值。只有很少的公司拥有这样的员工用户比。

（3）能否产生可循环的经济价值？

通过一个例子可以很好地解释循环价值。报纸在报摊销售赚取销售费用，另外的价值可以通过订阅和广告进行循环。循环价值有两个主要的优势：第一，对于重复销售，成本只产生一次；第二，你可以有更多更好的想法来构想未来怎样赚钱。

还有另外一种循环价值形式：从之前的销售中获取增值收入。例如，你买一个打印机，你需要持续购买墨盒，或买一个苹果手机，它从硬件销售中赚得利润的同时，来自内容和 APP 产生的经济价值依然稳定增长。

（4）是否可以在你投入之前就赚钱？

毫无疑问，每个商人都希望在投入之前就获得收入。戴尔就把这种模式运用到电脑硬件设备制造的市场上。通过直销建立的装配订单，避免硬件市场可怕的库存积压成本。戴尔取得的商业业绩就显示了其在投入之前就有赚钱的力量。

（5）怎么样让用户为你工作？

这可能是商业模式设计上最具有杀伤力的武器。在传统的市场上，宜家就让我们自己组装在它那里购买的家具，我们干活儿，他们赚钱。在互联网领域，Facebook 让我们上传照片，参加对话和“喜欢”某样东西。这正是脸书的真正价值，只提供平台，内容全部由用户创造，而公司却挣得天文数字般的利润。

（6）是否具有高壁垒，以防止竞争对手模仿？

一个优秀的商业模式可以使你保持长时间的竞争优势，而不仅仅是提供一个优秀的产品。苹果主要的竞争优势来自于其商业模式而不是单纯的产品创新。对三星来说，模仿苹果的产品比建一个像苹果那样的应用商店生态系统要容易得多。所以，三星无论产品做多么炫，它仍然无法撼动苹果的地位。

（7）是否建立在改变成本结构的基础上？

降低成本是商业实践中的长期追求，有的商业模式不仅能降低成本，而且创造了一个与以往完全不同的成本结构。巴帝电信——印度最大的移动运营商，一直在通过摆脱网络和 IT 的束缚来完善它的成本结构。该公司通过与网络装备制造商爱立信和 IBM 合作，购买宽带容量来降低成本，现在他们已经能够提供全球价格最低的移动电话服务。

当然没有一个商业模式设计能一一对应以上七个问题并且得到完美的 10 分，不过有的却可能会在市场上成功。对创业者而言，时刻用这七个问题提醒自己，有助于让你保持长久的竞争力。接下来，你需要做的就是用市场检验你的商业模式。

【案例导读】

华为企业成功的商业模式

华为在创办的初期，作为民营企业融资困难，同时为了吸引人才，任总大量稀释了自己的股份，这就是华为的全员持股。既是员工又是股东，所以华为能万众一心，蓬勃向上，企业的执行力特别强。华为发家靠的是国内市场，现在挑大头的是国外市场，针对不同背景、不同发展阶段的市场，采用了不同的商业模式：国内市场商业模式和国外市场商业模式。

一、国内市场商业模式

首先，20 世纪 90 年代初期，华为开始进入国内电信市场时，并不被认可，任正非四处游说各地电信局，由华为与电信职工集资成立合资企业，并承诺高额回报，形成利益共同体，迅速抢占及巩固市场。

随着环境的急剧变化，华为的高层管理者对外部环境变化做出准确而又迅速的反应。2000 年中国电信一分为 7，变为电信、移动、联通、铁通、网通等运营商。华为立即决定成立 7 个运营商系统管理部，每个省都相应设置分支机构，建立独立的 KPI 考核指标。中国电信一分为 7 后，采购决策权从地方收到总部。西方公司以前主要做总部和省公司关系，被华为遍布各地市的市场网络蚕食了很大市场，表面上看这一消息对西方利好。但，华为敢于反弹琵琶，在每个地市建立客户服务中心，以前的销售经理变化客户代表，也就是想方设法提高华为的服务水平。

二、国外市场商业模式

作为发展中国家品牌，华为要想短时间内被发达国家认可，绝非易事（发达国家占据世界电信市场 80%份额，不可忽略的主战场）。因此，华为一开始就确立了"农村包围城市"策略。然而，即便是"农村"，市场开拓难度也是极其艰辛。但华为坚持了下来，2000 年后开始开花结果，2003 年销售额一举突破 3 亿美元。目前华为海外市场已占销售收入的 75%，其中欧洲市场占到了其总销售收入的 10%，成为了全球第二大电信设备商。为了布局海外市场，从国内抽调了大批销售精英奔赴全球，导致国内市场被中兴抢走不少。同时，在海外市场，十年磨一剑，营销费用惊人，而回报却迟迟才来到，如果华为是一家上市企业，每年都紧紧围绕在净利润考核指标上，那么华为很多分公司中途估计早就被砍掉，更不会有今日华为辉煌的海外市场。所以换个角度来讲，不上市反而是华为的某种优势，确保了他可以着眼于未来进行长期布局、精耕细作，而不是计较一城一地的得失。

华为成本领先，有其自身的努力，更多的应该说是得益于中国的国情。华为研发和市场人员都超过总员工 40%，中国每年 300 万工科大学毕业生源源不断为其输血，研发人员平均工资只有国外竞争对手的 30%左右，加上较长的上班时间，所以华为的研发成本只有国外的十分之一。因此华为在研发高投入的通信设备行业，具有得天独厚的成本领先优势。

【课后练习】

用商业模式再创辉煌

5.3　常见的商业模式

5.3.1　免费商业模式

直到十年前，市场上充斥的免费品还都可以归为经济学家们所谓的"交叉补贴"产品——你免费获得一件产品的同时，为另一件产品或服务付费。然而过去十年间，一种新的免费策略开始出现，这种新模式并非基于交叉补贴，而是基于产品自身的成本正在迅速下降的事实。不过现在我们可以清楚地看到，被互联网技术浪潮所席卷的所有事物几乎都在走向免费，至少与我们消费者相关的那些产品更是如此。在电子商务、网络门户、网络社交、分类信息网站、地方门户、网络游戏、电子邮箱、搜索引擎、即时通讯等互联网领域，面向大众的互联网服务均采用免费的策略吸引用户，这也间接带动了互联网的广泛普及和数亿的庞大互联网用户群。

很多互联网企业都是以免费、好的产品吸引到很多的用户，然后通过新的产品或服务给不同的用户，在此基础上再构建商业模式。如 360 安全卫士、QQ 用户等。互联网颠覆传统企业的常用打法就是在传统企业用来赚钱的领域免费，从而彻底把传统企业的客户群带走，继而转化成流量，然后再利用延伸价值链或增值服务来实现盈利。

克里斯·安德森[①]在《免费：商业的未来》中归纳基于核心服务完全免费的商业模式：一是直接交叉补贴，二是第三方市场，三是免费加收费，四是纯免费。随着移动互联网的深入，高新技术的商业应用大行其道，关于免费模式的探索也在不断玩出新花样。这里介绍两种在当下很常见的免费商业模式。

（1）免费增值模式

大量的基础用户受益于没有任何附加条件的免费产品或服务，而通过另外收费的增值服务来获得收益。

该模式是媒体订阅模式的基础，也是最广为人知的互联网商业模式之一。它又可分为如下几种形式：从免费到付费的内容分级，或者一个额外的比免费版带有更多特性的"专业"版网站或软件。传统的免费派送，如给母亲赠送婴儿尿布，制造商都得花钱，仅能免费派送极小数量的产品，以此诱惑消费者。但就数字产品而言，这种免费品与付费品之比

---

① 克里斯·安德森，美国《连线》杂志前任主编，他是经济学中长尾理论的发明者和阐述者。著有《长尾理论》（*The Long Tail*）、《免费：商业的未来》（*Free：The Future of a Radical Price*）等作品。

却倒了过来。一个典型的网站通常遵循1%法则：1%的用户支撑起其他所有用户。这种模式的可行之处在于，服务其他99%的用户的成本几乎为零，甚至完全能够忽略不计。

（2）免费平台模式

通过免费手段销售产品或服务，建立庞大的消费群体，然后再通过配套的增值服务、广告费等方式取得收益。

音乐类网站或APP可以很好的诠释这一模式。随着网络与手机的普及，音乐成为免费品已是既定事实。这一趋势是如此强大，以至于道德规制以及反盗版措施都束手无策。一些歌手在线派发他们的音乐，甚至做直播演唱会，并借此作为线下演唱会、正版唱片、播放许可证以及其他付费品的营销方式。当然，我们也可以看到，随着国民版权意识的提升，收费音乐也渐渐找到了新的目标顾客。

基于互联网的广告模式非常常见，包括门户网站上按浏览量付费的横幅广告、部分网站按点击率付费的文本广告、视频网站上的贴片广告，以及越来越普遍的：付费的内置搜索结果、付费的信息服务清单，以及对某些特定人群的第三方付费等。互联网的大多数服务都采取第三方付费的形式，我们使用的搜索引擎、社交工具等，获取信息的一方并不付费，而且在多数情况下发布信息的一方也不付费。

百科、问答、知乎的成功表明：金钱并非唯一的驱动力，利他主义一直都存在，互联网为其创造了一个平台，在这里，个体行为可以引发全球性的影响。某种意义上，零成本分发使得共享成为一种产业。货币并非世界上唯一的稀缺性，在其他方面，最有价值的部分是你的时间和注意力，它们成为新的稀缺性，免费世界的存在大多是为了获得这些资产，它们随后成为新商业模式的基础。免费使经济从局限于可用货币量化的范畴转向更真实的衡量标准，后者涵盖了当代视角下的一切有价值的事物。我们也要注意到：这种模式虽然大行其道，但部分应用还不够清晰，仍在探索中。

【案例导读】

四川航空的免费模式

相信不少人都有过搭飞机的经验，我们知道通常下了飞机以后还要再搭乘另一种交通工具才能到达目的地。在中国的四川成都机场有个很特别的景象，当你下了飞机以后，你会看到机场外停了百部休旅车，后面写着"免费接送"。

如果你想前往市区，平均要花150块人民币的车费去搭出租车，但是如果你选择搭那种黄色的休旅车。只要一台车坐满了，司机就会发车带乘客去市区的任何一个点，完全免费！居然有这样的好事？其实这个惊喜都是来自四川航空公司的商业创新。

四川航空公司一次性从风行汽车订购150辆休旅车，原价一台14.8万元人民币的MPV休旅车，四川航空要求以9万元的价格集中一次性购买150台，提供给风行汽车的条件是，四川航空令司机于载客的途中提供乘客关于这台车子的详细介绍，简单地说，就是司机在车上帮风行汽车做广告，销售汽车。在乘客的乘坐体验中顺道带出车子的优点和车商的服务。每一部车可以载7名乘客，以每天6趟计算，150辆车，带来的广告受众人数是：7×6×365×150，超过了 200 万的受众群体，并且宣传效果也非同一般。

司机哪里找？想象一下在四川有很多找不到工作的人，其中有部分很想要当出租车司机，据说从事这行要先缴一笔和轿车差不多费用的保证金，而且他们只有车子的使用权，不具有所有权。因此，四川航空征召了这些人，以一台休旅车 17.8 万的价钱出售给这些准司机，告诉他们只要每载一个乘客，四川航空就会付给司机 25 块人民币。

四川航空立即进账了 1320 万人民币：（17.8 万-9 万）×150 台车子=1320 万。你或许会疑问：不对，司机为什么要用更贵的价钱买车？因为对司机而言，比起一般出租车要在路上到处晃呀晃地找客人，四川航空提供了一条客源稳定的路线！这样的诱因当然能吸引到司机来应征！这 17.8 万里包含了稳定的客户源，特许经营费用，管理费用。

接下来，四川航空推出了只要购买五折票价以上的机票，就送免费市区接送的活动！

如此一来，一个免费的商业模式形成了。

对乘客而言，不仅省下了 150 元的车费，也解决了机场到市区之间的交通问题，划算！

对风行汽车而言，虽然以低价出售车子，不过该公司却多出了 150 名业务员帮他卖车子，以及省下了一笔广告预算，换得一个稳定的广告通路，划算！

对司机而言，与其把钱投资在自行开出租车营业上，不如成为四川航空的专线司机，获得稳定的收入来源，划算！

至于对四川航空而言呢，这 150 台印有"免费接送"字样的车子每天在市区到处跑来跑去，让这个优惠讯息传遍大街小巷。而且，与车商签约在期限过了之后就可以开始的收广告费（包含出租车体广告）。

最后，四川航空最大的获利，别忘了还有那 1320 万，当这个商业模式形成后，根据统计，四川航空平均每天多卖了 10000 张机票！回想一下，四川航空付出的成本只有多少？

这个商业模式，既做了好人，又做了好事，还实现了巨大的盈利！你说好不好？

（来源：百度文库，2014-03-26 原标题：四川航空 150 辆大巴免费乘坐盈利却上亿）

5.3.2　平台商业模式

全球范围内，包括苹果、谷歌、微软、思科、日本电报电话公司及时代华纳等知名公司，都在应用平台商业模式。在中国，诸如淘宝、百度、腾讯以及盛大游戏等公司，同样通过平台商业模式获利并持续扩大市场版图。在网络效应下，平台商业模式往往出现规模收益递增现象，强者可以掌控全局、打造共赢生态圈，因此，受到创业者们的关注。

5.3.2.1　平台商业模式的概念

了解平台商业模式，必须了解双边或多边市场的概念。传统的商业模式是一个单边市场的概念。一个企业，会有上、下游，收入从下游来，成本在与上游博弈中确定。如果企业谈判力量较强，就可以把成本压低或取得更多收入。所以，在传统商业模式中，企业对上下游会保持一个竞争的态度，而且时刻维持自己的谈判力量。例如，汽车厂家，其盈利取决于向供应商压低进货成本然后从下游消费者增加营收。为了讨好消费者，厂家需要预测消费者喜好并投入大笔资金做研发、发展更多车型，然后再投资建厂进行大量生产。但如果厂家研发生产出来的车型不符合市场的需求，就要承担巨大的损失：研发浪费了，库存又要积压很多资金。

平台商业模式则是一个双边（或多边）市场概念。比较典型的企业是淘宝。淘宝上有千万种商品，生产是由卖家完成，即便没有卖出去的库存也由卖家负责，这时投资与库存的风险都由卖家来承担了，而不是淘宝。淘宝做的只是一个平台，从连接买家与卖家中赚钱。在平台模式上，如果没有竞争的话，投资的风险理论上会很少。但并不是说，平台模式完全没有风险，平台模式在成长初期非常不容易。还以淘宝为例，如果淘宝把所有的卖家都找来，但是没有买家，这些卖家就不会在淘宝上待太久，同样如果没有卖家，没货可卖，买家也会离开。只有把两者都带到这个平台上来，平台才能够成长。

了解多边市场的概念，平台商业模式的概念呼之欲出：指连接两个（或更多）特定群体，为他们提供互动机制，满足所有群体的需求，并巧妙的从中赢利的商业模式。平台模式属于行业和价值链层级的代表模式，吸引大量关键资源，实现跨界整合，并能以最快的速度整合资源，使创业者将眼光从企业内部转向企业外部，思考行业甚至跨行业的机遇和战略。建立平台型商业模式的企业，如苹果、沃尔玛等不仅可以迅速扩张市场，还完全脱离了如价格战等一般层次的竞争，达到了不战而屈人之兵的境界。

5.3.2.2 平台商业模式的特点

平台型商业模式的特点主要有以下四点：

第一，一定要以某些核心产品做切入点，打造平台模式的基础，我们称之为"入口"，有了此基础，才可以让各方在此基础上推出产品，并提供延展的各项服务。

第二，平台模式服务于某一人群，必须有足够多的用户数量。实际上，平台模式的成功证明了梅特卡夫准则：每个新用户都因为别人的加入而获得更多的交流机会，导致信息交互的范围更加广泛、交互的次数更加频繁，因而"网络的价值随着用户数量的平方数增加而增加"，"物以稀为贵"变成了"物以多为贵"。

第三，明确游戏规则。用无限生产满足无限需求，不仅可以革命性地降低成本，还实现了收入倍增、盈利倍增。平台型商业模式的企业需要设计一套使得生产和需求双方能够互动运转起来的游戏规则和算法。如苹果对于自己不能有效满足用户无限需求的瓶颈，实施开放策略，实现客户共享，用来自社会上的无尽的"N"补充自身交付的不足。于是，社会上无穷无尽的"N"开始源源不断地向平台聚集，无限的生产满足了无限的需求。但是需求和供给买卖都是根据设定好的游戏规则和算法自动完成匹配。在这个平台上，服务和产品被无限延展。

第四，重构整个生态系统。由于海量的产品和企业在平台上大规模、生态化聚集，大幅度价低了企业的协作成本，并创造出一个竞争力足以与大企业相比拟、但是灵活上更胜一筹的商业生态集群，在这种协同模式下，商业的进入成本和创新成本都得到了明显的降低。

除了平台型企业自身的扩张，平台上的众多中小企业也能更好、更快的扩张。如苹果在线商店，一款名为《愤怒的小鸟》的游戏售价仅为 99 美分，却能产生一亿次的下载量，创收 7000 万美元，使得这款游戏的开发公司 Ravioli 市值超过 12 亿美元。

通过平台模式，商业自由度大幅度增长，个体的能量也有了充分施展的舞台，平台型商业模式正向世人显示出其巨大的商业价值。

5.3.2.3　平台商业模式的优势

平台商业模式是很多创业者的梦想，因为平台处于产业链的高端，不但收益丰厚、主动权大，在竞争中也会处于较为有利的位置，一旦成功，很可能获得"号令天下"的地位。而且，平台商业模式使合作者共赢，经营越久，价值越大。

典型的案例如传统出版行业向网络出版平台的转型，以出版业为例，原产业链为：作者-经纪人-出版社-印刷厂-经销商-零售商-读者。每一个上层都需要为讨好下级而努力。而在网络出版平台上，任何人写作都可以轻而易举地把自己的作品上传到平台上，直接面向读者（终端消费者）市场。如起点中文这样的网络阅读平台直接连接作者群和读者群，两方互相影响，互相成长，包括群体的数量和作品的数量、价格、更新频率等维度都有明显的进步。

和传统出版社不同，尽管线上出版平台提供的作品量更大，但是线上平台并不需要在每一部作品上都投资编辑经费和营销经费，作者们会进行自我推广，并发表不同风格的作品来满足读者群体的多元需求。因此，书籍作品如果推销不出去，作者而不是平台企业本身将承担最大的损失。

还有一种转型的典型是苹果公司，今天的 Apple 手机、手表、平板电脑等已经成为了 iOS 系统的硬件载体，苹果的赢利点已经从早期的硬件产品的贩卖转向搭建平台生态圈（Apple store 和 iTunes）贩卖 APP 等虚拟产品来获取佣金。

5.3.2.4　平台商业模式的难度

平台商业模式如此吸引人，但是也有很大的成功难度。

首先，选择平台商业模式的创业者需要有能力积累巨大规模的用户，甚至需要获得同行规模第一的用户。这要求企业不仅产品过硬，正好契合用户的强烈需求，也需要合适的时机和行之有效的市场手段，从某种角度可遇不可求。

其次，选择平台商业模式的创业者需要提供给用户有着巨大黏性的服务。一般企业只要为用户提供一个强需求产品就足以成功，平台企业需要成为服务型企业，服务于用户的硬需求（刚需、高频、高附加值等）。

再次，用平台商业模式进行创业，需要构建出一个合作共赢、先人后己的商业模式。只有在平台上的合作伙伴都获得良性成长，平台才能发展壮大；只有让合作伙伴能够得到足够的分润比重，才能做成所有参与者的平台；只有做到合作伙伴做不到或者别的伙伴自己做性价比更高的时候才能成为平台。

所以，其实大部分想做成平台的创业者只能想想，平台作为产业链的底盘，大部分细分产业最终只能留下唯一的垄断平台企业。2015 年的滴滴和快的，美团和大众点评的合并都是在争抢最终的平台效应。

对创业者来说，在构造平台的过程中要审时度势，顺势而为。如果历史给予一个做平台的机会，就应该摆正理念、设计好平台的商业模式，抓住机遇，深入实施平台战略，做一个在用户心目有一席之地的平台，如果没有这个时机，莫不如踏踏实实做一个垂直服务企业，用好平台。

【案例导读】

当代企业家名人真实的励志故事——任正非的创业励志小故事

任正非，华为创始人、总裁，1944 年 10 月出生于贵州省镇宁县，是中国最神秘低调的总裁。在他的带领下，《财富》杂志正式发布 2019 年世界 500 强榜单！华为毫无悬念地再次挺进前 100，排名第 61！令人难以置信的是，带领华为取得如此辉煌成就，任正非的个人持股却不到 1%。

任正非曾说过，他下海纯属出于无奈。从部队转业到深圳南油集团后，任正非的家庭和事业上都出了状况。他的夫人转业后进入南油集团领导层，而他所在的南油下属企业连续亏损，再加上父母与弟妹和他们同住产生的生活压力，最终导致家庭解体。

在解决生活压力和创出一番新天地的双重动力之下，1988 年任正非创办了华为，而启动资金只有区区的 2 万元，业务是销售通讯设备。

任正非能在 43 岁的"高龄"勇敢创业，是源自他对通讯设备的精通。他 19 岁考上重庆建筑工程学院（现并入重庆大学），尚未毕业文革就开始牵连，让他第二天早上立即回校。分别时，父亲脱下唯一的翻毛皮鞋给他，特别嘱咐："记住，知识就是力量，别人不学，你要学，不要随大流。"在父亲的叮嘱下，任正非排除干扰，苦修数学、哲学，并自学了三门外语，奠定事业基础的计算机、数字技术、自动控制等技术，也是在这个时期开始入门。后来，任正非入伍当通讯兵，参与一项军事通讯系统工程时取得多项技术发明创造，两次填补国家空白。33 岁时，他还因技术突出成就被选为军方代表，到北京参加全国科学大会。

山里走出的大学生

回望任正非的人生路，最初，他只是一个从农村走出来的大学生。

任正非出生在贵州安顺地区镇宁县一个山区小村庄，那里最著名的就是黄果树大瀑布。父亲在北京上过大学，母亲念过高中，都当老师。任家有兄妹 7 人，任正非是老大。全家 9 口人全靠父母的微薄工资维持，吃饭实行分饭制，都有份，但都不多。任正非上高中时，常常饿得心发慌，却只能用米糠充饥。

任正非结婚时，拮据的家境仍未改变。创办华为后，任正非和父母、侄子住在一间十多平方米的小房里，在阳台上做饭。为了节约钱，母亲只敢买死鱼死虾，晚上出去买便宜蔬菜与西瓜。

最初两年，公司主要是代销香港的一种 HAX 交换机，靠打价格差获利。代销是一种既无风险又能获利的方式，经过两年的摸爬滚打，公司财务有了好转。不过，任正非没有拿辛辛苦苦赚来的钱去改善生活，而是投到经营中，华为很快就进入了发展的轨道。

大方的小气鬼

任正非酷爱《毛泽东文选》，他重新注解了"枪杆子里面出政权"这句话：企业最重要的是将产品卖出去。

为了销售，华为不吝投入，甚至不计成本：在与爱立信血战的黑龙江，华为派出人数多过对手十余倍的技术人员，在每个县电信局展开肉搏战。哪里出问题，华为人立即赶到现场。为拿下一个项目，华为会花费七八个月时间和与回报不符的投入……做法看似愚蠢，却能从跨国巨头手中抢下客户。

2000年，华为参加香港电信展，邀请世界50多个国家的2000多名电信官员、运营商和代理商参加。2000多人往返一律头等舱或者商务舱，住在五星级宾馆，还拎走上千台笔记本电脑——为此，华为耗费2亿港元。这是华为第一次高调地在国际电信界展示自己的实力。事实证明，任正非的"出手阔绰"，得到了高额回报，2000年，华为开始大举全球扩张，市场份额不断提升。但任正非并非是挥金如土的人。1996年3月，为了和南斯拉夫洽谈合资项目，任正非率领一个十多人的团队入住贝尔格莱德的香格里拉。他们订了一间总统套房，每天房费约2000美元。不过，房间并非任正非独享，而是大家一起打地铺休息。

任正非的大方，还体现在员工待遇上。3年前的2012年，华为赚了154亿元，却大手笔拿出125亿元作为年终奖，15万华为员工人均年终奖可达8.33万元！

众所周知，任正非在华为内部提倡"狼性"文化。他认为狼是企业学习的榜样，"狼性"永远不会过时。"华为发展的历史，其实就是一部不断从虎口夺食的历史，他面对的是老虎，所以每时每刻不能懈怠。"一名华为内部员工说。

华为进军美国，就是一场经典的"虎口夺食"战。当年，华为的脚步一进入美国市场，在数据通信领域处于绝对领导地位的思科公司就开始阻击。2003年1月23日，思科正式起诉华为以及华为美国分公司，理由是后者对公司的产品进行了仿制，侵犯其知识产权。

面对思科的打压，任正非一边在美国聘请律师应诉，一边着手结盟思科在美国的死对头3COM公司。2003年3月，华为和当时已进入衰退期的3COM公司宣布成立合资公司"华为三康"，3COM公司的CEO专程作证——华为没有侵犯思科的知识产权。任正非在诉讼最关键时刻祭出的合纵连横奇招，瞬间令思科的围剿土崩瓦解。最终，双方达成和解，从此，华为在美国的扩张，没有了拦路虎。

跨国巨头合作伙伴

毋庸置疑，任正非超乎常人的谋略和视野，是华为成功的最主要因素。华为与IBM的合作，就彰显了这一点。

2007年初，任正非致信IBM公司CEO彭明盛，希望IBM公司派出财务人员，帮助华为实现财务管理模式的转型。当然，华为将支付巨额费用。

为什么要雇IBM？因为任正非注意到，虽然华为销售收入保持高速增长，净利润却逐年下降，他甚至不知道一个单子接下来是否会赚钱。尽管从2000年开始华为公司的财务部门已经参与成本核算，但是公司还是缺乏前瞻性的预算管理——中国绝大部分企业很难做到这点，但这却是跨国企业擅长的。

不久，华为公司正式启动了 IFS（集成财务转型）项目。与此同时，IBM 正式把华为公司升级为事业部客户——在其全球几十家事业部客户中，华为是唯一一家中国企业。单纯从这层意义上来说，任正非的眼光，超出其他国内企业。

IFS 项目给华为培养了数千名合格的财务总监，他们把规范的财务流程植入到华为公司的运营流程，实现了收入与利润的平衡发展，这也是近几年华为虽然营收增长放缓，但利润的增长仍然不错的重要原因。

从不接受媒体采访

在中国的企业家中，任正非是最低调神秘的，从未接受过任何媒体的正面采访，从不参加评选、颁奖活动和企业家峰会，甚至连有利于华为品牌形象宣传的活动，他都一律拒绝参加。

他说："我为什么不见媒体，因为我有自知之明。见媒体说什么？说好恐怕言过其实；说不好别人又不相信，甚至还认为虚伪，只好不见为好。因此，我才耐得住寂寞，甘于平淡。我知道自己的缺点并不比优点少，并不是所谓的刻意低调。"他希望华为员工要"安安静静"的，不要到网上辩论，"那是帮公司的倒忙。"

追根溯源，任正非这样做，是"文革"期间，任父受到批斗，导致他入伍后尽管多次立功，却一直没有通过入党申请。这让他习惯了不得奖的平静生活。文化大革命后，"标兵""功臣"等荣誉排山倒海向任正非涌来。受过去经历对心理素质的"打磨"，面对这一切，任正非早已淡定。

首创人人股份制

2011 年 12 月，任正非在华为内部论坛发布了《一江春水向东流》这篇文章，揭开了一个华为崛起的重大秘密：人人股份制。

在华为的股份中，任正非只持有不到 1%，其他股份都由员工持股会代表员工持有。如果你离职，你的股份该得多少，马上数票子给你。哪怕是几千万元的现金，任正非眼睛也不眨一下。但是你离开公司，就不能再继续持有华为股份。华为股份只给那些现在还在为华为效力的人。这样一种体制的设计，是全球没有的。

任正非透露，设计这个制度受了父母不自私、节俭、忍耐与慈爱的影响。

任正非还创立了华为的 CEO 轮值制度，每人轮值半年。此举为避免公司成败系于一人，亦避免一朝天子一朝臣。

任正非总是流露出发人深省的危机意识，伴随着华为的高速成长，他开始为"发展太快，赚得太多"感到焦虑。2014 年，华为销售收入同比增长 20%，达到 460 亿美元，利润高达 54 亿美元。深谙"过冬理论"的任正非，决意把"多余的钱"花到前瞻性领域。2014 年，华为卖出了 7500 万部智能手机，仅次于苹果和三星，还铺设了全球 46% 的 4G 网络。任正非保守地抛出 2015 年的目标："560 亿美元以上的销售收入应该没有问题"。

当被问及华为"成功的秘密"，任正非的答案是：华为没有秘密，任何人都可以学。任正非说，华为没什么背景，没什么依靠，也没什么资源，唯有努力工作才可能获得机会。任正非说，华为只是一棵小草，在把自己脱胎换骨成小树苗的过程中，还需要向西方学习各种管理的东西。

（来源：http：//www.timeface.cn/baike/89644）

5.3.3 长尾商业模式

长尾（图5-2）概念由克里斯·安德森提出，这个概念描述了媒体行业从面向大量用户销售少数拳头产品，到销售庞大数量的利基产品①的转变，虽然每种利基产品相对而言只产生小额销售量。但利基产品销售总额可以与传统面向大量用户销售少数拳头产品的销售模式媲美。核心是"多样少量"。所以长尾模式需要低库存成本和强大的平台，并使得利基产品对于兴趣买家来说容易获得。

长尾理论在媒体行业以外的其他行业也同样有效。与此同时，安德森认为有三个经济触发因素引发了长尾现象。

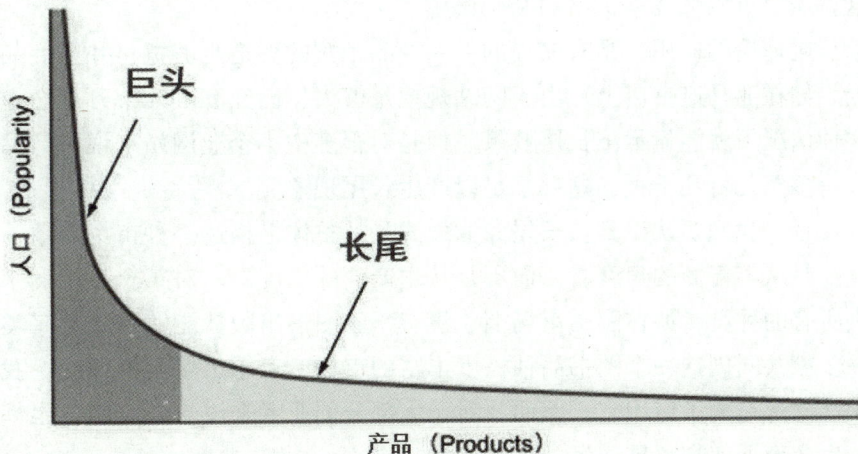

图5-2 长尾理论

● 生产工具的大众化：不断降低的技术成本使得个人可以接触到就在几年前还昂贵得吓人的工具。

● 分销渠道的大众化：电子商务使得产品能以极低的库存、沟通成本和交易费用，为利基产品开拓新市场。

● 连接双方的搜索成本不断下降：销售利基产品真正的挑战是找到感兴趣的潜在买家。现在强大的搜索和几大电子商务平台，已经让这些容易得多了。

在应用长尾理论时，应该注意几个问题：

长尾理论统计的是销量，并非利润。管理成本是其中最关键的因素。销售每件产品需

---

① 按照菲利普·科特勒在《营销管理》中给利基（niche）下的定义：利基是更窄地确定某些群体，这是一个小市场并且它的需要没有被服务好，或者说"有获取利益的基础"。企业在确定利基市场后往往是用更加专业化的经营来获取最大限度的收益，以此为手段在强大的市场夹缝中寻求自己的出路。

要一定的成本，增加品种所带来的成本也要分摊。所以，每个品种的利润与销量成正比，当销量低到一个限度就会亏损。理智的零售商是不会销售引起亏损的商品。

例如，超市是通过降低单品销售成本，从而降低每个品种的止亏销量，扩大销售品种。为了吸引顾客和营造货品齐全的形象，超市甚至可以承受亏损销售一些商品。但迫于仓储、配送的成本，超市的承受能力是有限的。相比之下，互联网企业可以进一步降低单品销售成本，甚至没有真正的库存，而网站流量和维护费用远比传统店面低，所以能够极大地扩大销售品种。而且，互联网经济有赢者独占的特点，所以网站在前期可以不计成本、疯狂投入，这更加剧了品种的扩张。

要使长尾理论更有效，应该尽量增大尾巴。也就是降低门槛，制造小额消费者。不同于传统商业的拿大单、传统互联网企业的会员费，互联网营销应该把注意力放在把蛋糕做大。通过鼓励用户尝试，将众多可以忽略不计的零散流量，汇集成巨大的商业价值。

使用长尾理论必须小心翼翼，保证任何一项成本都不随销量的增加而激增，最差也是同比增长。否则，就会走入死路。最理想的长尾商业模式是，成本是定值，而销量可以无限增长。这就需要可以低成本扩展的基础设施。

总之，长尾理论的应用，是有前提的——商品销售的渠道足够宽，并且商品生产运送成本足够低。如在亚马逊书店上，由于网站规模足够大，已经有了几十万甚至上百万的不同产品，这种情况下就能显示出长尾效果。但是对很多中小企业网站来说，产品就只有几十种，或者再多至几百几千种，这都不足以产生长尾现象。

作为创业者，我们要认识到：长尾商业模式是从整体上描述一种市场现象，而不是从个体角度看；是从零售商的角度看，而不是从生产商的角度看。对某个生产商来说，它不太可能提供所有的种类，如在图书市场上，没有一家图书出版社能够出版某一类别的所有图书，是许多家共同创造一个图书品种极度丰富的市场，音乐市场同样如此。我们了解任何一种商业观念都是为了应用它，因而，对于大部分创业者来说，要应用长尾都会问如下这个问题：生产商如何在长尾市场中生存？

一个受到普遍认可的策略是建立产品金字塔结构。提供比过去更多品类的产品，企业可以赢利、生存，但要取得更好的、更持久的经营绩效，企业就需要形成超级热门、各大类中的热门商品以及多品种商品这样的金字塔式产品组合结构。这是因为超级热门商品有轰动效应和拉动效应：如果没有超级热门商品，企业就很难建立强大的品牌和市场地位；热门商品可以拉动旗下的多品种商品的销售。这就是为什么单独看一件热门商品可能投入产出完全不成正比，但许多企业却依然大举投入。只有建立了产品金字塔结构，有了多品种的基础，在热门商品上的投入才能获得最大的收益。

【案例导读】

ZARA 的成功秘诀

ZARA 是近年来最成功的潮流服装品牌，它开创了一种称为"快速时尚"的商业模式，它的成功正是基于长尾理论。与传统衬衣业"款少、量多"的模式不同，ZARA 的特点是"快速、少量、多款",它每年推出上万款服装,并且款式与时尚同步。郎咸平在《模式:零售连锁业战略思维与发展模式》中预测,未来时装业将朝着"ZARA模式"发展。他分析说,在之前的概念中,款少量多是企业实现规模经济的不二法门,所以传统服装企业大多采取款少、大批量采购、大批量生产的策略,以实现规模经济,降低货物的平均成本。他对ZARA和另一快速时尚的典型公司H&M的财务进行研究后发现,多款少量的ZARA和H&M也实现了规模经济。"多款少量"是ZARA呈现出来的形态,它背后的运作机制使得这种模式有利可图,这个运作机制的特征就是"快速"二字。

ZARA的零售处在一个"进货快"与"销货快"两者相互不断强化的正循环之中:分店每周根据销售情况下订单两次,这就减少了需要打折处理存货的情况,也降低库存成本;款式更新快加强了新鲜感,吸引消费者不断重复光顾;快速更新店里的货品,也确保了它们能符合顾客的品位,从而能被销售出去。

ZARA的"快速"还包括对时尚潮流的快速反应、快速的设计过程和与快速模式相适应的供应链。ZARA和H&M都没有试图做时尚的创造者,而是做时尚潮流的快速反应者,郎咸平在《模式》中分析道:"在流行趋势刚刚出现的时候,准确识别并迅速推出相应的服装款式,从而快速响应潮流。"这样做的优点是:"无须猜测快速易变的时装趋势,在降低库存风险的情况下,大大缩短设计的酝酿期。"

ZARA的快速设计过程体现在与其他同行相比极短的"前导时间"。在服装业,前导时间指的是一件服装从设计到出售所需的时间。ZARA大大缩短了前导时间,它从设计到生产最快可以两天完成,前导时间最快为12天,对比而言,Gap单单设计酝酿期就达两三个月。服装是随时间快速贬值的,每天贬值0.7%,计算机产品为每天0.1%。因而缩短前导时间有多重好处:提高服装价值,降低库存成本,避免生产出不合潮流的商品,减少折扣销售的损失。

ZARA的供应链具有这样一些特点:它采购的布料都是未染色的,而是根据实时需求染色。ZARA让自己的工厂仅做高度自动化的工作,用高科技生产设备做染色、剪裁等工作,而把人力密集型的工作外包。为了快速反应,ZARA的采购和生产都在欧洲进行,只有最基本款式的20%服装在亚洲等低成本地区生产。ZARA拥有高科技的自动物流配送中心,在欧洲用卡车可以两天内保证到达,而对于美国和日本市场,ZARA甚至不惜成本采用空运以提高速度。

很多人认为ZARA成功的关键要素是快速时尚,其实不然,真正让ZARA成功的是量少、款多、长尾。快速时尚只是ZARA的成功之果,量少、款多、长尾才是ZARA的成功之因。克里斯·安德森认为,商业的未来在于"品类更多,销量更小",因为在这个个性张扬的时代,没有一个人喜欢与别人撞衫,都想表现出自己的与众不同。因此,未来商业的成功模式,不再是把少数几种商品卖出很大的量,而是把更多品种的商品卖出去,这同样可以实现经济上的规模效应。长尾现象正是这样的一个参照标准。加拿大心理学家斯普润通过试验揭示:"我们对现实世界的认知取决于过去的模式——我们的参照标准,这个参照标准影响着我们对现实世界的认知。"长尾或"品类更多、销量更小"就是所有纷繁复杂的社会与商业现象背后的模式。

【课后练习】

检验你的商业模式

你是否认可上述参考标准的论断？面对可能存在的问题，你有什么解决办法吗？是否需要重新设计你的商业模式，将如何设计？就算你的得分非常高，你认为是否还有需要预防或注意的问题？

第六章

创业资源整合与拓展

【**教学目标**】通过本章教学，让学生了解创业资源的内涵与种类，了解不同资源在创业中的作用，了解创业融资的基本知识，掌握创业中获得资金的路径与方法，掌握获取创业资源的一般性方式与方法。

6.1 创业资源概述

6.1.1 创业资源的内涵与种类

创业资源是指新创企业在创造价值的过程中需要的特定的资产，包括有形与无形的资产，它是新创企业创立和运营的必要条件。

资源与创业者的关系就如同颜料和画笔与艺术家的关系那样。获取不到创业所需的资源，创业机会对创业者而言则毫无意义。机会识别的实质是创业者判断是否能够获取足够的资源来支持可能的创业活动。创业机会的存在本质上是部分创业者能够发现特定资源的价值，而其他人不能做到这一点。就整个创业过程来说，创业机会的提出来自于创业者依靠自身的资源财富对机会的价值确认。例如，同样的产品或者盈利模式，一些人会付诸行动去创收，其他人却往往放任机会流失。对于后者来说，往往是缺乏必要的创业资源，因此，从这一角度看待，创业就是把创业机会的识别与创业资源的获取结合起来，创业活动本身是一种资源的重新整合。

对于新创企业来说，资源整合对于创业过程的促进作用是通过创业战略的制定和实施来实现的。丰富的创业资源是企业战略制定和实施的基础和保障，同时，充分的创业资源还可以适当校正企业的战略方向，帮助新创企业选择正确的创业战略。并且，创业资源的整合效用，是打造企业核心竞争力的基础。这种资源效用的最大化，并非是简单的各项资源各安其位，各司其职，而是能够通过重新整合规划，创造企业独特的核心竞争力，实现企业在市场上的竞争优势。

根据不同的标准，创业资源有不同的分类。以下介绍几种常见的分类方法：

（1）内部资源和外部资源

创业资源按其来源可以分为内部资源和外部资源。内部资源也叫自有资源，是创业者自身所拥有的可用于创业的资源，如创业者自身拥有的可用于创业的自有资金，自己拥有的技术，自己所获得的创业机会信息，自建的营销网络，控制的物质资源，或管理才能等，甚至在有的时候，创业者所发现的创业机会就是其所拥有的唯一创业资源。内部资源的拥有状况将在很大程度上影响甚至决定我们获取外部资源的结果。创业者扩大内部资源的拥有状况（特别是技术和人力资源）可以帮助我们获得和运用外部资源。

外部资源包括朋友、亲戚、商务伙伴或其他投资者、投资人资金，或者包括借到的人、空间、设备或其他原材料（有时是由客户或供应商免费或廉价提供的），或通过提供未来服务、机会等换取到的，有些还可能是社会团体或政府资助的扶持计划。外部资源更多的来自于外部机会发现，而外部机会发现在创业初期起着决定性作用。创业者在开始创业的时期面临的一个重要问题即资源不足和资源供给。一方面，企业的创新和成长必须消耗大量资源；另一方面，企业自身还很弱小，无法实现资源自我积累和增值。所以，企业只有识别机会，从外部获取到充足的创业资源，才能实现快速成长，这也是创业资源有别于一般企业资源的独特之处。对创业者来说，运用外部资源，是一种非常重要的方法，在企业的创立和早期成长阶段尤其如此。其中关键是具有资源的使用权并能控制或影响资源部署。

（2）有形资源和无形资源

创业资源按其存在形态可以分为有形资源和无形资源。有形资源是具有物质形态的、价值可用货币度量的资源，如组织赖以存在的自然资源以及建筑物、机器设备、原材料、产品、资金等。

无形资源是具有非物质形态的、价值难以用货币精确度量的资源，如信息资源、人力资源、政策资源以及企业的信誉、形象等。无形资源往往是撬动有形资源的重要手段。

（3）核心资源和非核心资源

创业资源按照其对企业核心竞争力影响的重要性，可分为核心资源与非核心资源。

核心资源主要包括技术资源和人力资源。这几类资源涉及创业企业有别于其他企业的核心竞争力，是创业机会识别、机会筛选和机会运用几大阶段的主线。必须以这几类要素资源为基点，扩展创业企业发展外延。人力资源对于企业来说，主要是一种知识财富，是企业创新的源泉。创业者自身素质对创业企业的成长有至关重要的作用。创业者的个性，对机遇的识别和把握，对其他资源的整合能力，都直接影响创业成败。高素质人才的获取和开发是现代企业可持续发展的关键。科技资源是一种积极的机会资源。对于新创企业来说，主动引进和寻找有商业价值的科技成果，是企业的立身之本和市场竞争之源。

非核心资源主要包括资金、场地和环境资源。如何有效地吸收资金资源，并保持稳定的资金周转率，实现预期盈利目标，是创业成功与否的瓶颈课题。场地资源指的是企业用于研发、生产、经营的场所。良好的场地资源能够为企业大幅度降低运营成本，提供便利的生产经营环境，短期内累积更多的顾客或质优价廉的供应商。而环境资源作为一种外围资源影响着创业企业发展。例如，信息资源可以提供给创业者优厚的场地资金、管理团队等关键资源，文化资源可以促进管理资源的持续发展等。

（4）直接资源和间接资源

林强、林嵩、姜彦福等人按照资源要素对企业战略规划过程的参与程度，认为创业资源有直接资源和间接资源之分。

财务资源、管理资源、市场资源、人力资源等是直接参与企业战略规划的资源要素，可以把他们定义为直接资源。财务资源：是否有足够的启动资金？是否有资金支持创业最初几个月的亏损？管理资源：凭什么找到客户？凭什么应对变化？凭什么确保企业运营所需能够及时足量地得到？凭什么让创业企业内部能有效地按照最初设想运转起来？市场资源包括营销网络与客户资源、行业经验资源、人脉关系等；凭什么进入这个行业？这个行业的特点是什么？盈利模式是什么？是否有起码的商业人脉？市场和客户在哪里？销售的途径有哪些？人力资源：是否有合适的专业人才来完成所有的任务？人员配置与能力是否可以保证创业活动的顺利进行？

政策资源、信息资源、科技资源等资源要素对于创业成长的影响更多的是提供便利和支持，而非直接参与创业战略的制定和执行，因此，对于创业战略的规划是一种间接作用，可以把它们定义为间接资源。政策资源：可不可以有一个"助推器"或"孵化器"推进我们的创业，如某些准入政策、鼓励政策、扶持政策或者优惠等。信息资源：依靠什么来进行决策？从哪里获得决策所需的信息？从哪里获得有关创业资源的信息？科技资源：你的产品或服务依赖哪些核心科技？现有科技如何影响你的创业活动的进展？

（5）按资源的性质进行分类

在平时涉及创业资源的使用上，我们常常会按创业资源的性质，进行直观的描述。所以根据创业资源的性质，可以将创业资源大致分为六类：即人力资源、社会资源、财务资源、物质资源、技术资源和组织资源。

人力资源是一切资源中最宝贵的资源。人力资源的最基本方面，包括体力和智力，创业中的人力资源包括创业者与创业团队的知识、训练、经验，也包括团队及其成员的专业智慧、判断力、视野、愿景，甚至是创业者、创业团队的人际关系网络。创业者的价值观和信念，是新创企业的基石；合适的员工也是创业人力资源的重要部分；高素质人才——技术人员、销售人员和管理人员等的获取和开发，是促进企业可持续发展的关键因素。

社会资源指由于人际和社会关系网络而形成的关系资源。社会资源可以是人力资源的一部分，或者说是特殊的人力资源。社会资源对创业活动非常重要，因为社会资源能使创业者有机会接触到大量的外部资源，有助于透过网络关系降低潜在的风险，加强合作者之间的信任和声誉。开发社会资源是创业者的重要使命。

财务资源指创业者及创业团队所拥有的资本以及其在筹集和使用资本的过程中所形成的独有的不易被模仿的财务专用性资产，包括独特的财务管理体制、财务分析与决策工具、健全的财务关系网络以及拥有独特财务技能的财务人员等，财务资源与资本之间存在着密切的联系，但又不完全等同于资本，财务资源比资本具有更丰富的内涵。创业初期，掌握充足的财务资源是新企业成功创办和顺利经营的前提。

物质资源是创业和企业经营所需要的有形资源的总和。如场地、设施、机器、办公设备、原材料等，一些自然资源如矿山、森林、草原等有时也会成为新创企业的物质资源。

创业中的技术资源主要包括关键技术、制造流程、作业系统、专用生产设备等。通常，技术资源包含三个层次：一是根据自然科学和生产实践经验而发展成的各种工艺流程、加工方法、劳动技能和诀窍等，二是将这些流程、方法、技能和诀窍等付诸实现的相应的生产工具和其他物资设备，三是适应现代劳动分工和生产规模等要求的对生产系统中所有资源进行有效组织和管理的知识、经验和方法。技术资源与智慧等人力资源的区别在于，后者主要存在于个人身上，随着人员的流动会流失，技术资源大多与物质资源结合，可以通过法律手段予以保护，形成组织的无形资产。

组织资源是组织拥有的，或者可以直接控制和运用的各种要素，这些要素既是组织运行和发展所必需的，又是通过管理活动的配置整合，能够起到增值的作用，为组织及其成员带来利益的。创业中的组织资源一般指企业的组织结构、作业流程、工作规范、信息沟通、决策体系、质量系统、管理制度及正式和非正式的计划活动等。组织资源来自于创业者或其团队对新创企业的最初设计和不断调整，同时包括对环境的适应和对成功经验的学习。由于创业过程通常被解释成组织的形成过程，所以对于创业企业来说组织资源是具有标志性意义的一类资源。一般来说，人力资源需要在组织资源的支持下才能更好地发挥作用，企业文化也需要在良好的组织环境中培养。

6.1.2 创业资源与商业资源

商业资源是指包括个人在内的具有商业价值的各类有形和无形的资产和其组合。显然，创业资源是一种商业资源，但不是所有的商业资源都是创业资源。两者的关系体现在两个方面。一方面，创业资源与一般商业资源在本质上都属于商业资源的范畴，因此二者必然具有一定的共同点；另一方面，二者作为商业资源的不同分支，也必然具有各自不同的一些属性。

创业资源作为商业资源的一部分，具有商业资源所具有的共同特性。首先，两者都具有稀缺性，资源相对于创业或商业活动都是稀缺的。这里所说的稀缺性，并不是说这种资源不可再生或可以耗尽，也与这种资源绝对量大小无关，而是指这样一个事实，与资源的需求相比，其供给量相对不足。理论上说，资源的配置与整合永远没有最好，只能更好。其次，从广义上看，创业资源与一般商业资源的基本内容大致相近，都包括人力资源、社会资源、财务资源、物质资源等，是指创业活动或商业活动中所需要的各种生产要素和支撑条件。倘若一个人想要创业或者从事某种商业活动，则必须具备一定的条件，而拥有这些资源在某种程度上就是获得了许可证。

与商业资源相比，创业资源的差异性主要表现在范围与规模更小。尽管两者的基本内容相近，但只有创业者能够拥有或使用的资源才是创业资源。创业资源是与创业过程相伴而生的资源，创业机会只有与相应的创业资源进行匹配，才能形成现实的创业行为。否则，即使出现了大好的创业机会，创业者无法获得支撑此机会的创业资源，也只能错失良机。这些资源虽然无法成为创业资源，但是却可能成为更广泛意义的商业活动中的商业资源。这不仅是创业的过程阶段性特点决定的，也是创业活动本身的不确定因素过多决定的。

此外，有学者认为，创业资源更多表现为无形资源，一般商业资源则更多表现为有形资源。创业资源的独特性更强，创业者的个人能力和社会网络资源是其中最为关键的资源，一般商业资源中，规范的管理和制度则是企业成功的基础资源。

6.1.3　常见的资源在创业中的作用

6.1.3.1　社会资本在创业中的作用

从其基本内涵看，社会资本是相对于经济资本和人力资本的概念，是指社会主体（包括个人、群体、社会甚至国家）间紧密联系的状态及其特征，其表现形式有社会网络、规范、信任、权威、行动的共识以及社会道德等方面。社会资本存在于社会结构之中，是无形的，它通过人与人之间的合作进而提高社会的效率和社会整合度。第一，社会资本可以促进创业者创业资源的合理利用。大学生创业所需要的资源，一种是无形的资源如社会关系网络、信息、人气、文化、政策、制度等，另一种是有形的资源，如土地、资金、设施设备、人力等。社会资本能够促进有形资本和无形资源的合理利用。第二，社会资本可以帮助创业者实现创业资源的整合。创业的组成因素包括创业主体、创业客体与中介，创业条件的形成正是三者互动的结果。创业的主体是大学生，创业的客体是所提供的产品或服务，创业的中介是学校、政府、市场或信息、技术、社会支持等。不同组合中的任何一个环节对创业者创业的影响可能都是至关重要的。而社会资本在这方面就体现了它明显的优势。社会资本嵌入社会网络之中，其作用的发挥不仅体现在生产价值上，而且也体现在对共同体的维持和促进上。

【案例导读】

改革开放中腾飞的华西村

华西村于 1961 年建立，当时，人口 667 人，集体资产 25000 元，欠债 15000 元，可耕地 841 亩，被分成 1200 多块，是远近闻名的穷村，甚至有不少人家依靠要饭为生，男的讨不到媳妇，女的嫁不出去的事情常常有。风调雨顺的年景，勉强能填饱肚子，遇到一点自然灾害，村民就只能在温饱线以下苦苦挣扎了。

吴仁宝是这个穷村子的第一任村支书。年仅 30 多岁的吴仁宝带领村民制定了一个华西村 15 年规划，平整土地、开挖沟渠。靠自己的亲身示范，凌晨两点钟开始干，从鸡叫干到狗叫，最苦最累的活都是老书记带头，别人说干活太苦，但这是华西人唯一的出路。1972 年，华西村粮食亩产超过一吨，成为当年的"农业学大寨"样板村。

1978 年，伴随着改革开放的春风，工业化发展道路摆在人们面前。这时华西村的家底已有 100 万元固定资产和 100 万元银行存款。吴仁宝制定了华西村经济发展战略目标：实现工业化，建设一个新型小城镇。1988 年，华西村实现了"亿元村"的目标。到 2008 年华西村销售超过 500 亿人民币，交税超过 11 亿人民币，可用资金超过 35 亿人民币。

（本案例由编者整理）

6.1.3.2　资金在创业中的作用

资金在创业过程中无时无刻不在发挥着重要的作用，创业之初需要启动资金，在企业的销售活动产生现金流之前，企业需要购买和生产存货支付资金，需要支付员工薪水，需要对创业其他相关活动进行支出，每一个过程都需要资金。创业过程中需要运转资金，没有好的现金流，企业的经营会出现严重问题。据国外文献记载，倒闭的企业中有 85% 是盈利情况非常好的企业，这些企业倒闭的主要原因是由于资金链断裂。资金对企业，尤其是对初创型企业有着至关重要的作用。

【案例导读】

富二代朱帅的创业

朱帅的父亲是四川欣通用建设集团董事长朱华忠。他初二时就到澳大利亚留学，学的是平面设计，因为在国外留学，所以他对中国文化更认同。自己很中意中式风格的建筑。2007 年 6 月回到四川。回成都后，他没有进入父辈的公司上班，而是选择了另起炉灶，自己创业。

因为自己非常喜欢儒家的传统文化、注重孝道，所以言行上都比较懂事、听话。他选择推广中式风格的设计。为此，他创办了一家自己的公司。起初，他向父亲借了 600 万元注册资金，剩下的都是自己一点点摸索着在做。

他现在承担业务时，会主动跟客户推广中式的设计理念，但是几乎没人接受中式方案。为了实践自己的理念，他的公司为凉山州一所小学做免费公益设计，这些设计按照市场价要十几万元。

创业 2 年多，公司规模也发展到了 100 多人。业务领域，除了为家族企业产业链提供配套，也发展了很多外面的业务，已经把 600 万元的借款全部还上。

（来源：http：//www.201980.com/lzgushi/chuangye/1600.html）

6.1.3.3　技术在创业中的作用

技术是人类为了满足自身的需求和愿望，遵循自然规律，在长期利用和改造自然的过程中，积累起来的知识、经验、技巧和手段，是人类利用自然改造自然的方法、技能和手段的总和。创业者在创业过程中如果掌握了某方面的核心技术，对创业奖产生极大的促进作用，核心技术就是创业的核心资源，这种核心资源是其他人短时间内难以复制和模仿的，能够让创业者在创业初期占领高地，更好地促进创业成功。

【案例导读】

中职生创业第一单生意两小时赚 5000 元

韩洪发进入胶南职业中专，就读于数控班。看见初中不少同学都上了高中，韩洪发感觉低人一等，尤其是当村里人问起来在哪里上学时，他感到了深深的自卑。职业中专的老师发现了他的自卑情绪便开导、鼓励他。开朗起来的韩洪发苦学机床操作技术，并被选为班长。2007 年，韩洪发参加了青岛市中等职业学校职业技能大赛并获得了数控车工二等奖，这次获奖推动了他人生的转折。

在职业中专学习期间，韩洪发看见学校实训车间一台台先进的机床设备，不由冒出了一个大胆的想法："如果能利用这些平时闲置的先进设备，为各大机械制造厂加工配件，一定能创造出不菲的经济效益。"

说干就干，韩洪发利用课余时间拉了订单，"两个小时做完了第一单，赚了 5000 元"。就这样，韩洪发成了职业中专在校生接订单第一人。2008 年，走出校门的韩洪发来到了一家机械厂做数控操作工。在这吃尽了苦、流尽了汗、把自己消瘦了一圈后，他毅然辞职，决定自主创业，开始了在机械行业闯荡的艰苦生涯。注册了自己的公司，取名"青岛金天舜机械制造有限公司"。短短三年时间，公司从几个人发展到几十个人。

职专为他搭建了一个实现自我的平台，他不仅学到了专业知识，还锻炼了综合能力，利用学校闲置设备加工配件的经历为他后来的创业奠定了良好的基础。

（来源：http://finance.ifeng.com/money/wealth/mystique/20121123/7337654.shtml

6.1.3.4　专业人才在创业中的作用

人是创业的主体，在创业过程中起着决定性的作用，是人决定了创业项目，人的能力和素质决定了创业项目的启动方式和资金投入方式。创业者及创业团队的知识、技能和经验影响着创业的成败。能够组成一个有专业人才的一流的创业团队，能够极大促进创业的成功。专业人才的加入，能够增强新企业的竞争力，特别是一些高科技新创企业，专业人才的作用更加突出。

【案例导读】

史玉柱的创业故事

1984 年，史玉柱大学毕业被分配到安徽省统计局工作，负责统计数据的分析和处理工作。传统的手工操作方式让他不满意，于是他决定动手编写软件，用电脑来提高工作效率。经过一段时间摸索和努力，非专业出身的他开发出了一个统计系统软件，在河北唐山召开的全国统计系统年会上向全国推广使用。出类拔萃的工作成绩引起了领导的关注，上级决定将他作为"第三梯队"培养，保送到深圳大学软科学管理系进修研究生，并且告诉他，只要一毕业，马上就可以定为处级干部，未来对他展现出一幅美好的蓝图。

读完研究生的史玉柱做了一个令人惊讶的决定：放弃唾手可得的仕途，辞职"下海"

创办企业。领导为此而惋惜，同事为此而困惑，妻子和父母为此而感到不可思议。

　　他在读书期间呕心沥血开发出了一套软件——M6041 桌面汉字处理系统，斥资 17000 元，购买了一台电脑并在报纸《计算机世界》上做了 M6041 桌面汉字处理系统的广告，开始创业。广告发布的第 13 天，史玉柱拿到了订单，有接近 2 万元的汇款，从此他的小企业活了下来，4 个月后，他的销售收入达到了 100 万元。

　　1991 年，他移师珠海，注册成立了巨人新技术公司，1993 年，巨人集团下属全资子公司已经发展到 38 个，迅速成长为全国第二大民办高科技企业。他获得珠海市政府的科技重奖：奥迪轿车、三室一厅的住宅和 63 万元人民币的奖金。当年，他 31 岁。用五年时间成就了辉煌。

【课后练习】

绘制你的人脉圈

6.2　创业融资

6.2.1　创业与创业融资

6.2.1.1　融资的概念

　　融资主要是指资金的融入，也就是通常意义的资金来源，具体是指通过一定的渠道、采用一定的方法、以一定的经济利益付出为代价，从资金持有者手中筹集资金，满足资金使用者在经济活动中对资金需要的一种经济行为。

　　创业融资有"广义"和"狭义"之分。狭义的融资概念仅指不同资金所有者之间的资金融通，即资金从资金供给方流向需求方。广义的融资不仅包括前者，还包括某一经济主体通过一定方式在自己内部进行资金融通。

6.2.1.2　融资方式

（1）外源融资与内源融资

　　从融资主体角度，创业融资的方式可以作三个层次的划分：第一层次为外源融资和内源融资；第二层次将外源融资划分为直接融资和间接融资；第三层次则是对直接融资和间接融资再作进一步的细分。

　　创业企业内源融资，是指创业企业依靠其内部积累进行的融资，具体包括如下几种形式：资本金（除股本）、折旧基金转化为重置投资和留存收益转化为新增投资。创业企业外源融资，则是指企业通过一定方式从外部融入资金用于投资。

　　相对于外源融资，内源融资可以减少信息不对称的问题以及与此相关的激励问题，节约企业的交易费用，降低融资成本，也可以增强企业的剩余控制权。内源融资在企业的生产经营和发展壮大中的作用是相当重要的。但是，内源融资能力及其增长，要受到企业的盈利能力、净资产规模和未来收益预期等方面的制约。现实中的资金供求矛盾总是存在的，并推动着外源融资的发展。任何企业在创业发展过程中，都会遇到一个确定内源融资与外源融资合理比例的问题。

直接融资，是指企业作为资金需求者向资金供给者直接融通资金的方式，一般是指发行股票和债券等；间接融资方式，则是企业通过金融中介机构间接向资金供给者融通资金的方式，一般是指银行或非银行金融机构的贷款等。

就各种融资方式来看，内部融资不需要实际对外支付利息或股息，不会减少企业的现金流量；同时由于资金来源于企业内部，不发生融资费用，内部融资的成本远低于外部融资。因此，它是企业首选的融资方式。

但企业内部融资能力的大小取决于企业利润水平、净资产规模和投资者的预期等因素；当内部融资仍不能满足企业的资金需求时，企业可以考虑转向外部融资，但外部融资方式中股权融资会使企业股东股权稀释，收益减少，并且产生的影响时间较长，而债务融资则成本较高，但影响时间较短。

（2）股权融资和债权融资

按大类来分，企业的融资方式有两类：股权融资和债权融资。这也是两个被创业者和投资者经常提及的名词。

股权融资是指企业的股东愿意让出部分企业所有权，通过企业增资的方式引进新的股东的融资方式。股权融资所获得的资金，企业无须还本付息，但新股东将与老股东同样分享企业的赢利与增长。股权融资的特点决定了其用途的广泛性，既可以充实企业的营运资金，也可以用于企业的投资活动。

股权融资按融资的渠道来划分，主要有两大类，公开市场发售和私募发售。所谓公开市场发售就是通过股票市场向公众投资者发行企业的股票来募集资金，包括我们常说的企业的上市、上市企业的增发和配股都是利用公开市场进行股权融资的具体形式。所谓私募发售，是指企业自行寻找特定的投资人，吸引其通过增资入股企业的融资方式。因为绝大多数股票市场对于申请发行股票的企业都有一定的条件要求，例如，中国对公司上市除了要求连续3年赢利之外，还要企业有5000万的资产规模，因此对大多数中小企业来说，较难达到上市发行股票的门槛，私募成为民营中小企业进行股权融资的主要方式。

债权融资是指企业通过借钱的方式进行融资，债权融资所获得的资金，企业首先要承担资金的利息，另外在借款到期后要向债权人偿还资金的本金。债权融资的特点决定了其用途主要是解决企业营运资金短缺的问题，而不是用于资本项下的开支。债权融资产生的结果是增加了企业的负债，按渠道的不同主要分为银行信用、民间信贷、债券融资、信托融资、项目融资、商业信用及其租赁等。

无论是股权融资还是债权融资均具有一定的优点，也存在着不足，创业者要熟悉不同融资方式的利弊，考虑不同情况下的融资成本，以便做出科学的融资决策（表6-1）。

表 6-1　股权融资和债权融资的比较

比较项目	股权融资	债权融资
本金	永久性资本，保证企业最低的资金需要	到期归还本金
资金成本	根据企业经营情况变动，相对较高	事先约定固定金额的利息，较低
风险承担	低风险	高风险
企业控制权	按比例或约定享有，分散企业控制权	无，企业控制权得到维护
资金使用限制	限制条款少	限制多

债权融资的资金成本较低，合理使用还能带来杠杆收益，但债务资金使用不当会带来企业清算或终止经营的风险；股权资金的资金成本由于要在所得税之后支付，成本较高，但由于在企业正常生产经营过程中，不用归还投资者，是一项企业可永久使用的资金，没有财务风险。创业者在筹集资金时应对债务资金、股权资金的优缺点进行比较，并考虑企业的资金需要量，资金的可得性，宏观理财环境，筹资的成本、风险和收益，以及控制权分散等问题来进行综合分析。

6.2.1.3　创业融资过程

第一，融资的前期准备。一个公司从考虑融资起，首先应考虑自己公司是什么情况，应该选取哪一类的投资者，了解投资者的产业偏好。做出这个初步判断后，第二步就应考虑，如何把自己的企业呈现给投资者。要考虑企业真正的价值在什么地方，也就是说有没有一些独创的地方，使得投资者会觉得这个企业有比较好的前景。第三步就是拟定商业企划书，不需要太长，但是需要包含一些比较重要的因素，如市场分析、商业模式介绍、人才团队构建、现金流预测、财务计划等信息。之后要推销企业，与投资者接触。通过有影响的中介机构、人士推荐或直接上门等体现创业者的综合素质、与投资者建立信任。

创业者在融资过程中不要走入概念误区，凭一个所谓的概念或者说一种想法去找投资，这往往会产生一些问题。投资方希望创业者对企业能有一个现实的判断，如商业模式，企业未来是通过什么商业模式去盈利，还有企业团队的构建以及未来的财务方面的预期。有了这些相应的介绍，才能够加大投资者了解认可这个项目的机会。引资可以借力于中介机构。中介机构，不管是投资顾问还是财务顾问，他们的业务就是在不断地产生投资项目。他们找到好的项目，把它做下来，才能收到佣金。中介机构跟国外的很多投资基金或者说其他的潜在投资者一向都保持着比较好的联系，所以在有好的项目的时候，中介机构能够以一种比较顺畅的，把这个项目相应的情况介绍给潜在的投资者，起到一种资源整合的作用。

第二，配合投资者进行尽职调查。组织文件、财务状况、产权状况、管理层与雇员状况业务状况等。作为一个投资者，或者作为一个买方，很大程度上要派自己的团队去对投资的公司进行相应的了解。这个了解一般会涉及财务和法律。财务他们会派会计师事务去查看公司过去的财务报表，或者说其他的一些财务文件。从法律的角度，如公司成立的状况，有没有潜在的诉讼，或者说公司的产权上有没有抵押物权等这类的情况。根据这个行业的具体情况提供一份比较完整的清单。

第三，谈判/投资意向书。公司价值、义务、原始股东与新股东的关系、退出机制、投资意向书的法律效力（保密、排他性条款、争端解决条款）等。投资意向书的签订，根据项目的不同，有的时候，投资者和公司的股东可能是在尽职调查之前就签订了意向书。这个意向书里往往会制定一个公式，或者确定一个原则，如何对公司进行估值，或有一些具体价款的支付问题。或者说具体的情况，再根据尽职调查的结果去调整。但是也有先做完尽职调查然后再签订意向书的。

第四，签订协议。签订意向书，从商业角度上来讲，很大程度上是涉及考虑公司价值多少，用一个什么样的标准衡量它。从权利义务，原始股东与新股东的关系，以及退出机制等。因为作为私募投资者来讲，他很大的一个考虑就在于以这种私募的形式投资到公司里头，公司没有上市的情况下，这些投资将来是否能够退出，所以他会充分地考虑需要一种什么样的权利，来保护他的利益，使得他将来需要退出的时候有这种退出的机制。当然这实际上是涉及投资者和原来的股东之间如何达成一种共识去提出相应的一个机制。

意向书一般并没有一个严格意义上的法律效力，但是它都有一些具体条款具有法律效力，如保密、排他性条款等。排他性条款是指一旦签订这意向书之后，在一定的时间段之内，公司不得同其他的潜在投资者接触和洽谈投资意向。所以一般针对投资意向书来讲，也不能够单纯以为说它没有法律效力就不注意它，因为很大程度上来讲，它里面一些条款会成为进一步谈判交易的基石，限制公司的一些其他投资的行为。

【扩展阅读】

12 位顶级投资人，手把手教你如何拿融资

6.2.2　创业融资的常见渠道

融资渠道是指企业筹集资本来源的方向与通道，体现资本的源泉和流量。融资渠道主要由社会资本的提供者及数量分布决定。了解融资渠道的种类、特点和适用性，有利于创业者充分利用和开拓融资渠道，实现各种融资渠道的合理组合，有效筹集所需资金。关于我国创业融资渠道分类的界定，还不是十分清晰，这里就大学生创业融资的常见渠道，做简要的介绍。

6.2.2.1　私人资本融资

私人资本包括创业者个人积蓄、亲友资金、天使投资等。据世界银行所属的国际金融公司（IFC）对北京、成都、顺德和温州四个地区的私营企业的调查，我国私营中小企业在初始创业阶段几乎完全依靠自筹资金，其中，90%以上的初始资金是由主要的业主、创业团队成员及家庭提供的，银行和其他金融机构贷款所占的比例很小，私人资本在创业融资中具有不可替代的作用。

（1）个人积蓄

尽管有些创业者没有动用过个人资金就办起了新企业，但这种情况非常少见。这不仅因为从资金成本或企业控制权的角度来说，个人资金成本最为低廉，而且还因为创业者在试图引入外部资金时，外部投资者一般都要求企业必须有创业者的个人资金投入其中。所以，个人积蓄是创业融资最根本的渠道，几乎所有的创业者都向他们新创办的企业投入了个人积蓄。

个人积蓄的投入对于创业企业来说具有非常重要的意义：首先，创业者个人积蓄的投入，表明了创业者对于项目前景的看法，只有当创业者对未来的项目充满信心时，他才会毫无保留地向企业中投入自己的积蓄；其次，将个人积蓄投入企业，是创业者日后继续向企业投入时间和精力的保证，投入企业的积蓄越多，创业者越会在日后的生产经营过程中对企业更加关注；第三，个人积蓄的投入是对债权人债权的保障，由于在企业破产清算时，债权人的权益优于投资者的权益，所以，企业能够融到的债务资金一般以投资者的投入为限，创业者投入企业的初始资金是对债权人债权的基本保障；最后，个人积蓄的投入有利于创业者分享投资成功的喜悦。因此，准备创业的人，应从自我做起，较早地将自己收入的一部分储蓄起来，作为创业储备资金。

创业者可以通过转让部分股权的方式从合伙人那里取得创业资金，创办合伙企业。或通过公开或私募股权的方式，从更多的投资者那里获得创业资金，成立公司制企业。将个人合伙人或个人股东纳入自己的创业团队，利用团队成员的个人积蓄是创业者最常用的筹资方式之一。

就中国目前的现状而言，家庭的资金支持在大学生创业中起到重要的支持作用。以家庭为中心，形成的亲缘、地缘、商缘等为经纬的社会网络关系，对包括创业融资在内的许多创业活动产生重要影响，因此，创业者及其团队成员的家庭储蓄一般归入个人积蓄的范畴。

对许多创业者来说，个人积蓄的投入虽然是新企业融资的一种途径，但并不是根本性的解决方案。一般来说，创业者的个人积蓄对于新创企业而言，总是十分有限的，特别是对于新创办的大规模企业或资本密集型的企业来说，几乎是杯水车薪。

（2）亲友资金

对于新创企业来说，除了个人积蓄之外，身边亲朋好友的资金是最常见的资金来源。亲朋好友由于与创业者个人的关系而愿意向创业企业投入资金，因此，亲友资金是创业者经常采用的融资方式之一。

在向亲友融资时，创业者必须要用现代市场经济的游戏规则、契约原则和法律形式来规范融资行为，保障各方利益，减少不必要的纠纷。第一，创业者一定要明确所融集资金的性质，据此确定彼此的权利和义务。若融集的资金属于亲友对企业的投资，则属于股权融资的范畴；若融集的资金属于亲友借给创业者或创业企业的，则属于债权融资。由于股权资本自身的特性，创业者对于亲友投入的资金可以不用承诺日后的分红比例和具体的分红时间；但对于从亲友处借入的款项，一定要明确约定借款的利率和具体的还款时间。第二,无论是借款还是投资款项,创业者最好能够通过书面的方式将事情确定下来,以避免将来可能的矛盾。

除此之外,创业者还要在向亲友融资之前,仔细考虑这一行为对亲友关系的影响,尤其是创业失败后的艰难困苦。要将日后可能产生的有利和不利方面告诉亲友,尤其是创业风险,以便将来出现问题时对亲友的不利影响降到最低。

（3）天使投资

天使投资指个人出资协助具有专门技术或独特概念而缺少自有资金的创业家进行创业,并承担创业中的高风险和享受创业成功后的高收益;或者说是自由投资者或非正式风险投资机构对原创项目构思或小型初创企业进行的前期投资,是一种非组织化的创业投资形式。

天使投资一词源于纽约百老汇,特指富人出资资助一些具有社会意义演出的公益行为。对于那些充满理想的演员来说,这些赞助者就像天使一样从天而降,使他们的美好理想变为现实。后来,天使投资被引申为一种对高风险,高收益的新兴企业的早期投资。天使资本主要有三个来源:曾经的创业者,传统意义上的富翁,大型高科技公司或跨国公司的高级管理者。在部分经济发展良好的国家中,政府也扮演了天使投资人的角色。

在美国有25万以上的天使投资者,其中有10万人在积极投资。他们每年在总共2万~3万家公司投资50亿~100亿美元。在中国,随着经济的发展,一部分富人在希望自己越来越富有的同时也在寻求挑战,开始充当天使投资者。中国的天使投资者近年有了较快增长,以真格基金创始人徐小平先生为代表的天使投资者进行的投资活动,在社会上和创业者中产生了广泛的影响。

天使投资分为两类,一类是有行业背景的天使投资,一类是没有行业背景的天使投资。这两类天使投资,从行为及预期,到和创业团队的合作都非常不一样。从资本的角度来说,这两类投资人都是非常好的来源。创业者早期仍需要资金,而来源非常有限,所以才寻求天使投资支持。否则,完全可以自己做得稍微成熟一些再寻求早期风险投资。倘若创业团队早期并非单纯缺乏资金,则寻找具有行业背景的天使投资会更加理性。

6.2.2.2 机构融资

和私人资金相比,机构拥有的资金数量较大,挑选被投资对象的程序比较正规,获得机构融资一般会提升企业的社会地位,给人以企业很正规的印象。机构融资的途径有银行贷款、非银行金融机构贷款、中小企业间互助机构贷款、风险投资等。

（1）银行贷款

2006年,孟加拉国格莱珉银行的创立者穆罕默德·尤努斯因以银行贷款的方式帮助穷人创业而获得诺贝尔和平奖。中国也有很多银行推出了支持个人创业的贷款产品。如2003年8月,中国银行、光大银行、广东发展银行、中信银行等金融机构相继推出"个人创业贷款"项目,而中国农业银行早在2002年9月就推出了《个人生产经营贷款管理办法》并一直在运行中。比较适合创业者的银行贷款形式主要有抵押贷款和担保贷款两种。缺乏经营历史从而也缺乏信用积累的创业者,比较难以获得银行的信用贷款。

①抵押贷款 抵押贷款指借款人以其所拥有的财产作抵押，作为获得银行贷款的担保。在抵押期间，借款人可以继续使用其用于抵押的财产。抵押贷款有以下几种：

- 不动产抵押贷款。不动产抵押贷款是指创业者可以土地、房屋等不动产作抵押，从银行获取贷款；
- 动产抵押贷款。动产抵押贷款是指创业者可以用机器设备、股票、债券、定期存单等银行承认的有价证券，以及金银珠宝首饰等动产作抵押，从银行获取贷款；
- 无形资产抵押贷款。无形资产抵押贷款是一种创新的抵押贷款形式，适用于拥有专利技术、专利产品的创业者，创业者可以用专利权、著作权等无形资产向银行作抵押或质押获取贷款。

②担保贷款 担保贷款指借款方向银行提供符合法定条件的第三方保证人作为还款保证的借款方式。当借款方不能履约还款时，银行有权按照约定要求保证人履行或承担清偿贷款连带责任。其中较适合创业者的担保贷款形式有：

- 自然人担保贷款。自然人担保贷款是指经由自然人担保提供的贷款。可采取抵押、权利质押、抵押加保证三种方式；
- 专业担保公司担保贷款。目前各地有许多由政府或民间组织的专业担保公司，可以为包括初创企业在内的中小企业提供融资担保，像北京中关村担保公司、首创担保公司等，其他省、市也有很多此类性质的担保机构为中小企业提供融资担保服务，这些担保机构大多属于公共服务性非盈利组织，创业者可以通过申请，由这些机构担保向银行借款。

③政府无偿贷款担保 根据国家及地方政府的有关规定，很多地方政府都为当地的创业人员提供无偿贷款担保。如上海、青岛、南昌、合肥等地的应届大学毕业生创业可享受无偿贷款担保的优惠政策，自主创业的大学生，向银行申请开业贷款的担保额度最高可为100万元，并享受贷款贴息；江苏省镇江市润州区创业农民可通过区农民创业担保基金中心，获取最高5万元贷款，并由政府为其无偿担保；湖南省各级财政安排一定的再就业资金，用于下岗失业人员小额贷款担保基金及贴息等四个方面；浙江省对持《再就业优惠证》的人员和城镇复员转业退役军人，从事个体经营自筹资金不足的，由政府提供小额担保贷款。

④中小企业间互助机构贷款 中小企业间的互助机构是指中小企业在向银行融通资金的过程中，根据合同约定，由依法设立的担保机构以保证的方式为债务人提供担保，在债务人不能依约履行债务时，由担保机构承担合同约定的偿还责任，从而保障银行债权实现的一种金融支持制度。信用担保可以为中小企业的创业和融资提供便利，分散金融机构的信贷风险，推进银企合作。

从20世纪20年代起，许多国家为支持中小企业发展，先后成立了为中小企业提供融资担保的信用机构。目前，全世界已有48%的国家和地区建立了中小企业信用担保体系。我国从1999年开始，已经形成了以中小企业信用担保为主体的担保业和多层次中小企业信用担保体系，各类担保机构资本金稳步增长。

⑤信用卡透支贷款 创业者可以采用两种方式取得信用卡透支贷款。一种方式是信用

卡取现，另一种方式是透支消费。

信用卡取现是银行为持卡人提供的小额现金贷款，在创业者急需资金时可以帮助其解决临时的融资困难。创业者可以持信用卡通过银行柜台或是 ATM 机提取现金灵活使用。透支取现的额度根据信用卡情况设定，不同银行的取现标准不同，最低的是不超过信用额度的30%，最高的可以将信用额度的100%都取出来；另外，除取现手续费外（各银行取现手续费不一），境内外透支取现还须支付利息，不享受免息待遇。创业者还可以利用信用卡进行透支消费，购置企业亟需的财产物资。

实际上按目前的社会现状，大学生要取得较高的信用卡透支额度是不现实的。所以这种方法只是作为一个参考，一般用于应急周转。

（2）非银行金融机构贷款

非银行金融机构指以发行股票和债券、接受信用委托、提供保险等形式筹集资金，并将所筹资金运用于长期性投资的金融机构。根据法律规定，非银行金融机构，包括经银监会批准设立的信托公司、企业集团财务公司、金融租赁公司、汽车金融公司、货币经纪公司、境外非银行金融机构驻华代表处、农村和城市信用合作社、典当行、保险公司、小额贷款公司等机构。

①保单质押贷款　保险公司为了提高竞争力，也为投保人提供保单质押贷款。保单质押贷款最高限额不超过保单保费积累的70%，贷款利率按同档次银行贷款利率计息。如中国人寿保险公司的"国寿千禧理财两全保险"，就具有保单质押贷款的功能：只要投保人缴付保险费满2年，且保险期已满2年，就可以凭保单以书面形式向保险公司申请质押贷款。

②实物质押典当贷款　当前，有许多典当行推出了个人典当贷款业务。借款人只要将有较高价值的物品质押在典当行就能取得一定数额的贷款。典当费率尽管要高于银行同期贷款利率，但对于急于筹集资金的创业者来说，不失为一个比较方便的筹资渠道。典当行的质押放款额一般是质押品价值的50%~80%。

③小额贷款公司　小额贷款公司由自然人、企业法人与其他社会组织投资设立，不吸收公众存款，经营小额贷款业务的有限责任公司或股份有限公司，发放贷款坚持"小额、分散"的原则。小额贷款公司发放贷款时手续简单，办理便捷，当天申请基本当天就可放款，可以快速地解决新创企业的资金需求。

（3）交易信贷和租赁

交易信贷指企业在正常的经营活动和商品交易中由于延期付款或预收货款所形成的企业间常见的信贷关系。企业在筹办期以及生产经营过程中，均可以通过商业信用的方式筹集部分资金。如企业在购置设备或原材料、商品过程中，可以通过延期付款的方式，在一定期间内免费使用供应商提供的部分资金；在销售商品或服务时采用预收账款的方式，免费使用客户的资金等。

创业者也可以通过融资租赁的方式筹集购置设备等长期性资产所急需的资金。融资租赁是指实质上转移与资产所有权有关的全部或绝大部分风险和报酬的租赁。资产的所有权最终可以转移，也可以不转移。融资租赁是集融资与融物、贸易与技术更新于一体的新型金融业务。由于其融资与融物相结合的特点，出现问题时租赁公司可以回收、处理租赁物，因而在办理融资时对企业资信和担保的要求不高，所以非常适合中小企业融资；此外，融资租赁属于表外融资，不体现在企业财务报表的负债项目中，不影响企业的资信状况，对需要多渠道融资的中小企业非常有利。初创企业在筹建期，通过融资租赁的方式取得急需设备的使用权，解决部分资金需求，获得相当于租赁资产全部价值的债务信用，一方面，可以使企业按期开业，顺利开始生产经营活动；另一方面，又可以解决创业初期资金紧张的局面，节约创业初期的资金支出，将用于购买设备的资金用于主营业务的经营，提高企业现金流量的创造能力；同时融资租赁分期付款的性质可以使企业保持较高的偿付能力，维持财务信誉。

（4）从其他企业融资

尽管在大多数情况下，企业是资金的需求而不是提供者，但是对于不同行业的企业，或者在企业发展的不同时期，部分企业还是会有暂时的闲置资金可以对外提供，尤其是一些从事公用事业业务的企业，或者已经发展到成熟期的企业，现金流一般会比较充足，甚至会有大量资金需要通过对外投资的方式实现较高收益。对于有闲置资金的企业，创业者既可以吸收其资金作为股权资本，还可以向这些企业借款，形成债权资本。

6.2.2.3 风险投资

在我国，对于风险投资尚未形成统一的看法，比较普遍的观点是：风险投资是由专业机构提供的投资于极具增长潜力的创业企业并参与其管理的权益资本。中国的风险投资不仅投资高科技项目，也对传统领域，如教育、医疗保健这样的项目感兴趣。

前面提到的天使投资也是广义的风险投资的一种，但狭义的风险投资主要指机构投资者。如同天使投资者对项目的选择有所偏好，风险投资机构也是如此。创业者在寻求风险投资机构的融资时，要注意多加了解，以便沟通。

6.2.2.4 政府扶持基金

创业者还可以利用政府扶持政策，从政府方面获得融资支持。政府的资金支持是中小企业资金来源的一个重要组成部分。综合世界各国的情况，政府的资金支持一般能占到中小企业外来资金的10%左右，资金支持方式主要包括：税收优惠、财政补贴、贷款援助、风险投资和开辟直接融资渠道等。

随着我国经济实力的增强，政府对创业的支持力度，无论从产业的覆盖面还是从政府对创业者的支持额度都有了很大进展，由政府提供的扶持基金也在逐步增加。如专门针对科技型企业的科技型中小企业技术创新基金，专门为中小企业"走出去"准备的中小企业国际市场开拓资金等，还有众多的地方性优惠政策等。创业者应善于利用相关政策的扶持，以达到事半功倍的效果。

（1）再就业小额担保贷款

再就业小额担保贷款：根据中发〔2002〕12号文件精神，为帮助下岗失业人员自谋职业、自主创业和组织起来就业，对于诚实守信、有劳动能力和就业愿望的下岗失业人员，针对他们在创业过程中缺乏启动资金和信用担保，难以获得银行贷款的实际困难，由政府设立再担保基金。通过再就业担保机构承诺担保，可向银行申请专项再就业小额贷款。该政策从 2003 年初起陆续在全国推行，并不断扩大小额担保贷款的范围，目前再就业小额担保贷款的适用范围包括：年龄在指定范围内（一般为 60 岁以内，地方政策可能有所不同），有创业愿望和劳动能力，诚实守信，有《下岗证》或者《再就业优惠证》的国企、城镇企业下岗职工；退役军人；农民工；外出务工返乡创业人员；吸纳下岗失业人员达到地方规定的小企业、合伙经营实体或劳动密集型企业；大中（技）专毕业生；残疾人员；失地农民等符合条件的人员。

（2）科技型中小企业技术创新基金

科技型中小企业技术创新基金是于 1999 年经国务院批准设立的，为扶持、促进科技型中小企业技术创新，用于支持科技型中小企业技术创新项目的政府专项基金，由科技部科技型中小企业技术创新基金管理中心实施。创新基金重点支持产业化初期（种子期和初创期）、技术含量高、市场前景好、风险较大、商业性资金进入尚不具备条件、最需要由政府支持的科技型中小企业项目，并将为其进入产业化扩张和商业性资本的介入起到铺垫和引导作用。根据中小企业和项目的不同特点，创新基金通过无偿拨款、贷款贴息和资本金投入等方式扶持和引导科技型中小企业的技术创新活动，促进科技成果的转化。

（3）中小企业国际市场开拓资金

中小企业国际市场开拓资金是由中央财政和地方财政共同安排的专门用于支持中小企业开拓国际市场的专项资金。市场开拓资金用于支持中小企业和为中小企业服务的企业、社会团体和事业单位组织中小企业开拓国际市场的活动。该资金的主要支持内容包括：举办或参加境外展览会；质量管理体系、环境管理体系、软件出口企业和各类产品的认证；国际市场宣传推介；开拓新兴市场；组织培训与研讨会；境外投（议）标等方面。市场开拓资金支持比例原则上不超过支持项目所需金额的 50%，对西部地区的中小企业，以及符合条件的市场开拓活动，支持比例可提高到 70%。

（4）天使基金

政府有关部门和社会各界有识之士还纷纷出资，设立了鼓励和帮助大学生自主创业、灵活就业的一些天使基金。如北京青年科技创业投资基金由北京科技风险投资股份有限公司出资设立，与共青团北京市委、北京市青年联合会和北京市工商局共同管理的一项基金。其特点之一是以个人为投资主体，孵化科技项目的快速成长，凡在电子信息产业、新材料、生物医药工程及生命科学领域拥有新技术成果，45 岁以下的自然人均可申请创投基金，资金投资区域为北京地区。

（5）其他基金

科技部的"863 计划""火炬计划"等，连同科技型中小企业技术创新基金一起，每年都有数十亿资金用于科技型中小企业的研发、技术创新和成果转化；财政部设有利用高新技术更新改造项目贴息基金，国家重点新产品补助基金；国家发展和改革委员会设有产业技术进步资金资助计划、节能产品贴息项目计划；工业和信息化部设有电子信息产业发展基金等。

各省市等为支持当地创业型经济的发展，也纷纷出台政策，支持创业。主要有人力资源和社会保障部设立的开业贷款担保政策、小企业担保基金专项贷款、中小企业贷款信用担保、开业贷款担保、大学生科技创业基金等。

创业者应结合自身情况，利用好相关政策，获得更多的政府基金支持，降低融资成本。

6.2.2.5 知识产权融资

知识产权融资也是创业者值得关注的融资方式，在国内外已有诸多成功案例。知识产权融资可以采用知识产权作价入股、知识产权抵押贷款、知识产权信托、知识产权证券化等方式。

（1）知识产权作价入股

2014年3月1日实施的《中华人民共和国公司法》（以下简称《公司法》）第27条规定："股东可以用货币出资，也可以用实物、知识产权、土地使用权等可以用货币估价并可以依法转让的非货币财产作价出资。"允许知识产权入股，明确了知识产权作为生产要素的原则。新《公司法》还规定，不再限制股东（发起人）的货币出资比例，无形资产可以百分百出资。这说明股东可以专利、商标、软件著作权等无形资产进行百分之百的出资，有效地减轻股东货币出资的压力。

根据新公司法的规定，除了法律、行政法规规定不得作为出资的财产除外，股东可以用知识产权等可以用货币估价，并可以依法转让的非货币财产作价出资。对作为出资的非货币财产应当评估作价，核实财产，不得高估或者低估作价，必须经过专业的知识产权评估才可以作为出资依据。

（2）知识产权质押贷款

知识产权质押贷款是指以合法拥有的专利权、商标权、著作权中的财产权，经评估后向银行申请融资，是商业银行积极探索的中小企业融资途径。2006年全国首例知识产权质押融资贷款在北京诞生，2008年国家知识产权局确定了知识产权质押融资的试点城市；很多地市出台了质押贷款管理办法，如浙江2009年1月20日出台"浙江省专利权质押贷款管理办法"，为金融机构、企业操作知识产权质押提供了规范指引；2009年9月和11月，广州市知识产权局、武汉市知识产权局分别和有关银行签署了促进知识产权质押融资的合作协议；2010年财政部、工业和信息化部、银监会、国家知识产权局、国家工商行政管理总局、国家版权局共同发布了《关于加强知识产权质押融资与评估管理，支持中小企业发展的意见》通知，进一步推进了知识产权质押融资工作的开展。

知识产权质押融资可以采用以下三种形式：质押——知识产权质押作为贷款的唯一担保形式；质押加保证——以知识产权质押作为主要担保形式，以第三方连带责任保证（担保公司）保证作为补充组合担保；质押加其他抵押担保——以知识产权作为主要担保形式，以房产、设备等固定资产抵押，或个人连带责任保证等其他担保方式作为补充担保的组合担保形式。

知识产权质押贷款仅限于借款人在生产经营过程中的正常资金需求，贷款期限一般为

1 年，最长不超过 3 年；贷款额度一般控制在 1000 万元以内，最高达 5000 万元；贷款利率采用风险定价机制，原则上在人行基准利率基础上按不低于 10%的比例上浮；质押率为：发明专利最高为 40%，实用新型专利最高为 30%；驰名商标最高为 40%，普通商标最高为 30%；质物要求投放市场至少 1 年以上；还款方式根据企业的现金流情况采取灵活多样的还款方式。

（3）知识产权信托

知识产权信托是以知识产权为标的的信托，知识产权权利人为了使自己所拥有的知识产权产业化、商品化，将知识产权转移给信托投资公司，由其代为经营管理，知识产权权利人获取收益的一种法律关系。依据知识产权的类型，结合我国目前已有的信托案例，当前的知识产权信托包括专利信托、商标信托、版权信托等方式。在美国、欧洲、日本等国家，知识产权信托已广泛用于电影拍摄、动画片制作等短期需要大量资金的行业的资金筹措。流动资金少的文化产业公司，在投入制作时，可与银行、信托公司签订信托构思阶段新作品著作权的合同，银行或信托公司向投资方介绍新作品的构思、方案，并向投资方出售作品未来部分销售收益的"信托收益权"，制作公司等则以筹集到的资金再投入新作品的创作。目前为止，知识产权信托在我国的发展状况并不理想，还需要在立法完善和政策支持上多加关注。

（4）知识产权证券化

知识产权资产证券化是发起人将能够产生可预见的稳定现金流的知识产权，通过一定的金融工具安排，对其中风险与收益要素进行分离与重组，进而转换成为在金融市场上可以出售的流通证券的过程。知识产权资产证券化的参与主体包括发起人（原始权益人）、特设载体（SPV）、投资者、受托管理人、服务机构、信用评级机构、信用增强机构、流动性提供机构。近几年，美国、英国、日本等国家的知识产权资产证券化发展迅速。在美国，知识产权资产证券化的对象资产已经非常广泛，从电子游戏、音乐、电影、娱乐、演艺、主题公园等与文化产业关联的知识产权，到时装设计的品牌、最新医药产品的专利、半导体芯片，甚至专利诉讼的胜诉金，几乎所有的知识产权都已经成为证券化的对象。在日本，产业省早在 2002 年就声明要对信息技术和生物等领域企业拥有的专利权实行证券化，成功地对光学专利实行了资产证券化。2004 年，国务院颁布《关于推进资本市场改革开放和稳定发展的若干意见》，强调指出应"建立以市场为主导的品种创新机制，研究开发与股票和债券相关的新品种及其衍生产品，加大风险较低的固定收益类证券产品的开发力度，为投资者提供储蓄替代型证券投资品种，积极探索并开发资产证券化品种。"该政策文件为知识产权资产证券化在我国的探索发展提供了政策支持。

【案例导读】

雷军的投资智慧

（本文为雷军自述。）

我在选择投资项目时，通常考虑四个必备条件：大方向很好，小方向被验证，团队出色，投资回报率高。

关于大方向，主要是看这个方向 5~10 年是否长期看好，每个投资人都有自己独到的见解，目前我最看好的方向是移动互联网和电子商务，当然，我也还愿意学习研究一些新的方向。关于投资回报率，早期风险投资成功项目回报的目标是 10 倍的收益，而天使投资比早期风险投资进入要早，风险更高，要求的回报会更高。

所以，我投资的关键判断主要在于具体方向和团队。在我看来，团队和方向两者相辅相成，缺一不可。也就是说，如果创业者能力不足，再好的方向和机遇也很难把握；如果创业者能力非常出色，但做的方向不对，也难成大器。

第一就是团队

投资就是投人，人是最关键的因素。在商业社会里，人最重要的基础素质是诚信，没有诚信的人，是不会有人投资的。具体来说，团队要具备以下几个条件：首先，能洞察用户需求，对市场极其敏感；第二，要志存高远且脚踏实地；第三，团队里最好是两三个优势互补的人在一起；第四，如果是互联网领域的项目一定要有技术过硬、并能带队伍的技术带头人；第五，还需要具备低成本情况下的快速扩张能力；最后，有创业成功经验的人会加分。

第二个是方向

即在对的时间去做对的事情。首先要做最肥的市场，选择自己能做的最大的市场，只有大市场才能造就大企业，小池子养不了大鱼，方向有偏差的话，会浪费宝贵的创业资源；其次选择正确的时间点——市场基本成熟了，企业也已有雏形，引入天使投资后，业务会得到爆炸性增长；另外是要专注，要专注再专注，最好只做一件事情，这样能把事情做到极致；最后业务在小规模下被验证，有机会在某个垂直市场做到数一数二的位置。

方向比速度重要，很多人一创业就很急，好像出去抢钱去了。但是，我觉得要想清楚，有的时候一个大方向对了，你哪怕速度稍微慢一些，也会成功的。

这些条件并非完全必须，但具备这些条件的创业团队成功的把握会更大。尤其在目前的市场环境下，随着全球金融风暴席卷全球，风险投资人对于项目的审查标准也会变得更为严格，满足的条件越多越好。这些条件全部满足的创业项目，就是投资人眼里完美的项目，会很容易拿到投资。

（来源：李晓艳，我为什么要投资你，中国商业出版社，2012.）

6.2.3　创业所需资金的测算

你已经准备好创立一家新企业了？在起步之前，你需要知道究竟创业需要多少启动资金？你可能有一个粗略的估计，但这还不够详细，无法支撑你制作一套可行的商业计划书，要准确地衡量你需要多少启动资金，这是成功的关键。如果低估了需求，那么在企业开始盈利之前，你可能就已经用光了运营资金。而过高的预测成本，你又可能永远都无法筹集到足够的资金以起步。

6.2.3.1　启动资金的类型

启动资金用来支付场地（土地和建筑）、办公家具和设备、机器、原材料和商品库存、营业执照和许可证、开业前广告和促销、工资以及水电费和电话费等费用。

这些支出可以归为两类：投资和流动资金。

投资（固定资产）是指你为企业购买的价值较高、使用寿命长的东西。有的企业用很少投资就能开办，而有的却需要大量的投资才能启动。明智的做法是把必要的投资降到最低限度，让企业少担些风险。然而，每个企业开办时总会有一些投资。

流动资金指企业日常运转所需要支出的资金。

6.2.3.2　投资（固定资产）预测

投资一般可以分为两类：企业用地和建筑；设备。

（1）企业用地和建筑

办企业或开公司，都需要有适用的场地和建筑。也许是用来开工厂的整个建筑，也许只是一个小工作间，也许只需要租一个铺面。如果你能在家开始工作，就能降低投资。在前面谈到营业地点问题时，你已经决定在哪里设置你的企业。现在要进一步看你的企业具体需要什么样的场地和建筑等。

当清楚了需要什么样的场地和建筑时，要作出以下选择：①造新的建筑。②买现成的建筑。③租一栋楼或其中的一部分在家开业。

①造房　如果你的企业对场地和建筑有特殊要求，最好造自己的房子，但这需要大量的资金和时间。

②买房　如果你能在优越的地点找到合适的建筑，则买现成建筑既简单又快捷。但现成的房子往往需要经过改造才能适合企业的需要，而且需要花大量的资金。

③租房　租房比造房和买房所需的启动资金要少，这样做也要灵活。如果是租房，当你需要改变企业地点时，就会容易得多。不过租房不像自己有房那么安稳，而且你也得花些钱进行装修才能适用。

④在家开业　在家开业最便宜，但即使这样也少不了要做些调整。在确定你的企业是否成功之前，在家开业是起步的好办法，待企业成功后再租房和买房也不晚。但在家工作，业务和生活难免互相干扰。

（2）设备

设备是指你的企业需要的所有机器、工具、车辆、办公家具等。对于制造商和一些服务行业，最大的需要往往是设备。一些企业需要在设备上大量投资，因此了解清楚需要什么设备，以及选择正确的设备类型就显得非常重要。即使是只需要少量设备的企业，也要慎重考虑你确实需要哪些设备，并把它们写入创业计划。

6.2.3.3　流动资金预测

你的企业开张后要运转一段时间才能有销售收入。制造商在销售之前必须先把产品生产出来；服务企业在开始提供服务之前要买材料和用品；零售商和批发商在卖货之前必须先买货。所有企业在招揽顾客之前必须先花时间和费用进行促销。总之，你需要流动资金支付以下开销：①购买并储存原材料和成品；②促销；③工资；④租金；⑤保险和许多其他费用。

有的企业需要足够的流动资金来支付 6 个月的全部费用，也有的企业只需要支付 3 个月的费用。你必须预测，在获得销售收入之前，你的企业能够支撑多久。一般而言，刚开始的时候销售并不顺利，因此，你的流动资金要计划富裕些。

你需要制定一个现金流量计划。它会帮助你更准确地预测你所需要的流动资金。等你做完这个计划之后，你可能还得回头再更改启动资金里的流动资金数额。

（1）原材料和成品储存

制造商生产产品需要原材料；服务行业的经营者也需要些材料；零售商和批发商需要储存商品来出售。你预计的库存越多，你需要用于采购的流动资金就越大。既然购买存货需要资金，你就应该将库存降到最低限度。

如果你是个制造商，你必须预测你的生产需要多少原材料库存，这样你可以计算出在获得销售收入之前你需要多少流动资金。如果你是一个服务商，你必须预测在顾客付款之前，你提供服务需要多少材料库存。零售商和批发商必须预测他们在开业之前，需要多少商品库存。

记住：如果你的企业允许赊账，资金回收的时间就更长，你需要动用流动资金再次充实库存。

（2）促销

新企业开张，需要促销自己的商品或服务，而促销活动需要流动资金。你需要保证你已经做了促销计划并对促销活动预算了费用。

（3）工资

如果你雇用员工，在起步阶段你就得给他们付工资。你还要以工资方式支付自己家庭的生活费用。计算流动资金时，要计算用于发工资的钱，通过用每月工资总额乘以还没到达收支平衡的月数就可以计算出来。

（4）租金

正常情况下，企业一开始运转就要支付企业用地用房的租金。计算流动资金里用于房租的金额，用月租金乘以还没达到收支平衡的月数就可以得出来。而且，你还要考虑到租金可能一付就是 3 个月或 6 个月，会占用更多的流动资金。

（5）其他费用

在企业起步阶段，还要支付一些其他费用，如电费、文具用品费、交通费等。

一般来说，在销售收入能够收回成本之前，微小企业事先至少要准备 3 个月的流动资金。为了预算更加准确，你必须制定一个现金流量计划。

表 6-2　投资资金估算表

行次	项目	数量	金额	备注
1	房屋、建筑物			
2	设备			
3	办公家具			
4	办公用品			

（续）

行次	项目	数量	金额	备注
5	员工工资			
6	创业者工资			
7	业务拓展费			
8	房屋租金			
9	存货及购置支出			
10	广告费			
11	水电费			
12	电话费			
13	保险费			
14	设备维护费			
15	营业税			
16	开办费			
17	……			
	合计			

表6-2有关项目的内容说明如下：

表格中1~3行投资资金的支出属于非流动资金支出，一般的在计算创业资金时作为一次性资金需求予以考虑，在创业一开始，这些投入能不投入尽量不投入，采用资源整合的办法尽可能解决这些问题。表格中4~15行投资资金的支出属于流动性支出，在计算资金时需要考虑到持续性投入的问题，在这一部分资金的投入，要以销售回款时间为界限，即是销售收入能够补偿掉应运营资金。企业要预留充分的资金用于营运。表格中地16行是新创企业的开办费用，不同行业所需要的开办费用不同。第17行中是针对不同行业所需要的资金不同，创业者结合市场调查，将其创业所需要的其他资金支出项目填入其中。

创业者在做估算投资资金时，一方面，要尽可能考虑所需要的各种支出，避免漏掉一些必须的项目，以充分估算资金需求；另一方面，由于新创企业筹集资金难度大，创业者要想尽办法节省开支，减少投资资金的花费。

6.2.4　创业融资策略的选择

企业在创业阶段风险较大，融资相对较难，如果不认真做好准备工作，成功的希望非常渺茫。在创业者缺乏相关经验的情况下，即使意外成功，交易结构和投资条款也对企业很不利，为今后的发展埋下隐患。所以，要成功实现创业企业融资必须预先做好融资准备工作。这里介绍以下创业融资需要了解的基本策略。

（1）深入进行融资总收益与总成本分析

创业者首先应该考虑的是：企业必须融资吗？融资后的投资收益如何？融资后的收益是否大于融资成本？创业者只有经过深入分析，确信利用筹集的资金所得到的总收益要大于融资的总成本时，才有必要考虑融资。融资成本既有资金的利息成本，还有可能是较为昂贵的融资费用和不确定的风险成本。企业融资成本是决定企业融资效率的决定性因素，对于创业企业选择哪种融资方式有着重要意义。

（2）合理确定企业的融资规模与融资期限

创业者在进行融资决策之初，要根据各种条件，量力而行地确定企业合理的融资规模。此外，创业者必须做出最佳的融资期限选择，以利于企业的发展。因为融资期限过长，增加了融资成本与融资风险；融资期限过短，则限制企业的发展。创业者做融资期限决策，一般是在短期融资与长期融资两种方式之间权衡，做何种选择主要取决于融资的用途和创业者的风险性偏好。从资金用途上来看，如果融资是用于企业流动资产，则宜于选择各种短期融资方式；如果融资是用于长期投资或购置固定资产，则适宜选择各种长期融资方式。从风险性偏好角度来看，创业者对风险越偏好，就越倾向于用短期资金融通永久性资产；反之，则越倾向于用长期资金融通波动性资产。

（3）尽量选择有利于提高企业竞争力的融资方式

企业融资通常会给企业带来以下直接影响：一是壮大了企业资本实力，增强了企业的支付能力和发展后劲，从而减少了企业的竞争对手；二是提高了企业信誉，扩大了企业产品的市场份额；三是增加了企业规模和获利能力，充分利用规模经济优势，从而提高企业在市场上的竞争力，加快了企业的发展。但是，企业竞争力的提高程度，根据企业融资方式、融资收益的不同而有很大差异。例如，股票融资，通常初次发行普通股并上市流通，不仅会给企业带来巨大的资金融通，还会大大提高企业的知名度和商誉，使企业的竞争力获得极大提高。因此，进行融资决策时，企业宜选择最有利于提高竞争力的融资方式。

（4）有效利用企业的金融成长周期

在中小企业创业初期，企业的信息基本上是封闭的，由于缺乏业务记录和财务审计，它主要依靠内源融资和非正式的天使融资；当企业进入成长阶段，随着规模的扩大，可用于抵押的资产增加，信息透明度的逐步提高，业务记录和财务审计的不断规范，企业的内源融资难以满足全部资金需求，这时企业开始选择外源融资，开始较多地依赖于来自金融中介的债务融资；在进入稳定增长的成熟阶段后，企业的业务记录和财务趋于完备，逐渐具备进入资本市场发行有价证券的资产规模和信息条件。随着来自资本市场可持续融资渠道的打通，企业债务融资的比重下降，股权融资的比重上升，部分优秀的中小企业逐步发展成为大企业。金融成长周期理论的提出，有利于企业据此实行系统化和模式化的金融管理并简化融资决策程序，对于指导企业的融资实践发挥了重要作用。

（5）慎重挑选合适的投资者

确定实际可行的融资方式以及制订融资策略，必须明白要寻找什么类型的投资者。创业融资是一个双向选择的过程，投资者在选择创业者的同时，创业者也在积极地挑选合适的投资者。创业者一般应选择这样的投资者：的确考虑要投资，并有能力提供相应资金的；了解并对该行业投资有兴趣的；能够提供有益的商业建议，并且与业界、融资机构有接触的；有名望、道德修养高的；为人处世公平合理，并能与创业者和谐相处的；具有此类投资经验的。具有这些特质的投资者是稀缺的、有价值的、难以复制的、不可替代的人力资源，他们可以给企业持久的竞争优势。理想的投资者可以存在于以下任何一组投资群体之中：一是友好的投资者，如家人、朋友、未来的雇员和管理者、商业伙伴、潜在的客户或供应商；二是非正规的投资者，如富有的个人（医生、律师、商人）；三是风险投资产业的正规的或专业的投资者。

【案例导读】

融资就像第 101 次求婚

创业一年中，李南有大半年时间在和各种投资人接触，现在，他决定放弃。投资人觉得公司还是种子期，还是不成熟，这让他感觉有些悲凉。不过，他也更加清楚地认识了自己在别人眼中的价值和项目存在的瑕疵。融资，就像 101 次求婚一样，可能要身经百战、反复磨砺才能促成。

融资是创业者的必修课，李南从名牌大学毕业后就开始了打工兼创业之旅，原本他从不屑于"忽悠投资人的钱"，但是，慢慢地他发现单打独斗的确不是一件容易的事情，而且能够得到融资也不再是他所认为的"忽悠"，而是一种生存技能。

毕竟是初出茅庐，李南的融资经验不足。第一次谈判，就被投资人批驳而彻底丧失信心：商业模式并非别具一格，目前运作的项目不稳定，未来计划不太现实……如果再加上一般电商的运作模式，投资人就直接给判了死刑，完全不容他再赘述发展目标。一直自信满满的李南，头一次觉得自己的项目竟然有这么多瑕疵，自己竟然这么多缺点，这让他一度迷失了方向。

以前，李南总爱说自己做项目不是纯粹为赚钱，而盈利是投资人最关心的问题，李南的回答彻底触动了投资人的底线，有了这样的失败经历后，他开始改变自己的说法，并把自己的宏伟蓝图描述得非常动人。但这种缺乏数据支撑的虚化说辞似乎也不受欢迎，尤其面对资深金融背景及有丰富经验的投资人。

李南发现，投资人对创业者的信任超过一切，如创业者的学历、自身修养、谈吐和社交能力。有的投资人比较感性，见过创业者后，就能迅速判断"此人是否是做这件事的料子"，至于团队能力如何，很多投资人对此并不是太关注，甚至有的投资人都不会问团队的具体情况，这让李南很诧异。

最让李南无语的是，有的投资人告诉他，"你现在的模式国外刚兴起，而且已经开始有成功融资案例了"，当他在心里窃喜不已时，投资人却说，"不过，我们暂时还不打算投资这样的项目，因为国内环境与国外很不一样。"

有时，李南跟投资人相谈甚欢，对方非常认真地倾听、做笔记，时不时向他提出细节的问题，可是到最后他才发现，其实对方认真倾听主要是因为从没有接触过这个投资领域，不了解才做笔记。至于能否投资一个完全陌生的领域，那就更没谱了。

还有的投资人，给李南的项目每一项都打了满分，投资人最后让李南等决策，并承诺很快就有结果，但是，哪怕几十万元人民币的投资金额，从口头承诺到现金到账，足足要耗费6个月至9个月的时间，可李南的项目马上就要上线，根本没有时间等待，在他的催促下，对方答应提前，但是投资额度会压缩得非常有限，跟李南想象中的相去甚远，最后，李南没有办法，只好暂时放弃融资。

李南总结，一个好的项目必须确实能解决一个关键问题，而且这个关键问题能够迅速积累用户或者挣到钱；同时要让投资人相信自己能做好，并且比别人做得更好。至于壁垒、商业模式都是后话。

【课后练习】

撰写融资计划

6.3 创业资源管理

6.3.1 影响创业资源获取的因素

资源的获取是在确认并识别资源的基础上去获取资源。创业资源的获取对于创业的成功非常重要，资源获取的程度决定了创业由想法转化为行动的启动方式和切入方式，影响创业资源获取的主要因素有创业项目的商业价值、资源的配置方式、创业者的能力和社会网络。

①创业项目的商业价值　不是所有的创业项目都具备较好的商业价值，具备商业价值的项目能够更加得到资源的青睐，更加有利于创业资源的获取。在资本市场上，一家具有出众商业潜力的企业，往往受到多家投资机构的关注，就是这个道理。

②资源的配置方式　资源配置是指资源的稀缺性决定了任何一个社会都必须通过一定的方式把有限的资源合理分配到社会的各个领域中去，以实现资源的最佳利用，即用最少的资源耗费，生产出最适用的商品和劳务，获取最佳的效益。资源配置的方式决定着资源的具有一定的倾向性。创业者准确判断并把握资源的配置方式，就能有利于创业过程中资源的获取。

③创业者的能力　创业者的能力是创业企业软实力的重要表现，创业者的能力越强，创业者获取资源的可能性就越大。创业者能力包括沟通能力、学习能力、表达能力、管理能力、协调能力等诸多方面，创业者能力的不断增强，能够为企业创造良好的环境。

④社会网络　是指社会个体成员之间因为互动而形成的相对稳定的关系体系，社会网络关注的是人们之间的互动和联系，社会互动会影响人们的社会行为。社会网络对创业资源的获取具有重大的意义，不同的社会网络和网络地位，为人们之间的交流、沟通提供了不同的渠道。在社会网络中处于优势地位的创业者就能更加容易获得创业资源。

6.3.2　获取创业资源的常见途径

创业资源对创业不可或缺、意义重大，那么我们应该怎样获得创业资源呢？首先，我们要看到那些我们已经拥有的资源，不要做"睁眼瞎"。资源明明就在你面前，却被你视而不见，等其他创业者利用这些资源创造出非凡的价值，你才注意到，已经晚了。其次，我们要学习"整合创业资源"。资源不在于拥有，而在于整合。你拥有了最好的资源，但没有把它们放在最恰当的位置，没有实现它们最大的效用，这样的资源你拥有再多，也是无意义的消耗，甚至是一种浪费。

这里介绍几种重要的创业资源的常见获取途径：

（1）人力资源的常见获取途径

这里的人力资源不是指创业企业成立以后需要招募的员工，而是指创业者及其团队拥有的知识、技能、经验、人际关系、商务网络等。

现在大学里几乎都有创业课程、创业者协会、科技和发明协会以及讨论或实践创业的学生社团、沙龙、论坛和讲座等。在这些团队里有固定的活动时间，学生们可以和志同道合的朋友交谈，甚至有时候可能会有向成功企业家请教的机会。一些创新创业课程不仅由学校的老师来讲，也会邀请校外企业家授课，这不仅是我们学习创业知识的重要渠道，也是我们和其他创业者、创业导师以及企业家建立联系的重要途径，这常常是被很多大学生忽略的宝贵的获取创业人力资源的途径。

优秀的人一般不会主动来到你身边，所以需要我们在大学期间主动地、大胆地向优秀的人请教。要善于寻找最好的顾问，如高素质的董事、律师、银行家、会计师与其他专业人士，并诚挚地邀请他们在更早的阶段更深入地参与到我们的创业活动中，甚至加入我们的创业团队。我们可以将学校、政府、企业里面优秀的、值得你拜访、并对我们创业有帮助的人列出一个表，设法找到他们的联系方式，然后大胆地、大方地给他们打电话（或者发邮件、利用 QQ 等工具），请求拜访和交流。要记住，拜访前必须做好充足的准备。我们要相信，优秀的人一定是很乐意帮助上进的优秀大学生，同时也一定要对自己充满信心。

对大学生来说，学校内外的实践、实习活动都是获取人力资源的重要途径。如果有可能，我们可以在大学期间从事一些力所能及的商业活动，如做一些产品的校园或者地区代理，不管是热水袋、拖鞋到牛奶、化妆品还是手机卡、文具、数码产品、家教中心等，都可以去尝试。这个过程中既能赚些钱，增长关于市场的知识，还可以锻炼组织、协调能力，扩大视野和交际面。也可以考虑进入一个企业为别人工作，通过打工的经历学习行业知识、建立客户资源渠道，了解企业运作的经验，学习开拓市场的方法，认知商业模式。

（2）技术资源的常见获取途径

现在很多大学生创业项目都有或多或少的"技术含量"，如何获取创业起步项目所依赖的技术资源呢？

了解最新技术信息，大学生创业者应该随时关注各高校实验室、老师或者学生的研发成果，可以去国家专利局查阅各种申请专利，养成及时关注科技信息，浏览各种科技报道，留意科技成果，从中发现具有巨大商机的技术的习惯。政府机构、同行创业者或同行企业、专业信息机构、图书馆、大学研究机构、新闻媒体、会议及互联网等，都是我们获取这些信息的渠道，可以根据自己的实际情况与各种方式的特点，选择一种或多种方式，尽可能获取有效的、需要的信息。

把必要技术"据为己有"的途径包括：吸引技术持有者加入创业团队；购买他人的成熟技术，并进行技术市场寿命分析等；购买他人的前景型技术，再通过后续的完善开发，使之达到商业化要求；购买技术同时邀请技术持有者合作；自己研发，但这种方式需要时间长，耗资大。

（3）外部资源的常见获取途径

外部资源中资金的获取，有多种途径，如依靠亲朋好友筹集资金；抵押、银行贷款或企业贷款；争取政府某个计划的资金支持；吸引新的拥有资金的创业同盟者加入创业团队，吸引现有企业以股东身份向新企业投资、参与创业活动，以及吸引企业孵化器或创业投资者的股权资金投入等。

创业企业为了生存，营销是需要重点考虑的事情。营销网络将帮助新创企业产品或服务走向市场，使创业活动实现盈利。一般情况下，新创企业都需要借用他人已有的营销网络，使用公共流通渠道；也可以自建营销网络与借用他人营销网络相结合，扬长避短，使营销网络更适应于新创企业的要求；完全依靠自建网络，就需要强大的资金或背景支持了，对创业者来说是比较少见的。

6.3.3 整合创业资源的基本原则

根据熊彼特的观点，"创业者的功能就是实现新组合"，创业资源的优化配置是创业者实现成功创业必须仔细斟酌的问题。贾里洛（Jarillo）也曾经通过经验分析得出结论，"创业的精髓在于使用外部资源的能力和意愿"。现在美国用"entrepreneur"专指在没有拥有多少资源的情况下，锐意创新，发掘并实现潜在机会的价值的创业者。在这个问题上我们也许还可以从阿玛·百蒂的话中得到启示："准创始人中绝大部分面临的最大挑战不是筹集资金，而是如何在没有资金的情况把事情办好的智慧和干劲。"可以说，创业成功并不需要百分百拥有所有资源，整合资源的能力远胜于拥有所有创业资源。

关于资源整合的定义，一般认为是企业战略调整的手段，也是企业经营管理的日常工作。整合就是要优化资源配置，就是要有进有退、有取有舍，就是要获得整体的最优。资源整合是企业对不同来源、不同层次、不同结构、不同内容的资源进行识别与选择、获取与配置、激活和有机融合，使其具有较强的柔性、条理性、系统性和价值性，并创造出新的资源的一个复杂的动态过程。实际上，所有成功创业者在新创企业成长的各个阶段，都会做到用尽可能少的资源推进企业往前发展。

许多创业者早期所能获取与利用的资源都相当匮乏，而优秀的创业者在创业过程中所体现出的卓越创业技能之一，就是创造性地整合和运用资源，尤其是那种能够创造竞争优势，并带来持续竞争优势的战略资源。尽管与已存在的进入成熟发展期的大公司相比，创业型企业资源比较匮乏，但实际上创业者所拥有的创业精神、独特创意以及社会关系等资源，却同样具有战略性。因此，对创业者而言，一方面，要借助自身的创造性，用有限的资源创造尽可能大的价值；另一方面，更要设法获取和整合各类战略资源。

对于创业者来说，我们整合创业资源要注意以下几点：

（1）资源有限，节约为先

创业者的资源的"有限"决定了我们必须"节约"。尤其是大学生创业者没有足够长的工作经历积攒开办企业所需要的资金，没有足够的信用史，没有贵重的个人资产，所以难以从银行或投资者那里筹措资金。大量有关初创资金来源的报告显示，创业者的初创资金主要来自创业者个人或家庭成员、朋友。传统的外部资金来源，如银行贷款，很难成为多数创业者的选择。即使是风险投资，也只是青睐少数的成长潜力大的企业。在这种情况下，我们必须追求做事更经济的方法，争取在有限资源的约束下获取尽可能满意的收益，包括在资源受限的情况下寻找实现创业目标的途径；最大限度地降低对外部资源的依赖；最大限度地发挥创业者投在企业内部资源的作用。

"节约"意味着降低资源的使用量，但过分强调降低成本，会影响产品和服务质量，甚至会制约创业的发展。如为了求生存和发展，有的创业者不注重环境保护，或者盗用别人的知识产权，甚至以次充好。这样的创业活动尽管短期可能赚取利润，但长期而言，发展潜力有限。所以节约是有前提的，就是明确我们的创业使命，在能够实现创业使命的可行路径中，选择成本最小的。例如，创业往往需要有办公场所，这时在不影响我们的创业使命的情况下，我们可以通过申请政府或高校创立的创业园或创业孵化器，享受那里的免费或低价办公室，与其他创业者一起共享办公设备等，也可以利用兼职人员、招聘实习生。我们完全可以相信自己：我们能够想出很好的创意，用极低的成本，获取相当的收益。

"节约"不仅是资源受限的必需策略，同时也可以帮助创业者更好地掌控企业所有权和管理权。外部融资基本上都会降低创业者对企业所有权的份额，从而减少了创业者分享企业所创造的财富和利润。同时，"节约"还可以一定程度地降低创业者需要承担的风险，增加企业的柔韧度，提升创业者控制与管理的能力。只要运用得当，不谨小慎微、事无巨细，"节约"是创业者在进行资源整合时，应该持有的一个基本理念。

（2）资源无限，连接一切

对创业者来说，看上去你拥有的资源是有限的。但是换一个角度，当你在资源与资源之间建立起连接，资源的可能性就被无限扩充了。

很多资源看上去是无用的、废弃的，但创业者可以通过自己的独有经验和技巧，对其加以整合再造。现实中，很多高新技术企业的创业者并不是专业科班出身，可能是出于兴趣或其他原因，对某个领域的技术略知一二，却凭借这个略知的"一二"敏锐地发现了机会，并迅速实现了相关资源的整合。马云曾经多次声称自己"不懂技术"，却缔造了阿里巴巴的商业奇迹。这就是在自己拥有的人力资源——创业者的智慧，与其他人拥有的技术资源——技术团队的执行力，两者之间建立了连接，实现了资源的整合，把有限的资源变成了无限的可能。

李小龙的哲学思想"以无法为有法，以无限为有限"，对创业者来说同样意蕴深刻。创业者应该善于用发现的眼光，洞悉身边各种资源的属性，将它们创造性地连接起来。这种整合很多时候甚至不是事前仔细计划好的，而往往是具体情况具体分析、"摸着石头过河"、甚至"灵光一现"的产物。而这也正体现了创业的不确定性特性，并考验创业者的资源整合能力。

（3）充分利用，杠杆显效

如何用尽可能少的付出获取尽可能多的收获？古希腊科学家阿基米德给我们的答案是：假如给我一个支点，我就能撬动地球。这句名言说的就是"杠杆原理"。杠杆原理启示我们：也许你现有的资源还没有被充分地开发和利用，只要我们找到合适的"支点"，就能够把其利用得更充分，显现出更大的效用。可能体现在：更加延长地使用现有资源；更充分地利用别人没有意识到的资源；利用他人或者别的企业的资源来完成自己创业目的；利用一种资源获得另一种资源等。

在创业过程中，容易产生杠杆效应的资源，主要包括人力资本和社会资本等非物质资源。创业者的人力资本由一般由人力资本与特殊人力资本构成，一般人力资本包括受教育背景、以往的工作经验及个性品质特征等。特殊人力资本包括产业人力资本（与特定产业相关的知识、技能和经验）与创业人力资本（如先前的创业经验或创业背景）。调查显示，特殊人力资本会直接作用于资源获取，有产业相关经验和先前创业经验的创业者能够更快地整合资源，更快地实施市场交易行为。而一般人力资本使创业者具有知识、技能、资格认证、名誉等资源，也提供了同窗、校友、老师以及其他连带的社会资本。

相比之下，社会资本有别于物质资本、人力资本，是社会成员从各种不同的社会结构中获得的利益，是一种根植于社会关系网络的优势。在个体分析层面，社会资本是嵌入、来自于并浮现在个体关系网络之中的真实或潜在资源的总和，它有助于个体开展目的性行动，并为个体带来行为优势。外部联系人之间社会交往频繁的创业者所获取的相关商业信息更加丰裕，从而有助于提升创业者对特定商业活动的深入认识和理解，使创业者更容易识别出常规商业活动中难以被其他人发现的顾客需求，进而更容易获得财务和物质资源——这正是其杠杆作用所在。

（4）资源共享，利益共赢

现代的商业已经不是"单打独斗"的年代，创业者必须学会"抱团取暖"。把一定的资源共享出来，往往能够吸引到广泛的资源共享者，共同创造更大的收益，实现两方或多方共赢。如果有利益影响或驱动，实现共赢就变得轻而易举。所以如何设置资源共享中的利益机制，是用这种方法进行资源整合的重点。

整合资源需要关注有利益关系的组织或个人，要尽可能多地找到利益相关者。同时，分析清楚这些组织或个体和自己的创业活动有何利益关系，利益关系的强度和远近怎样，整合到资源的可能性多大。利益关系者之间的利益关系有时是直接的，有时是间接的，有时是显性的，有时是隐形的，有时甚至还需要在没有的情况下创造出来。另外，有利益关系也并不意味着能够实现资源整合，还需要找到或发展共同的利益，或者说利益共同点。为此，识别到利益相关者后，逐一认真分析每一个利益相关者所关注的利益非常重要，多数情况下，将相对弱的利益关系变强，更有利于资源整合。

资源整合是多方面的合作，切实的合作需要有各方面利益真正能够实现的预期加以保证，这就要求寻找和设计出多方共赢的机制。对于在长期合作中获益、彼此建立起信任关系的合作，双赢和共赢的机制已经形成，进一步的合作并不很难。但对于首次合作，建立共赢机制尤其需要智慧，要让对方看到潜在的收益，为了获取收益而愿意投入资源。因此，创业者在设计共赢机制时，既要帮助对方扩大收益，也要帮助对方降低风险，降低风险本身也是扩大收益。在此基础上，还需要考虑如何建立稳定的信任关系，并加以维护管理。

【案例导读】

整合资源为我所用

办一个鞋厂需要哪些资源？需要订单、资金、场地设备、人才团队、原材料这五大基本资源。如果这五大资源你都没有，你会如何去创办一个鞋厂？

来自湖北的小伙张家维给出的答案是：用了一年半时间，在创新思路的指引下，以低成本整合以上五大资源，目前拥有1家总公司、4个工厂、1个办事处、2个外贸接单中心。他是怎么做到的？他说，干一件事情，不是看你有什么，而是看你想什么！张家维坦言，在只有思路，其他什么都缺的情况，要整合好各种资源并不容易，常常碰壁。

看到一些鞋业工厂由于面临困境处于停工状态时，张家维就跟对方谈，让对方把工厂以一种新的合作方式让他生产，他以后每销售1双鞋子向工厂业主支付1元钱，并向工厂支付一定的保证金，但不承担工厂业主的任何债务。张家维说，这种新的合作方式，不少鞋企老板并不认可，他们觉得直接拿一笔租金省事些，但这种风险共担、收益共享的新的合作模式也得到一些老板的认可。

"在所有的这些生产要素当中，最核心的资源是优质订单。"当工厂有合作意向后，最重要的是要拿到订单。他提出了以股权换订单的思路，让出一家工厂20%~30%的股份给拥有订单资源的出口贸易商，以来换取更多的国外订单资源。他的这个合作思路获得一些出口贸易商的支持。

在管理方面，张家维很好地运用了股权激励的方式，出让一部分的工厂股份吸引一批优秀的职业经理人，由二三人组合成为微型的管理团队，扁平化管理各个工厂的日常生产和运作，降低工厂的管理成本。

在资金方面，张家维也是以股权投资的方式获得一些投资商的支持，为公司起步发展解决了燃眉之急。通过这种资源整合的方式，张家维启动一家工厂的资金不到200万元，他说这远远低于正常运作一家工厂的资金。

【课后练习】

白手起家竞赛

第七章
创业计划书的撰写与展示

【**教学目标**】通过本章教学，让学生了解创业计划书的基本含义和创业计划书的作用，让学生掌握创业计划书的内容并学会如何撰写计划书，掌握撰写创业计划书过程中收集信息的方法，让学生掌握创业计划书展示的技巧与方法。

7.1 创业计划书

7.1.1 创业计划书的作用

创业计划，也叫商业计划（Business Plan），特定语境下也被简称为 BP，它是引领创业的纲领性文件，是创业者创业行动的指南。在现实中，创业计划书主要被用于吸引投资，是寻求融资的重要工具之一。

在创业实践中，创业者充分认识到创业计划的作用，其作用体现在如下几个方面：

（1）创业计划是创业者把握创业项目的总纲领

创业计划有两方面重要的内容，其一是创业追求的目标，其二是实现创业目标的路径规划。创业行动与创业计划越接近，创业成功的可能性就越大。创业者通过创业计划书的撰写，能够更加明确创业的方向、市场的切入点，理清创业思路。一份优秀的创业计划是对创业者创业实践总结，是对创业者创业感悟的凝练，是对创业项目的充分认识。对创业者来说，创业计划是创业者操作创业项目的总纲领。

（2）创业计划是创业融资的重要参考资料

一个好的创业计划是获得贷款和投资的关键因素之一。如何吸引投资者、特别是风险投资家参与创业投资项目，这是一份高质量且内容丰富的创业计划书，将会使投资者更快、更有效地了解投资项目，将会使投资者对项目充满信心，并投资参与该项目，最终达到为项目筹集资金的作用。创业计划书是争取项目融资投资的敲门砖。投资者每天会接收到很多商业计划书，商业计划书的质量和专业性就成为了企业需求投资的关键点。企业家在争取获得风险投资之初，首先应该将商业计划书的制作列为头等大事。

（3）创业计划能让创业者全面了解创业项目

通过制定相应的创业计划，创业者会对自己企业的各个方面有一个全面的了解。它可以更好地帮助创业者分析目标客户、规划市场范畴形成定价策略、并对竞争性的环境做出界定，在其中开展业务以求成功。创业计划书的制定保证了这些方方面面的考虑能够协调一致。同样的，在制定过程中往往能够发展颇具竞争力的优势，或是计划书本身所蕴藏的新机遇或是不足。只要将计划书付诸纸上，这样才能确保提高创业者管理创业项目的能力。创业者也可以集中精力，抢在情况恶化之前对付计划书中出现的任何偏差。同样，创业者将有足够的时间为未来做打算，做到防患未然。

（4）创业计划书可以向合作伙伴提供信息

使用创业计划书，为业务合作伙伴和其他相关机构提供信息。在编撰计划书过程中，最重要的目的是找到一个与自己能够成为战略合作伙伴，以期待企业更加充满活力，达到多方的共同发展。

【扩展阅读】

"中国人才网"对创业计划书的意义与用途评价

7.1.2 创业计划书的内容

一份优秀的创业计划书，要回答六个问题，分别是创业要提供的产品是什么？谁是产品的使用者？创业的产品在市场上是否有同类产品及差异化如何？通过怎样的销售渠道提供产品给客户？制造并销售创业产品所需的资源和资本？创业者如何获取资源和资本并使得创业项目取得长足发展。关于创业计划书撰写，有不同的样本可供参考，一般情况下，一本创业计划书主要有三大部分。第一就是事业本体的部分，就是事业的主要内容。第二就是财务相关的数据，如预测会有多少的营业额，成本如何、利润如何，未来还需要多少的资金周转等。第三：补充文件。专利证明、有没有专业的执照或证书，或者是意向书、推荐函。

一份完整的创业计划书，其主要内容应当包括企业描述、产品或服务、创业团队、创意开发、竞争分析、财务分析、风险分析和退出策略等内容（图7-1）。

关于创业计划书撰写，有不同的样本可供参考。事实上，创业者在写创业计划书时，难以做到面面俱到，即使列出了所有条目，内容也很难详实可靠，往往缺乏数据支撑或关键性依据，沦为空话、套话。但是，无论怎样组织信息，一份创业计划书都必须包括以下基本内容：

7.1.2.1 摘要/纲要

摘要是对整个创业计划书的概括，目的在于用最简练的语言将计划书的核心、要点、特色展现出来，吸引阅读者仔细读完全部文本，因而一定要简练，一般要求在两页纸内完成。

摘要十分重要，它是出资者首先要看的内容，因而必须能让读者有兴趣并渴望得到更

```
                          ┌──────────┐
                          │  企业描述  │
                          └──────────┘
                                │
                          ┌──────────┐
                          │ 产品或服务 │
                          └──────────┘
                    ┌───────────┼───────────┐
              ┌──────────┐ ┌──────────┐ ┌──────────┐
              │  产业分析  │ │  产品分析  │ │  市场分析  │
              └──────────┘ └──────────┘ └──────────┘
                    └───────────┼───────────┘
                          ┌──────────┐
                          │  竞争分析  │
                          └──────────┘
                                │
                          ┌──────────┐
                          │  创意开发  │
                          └──────────┘
                    ┌───────────┼───────────┐
              ┌──────────┐ ┌──────────┐ ┌──────────┐
              │  研发计划  │ │生产经营计划│ │  营销计划  │
              └──────────┘ └──────────┘ └──────────┘
                    └───────────┼───────────┘
                          ┌──────────┐
                          │  创业团队  │
                          └──────────┘
                                │
                          ┌──────────┐
                          │  财务分析  │
                          └──────────┘
                    ┌───────────┼───────────┐
              ┌──────────┐ ┌──────────┐ ┌──────────┐
              │  资源需求  │ │  融资方式  │ │  投资回报  │
              └──────────┘ └──────────┘ └──────────┘
                    └───────────┼───────────┘
                          ┌──────────┐
                          │  风险分析  │
                          └──────────┘
                                │
                          ┌──────────┐
                          │  退出策略  │
                          └──────────┘
```

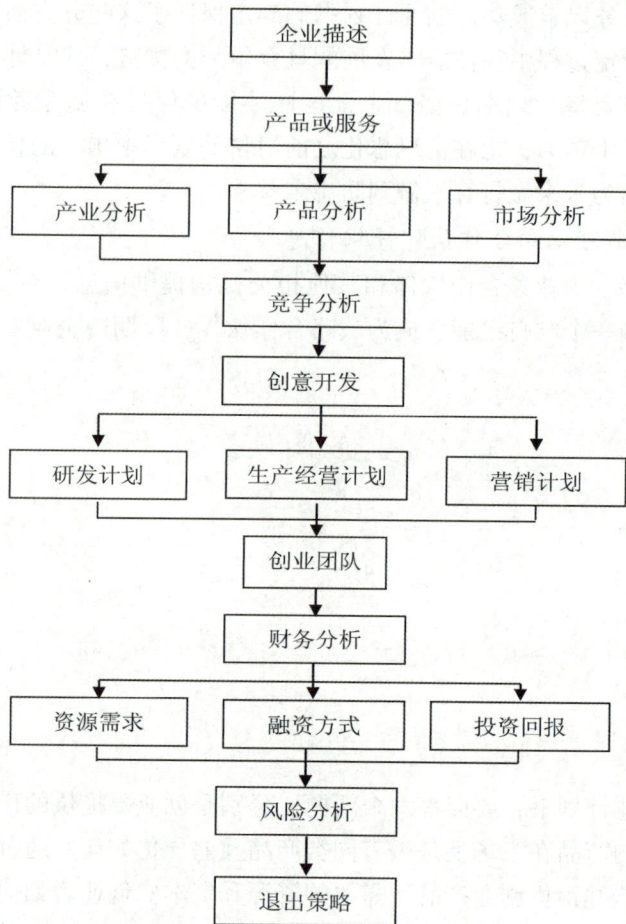

图 7-1　创业计划书的基本内容

多的信息，将给读者留下长久的印象。计划摘要应从正文中摘录出投资者最关心的问题：包括对公司内部的基本情况，公司的能力以及局限性，公司的竞争对手、营销和财务战略，公司的管理队伍等情况的简明而生动的概括。如果公司是一本书，它就像是这本书的封面，做得好就可以把读者吸引住。

7.1.2.2　产品或服务

这是创业计划中非常重要的一部分，你的创业计划书一定要回答清楚几个基本问题：

- 你的产品或服务是什么？
- 你的目标客户是谁？
- 对你的客户来说，这个产品或服务是不是有价值，有多大的价值？

例如，有这样一份由大学生制定的创业计划书。他们的目标市场是为商学院的学生提供创业技术类产品。这样的定位还是比较精确的，可是在这份计划书的最后，他们又列举了 10 个网站是出售这些产品的。但是在他们的计划书中又没有明确指出，他们和这 10 个网站有什么不同，他们的价值比这 10 个网站高在哪里。也就是说，他们没有充分地说明白：你的产品或服务对客户到底有什么价值，如你是不是这个技术领域里唯一的掌握者，或是不是这个技术领域里较早推出这种技术的人，是否获得相关专利。

由于创业阶段，你可能没办法特别具体地展示出你的产品或服务的全貌，体现其完整的功能，但你必须指出你将生产什么样的产品、你将提供什么样的服务，你将解决谁的什么问题？你可以用对比的方法来说明，比如说你的想法是要在网上售书，你就可以说要成为像当当网那样的公司，因为大家对这样的公司很熟悉，一下就能明白你的意思，那么紧接着你需要进一步说明你和当当网的区别，你为客户提供了哪些当当网没有或无法提供的价值。

7.1.2.3 市场和行业

- 你的创业想法在市场上能否奏效呢？
- 这个市场和行业的发展现状与速度如何？
- 你的竞争者是谁，他们在做什么？
- 你区别与他们的优势或特色在哪里？
- 你如何将这些产品或服务递交到客户手中？

这些都是需要在创业计划书中说明的问题，也就是说，你需要告诉读者，你有了一个好的产品或服务后，你是如何把它们放入市场中，成为一个商业产品或服务，并在市场与行业的竞争中占据一席之地，为你赢得收益。有时也需要说明你的定价，证明你的创业项目是可以被市场接受，并有盈利空间的。

7.1.2.4 团队及管理

一个创业项目的成功与否，很大程度上取决于创业团队的水平，这不仅是一个广受认可的事实，也是大部分投资人的投资理念。所以在创业计划书，必须对创业团队或管理理念做一个介绍。包括：

- 你的团队是如何组建的，包括哪些关键人才或技术？
- 你将如何管理企业和员工，是否需要及如何招聘高级管理人才？
- 你是如何分配股权的，预计的工资与激励将花费多少资金？
- 你的团队有哪些特色的经验或独特的优势？

任何一个团队、任何一个计划在最初都不可能十分完美，都需要随着时间的推移而逐步完善。我们可以直面这个问题，用开放的心态来应对质疑，你应该谦虚地表明：你预计将会面临的挑战及如何应付这些挑战。

7.1.2.5 财务计划与融资需求

财务计划并不仅限于财务方面，还包括许多重要内容。例如：

- 创业项目历史与当前的财务状况分析；
- 今后三年（或更长时间）的盈亏发展预测，盈亏平衡点分析；
- 你需要多少资金，何时需要这些资金？
- 是否寻求其他资源的支持？

这一部分旨在使读者据此判断企业未来经营的财务状况，要让投资者能够判断其投资获得理想回报的可能性与比例。由于财务分析预测在创业及融资规划中的重要地位，创业者需要花费较多的精力来做具体分析，必要时最好与专家顾问进行商讨。对于寻求融资的创业者来说，财务预测既要为投资者描绘出美好的合作前景，同时又要使得这种前景建立于坚实的基础之上，否则会令投资者怀疑创业或管理者的诚信或财务分析、预测及管理能力。

一般情况下，投资者希望你能逐渐投入融资资金，而不是刚建立公司时就大量投进去。作为一个创业者，在选择投资者时要非常谨慎。实际上投资人不仅仅能带来资金，他们还能带来像社会关系和技术这类服务。所以你在一开始就要想清楚你要投资者给你带来什么。

7.1.2.6 风险及防范

这部分主要介绍创业项目或企业可能面临的各种风险隐患，风险的大小以及创业者将采取何种措施来降低或防范风险、增加收益等。包括：

- 企业自身存在哪些局限或不足？
- 政策或市场有哪些不确定性？
- 产品与收益是否可靠？
- 你将采取哪些控制与防范风险的对策？

对于可能面临的各种风险，创业者最好采取客观、实事求是的态度，不能因为其产生的可能性小而忽略不计，也不能为了增大获得投资的机会而故意缩小、隐瞒风险因素，而应该对所面临的各种风险都认真加以分析，并针对每一种可能发生的风险做出相应的防范措施，这样才能取得读者的信任，也有利于引入投资后双方的合作。

7.1.3 创业计划书的基本结构

一份完整的创业计划书一般有标题、执行概要、目录、正文和附录五部分组成。

（1）创业计划标题

标题要明确创业项目的名称，体现创业项目的经营范围。标题一般在封面上以醒目的字体标示出来，起到一目了然的效果，如《×××创业计划书》。

（2）执行概要

执行概要是创业计划书的重要组成部分。是创业计划书的核心内容，执行概要中要清楚回答创业做什么、谁来做、怎么做这三个问题。执行概要要简单明了。根据不同创业计划的情况，有两种常用执行概要格式：提纲性执行概要和叙述性执行概要。

（3）创业计划目录

目录是正文的索引。这里需要按照章节顺序逐一排列每章的大标题，每节小标题以及章节对应的页码。

【案例导读】

《××能源有限责任公司创业计划书》目录的全部内容

第一章　概述

1.1　公司

1.2　产品

1.3　市场

1.4　公司组织与财务

第二章　项目背景

2.1　项目背景

2.2　产品技术原理

2.2.1　压电陶瓷

2.2.2　电能收集匹配电路部分

2.2.3　能量产生装置

2.3　产品技术优势

2.3.1　压电陶瓷装置的优势

2.3.2　压电换能器的振动理论简要分析

2.3.3　压电换能器的振动理论简要分析

2.3.4　微型压电陶瓷振动发电储能分析及收集电路的匹配

2.3.5　储能装置简介

2.4　产品创新点

2.5　产品特点

2.6　产品应用前景

第三章　市场调查与分析

3.1　企业外部环境分析

3.1.1　政治环境

3.1.2　自然地理环境

3.1.3　经济环境

3.1.4　科技环境因素

3.2　市场调查

3.2.1　调查目的

3.2.2　调查内容

3.2.3　调查手段

3.2.4　调查结果

3.3　市场分析及预测

3.3.1　市场细分

（该内容由编者整理）

（4）创业计划正文

正文是创业计划书的主要内容，包括公司描述、产品和服务、市场分析、营销战略与实施计划、组织管理概要、资金需求和退出策略、财务计划和风险因素及其对策等内容。

（5）创业计划附录

附录是对主体部分的补充。受到篇幅限制，不宜在主体部分过多描述，或不能在一个层面展示，如需要提供的参考资料、数据内容等，一般放在附录部分，以供参考。附录部分一般包括营业执照、审计报告、专利授权、相关统计文件、新产品鉴定、商业合同、企业资质、相关荣誉等内容。

【课后练习】

设计创业计划

7.2　市场调查

7.2.1　创业计划中的信息搜集

创业者要创业成功，必须依靠各方面信息来组织生产、从事经营，只有这样，创业者才有可能最终赢得市场。创业计划的制订离不开各种与创业有关的环境信息的收集，制订创业计划前需要收集的创业环境信息包括创业宏观经济信息和创业微观经济信息。

创业的宏观环境信息　宏观环境又叫总体环境，是指那些给企业造成市场机会或环境威胁的主要社会力量，内容包括政治、经济、社会、技术、自然和法律等因素。宏观环境的种种变化，可能会给企业带来两种性质不同的影响：一是为企业的生存和发展提供新的机会；二是可能会对企业生存造成威胁。这样，企业要谋求继续的生存和发展，就必须研究和认识外部环境。主要包括人口环境分析、经济环境分析、政治法律环境、社会文化环境、自然环境分析、科技环境分析等。

创业微观经济环境　指拟创业项目在创业区域所面临的具体条件。如投资项目产品所需的能源、水源、基础设施、原材料、劳动力等生产要素情况。产品销售市场，出口经营权和经营自主权等。

【案例导读】

星巴克的成功之道

星巴克在中国已经默默耕耘了不少年头，这个总部位于美国的全球著名"咖啡连锁店"曾经因为"故宫事件"被广大中国老百姓留意。

在中国市场，星巴克犹如小资、白领代名词，代表了有品位的小小奢侈，不少设在大型购物中心里面的分店人山人海，和当初在美国华盛顿一个小店面起源的咖啡店，以及今天不少美国人天天去同一间分店喝杯咖啡的生意模式有着天渊之别。有多少同学了解这个连锁店的前世今生？

星巴克的成功不靠奇迹，而是靠一群人对产品的强烈热爱。人、感受和社区，带出"星巴克体验"，它意味着：独特的公司文化把价值观传给它的所有合作者星巴克代表了财富分享。星巴克（现在这个价格是已经被拆分 N 次后的）在 1992 年登陆纳斯达克，第一天收盘价21.5美元，比招股价17美元高出26%，这一天不仅仅它的首席执行官发财了，它还给公司所有员工带来财富：通过股票期权奖励制度。和别的公司只奖给关键管理人员不同，星巴克送给每一个员工期权，只要每周工作20小时以上的都有份，哪怕是那些站在某个小小星巴克分店里销售柜台后面的普通员工。

通过分享，员工们像合作伙伴那样，直接把自己的努力和企业的成功关联起来。例如，其中一个从肯尼亚移民来美国的普通员工，六年后执行了自己的期权，得到两万五美金，为自己寡居的母亲建了所拥有4个房间的独立房子。和其他管理层避谈"利润"不同，星巴克通过股票期权把员工和企业连在一起，企业要创造利润，公司股价上升，员工手上期权才能获利。但另一方面，公司也提供员工医疗保险——这个增加成本、减少利润的员工奖励。除期权和医疗保险外，公司还花巨资对员工进行昂贵的培训，令其认识产品，指导掌握事业成功经验，满足个人成就，更重要的是使员工懂得如何创造让顾客温暖体贴的客户体验。

星巴克花在培训员工方面的费用远比广告投入高得多。这种独特的管理方法造就了令人意想不到的顾客满意度，他们不断介绍新的客人来，而员工流失率比快餐同业平均水平低120%。星巴克员工从1987年的100人增长到2000年的10万人，当一个企业人员大规模增长时，员工们常常会有这样的感觉：不能明白自己的努力如何能导致企业的成功，不容易把企业的成功和自己作关联，当这种"无联系"的感觉存在，通常是因为企业内部管理人员不能为自己的下属做一个好的示范。因此，公司内部还设有独立的星巴克监察委员会，确保各分店管理人员贯彻公司对员工爱护、尊重的政策。

星巴克为顾客营造"星巴克体验"星巴克里除了咖啡外，主要卖饮料和食品。顾客坐在店内享受一个非常个人的体验，要达到这个目标，店里必须营造一个让人愿意和朋友流连的气氛，星巴克人经常把这种"坐"定义为"第三个地方"，即除了工作和家以外，一个能让人天天待着的地方。要让顾客有宾至如归的感觉，就要让其能够按照自己的喜好组合饮料成分订单，针对顾客提供很多创造性服务。星巴克要建造的是和顾客之间的直接私密性感情维系，这目标在一间店由小变大的时候，就很难保持这种气氛，所以星巴克宁愿选择"小店+大规模"，运用多网点覆盖的方法。星巴克的管理目标就是为顾客提供一个最好的、用私人情感维系的服务，让员工明白这种目标，学会如何达到，令员工开心自愿地保持这种服务，从而让公司挣钱，股价持续上升，自己也通过期权带来除工资外的额外收入。

（本案例由编者整理）

7.2.1.1　市场调查的概念

市场调查，就是调查市场，指运用科学的方法，有目的地、有系统地搜集、记录、整理有关市场营销的信息和资料，分析市场情况，了解市场现状及其发展趋势，为市场预测和营销决策提供客观的、正确的资料。内容包括市场环境调查、市场状况调查、销售可能性调查，还可对消费者及消费需求、企业产品、产品价格、影响销售的社会和自然因素、销售渠道等开展调查。

7.2.1.2 市场调查的作用

首先，市场调查有助于创业者更好地掌握国内外先进经验和最新技术，为创业提供参考。当今世界，科技发展迅速，新发明、新创造、新技术和新产品层出不穷，日新月异。这种技术的进步自然会在商品市场上以产品的形式反映出来。通过市场调查，可以得到有助于我们及时地了解市场经济动态和科技信息的资料信息，为创业提供最新的市场情报和技术生产情报，以便更好地学习和吸取同行业的先进经验和最新技术，改进创业的生产技术，提高人员的技术水平，增强创业者的危机意识，从而提高产品的质量，加速产品的更新换代，增强产品和企业的竞争力，保障新创企业的生存和发展。

其次，市场调查为创业提供决策依据。任何一个创业项目，都只有在对市场情况有了实际了解的情况下，才能有针对性地制定市场营销策略和新创企业经营发展策略。在创业者要针对某些问题进行决策时，如进行产品策略、价格策略、分销策略、广告和促销策略的制定，通常要了解的情况和考虑的问题是多方面的，主要有：新创企业产品在什么市场上销售可能较好，有发展潜力；在哪个具体的市场上预期可销售数量是多少；如何才能扩大企业产品的销售量；如何掌握产品的销售价格；如何制定产品价格，才能保证在销售和利润两方面都能上去；怎样组织产品推销，销售费用又将是多少等。这些问题都只有通过具体的市场调查，才可以得到具体的答复，而且只有通过市场调查得来的具体答案才能作为企业决策的依据。否则，就会形成盲目的和脱离实际的决策，而盲目则往往意味着失败和损失。

增强新创企业的竞争力和生存能力。商品市场的竞争由于现代化社会大生产的发展和技术水平的进步，而变得日益激烈化。市场情况在不断地发生变化，而促使市场发生变化的原因，不外乎产品、价格、分销、广告、推销等市场因素和有关政治、经济、文化、地理条件等市场环境因素。这两种因素往往又是相互联系和相互影响的，而且不断地发生变化。因此，企业为适应这种变化，就只有通过广泛的市场调查，及时地了解各种市场因素和市场环境因素的变化，从而有针对性地采取措施，通过对市场因素，如价格、产品结构、广告等的调整，去应付市场竞争。对于企业来说，能否及时了解市场变化情况，并适时适当地采取应变措施，是新创企业能否取胜的关键。

7.2.1.3 市场调查的内容

市场调查的内容十分广泛，与创业密切相关的调查内容包括：市场环境调查、市场需求调查、消费者行为调查、竞争对手调查和经营策略调查。

市场环境调查 是指对影响新创企业生产经营活动的外部因素所进行的调查。它是从宏观上调查和把握新创企业运营的外部影响因素及产品的销售条件等。对企业而言，市场环境调查的内容基本上属于不可控的因素，包括政治、经济、社会文化、技术、法律和竞争等，它们对所有企业的生产和经营都产生巨大的影响。主要包括企业政治环境、企业法律环境、企业经济环境、企业技术环境、企业社会文化环境、企业自然地理环境、企业竞争环境等。

市场需求调查 是指一定时间内和一定价格条件下，消费者对某种商品或服务愿意而且能够购买的数量，必须注意，需求与通常的需要是不同的。市场需求的构成要素有两个，一是消费者愿意购买，即有购买的欲望；二是消费者能够购买，即有支付能力，两者缺一不可。市场需要调查具体包含以下内容：

①消费者偏好 在市场上，即使收入相同的消费者，由于每个人的性格和爱好不同，人们对商品与服务的需求也不同。消费者的偏好支配着他在使用价值相同或相近的商品之间的消费选择。但是，人们的消费偏好不是固定不变的，而是在一系列因素的作用下慢慢变化的。

②消费者的个人收入 消费者收入一般是指一个社会的人均收入。收入的增减是影响需求的重要因素。一般来说，消费者收入增加，将引起需求增加，反之亦然。但是，对某些产品来说，需求是随着收入的增加而下降的。随着经济的迅速增长，消费者的收入水平将不断提高，在供给不变或供给增长率低于收入增长率的情况下，一方面，使得市场价格徐徐上升，另一方面，也将引起商品需求量的增加。

③产品价格 这是指某种产品的自身价格。价格是影响需求的最重要因素。一般来说，价格和需求的变动呈反方向变化。

④替代品的价格 所谓替代品，是指使用价值相近、可以相互替代来满足人民统一需要的商品，如煤气和电力，石油和煤炭，公共交通和私人小汽车等。一般来说，在相互替代商品之间某一种商品价格提高，消费者就会把需求转向可以替代的商品上，从而使替代品的需求增加，被替代品的需求减少，反之亦然。

⑤互补品的价格 所谓互补品，是指使用价值上必须相互补充才能满足人们的某种需要的商品，如汽车和汽油，家用电器和电等。在互补商品之间，其中一种商品价格上升，需求量降低，会引起另一种商品的需求随之降低。

⑥消费者预期 是人们对于某一经济活动未来的预测和判断。如果消费者预期价格要上涨，就会刺激人们提前购买；如果预期价格将下跌，许多消费者就会推迟购买。

消费者行为调查 消费者行为是指消费者为获取、使用、处置消费物品或服务所采取的各种行动，包括先于且决定这些行动的决策过程。消费者行为是与产品或服务的交换密切联系在一起的。在现代市场经济条件下，企业研究消费者行为是着眼于与消费者建立和发展长期的交换关系。为此，不仅需要了解消费者是如何获取产品与服务的，而且也需要了解消费者是如何消费产品，以及产品在用完之后是如何被处置的。因为消费者的消费体验，消费者处置旧产品的方式和感受均会影响消费者的下一轮购买，也就是说，会对企业和消费者之间的长期交换关系产生直接的作用。传统上，对消费者行为的研究，重点一直放在产品、服务的获取上，关于产品的消费与处置方面的研究则相对地被忽视。随着对消费者行为研究的深化，人们越来越深刻地意识到，消费者行为是一个整体，是一个过程，获取或者购买只是这一过程的一个阶段。因此，研究消费者行为，既应调查、了解消费者在获取产品、服务之前的评价与选择活动，也应重视在产品获取后对产品的使用、处置等活动。只有这样，对消费者行为的理解才会趋于完整。影响消费者行为的环境因素主要有：文化、社会阶层、社会群体、家庭等。

消费者行为可以看成是由两个部分构成：一是消费者的购买决策过程。购买决策是消费者在使用和处置所购买的产品和服务之前的心理活动和行为倾向，属于消费态度的形成过程。二是消费者的行动。而消费者行动则更多的是购买决策的实践过程。在现实的消费生活中，消费者行为的这两个部分相互渗透，相互影响，共同构成了消费者行为的完整过程。

竞争对手调查 是一项关于竞争环境、竞争对手和竞争策略的调查研究。是通过一切可获得的信息来查清竞争对手的状况，包括：产品及价格策略、渠道策略、营销（销售）策略、竞争策略、研发策略、财务状况及人力资源等，发现其竞争弱势点，帮助企业制定恰如其分的进攻战略，扩大自己的市场份额；对竞争对手最优势的部分，需要制定回避策略，以免发生对企业的损害事件。了解竞争的优势和劣势，能够促进创业的成功。

根据竞争对手市场调查与分析的结果，针对某一产品或者某一企业选定自己的竞争对手，并制定出自己的竞争策略，通常这些策略包括：①回避策略，由于竞争对手很强大，自己目前还没有足够的实力直接面对对手，此时如果正面竞争，会对自己造成不利的影响，在这种情况下通常需要选择回避策略。②攻击策略，由于竞争对手与自己实力相当或者弱于自己，打击竞争对手会扩大自己的市场份额，并且在各方面基本做好直接竞争的准备，因此可以对这样的竞争对手发起必要的攻击。③跟随策略，由于竞争对手与自己实力相当或者强于自己，如果直接出击面对竞争者没有胜算把握，这时可以选择跟随策略，包括在产品、技术和市场三个环节紧跟竞争对手，为进一步实施攻击和超越竞争对手做准备。

经营策略调查 主要包括产品的价格调研、销售渠道调研、广告、商标及外包装存在的问题及跟进情况调研。

销售策略的制定要重点解决三个问题。一是产品的卖点的提炼。产品卖点的提炼一定要和产品的品质和特点相联系，否则就是无源之水。产品卖点一定是产品最本质的东西，越是本质的东西越简单，越容易让消费者记住。二是销售通路利润和促销的合理设定。新品的通路利润至少是畅销品利润的两倍时，通路客户才有推广新品的积极性。针对不同区域，通路利润要求是不一样的。三是铺货期终端促销设定问题。铺货期的终端促销是解决消费者首次"买不买"新产品的问题。不同的渠道终端促销的方式也不相同。对于常规渠道整箱购买的消费者，箱内投奖卡或实物效果较好。对于特通渠道，采用"高价高促"直接返现金较好。

7.2.1.4 市场调查的步骤

市场调查工作必须有计划、有步骤地进行，以防止调查的盲目性。一般来说，市场调查可分为确定目标、正式调研、数据处理和撰写调研报告四个阶段。

确定目标 市场调查目标是由界定的市场调查问题而决定的，是为了解决研究问题而明确的最终达到的目的。通常一个具体的市场调查就是根据调查目标而展开的，一个市场研究项目，目标可能是一个，也可能是多个。

正式调研　在这个阶段，首先要设计市场调查方案。场调查方案的设计实际上是研究方法的选择。市场调查项目的差异化十分显著，不同企业面临的市场问题是不同的，研究者一般根据调查项目达到的目标，在探索性研究、描述性研究及因果关系研究三种研究方法中选择适合的研究方法。其次是辨别所需信息的类型及可能来源。市场调查的信息从根本上来说分为两类，即原始数据及二手数据。原始数据是通过现场实施后得到的；而二手数据则是指已存在的数据，通过文献研究就可以实现研究目的。第三是确定信息获得方法。一旦市场研究的数据类型确定之后，就需要明确数据获得的方法。如果市场研究所需的数据是二手数据，则只需要利用现有的数据资源；如果市场研究所需的数据是原始数据，则必须通过市场调查的现场实施，收集所需信息。原始数据收集的方法主要有入户访问、拦截访问、电话调查、邮寄调查等定量方法，以及小组座谈会、深度访谈等定性方法，一般两者结合使用。第四是设计数据及信息获得工具（问卷、访问提纲等）。一般收集数据的工具有两种，一种为结构式问卷，即问卷的格式是确定的，所有问题都有具体的选项，回答者只需选出适合自己的选项即可；另一种为非结构式问卷，问题是开放式的，被访者可以根据自己的实际情况给出相应的回答。问卷或访问提纲是市场调查获得信息的重要工具。如果市场调查已明确研究目标及调查方法，但缺少一个好的问卷或访问提纲，仍会导致研究绩效的下降或失去调查意义。第五是设计抽样方案及确定样本量。设计抽样方案及确定样本量一般是针对定量研究来说的。一项定量研究的抽样设计必须把握三个问题，首先，要根据研究的问题确定研究总体；其次，规划怎样在样本框中抽出需要的样本；最后要明确研究需要的样本量，即这次调研中需要调查多少调查对象。第六是现场实施，收集数据信息。现场实施是数据收集过程。大部分现场实施访问是由经过培训的访问员进行，有时研究者也会进行一些难度较大、研究问题较深的访问。在访问过程中，由于访问员、研究者或受访对象的原因，经常出现非抽样误差，造成调查结果的准确性降低。任何调查都无法避免非抽样误差，需要现场实施过程中采取有效方式尽可能控制，从而提高调查结果的信度。

数据处理、分析　现场实施调查所获得的数据为初始数据，也称"生"数据，需要进行计算机处理。首先，需要将问卷"生"数据录入到计算机，而后进行逻辑检查获得"干净"的数据库，再通过数据分析软件对数据进行分析。

调研报告撰写　市场调查的最后一个步骤是在数据分析的基础上，形成分析报告。研究报告是客户获得调查结果的最主要形式，因而一个好的研究报告既要充分解决客户在调查初期提出的需求，而且还应适时加入市场研究人员的专业判断。报告完成后，报告结果的口头陈述是市场调研项目结果展示的另外一种形式，这种形式需要在报告的基础上进行内容提炼，并可以图片辅助展示结果。

调研报告的正文包括前言、主体和结尾三部分。调研报告的前言简要地叙述为什么对这个问题（工作、事件、人物）进行调查；调查的时间、地点、对象、范围、经过及采用的方法；调查对象的基本情况、历史背景以及调查后的结论等。这些方面的侧重点由写作者根据调研目的来确定，不必面面俱到。调研报告开头一般要求紧扣主旨，为主体部分做展开准备。文字要简练，概括性要强。主体是调研报告的主干和核心，是引语的引申，是结论的依据。这部分主要写明事实的真相、收获、经验和教训，即介绍调查的主要内容是什么，为什么会是这样的。主体部分要包括大量的材料，如人物、事件、问题、具体做法、困难障碍等，内容较多。所以要精心安排调研报告的层次，安排好结构，有步骤、有次序地表现主题。调研报告中关于事实的叙述和议论主要都写在这部分里，是充分表现主题的重要部分。结尾是调研报告分析问题、得出结论、解决问题的必然结果。不同的调研报告，结尾写法各不相同，一般来说，调研报告的结尾有以下五种：①对调研报告归纳说明，总结主要观点，深化主题，以提高人们的认识；②对事物发展做出展望，提出努力的方向，启发人们进一步去探索；③提出建议，供领导参考；④写出尚存在的问题或不足，说明有待今后研究解决；⑤补充交代正文没有涉及而又值得重视的情况或问题。调研报告结尾要简洁有力，有话则长，无话则短，没有必要也可以不写。

7.2.2　市场调查常见的方法

询问法　在市场调研中最为常用的一种方法，调查人员准备好调查表或提纲，向被调查者了解情况，获取信息，这也是最基本的调查方法。包括人员访问、电话调查、问卷调查和小组座谈四种常用的方法。

人员访问　通过调查者与被调查者面对面交谈以获取市场信息的一种调查方法。询问时可按事先拟定的提纲顺序进行，也可以采取自由交谈方式。按活动空间分，分为街头访问和入户调查两种情况。按访问方式分。分为既定提纲询问和自由交谈。在获得数据的价值中，访问人员是第一要素。因此，要做好人员访问调查必须加强访问人员的培训。通过以下内容的培训来提供有关调查工作的指导：特定调查的介绍、调查目的、访问时间、调查流程、可能调查对象的选择、初次接触和获取合作的特定程序等。

电话调查　指市场调查相关工作人员通过电话向被调查者进行问询，了解市场情况的一种调查方法。它是访问法中的一种调查方法。由于彼此不直接接触，而是借助于电话这一中介工具进行，因而是一种间接的调查方法。电话调查分为传统电话调查和计算机辅助电话调查。优点：取得市场信息资料的速度最快；节省调查时间和经费；覆盖面广，可以对任何有电话的地区、单位和个人进行调查；被调查者不受调查者在场的心理压力，因而能畅所欲言，回答率高；对于那些不易见到面的被调查者，如某些名人，采用此方法有可能取得成功；采取计算机辅助电话系统，更有利于访问质量的监控；访问人员的管理更为系统规范、达到管理集中，反馈及时之效。缺点：由于电话调查的项目过于简单明确，而且受到通话时间的限制，调查内容的深度远不及其他调查方法；电话调查的结果只能推论到有电话的对象这一总体，因而存在着先天母体不完整的缺陷，不利于资料收集的全面性和完整性；没有办法提供直观的教具；电话调查是通过电话进行的，调查者不在现场，因而很难判断所获信息的准确性和有效性等。

问卷调查　用书面形式间接搜集研究材料的一种调查手段。通过向调查者发出简明扼要的征询单（表），请示填写对有关问题的意见和建议来间接获得材料和信息的一种方法，包括传真问卷、信函问卷、网络问卷、报告问卷和实地问卷五种常见样式。

一份好的调查问卷是需要经过精心设计的，每个问题都有一定其所能体现的方向，因此，设计问卷也需要有一定的方法和注意事项。问卷中应该包含调查者想做的调查的各个方面，首先要针对具体的情况，全面而不遗漏重点问题。对于受访者的区分如年龄、所在地区、所属行业等应该划分明确，这也是为了方便日后统计数据的需要。其次，问卷设计涉及的题目不宜过多，进行问卷调查要求人群密集、地点分散，受环境地点的影响应考虑到被访人的时间花费和被访问时的心情，不能耽误被访问人太多的时间，牵扯其太多精力，问题设置多以选择为主，需要表达主观想法的只设置一道或者不设置，以节省时间。第三，调查问卷设计问题应该简单明确，不宜太过晦涩难懂，让人读后云里雾里，不知所云，答案选项应该具体，不能有包含或重复，或者模棱两可、似是而非。第四，调查问卷不宜涉及个人隐私和敏感问题，一些词汇的运用不能让被访问者感到难堪，同时也应考虑到地域文化和风俗习惯，保持对被访问者的尊重。第五，问卷的版面设计，文字的字体、大小、颜色、间距等应该能符合大部分人的审美和阅读习惯，不能有太过强烈的视觉刺激，让被访问者有不适感。

小组座谈　又称焦点访谈法，就是采用小组座谈会的形式，挑选一组具有代表性的消费者或客户，由主持人就某个专题对到会人员进行询问，从而获得对有关问题的深入了解的一种调查方法。小组座谈法是资料收集中一种比较独特的方法，它远不止是一问一答式的面谈，而是在主持人的引导下，进行深入的讨论，是一种主持人与被调查者之间、被调查者与被调查者之间互动过程。通过这种深入讨论的过程，调查人员可以从中获取很多有用的信息。这种方法在国外十分流行，被广泛地采用。

小组座谈法是一种特殊的访问法，相比较而言，它所收集的信息不是一个个体的资料，而是一个群体的资料。要想取得预期效果，不仅要求主持人要做好座谈会的各种准备工作，熟练掌握主持技巧，还要求有驾驭会议的能力。

观察法　研究者有目的、有计划地在自然条件下，通过感官或借助于一定的科学仪器，对社会生活中人们行为的各种资料的搜集过程。通过资料的收集、整理和分析，得出结论，从中发现机会。常见的观察方法有：核对清单法；级别量表法；记叙性描述。观察一般利用眼睛、耳朵等感觉器官去感知观察对象。由于人的感觉器官具有一定的局限性，观察者往往要借助各种现代化的仪器和手段，如照相机、录音机、显微录像机等来辅助观察。

观察法注意事项：一是观察要有序、全面。观察时要有序。即时间或空间的先后次序。按时间顺序观察，多适用于动态观察。如观察日出、动植物生长过程等，就是按事物发展变化的时间先后进行观察；按空间顺序观察，多适用于静态观察。如观察校园中的植物分布等，可由近及远、从上到下、从左到右去观察。观察时要全面。即从不同角度、不同顺序、不同方法去观察，从不同角度、不同方法去观察事物，会获得不同的信息和感受，从而可以把握观察对象的整体和实质。二是观察要有"观"和"察"，有效的、真正的观察是观察与思考相结合。因为观察，是由"观"和"察"两个程序组成的，缺一不可。观察者要有洞察事物的理智之光，既要以科学的眼光去看，又要以科学的道理去想，还要有独特的求异心，时刻保持观察的好奇心，才能观出名堂，察出奥秘，观察与思考的结合，还有利于建立起不同事物之间的有机联系，能看到常人难以看到的事物间的联系和规律，然后有所发现，有所创造。三是观察要精细。在观察过程中，要特别留意那些稍纵即逝的现象，偶然出现的现象；关注自然现象细微的差别，不可轻易放过任何一个微小的发现。小小的发现有时会导致意想不到的商机。

抽样法 从研究对象的全部单位中抽取一部分单位进行考察和分析，并用这部分单位的数量特征去推断总体的数量特征的一种调查方法。包括四种常见的方法：一是单纯随机抽样，将调查总体全部观察单位编号，再用抽签法或随机数字表随机抽取部分观察单位组成样本；二是系统抽样，又称机械抽样、等距抽样，即先将总体的观察单位按某一顺序号分成 n 个部分，再从第一部分随机抽取第 k 号观察单位，依次用相等间距，从每一部分各抽取一个观察单位组成样本；三是整群抽样，总体分群，再随机抽取几个群组成样本，群内全部调查；四是分层抽样，先按对观察指标影响较大的某种特征，将总体分为若干个类别，再从每一层内随机抽取一定数量的观察单位，合起来组成样本，有按比例分配和最优分配两种方案。

7.3 创业计划书的撰写

7.3.1 撰写创业计划的步骤

7.3.1.1 确定创业计划的撰写目的

撰写创业计划，一般有两种目的。一种是广泛应用于融资，以吸引投资人并成功获取资金资源。在这种情况下，通常是创业者处于资源匮乏的环境，或者需要更多的资金来实现自己的创业计划。如果是为了实现融资的目的，创业计划书就应该侧重于商业环境分析、竞争性分析、营销计划、管理团队介绍以及财务计划等内容。

另一种是用于创业团队内部，主要是便于团队内部沟通并认同项目的价值，并明确项目的战略规划与行动方案，便于项目的实施管理。在这种情况下，通常是团队本身的资源还比较丰富，重点在于如何高效地执行这个项目。因此，该类创业计划书对于管理团队、经营管理计划方面的内容无须过多描述（通常情况下，团队内部已经很熟悉），而应该强调项目的重要性、项目的实施进度等偏实务方面的内容。

7.3.1.2 确定创业计划书的读者对象

不同的读者对象，所关注的创业计划书内容侧重点会有较大的差别，这当然与你撰写创业计划书的目的，即你的个人需求存在密切的关系。如果你对个人的需求非常明确，对读者对象了如指掌，一定能够将重点信息提供给目标读者。因此，明确你个人的需求，了解读者对象的需求，是成功撰写创业计划书的必要准备，也是你成功实现个人目的的前提。

如果你的创业计划书是为了获取资金等资源支持，那么读者就是投资人或者贷款方。投资人最关注的是盈亏平衡点、投资回报、项目的长期发展潜力以及创业团队的能力，贷款方则更多地关注项目的风险。

7.3.1.3 收集你所需要的信息资料

充足的信息资料将有助于你完成一份分析透彻、论据充分、内容丰富的创业计划书。因为创业计划书涵盖面很广，你可能需要就各个构成要素准备信息资料；而且，你的市场环境分析、竞争性分析、目标市场定位以及项目可行性等关键内容都需要充分的数据和信息来支撑。因此，信息资料的收集和准备也是创业计划书撰写过程中的关键环节。

面对来自不同渠道的大量信息，创业者往往会感到无从下手，更难以在短期内理清哪些是关键信息，哪些是必要信息，哪些是看似无关紧要实则至关重要的信息。因此，掌握一定的信息搜集方法，可以帮助创业者准确定位，省时省力地找到需要的资料。常用的信息搜集方法有观察法、提问法、比较法和文献检索法。其中，观察法是最直接、最有效的信息搜集与市场调查方法，这种方法比对现成信息资料的解读或汇总更为鲜活、有效。

创业者也可以通过对展销会、说明会现场或者生产、包装现场的实地观察和记录来调研取证，以收集所需信息。观察的对象可以是人（消费者、生产者、管理者、组织者等）的行为，也可以是商品、展台、车间等客观事物；观察的侧重点以所需信息为准绳；观察的过程中一般是边看边记，最后整理分析，得出结论；为了将现场悉收眼底，观察者往往会借助现代技术，如摄像机、照相机，来记录现场状况。

为了尽量避免调查偏差，在采用观察法搜集资料时应当注意以下几点：

- 努力做到不带有任何看法或偏见地进行观察。
- 选择具有代表性的观察对象和合适的观察时间与地点，尽量避免只观察到表面现象。
- 在观察过程中，随时记录，记录内容尽量详实。
- 除了在实验室等特定的环境下和在借助各种仪器进行观察外，尽量使观察环境保持自然平常的状态，同时注意保护被观察者的隐私。
- 在实际观察中，经常与提问法相结合，以提高信息的可靠性和准确度。

7.3.1.4 设计创业计划书框架

这里所说的创业计划书框架，并非通用的创业计划书内容结构框架，而是一个充分你的创业项目特色、各部分子标题更加细分明确的创业计划书框架。换之言，就是构建出创业计划书的目录，以及二、三级标题。

构建创业计划书框架时，要依据你的撰写目的与读者对象，考虑一般创业计划书的基本构成要素，结合你的创业项目的性质与特征，根据你所收集的信息资料，整体逻辑清晰、次序连贯，并且应该便于让自己或读者找到需要重点关注的内容。无论是整体思路和逻辑，还是重点部分的子标题，都应该充分突出和体现你创业项目的特色与亮点。

7.3.1.5 开始撰写创业计划书

做好了以上四点准备，此时开始撰写创业计划书，已经是水到渠成。此时还要注意几点基本要求；

- 把握创业计划书的主要要素，且内容完整。
- 创业项目的特色得以充分体现。
- 整体逻辑清晰，行文流畅。
- 分析透彻，论据充分、客观。
- 针对性强，根据不同的读者对象能够突出自己要表达的重要信息，而一些相对不重要的内容不必用过多的笔墨。
- 无论是你的论证，还是你的团队能力与具体行动方案，都要让人觉得可以信服。

【扩展阅读】

创业者的创业地图

7.3.2　撰写创业计划的技巧

构想指作家、艺术家在孕育作品过程中的思维活动，也指构想的结果。创业构想是创业者在创业想法形成及实施过程中，对创业计划的思考、论证和分析。创业构想涵盖了创业计划的方方面面，要让创业构想在创业企业日后的经营过程中发挥良好作用，创业者至少要从下面几个方面进行深入思考：

（1）确立正确的创业目标

赚钱是重要的目标，但并不是唯一的目标，因为创业本身应该有理念，理念会带动很多新的产品创意和实践冲动。大多数成功创业者的创业目标并不主要是为了赚钱，而是基于自己的兴趣，或者为了解决现实生活中的一些问题。开始研讨创业构想的时候，创业者一定要明确创业的目的是什么，创业要做什么、如何做等问题。

（2）寻找适合的创业模式

选择合适的创业模式，是创业成功的关键。准确判断自己的优势和劣势，选择最适合自己的创业模式，可以化解很多的不利因素。创业模式是创业者为保障自己的创业理想与权益，而对各种创业要素的合理搭配。一个适合的创业模式，未必需要投资一大笔资金，未必需要具有很大的规模，甚至未必需要一处办公场所或一个店面。对一个创业者来说，一个真正好的模式，应该是适合自己的，即其有能力操作而且能把现有的资源有效整合进入的。是通过白手起家的方式，还是通过收购现有企业或进行代理、加盟，在家创业还是网络创业，是研讨创业构想阶段创业者必须明确的问题。

（3）规划合理的创业步骤

规划创业步骤是一个循环的过程。首先要分析创意从哪里来？怎么会有这个创意？资金怎么找？怎么组建团队？产品的市场营销怎么做？对这些问题的考虑是一个周而复始的修改、完善和论证过程。

（4）制定清晰的创业原则

网络上列出的创业原则非常之多，在研讨创业构想的时候，创业团队一定要针对自己的特定情况，制定适合团队和项目的创业原则。一般来说，就像创业的目标不仅仅是为了赚钱一样，在创立公司的时候，创业团队也不应该一直想着什么时候才能赚钱。面对非常艰苦的创业工作，清晰、简洁、能够得到团队成员认可的创业原则，有助于形成团队的凝聚力，帮助创业团队在任何情况下的坚持。

（5）创造有利的创业条件

创业不一定要有重大的发明或全新的创意，只要能够有一定的市场需求，对现有资源的整合和再利用也会有助于创业成功。重要的是创业企业未来拟提供的产品或服务，在市场上会不会成功，市场的需求如何，创业团队的能力怎样。合适的人在合适的时间做合适的事情，会形成非常有利的创业条件。在研讨创业构想时，创业团队应认真对自己的创业条件进行深入思考，选择对创业有利的自然条件，努力创造有利于创业成功的社会条件。

（6）确定明确的创业期限

充分的准备尽管有助于降低创业风险，但是经过长时间的准备也可能会消磨创业者的意志，降低创业激情。因此，创业初期，应确定一个合理的创业期限，包括开始创业活动的时间、将产品和服务推向市场的时间、争取实现盈亏平衡点时间等。通过精益创业的方式，有助于缩短产品和服务推向市场的时间以及达到盈亏平衡的时间。

（7）建立良好的投资关系

如何寻找合适的外部投资者，和外部投资者应该建立什么样的关系等，也是创业构想研讨阶段必须思考的问题。当创业需要外部融资时，创业团队就应该考虑投资者关系管理的问题。通过研讨，要确定好创业团队和外部投资者各自的股份比例，要选择能够跟自己站在一起同甘共苦的投资者，要寻找有很大影响力的投资者，这样一方面可以筹集到所需要的创业资金，另一方面可以借助投资者的经验和力量。当然，创业团队还要通过合理的股份构成和分配机制，与投资者建立长久的良好合作关系。

（8）组织高效的创业团队

高效的创业团队中不一定都是最好的人才，事实上只要遵循创业团队的组建原则，做好团队的管理，团队成员合适做创业企业中对应的工作，能够做到优势互补、精诚合作，凝聚在核心创业者的周围，为共同的创业目标而奋斗，就算创业团队比较简单和朴素，团队的成员也不一定很强，但是仍然可以算得上一支优秀的团队。创业构想研讨阶段，创业者就应该了解高效团队的特征，避免日后组建团队过程中的盲目和不切实际。

7.3.3 检验创业计划的方法

检验创业计划是对创业计划的项目做出的一个可行性的评估，主要是从创业计划的真实性、盈利性、发展性等多个方面进行检验。总的来说，创业者对创业计划的检验是一件非常细致的事情，需要创业者有很好的耐心和足够的敏感。为了降低创业风险，就需要仔细推演和论证，在此基础上不断修正自己的创业计划。

在急着走上创业这条路之前，你应该先问自己以下几个问题，检验一下你的创业计划：

①你能否用语言清晰地描述出你的创业构想？你应该能用很少的文字将你的想法描述出来。根据成功者的经验，不能将这个想法变成自己的语言的原因大概也是一个警告——你还没有仔细地思考吧！

②你真正了解你所从事的行业吗？许多行业都要求选用从事过这个行业的人，并对其行业内的方方面面有所了解。否则，你就得花费很多时间和精力去调查诸如价格、销售、管理费用、行业标准、竞争优势等。

③你看到过别人使用过这种方法吗？一般来说，一些经营红火的公司经营方法比那些特殊的想法更具有现实性。有经验的企业家中流行这样一句名言："还没有被实施的好主意往往可能实施不了。"

④你的想法经得起时间考验吗？当未来的企业家的某项计划真正得以实施时，他会感到由衷的兴奋。但过了一个星期、一个月甚至半年之后，将是什么情况？它还那么令人兴奋吗？或已经有了完全不同的另外一个想法来代替它。

⑤你的设想是为自己还是为别人？你是否打算在今后5年或更长时间内，全身心地投入到这个计划的实施中去？

⑥你有没有一个好的关系网络？开始办企业的过程，实际上就是一个组织诸如供应商、承包商、咨询专家、员工的过程。为了找到合适的人选，你应该有一个服务于你的个人关系网。否则，你有可能陷入不可靠的人或滥竽充数的人之中。

⑦你明白什么是潜在的回报吗？每个人投资创业，其最主要的目的就是赚最多的钱。可是，在尽快致富的设想中隐含的不仅仅是钱。你还要考虑成就感、爱、价值感等潜在回报。如果没有意识到这一点，那就必须重新考虑你的计划。

【扩展阅读】

检验创业计划的11个小测验

7.4 创业计划的展示

7.4.1 创业计划展示的准备

如果想做一个精彩的创业计划展示，就必须精心地准备，并经常进行模拟演练。巧妙构思展示的内容、制作专业的展示 PPT，可以提高展示者的信心，使展示获得满意的效果。

（1）明确展示的目的与观众

在展示自己的创业计划之前，首先需要确定展示的目的，以及观众的相关信息。这一步和撰写创业计划前的考虑因素一样，此处不再赘述。一切文字和表述都要有的放矢，知己知彼、方能百战不殆。

需要注意的是：创业计划必须严格保密，严防落入竞争者手中。为了保密，一般会限制创业计划的复本数量，对特定对象准备特定复本，要求接受文件者不用时将计划放在文件柜或办公室锁好以确保安全。创业计划的封面也会写明"机密文件，未经许可，严禁复印"等字样。

（2）确定展示的人员与方式

一般的创业大赛都会要求所有创业团队成员参加展示，但是并不要求所有成员都要进行陈述，因此选择合适的人员进行陈述是也是创业团队需要讨论的。人员的出场或"表演"方式，也可以适当的设计一些花样。一切都是为了更好地表现出创业者的精神面貌，以及产品的独特性。

（3）准备展示的素材和设备

目前在进行创业计划展示时，用到的素材包括创业计划书和展示 PPT。如果有产品模型，就更是锦上添花了，可以省去很多繁琐的说明。如果需要视听设备，应事先准备好。

无论选择哪种方式展示，要注意展示过程中的核心元素是展示的人。所以展示的 PPT 一定要做得简明扼要，只提供展示的总体框架以及强调发言内容的重点，展示者一定要将观众的目光吸引在自己身上，再想方设法使展示变动生动有趣、充满激情。可以使用丰富的表情感染、鼓舞观众，也可以多和观众沟通、交流。

（4）进行展示的预演和调整

在正式展示之前，不妨和团队伙伴们一起进行模拟预演，可以请其他同学或老师扮演裁判，帮助你们把展示调整到最佳。练习得越多，你的表达会越熟练，表现就会更有自信、更完美。同时，在这个阶段也可以设想真实展示中可能遇到的种种问题或状况，做好迎接挑战的准备。

最后，再检查一遍必需的物件，回想一遍重要的问题，准时到达指定地点。

7.4.2　展示 PPT 的技巧

（1）幻灯片内容设计示例

如前文所述，展示的 PPT 不宜过于复杂，应尽可能简单，不妨应用 6-6-6 法则，即每行不超过 6 个词语，每页不超过 6 行，连续 6 页纯文字的 PPT 之后需要一个视觉停顿（采用带有图、表的 PPT）等。

一般情况下，一场二三十分钟的展示需要 10~15 页 PPT。不追求全面，要抓重点，尤其是观众可能感兴趣的部分。一定记住：展示的重点一定放在观众而不是演讲者感兴趣的地方。下面是一个推荐的展示 PPT 模版，共计 12 页 PPT。

展示的 PPT 往往以标题幻灯片开始。该张 PPT 包括企业的名称/标志，创始人姓名和联系方式。

第一页：概述。对产品或服务进行简要介绍，对演讲要点做一简介，对该项商业活动带来的潜在收益（经济效益、社会效益）等进行简单说明。

第二页：问题。说明亟待解决的问题（问题在哪儿？为什么会出现该问题？如何解决该问题？）；通过调查证实的问题（潜在顾客的需求是什么？专家有哪些建议？）；问题的严重性如何？

第三页：解决办法。说明企业的解决办法与其他解决方案相比的独特之处；展示本企业的解决方案在多大程度上可以改变顾客的生活，以及企业的解决方案有什么进入壁垒。

第四页：机会和目标市场。要清楚定位企业具体的目标市场，对目标市场的广阔前景进行展望；通过图表的方式展示目标市场的规模、预期销售额和预期市场份额等信息，说明拟采取什么方法实现销售计划。

第五页：技术。介绍技术或者产品或服务的独特之处，尽可能使对技术的描述通俗易懂，切忌使用专业术语进行陈述；展示产品的图片、相关描述或者样品，如果产品已经试生产结束，则最好展示样品；说明可能涉及的知识产权问题，以及企业采用的保护措施。

第六页：竞争。详细阐述直接、间接和未来的竞争者，展示创业计划书中的竞争者方格，说明和竞争对手相比的竞争优势。

第七页：市场和销售。描述总体的市场计划、定价策略、销售过程以及销售渠道。说明消费者的购买动机、企业激起消费者欲望的方法，以及产品或服务如何到达最终的消费者手中。

第八页：管理团队。介绍现有管理团队（团队成员的背景和专长，以及在企业中将要发挥的作用，如何进行团队合作等），说明管理团队存在的缺陷或不足，如果有顾问委员会最好予以介绍。

第九页：财务规划。介绍未来 3~5 年企业总体的盈利状况、财务状况及现金流状况，尽量将规划的内容显示在一张 PPT 上，而且只显示总体数据，同时做好回答和数据相关问题的心理准备。

第十页：现状。用数据突出已经取得的重大进展，介绍启动资金的来源、构成和使用情况；介绍现有的所有权结构，介绍企业采用的法律形式及其原因。

第十一页：财务要求。如果有融资计划，介绍想要的融资渠道及筹集资金的使用方式，同时介绍资金筹集后可能取得的重大进展。

第十二页：总结。总结介绍企业最大的优势，团队最大的优势，同时介绍企业的退出策略，并征求反馈意见。

（2）10-20-30 法则

著名风投资本家盖伊·川崎（Guy Kawasaki）将他的撰写商业计划方法概括在一条"10-20-30 法则"中，对创业者撰写好商业计划很有借鉴意义。他建议，企业家在阐述商业计划时能用 10 页 PPT 在 20 分钟内用 30 磅的字体将你的创业思想阐释清楚。这个法则适用于很多场景：公司融资、产品销售、合作伙伴洽谈等。

10 页是 PPT 演示最理想的页数。因为普通人在会议中很难接受和消化超过 10 个以上的概念，投资人也是如此。如果你的业务一定要用超过 10 页 PPT 才能解释清楚，那么说明你现在的业务模型需要调整。

20 分钟演示。你必须在 20 分钟内讲解清楚 10 页 PPT 的内容。也许你有 1 个小时的会议时间，但是之前需要预留时间调整投影仪和 PPT，之后还要考虑到部分人员可能迟到或者必须提早离开。所以理想的演示时间是 20 分钟，其余 40 分钟的时间预留给问题交流和其他意外情况。

30 磅字。很多创业计划 PPT 中的字号都在 10 磅左右，一页 PPT 中写满了文字，然后演讲者只是去读这些文字。这不是一种很好的方法，因为台下的人一旦发现你在照着读，那么他们会自己去阅读这些文字。而你朗读的速度肯定要慢于他们阅读的速度，最后造成你和你的观众不同步。

"10-20-30 法则"阐述了简洁对于创业计划书的重要性，不仅是内容，主要是思路。精简的内容意味着明确的思路，明确的思路意味着核心的优势。在竞争激烈，许多二三线队伍依赖细枝末节博出位的中国创投市场，哪支团队要能靠雷打不动的核心竞争力吸引投资人，他们一定是行业中最优秀的。

7.4.3 展示中的演讲技巧

谁都不希望话说一半观众就打瞌睡了。尤其是投资者见过的自荐人数不胜数。他们听完推荐几分钟内就可以决定你是否值得他们花时间、花心思、花银两。以下是一些必要的沟通技巧，可以帮助我们更好地展示创业计划。

（1）展示"惊人"的数据

介绍惊人的研究数据，让观众瞠目结舌："真的吗?!"但是注意这个数据一定是真实的，不能为了吸引眼球而造假。

无论你准备解决什么问题、应对什么议题、满足什么需求，援引最新的、"惊人"的数据，为这个难题提供全新见解。

引用德高望重的名人名言，证明某个突如其来的转变趋势、目标人群的骤增或法律法规的相关变化。

（2）带领观众进入情境

通过简单的情境展现或角色扮演，可能是一段提前摄录好的小视频，也可能展示者带领观众去想象，总之让观众跟着你进入特定的情境之中，让他们感受到目标顾客的问题，感受到创业解决的问题、创业者创造的巨大价值。当观众身临其境、感同身受后，也就自然而然地接受了你的项目。

（3）一个好故事，成就一个好 Pitch

美国人 Oren Jacob 拥有出色的口头表达能力和令人信服的叙事能力，他总结一套讲故事 Pitch（向投资人或是合作伙伴做简报）技巧。故事讲得好不好，决定了你的 Pitch 能否让人留下印象并且引起共鸣，不管你是要介绍你的产品还是团队，这几个讲故事的技巧都适用。

好的故事需要千锤百炼。

首先，Pitch 不能是一成不变的。它取决于你演讲的对象，你演讲的场合和你演讲的内容。你得准备好一个 1 分钟的版本，一个 10 分钟的版本和一个 1 小时的版本。有些人认为，这就是把同一个故事编辑成不同的长度。错了，不能这样做。把一个 1 小时长度的材料压缩到 1 分钟，你还想以同样的激情来表述？那是不可能的。针对不同的版本，你必须有不同的处理办法。

除此以外，你的 Pitch 得不断地更新。每天你都会接收到新的信息：你的市场有了更好的前景，你的新员工很能干，你有一些新想法浮出水面。你的 Pitch 和你创业公司一样，都不是一成不变的。每一天的每一分钟，都会有新鲜事发生。

对创业展示来说，头号重要的事就是练习，不断地，连续地，多适应、多练习。实际的操作要比大多数人想象的更费事。做 Pitch 就像是现场表演。你必须熟知自己要讲的内容，达到浑然天成的境界。你不能只是单纯的一遍又一遍的练习你的 1 分钟、10 分钟跟 1 小时的讲稿。你还需要考虑你演讲的场所，考虑如何观察观众的肢体语言，如何根据当下的情况做出相应的调整，

一个优秀的单人脱口秀演员可能会花上一年时间来准备一个固定节目，他们会来来回回练习上许多次，以求一上台就能感染观众，并且在有需要的时候随时调整节目内容。即使凑巧有观众喝倒彩的话，他们也能冷静地面对，继续自己的表演。如果你也能有很棒的即兴反应，那就太好了。

要在那些可以感受到你的热情，但是对你公司的技术、财务或业务的细节知之甚少的人面前练习。让他们在你刚讲到幻灯片第 2 页时，就打断你并提出一些第 12 页才会讲到的问题。要让他们不断的打击你，不按顺序提问，这样你就可以练习如何在讲稿的各个要点中自由的切换。只有通过这样的练习，你才能在要点之间构架好一道道桥梁，熟练地应对话题的转换。

创业者在募资会面时遇到的最棘手的问题就是谈话陷入僵局。有可能投资者问了一个

问题，然后你发现自己绕来绕去都找不到路回头，话题怎么也拉不回到你原来的思路上去了。这时，你必须要保持清醒，随时意识到谈话是不是跑题了，而你真正想谈的是什么。不时的核对一下进度：我讲到第 5 页了，时间还剩下 10 分钟。如果你练习得足够好的话，在演讲现场你应该能掌控好进度，不要一味想着面面俱到。

好的故事是有完整结构的。

Pitch 就像电影剧本一样，要有好的节奏感。你想要带领整个房间的人，踏上一个共同的旅程。这意味着必须有一根线，贯穿故事的开始、中间和结尾。当你开始组织你的材料，就得把故事的结构定好。最好的会面情况自然是听你 Pitch 的观众们会愿意加入你的旅行——为了确保这一点，你必须切中所有他们关心的要点。你可能会带一份 12 页的 PPT 走进会议室——12 页是 Jacob 建议的页数，按计划你会依次讲解每一页。但更多情况下，投资者会要求你跳过第 2 页或者直接跳到第 8 页。

你可能已经准备好如何讲你的故事了，可你还需要观察房间里的人。如果他们想把你拉到另一个主题，就听取他们的意见，并做出相应的调整，但要记得维持好故事的结构。另外，不要在 PPT 上花大段文字去写一个结论，试着用别的方法去展现，你会发现那样的效果更好。

在撰写你的演讲稿时，一定要重点强调那些会让观众坚信应该给你支持的地方。如果你认为市场机会是令你得意的事情，要把它提出来，多花些时间在这上头。如果你认为你的团队是无与伦比的，就花点时间多讲讲。总之你的演讲稿和 PPT，应该让你的论点更可靠，更有理有据。PPT 中的图表可以帮助我们回答问题。

一般应在 20 分钟里，把你的故事完整的详细的讲述出来。中间还有可能被打断，花时间回答问题。在现场你可能会临时决定把某些部分扩充得更丰满些，或者添加一些更细节的东西。你会感觉到，听的人希望你更多的阐述关于产品构造或者这个那个的内容。而你肯定不想让你的 Pitch 超时。

与此同时，你得事先在你脑子里构思好各种丰富的小细节。通过不断练习，你可以把一些内容从你的演讲里删掉，可一旦对话进行到那个方向，你又得能够随时把它们捡回来。例如，你可以准备一些小故事，例如，关于喜欢你们产品的用户的故事。或者是准备一些可以回答通用问题的答案。当你有了这样的准备，你就可以比较容易的把话题转移到你想要进行的方向上去。

最重要的就是用你自己的话去说。你得做到能抛开 PPT 独自完成整个 Pitch。冷静的、从容的用好 20 分钟，覆盖住每一个关键点。要做到能在一分钟里头，把所有的内容在白板上复述出来。

除了以上这两点，讲故事的技巧还有很多：
- 好的故事都是有起承转合的；
- 好的故事都有鼓舞人心的主角；
- 好的故事都是出人意料的。

同学们可以在不断的练习中，注意观察那些优秀的演讲者，用更多的技巧武装自己的

展示。最好的故事就好像是用一把旧的拼图，拼出一副全新的有价值的图画，

（4）现场答辩的注意事项

创业者要敏锐预见观众可能会提出什么问题，为此创业者就可以做好准备。尤其面对投资者，他们可能会用很挑剔的眼光看创业计划，这时，创业者可能会很泄气。其实，投资者仅仅是在做份内的事情，提出的问题可能会有很大帮助的，会给创业者很大启发的。

回答问题阶段非常重要，此时投资者往往考察创业者是否挖掘到问题的本质，以及对新创企业了解多少。现场回答投资者问题要注意：

- 对投资者问题的要点有准确理解，回答具有针对性而不是泛泛而谈；
- 能在投资者提问结束后迅速作出回答，回答内容连贯、条理清楚；
- 回答问题准确可信：回答问题建立在准确的事实和可信的逻辑推理上；
- 特定方面的充分阐述：对投资者特别指出的方面能做出充分的说明和解释；
- 整体答辩的逻辑性要求：陈述和回答的内容有整体一致性；
- 团队成员在回答时有较好的配合，能协调合作，彼此互补，对相关领域的问题能阐述清楚。

【扩展阅读】

大学生参加创业计划大赛的意义

【课后练习】

基于云计算的农产品安全生产控制追溯数字化商务平台创业计划书

第八章
新企业创办与经营

【**教学目标**】通过本章学习，让学生了解新企业成立的基本程序和相关法律法规，掌握新创企业管理的技巧与方法，充分认识现金流在企业生存和发展中的重要性，掌握新企业销售的方法，理解新创企业文化的培育与长效机制建立的规律。

8.1 新企业创办

8.1.1 新企业成立的基本程序

8.1.1.1 新创企业的组织形式

新企业创立之前，创业者应该首先确定拟创办企业的法律组织形式。新创企业可采用不同的组织形式，对创业者而言，各种法律组织形式没有绝对好坏之分，各有利弊。但无论选择怎样的形式，都必须根据国家的法律法规要求和新创企业的实际情况，科学衡量各种组织形式的利弊，决定合适的组织形式。

创业者对新企业组织形式的确定，是新企业生存和发展的重要法律基础。根据市场经济的要求，现代企业的组织形式按照财产的组织形式和所承担的法律责任划分。国际上通常分类为：个人独资企业、合伙企业和公司企业（包括有限责任公司和股份有限公司）。这三种组织形式没有好坏之分，对于创业者，掌握不同组织形式的优势和劣势，结合创业项目，确定新创企业的组织形式。

（1）个人独资企业

个人独资企业是最古老也是最常见的企业法律组织形式。个人独资企业又称个人业主制企业，是指依法设立，由一个自然人投资并承担无限连带责任，财产为投资者个人所有的经营实体。当个人独资企业财产不足以清偿债务时，选择这种企业形式的创业者须依法以其个人其他财产予以清偿。在各类企业当中，个人独资企业的创设条件最简单。根据《中华人民共和国个人独资企业法》，只要满足以下五种条件，就可以申请设立个人独资企业：

①投资人为一个自然人；

②有合法的企业名称；

③有投资人申报的出资，国家对其注册资金实行申报制，没有最低限额；

④有固定的生产经营场所和必要的生产经营条件；

⑤有必要的从业人员。个人独资企业成功与否依赖于所有者个人的技能和能力。当然，所有者也可以雇佣那些有其他技能和能力的员工。

（2）合伙企业

如果2个或2个以上的人共同创业，那么可以选择合伙制作为新企业的法律组织形式。根据《中华人民共和国合伙企业法》，"合伙企业"是指依法在中国境内设立的由各合伙人订立合伙协议，共同出资、合伙经营、共享收益、共担风险，并对合伙企业债务承担无限连带责任的营利性组织。合伙企业包括普通合伙企业和有限合伙企业两种形式。两者最大的区别在于有限合伙企业有两种不同的所有者：普通合伙人和有限合伙人。其中，普通合伙人对合伙企业的债务和义务负责，而有限合伙人仅以投资额为限承担有限责任，但后者一般不享有对组织的控制权。另外，普通合伙企业合伙人可以用货币、实物、知识产权、土地使用权或者其他财产权利出资，也可以用劳务出资。但有限合伙企业有限合伙人不得以劳务出资。以下主要介绍普通合伙企业。

除了要有合伙企业的名称、经营场所以及从事合伙经营的必要条件之外，设立合伙企业还应当具备以下几个条件：

①合伙企业必须有两个以上合伙人，合伙人应当具备完全民事行为能力，且能够依法承担无限责任者。

②合伙人应当遵循自愿、平等、公平、诚实信用原则订立合伙协议，合伙协议应载明合伙企业的名称、地点、经费范围、合伙人出资额和权责情况等基本事项。

③合伙人应当按照合伙协议约定的出资方式、数额和缴付出资的期限，履行出资义务。合伙人出资可以用货币、实物、土地使用权、知识产权或者其他财产权利；上述出资应当是合伙人的合法财产及财产权利。合伙人以劳务出资的，其评估办法由全体合伙人协商确定。

（3）有限责任公司和股份有限公司

公司是现代社会中最主要的企业形式。它是以营利为目的，由股东出资形成，拥有独立的财产，享有法人财产权，独立从事生产经营活动，依法享有民事权利，承担民事责任，并以其全部财产对公司的债务承担责任的企业法人。所有权与经营权分离，是公司制的重要产权基础。与传统"两权合一"的业主制、合伙制相比，创业者选择公司制作为企业组织形式的一个最大特点就是仅以其所持股份或出资额为限对公司承担有限责任；另一个特点是存在双重纳税问题，即公司盈利要上缴公司所得税，创业者作为股东还要上缴企业投资所得税或个人所得税。根据《中华人民共和国公司法》（以下简称《公司法》），我国的公司分有限责任公司（包括一人有限责任公司）和股份有限公司两种类型。

有限责任公司的股东以其认缴的出资额为限对公司承担责任，公司以其全部资产对公司的债务承担责任。创业者设立有限责任公司，除了要有固定的生产经营场所和必要的生产经营条件之外，还应当具备下列条件：

①股东符合法定人数。根据我国《公司法》第二十四条规定：有限责任公司由五十个以下股东出资设立。需要说明的是，一人有限责任公司是在 2005 年 10 月 27 日第十届全国人大十八次会议通过的新《公司法》中新加入的。

②股东出资达到法定资本最低限额。一般有限责任公司注册资本的最低限额为人民币三万元，而一人有限责任公司的注册资本最低限额为人民币十万元。法律、行政法规对有限责任公司注册资本的最低限额有较高规定的，从其规定。股东可以用货币出资，也可以用实物、知识产权、土地使用权等可以用货币估价并可以依法转让的非货币财产作价出资；但是法律、行政法规规定不得作为出资的财产除外。且全体股东的货币出资金额不得低于有限责任公司注册资本的百分之三十。

③股东共同制定公司章程。法律对有限责任公司章程有明确的要求，要求应当载明的事项包括：公司名称和住所；公司经营范围；公司注册资本；股东的姓名或者名称；股东的权利和义务；股东的出资方式和出资额；股东转让出资的条件；公司的机构及其产生办法、职权、议事规则；公司的法定代表人；公司的解散事由与清算办法；股东认为需要规定的其他事项。

④有公司名称，建立符合有限责任公司要求的组织机构。股份有限公司，其全部资本分为等额股份，股东以其认购的股份为限对公司承担责任，公司以其全部资产对公司的债务承担责任。设立股份有限公司要有公司名称，要建立符合股份有限公司要求的组织机构，固定的生产经营场所以及必要的生产经营条件，股份发行、筹办事项要符合法律规定。除此之外，根据我国《公司法》规定还应当具备下列条件：

⑤发起人符合法定人数。设立股份有限公司，应当有二人以上二百人以下为发起人，其中须有半数以上的发起人在中国境内有住所。

⑥发起人认缴和募集的股本达到法定资本最低限额。股份有限公司的注册资本为在公司登记机关登记的全体发起人认购的股本总额。公司全体发起人的首次出资额不得低于注册资本的百分之二十。股份有限公司注册资本的最低限额为人民币五百万元，法律、行政法规对股份有限公司注册资本的最低限额有较高规定的，从其规定。

⑦股份发行、筹办事项符合法律规定。

⑧发起人制订公司章程，采用募集方式设立的经创立大会通过。

表 8-1　各种企业组织形式对于创业者的优劣比较

	优势	劣势
个人独资企业	手续非常简便，费用低	承担无限责任
	所有者拥有企业控制权	企业成功过多依赖创业者个人能力
	可以迅速对市场变化做出反应	筹资困难
	只需激纳个人所得税，无需双重课税	企业随着创业者退出而消亡，寿命有限
	在技术和经营方面易于保密	投资流动性低

（续）

	优势	劣势
合伙企业	手续比较简单、费用低 经营上比较灵活 企业拥有更多人的技能和能力 资金来源较广，信用度较高	承担无限责任 企业绩效依赖合伙人的能力，企业规模受限 企业往往因关键合伙人死亡或退出而解散 投资流动性低，产权转让困难
有限责任公司	创业股东只承担有限责任，风险小 公司具有独立寿命，易于存续 可以吸纳多个投资人，促进资本集中 多元化产权结构有利于决策科学化	创立的程序比较复杂，创立费用较高 存在双重纳税问题，税收负担较重 不能公开发行股票，筹集资金的规模受限 产权不能充分流动，资产运作受限
股份有限公司	创业股东只承担有限责任，风险小 筹资能力强 公司具有独立寿命，易于存续 职业经理人进行管理，管理水平较高 产权可以股票形式充分流动	创立的程序复杂，创立费用高 存在双重纳税问题，税收负担较重 股份有限公司要定期报告公司的财务状况、公开自己的财务数据，不便严格保密 政府限制较多，法规的要求比较严格

根据表8-1分析，不同企业组织形式对于创业者而言各有其优势与劣势。在实际创业过程中创业者应根据自身资源与能力条件及市场状况作出适当选择。

8.1.1.2　企业注册流程

企业注册是指创业者依据国家法律法规相关规定获得合法经营手续的行为。新企业注册的流程包括名称核准、工商注册、办理印章、代码登记、银行开户、税务登记、社会保险登记。

（1）名称核准

企业注册登记时，必须先进行名称核准，主要看名称有没有违反国家相关规定，有没有已被其他公司注册，同时审核用名是否做到简明扼要，符合工商注册登记的要求。企业注册登记时，必须先进行名称核准，主要看名称有没有违反国家相关规定，有没有已被其他公司注册，同时审核用名是否做到简明扼要，符合工商注册登记的要求。

名称由四部分组成。行政区划+字号+行业特点+组织形式。例如，北京（北京市）+康达来+商贸+有限公司。北京（北京市）为行政区划；康达来为字号，为减少重名，建议使用三个以上的汉字作为字号；商贸是行业特点，应与申请经营范围中的主营行业相对应；有限公司是组织形式。分支机构的名称应冠以主办单位的全称。

企业名称不得含有下列内容的文字：①有损于国家、社会公共利益的；②可能对公众造成欺骗或者误解的；③外国国家（地区）名称、国际组织名称；④政党名称、党政军机关名称、群众组织名称、社会团体名称及部队番号；⑤外国文字、汉语拼音字母、阿拉伯数字；⑥其他法律、行政法规规定禁止的。

名称核准过程注意事项：①名称有效期。预先核准的名称有效期为6个月，有效期届满，预先核准的名称失效。预先核准的名称在有效期内，不得用于从事经营活动，也不得进行转让。②名称延期。预先核准的名称有效期届满前30日内，申请人可以持《企业名称预先核准通知书》或《企业名称变更预先核准通知书》向名称登记机关提出名称延期申请。申请名称延期应由全体投资人签署《预先核准名称信息调整申请表》，有效期延长6个月，期满后不再延长。③名称注销。申请人可以在名称有效期内向名称登记机关申请注销原预先核准名称。申请注销名称时应当提交由全体投资人签署的《预先核准名称信息调整申请表》并同时交回《企业名称预先核准通知书》或《企业名称变更核准通知书》。名称预先核准后，登记管辖机关因申请人改变拟设企业登记事项而发生变化的，申请人应当向原名称登记机关申请注销预先核准的名称，名称注销程序依照前款规定。

（2）工商注册

工商注册登记是新企业开办的法定程序。创业者应该主动到当地工商行政管理部门办理新企业工商注册登记手续，使新企业的经营活动合法化，并受到法律保护。工商注册一般要经历名称查重、填写登记申请书并提交有关材料、缴纳出资、验资、审查与核准及颁发营业执照等程序。

①名称查重　按照国家有关规定，企业名称具有唯一性和排他性，一旦经核准登记，在规定范围内享有专用权，受到法律保护，其他企业或个人不得与之混用或假冒。创业者在给企业起名时，尽量事先设计3~4个企业名称备用，通过网络平台实现进行搜索查询，做到有备无患。

②填写登记申请书并提交有关资料　申请人应带按照国家工商行政管理总局制定的申请书格式文本提交申请，并按照其他相关规定提交有关材料。涉及法律、行政法规和国务院发布的决定确定的企业前置许可项目的，申请人应当提交法定形式的许可证或者批准文件。

③缴纳出资　创业者登记有限责任公司，股东应该按期足额缴纳公司章程规定的格子任教的出资额。对公司每一股东（发起人）认缴和实缴的出资额、出资时间、出资方式作为登记事项的不同理解，可能在具体的登记工作中会产生很大差异。目前，最主要的理解有两种：一种是登记的某一股东（出资人）认缴的出资额和出资时间应当是其各期认缴的出资额和出资时间，实缴的出资额和出资时间则应当是其已完成缴付的各期出资额和出资时间；另一种是登记的某一股东认缴的出资额和出资时间应当是登记时其认缴的出资总额和缴纳全部认缴出资的最终时间，实缴的出资额和出资时间则应当是其登记时已缴付的出资总额和缴纳全部实缴出资的最终时间。

④验资　是指注册会计师依法接受委托，对被审验单位注册资本的实收情况或注册资本及实收资本的变更情况进行审验，并出具验资报告。验资分为设立验资和变更验资。验资是注册会计师的法定业务，《中华人民共和国注册会计师法》明确将验资业务列为注册会计师的法定业务之一。因此，企业（个人独资企业、合伙企业等工商登记机关不要求提交验资报告）在申请开业或变更注册资本前，必须委托注册会计师对其注册资本的实收或变更情况进行审验。

⑤审查与核准　按照《中华人民共和国公司法》第三十条规定，股东的首次出资经依法设立的验资机构验资后，由全体股东指定的代表或者共同委托的代理人向公司登记机关报送公司登记申请书、公司章程、验资证明文件，申请设立登记。

⑥办发营业执照　营业执照是企业或组织合法经营权的凭证。营业执照的登记事项为：名称、地址、负责人、资金数额、经济成分、经营范围、经营方式、从业人数、经营期限等。营业执照分正本和副本，二者具有相同的法律效力。正本应当置于公司住所或营业场所的醒目位置，营业执照不得伪造、涂改、出租、出借、转让。

（3）办理印章

新企业领取营业执照后，创业者需要到当地公安局特行科办理新企业印章，并向特行科提供相关文件，包括营业执照、法定代表人身份证明等。公安局审批后到指定的印章刻制单位刻制新企业印章。

（4）代码登记

自核准登记之日起30日内，持有关批准文件或者登记证书，到批准成立或者核准登记的机关所在地的质量技术监督部门申请代码登记，领取代码证。需提交的资料：携带各级工商行政管理部门颁发的营业执照原件，法定代表及经办人身份证原件，复印件。变更、换证单位还需提交税务登记证书原件及复印件。

（5）银行开户

新办企业银行开户程序：①银行交验证件。②客户如实填写《开立单位银行结算账户申请书》，并加盖公章。③开户行应与存款人签订的"人民币单位银行结算账户管理协议"，开户行与存款人各执一份。④填写"关联企业登记表"。⑤银行送报人行批准核准。核准并核发《开户许可证》后，开户行会将《开户许可证》正本及密码、《开户申请书》客户留存联交与客户签收。

（6）税务登记

企业、包括企业在外地设立分支机构和从事生产、经营的场所，个体工商户和从事生产、经营的事业单位（以下统称从事生产、经营的纳税人），向生产、经营所在地税务机关申报办理税务登记的活动。从事生产、经营的纳税人领取工商营业执照（含临时工商营业执照）的，应当自领取工商营业执照之日起30日内申报办理设立税务登记，税务机关核发税务登记证及副本（纳税人领取临时工商营业执照的，税务机关核发临时税务登记证及副本）；纳税人在申报办理税务登记时，应当根据不同情况向税务机关如实提供以下证件和资料：

①工商营业执照或其他核准执业证件；

②有关合同、章程、协议书；

③银行账户证明；

④组织机构统一代码证书；

⑤法定代表人或负责人或业主的居民身份证、护照或其他合法证件。

（7）社会保险登记

社会保险登记是指根据《社会保险费征缴暂行条例》第二条、第三条、第二十九条的规定应当缴纳社会保险费的单位，按照《社会保险登记管理暂行办法》规定的程序进行登记、领取社会保险登记证的行为。社会保险登记是社会保险费征缴的前提和基础，从而也是整个社会保险制度得以建立的基础。县级以上劳动保障行政部门的社会保险经办机构主管社会保险登记。

缴费单位申请办理社会保险登记时，应填报《社会保险登记表》，并出示以下证件和材料：

①企业持《企业法人营业执照》（副本）；

②事业单位持《事业单位法人证书》（副本）；

③社会团体持《社会团体法人登记证》（副本）；

④国家机关持单位行政介绍信；

⑤国家质量技术监督部门颁发的组织机构统一代码证书；

⑥其他核准执业的证件。

8.1.2 新企业的社会认同

新企业成立后，要守法经营，主动承担社会责任，为社会发展做出贡献，赢得社会认同。

新企业承担社会责任的对象包括企业员工、股东、消费者、环境、社区和政府等。

①新企业对员工的责任　首先，不歧视员工。现代企业的一个显著特征就是员工队伍的多元化。为了调动各方面的积极性，企业要同等对待所有的员工，不设三六九等。其次，定期或不定期培训员工。决定员工去留的一个关键因素就是员工能否在合适的工作岗位上，做到人尽其才，才尽其用，而且在工作过程中，要根据情况的需要，对他进行培训。这样做既满足了员工自身的需要，也满足了企业的需要，因为通常情况下，经过培训后的员工能胜任更具挑战性的工作。第三，营造一个良好的工作环境。工作环境的好坏直接影响到员工的身心健康和工作效率。企业不仅要为员工营造一个安全、关系融洽、压力适中的工作环境，而且要根据本单位的实际情况为员工配备必要的设施。第四，善待员工的举措。有社会责任感的企业都有各种各样的善待员工的举措，例如，推行民主管理，提高员工的物质待遇，对工作表现好的员工予以奖励等。

②新企业对股东的责任　企业首要的责任是维护股东的利益，承担起代理人的角色，保证股东的利益最大化，这是最基本的东西。保证股东的利益实际上是企业或企业家实现承担社会责任的基础，这是一个基本命题。虽然企业追求股东利益最大化并不能保证企业其他利益相关者的利益最大化，但是反过来，企业如果不追求股东利益最大化，其他利益相关者的利益就无法得到保证。也就是说，追求股东利益最大化是实现企业其他利益相关者利益的必要条件。

③新企业对消费者的责任　企业是通过为消费者提供产品和服务而获取利润的组织，企业为消费者提供质优价廉、安全、舒适和耐用的商品，满足消费者的物质和精神需求是企业的天职。企业对消费者的重要责任集中体现对消费者权益的维护，按照消费者权益保护法，消费者有四个方面的权利：安全的权利、知情的权利、自由选择的权利和听证的权利，如果企业在这方面侵犯了消费者的权利，使消费者的利益受到损害，企业的行为就是不道德的。

企业对消费者的最基本责任是向消费者提供安全可靠的产品。消费者购买企业提供的产品是为了满足自己的物质和精神需求，而如果企业向消费者提供了有安全隐患的产品，不仅消费者的消费需求得不到满足，而且在不知名的未来还有付出人身伤害和财产损失的巨大代价，这一切企业负完全责任。

企业对消费者的第二个责任是尊重消费者的知情权和自由选择权，使消费者尽可能多地了解企业的产品，在公平交易的前提下自由地选择产品。消费者的知情权和选择权是密切相连的，只有全面的知情权才有自由的选择权。任何消费者在购买产品之前有权通过产品的广告、宣传材料和产品说明书对产品的可靠性、性能方面等方面的知识进行全面地了解，以便在琳琅满目的商品中选择到自己称心如意的商品。企业如果在产品的广告、宣传材料和说明书中过分夸大产品的功效，对产品的不足之处极力隐瞒或只字不提；如果产品的说明书、标签与内容严重不符，这种企业以自身的信息资源优势隐瞒产品的不足、夸大产品功效的行为造成了交易过程中严重不公正，侵犯了消费者的知情权和自由选择权，是企业不尊重消费者，对消费者严重不负责的表现。

④新企业对环境的责任　生态环境与自然环境是人类赖以生存和发展的家园，是企业成长与发展的基本条件。新企业应该承担起对生态环境的保护和生态文明建设的责任。节约使用各种有限资源，推动绿色发展、低碳发展、循环发展。企业应当加强环保及生态文明建设，减少对大气、水、土壤等污染，实现可持续发展。

⑤新企业对社区的责任　社区是若干社会群体或社会组织聚集在某一个领域里所形成的一个生活上相互关联的大集体，是社会有机体最基本的内容，是宏观社会的缩影。一个社区应该包括一定数量的人口、一定范围的地域、一定规模的设施、一定特征的文化、一定类型的组织。新企业应该积极参与社区活动，为社区提供给就业岗位，保持社区清洁，为社区人民提供更好的生活环境。

⑥新企业对政府的责任　政府是企业重要的利益相关者，要为企业营造良好的宏观环境。同时新企业也要对政府承担一定的责任。新企业要接受政府部门的监督、管理和指导，企业的经营要遵守法律法规和规章制度，确保提供的信息准确、真实，自觉接受社会舆论监督。

8.1.3　新企业相关的法律

注册企业必须了解和遵守国家法律法规，与新企业密切相关的法律法规有知识产权法、劳动法、合同法、相关税法、产品质量法等，在企业创办和经营过程中，要重视伦理问题。使企业走上健康发展的道路。

新企业与知识产权法。知识产权法是指因调整知识产权的归属、行使、管理和保护等活动中产生的社会关系的法律规范的总称。知识产权法的综合性和技术性特征十分明显，在知识产权法中，既有私法规范，也有公法规范；既有实体法规范，也有程序法规范。但从法律部门的归属上讲，知识产权法仍属于民法，是民法的特别法。知识产权法仅是一个学科概念，并不是一部具体的制定法。知识产权法律制度主要由著作权法、专利法、商标法、反不正当竞争法等若干法律行政法规或规章、司法解释、相关国际条约等共同构成。

知识产权法对新企业的作用体现在三个层面：其一是使新企业的知识产权受到法律保护，不受他人侵害；其二是知识产权的认定结果是可以进行产权交易的，知识产权可以使新企业直接获得经济收入；其三是拥有知识产权的企业，能够极大提高企业的影响力。

新企业与劳动法。劳动法是指调整劳动关系以及与劳动关系有密切联系的其他社会关系的法律。离不开调整劳动关系这一核心内容。劳动法是国家为了保护劳动者的合法权益，调整劳动关系，建立和维护适应社会主义市场经济的劳动制度，促进经济发展和社会进步，根据宪法而制定颁布的法律。从狭义上讲，我国劳动法是指 1994 年 7 月 5 日八届人大通过，1995 年 1 月 1 日起施行的《中华人民共和国劳动法》，2018 年第二次修正；从广义上讲，劳动法是调整劳动关系的法律法规，以及调整与劳动关系密切相隧的其他社会关系的法律规范的总称。

其内容主要包括：劳动者的主要权利和义务；劳动就业方针政策及录用职工的规定；劳动合同的订立、变更与解除程序的规定；集体合同的签订与执行办法；工作时间与休息时间制度；劳动报酬制度；劳动卫生和安全技术规程等。

新企业与合同法。合同是当事人或当事双方之间设立、变更、终止民事关系的协议。依法成立的合同，受法律保护。合同作为一种民事法律行为，是当事人协商一致的产物，是两个以上的意思表示相一致的协议。只有当事人所作出的意思表示合法，合同才具有法律约束力。依法成立的合同从成立之日起生效，具有法律约束力。

合同法是国家制定的调整平等主体之间合同关系的法律规范的总和。其立法的目的是为了保护合同当事人的合法权益，维护社会经济秩序，促进社会主义现代化建设。新企业应该建立完善的合同管理机构及制度，创业者要对其进行管理和归档，对合同签订与履行进行监督和检查。

新企业与相关税法。税法是国家制定的用以调整国家与纳税人之间在纳税方面的权利及义务关系的法律规范的总称。税法是税收制度的法律表现形式。

【课后练习】

走访身边的企业

8.2 新创企业的管理

8.2.1 爱迪思企业生命周期模型

成长和发展是生命的永恒主题。就像任何一个生命一样，企业从诞生之初就有追求成长和发展的内在冲动。企业生命周期理论构成了经济学和管理学对企业成长问题最基本的假设之一。企业在成长过程中会经历若干发展阶段，每个阶段具有相应的特点和驱动因素，这要求企业在各个方面不断变革，与其发展阶段相适应。

在众多企业生命周期模型中，美国学者爱迪思提出的阶段划分最为细致，在理论界和实践界有着广泛影响。如图 8-1 所示，他把企业生命周期划分为 11 个阶段，分别是孕育期、婴儿期、学步期、青春期、盛年前期、盛年后期、稳定期、贵族期、官僚化早期、官僚期、死亡期。盛年期之前是成长阶段，盛年期之后是老化阶段。

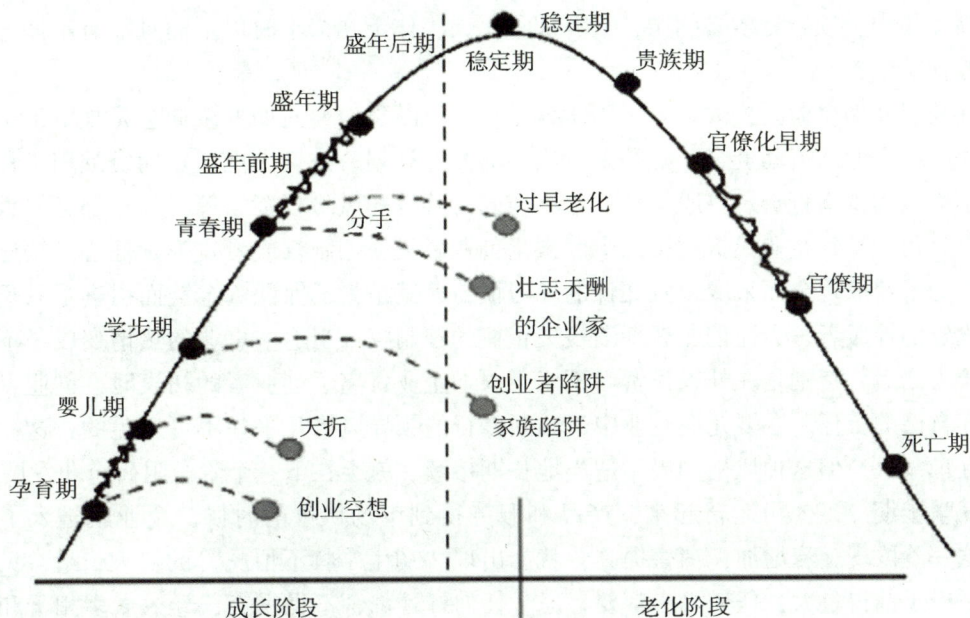

图 8-1　爱迪思企业生命周期示意图

①孕育期　孕育期是先于企业出现的一个阶段，即梦想阶段，没有梦想，就不会有后来的企业。此阶段的本质，就是创业者确立自己的责任，并且一直伴随着创业者经历企业的全部生命周期。这种责任的形成标志，不是公司在形式上的成立，而是创业者的创意通过了利益相关人的检验，创业者和加盟人都树立起了承担风险的责任心，风险越高，责任越大。同时，这种责任能够得到经理人、雇员、客户、供应商等利益相关者的支持。成功的企业不仅要有好的创意、市场和资金的支持，更需要那种把自己的全部热情和精力都能投入事业的人。创业者的责任心和凝聚力，决定着资源能否积聚和充分利用。

如果创业者的动机仅是为了赚钱，这种急功近利的狭隘不能支撑建立真正的企业。真正的企业，在创业阶段必须要带一定的动机，如满足市场需求，创造附加价值，增添生活意义等。创业的责任承诺在后来的兑现过程中，可能产生一些不正常的和病态的问题。创业者在激动状态下，会被迫或者自愿地作出一些不现实的承诺，常见的问题如慷慨地给加盟者分配股份。在梦想阶段这种股份是不确定的，后来公司有了真正价值使这种股份权益变为现实时，创业者将会备受折磨。

②婴儿期　婴儿期不再有浪漫和梦想，而是实实在在的生存问题。这一阶段能否健康成长，取决于营运资金和创业者承诺的兑现，增加销售量成为头等大事。此时的正常问题是完善产品与扩大销售的矛盾，这将会使企业筋疲力尽。羽翼未丰的企业处处都需要资

金，空想清谈不再有用，需要的是行动和销售。这时候必须稳定产品，核定价格，支持销售。但此时企业管理不到位，创业者忙得只能解决最紧急的事，没有明确的制度，缺乏必要的程序，预算相当有限，不足以建立庞大的团队。创业者只能高度集权，承诺过度，日程过满，加班加点，从领导到员工都在忙，没有等级，没有聘用，没有考核。家庭式的小本经营企业都很脆弱，一不留神，小问题就变成了危机，所以，全部人员都全神贯注，决策权高度集中，领导者事必躬亲，只有那种每天工作十几个小时以上而且没有星期天的人才能胜任。

导致婴儿期企业夭折的第一个因素就是现金流断裂。婴儿期的企业总是投资不足，为了避免耗尽企业的流动资金，必须要有现实的商业计划。一旦出现把短期贷款用于长线投资、不恰当的价格打折、将股份转让给不能同舟共济的风险投资家等失误，都会严重到足以毁灭公司。导致企业夭折的第二个因素是创业者失去控制权或者丧失责任心。缺乏规章制度，为了获取现金而采取权宜之计的坏习惯，尤其是为了保证资金链而引进了只求快速收回投资的控股者，会让创业者渐渐丧失企业的控制权；当追求事业的热情变成了不堪重负的压力之后，特别是在外来投资者不当干预下企业背离了创业者的初衷时，创业者可能会放弃自己的责任。在婴儿期企业中，独断专行的领导风格几乎是不可避免的，这样才能适时处理危机。但这种风格如果不适当地长期持续，就会在下一个阶段阻碍企业发展。

③学步期　当公司运转起来，产品和服务得到市场认可的时候，企业就进入了学步期。这一阶段现金流增加，销售提高，就会出现"初生牛犊不怕虎"的自大，最常见的问题就是摊子铺得过大，任何机会都要考虑，任何好处都舍不得丢弃，卷入太多相干和不相干的生意，精力不能集中，多元化遍地开花。公司就像是个微型的企业集团，一个小部门甚至一两个人，就想要撑起一个"事业部"。创业者独断专行，虽然造就了婴儿期的成功，却隐含着学步期的管理危机。老板们沉醉于眼前的成功，相信自己的天赋，充满不成熟的疯狂想法，而那些促销的折扣与奖励，使销售直线上升却没有利润，甚至销得越多赔得越多。

尽管快速增长表面上是好的，然而让销售额直线上涨是危险的，把资金流寄托于未知的市场份额更危险。此时企业应该夯实基础，稳扎稳打，关注预算、组织结构、分工、职责、激励机制等基本制度建设，学会自律，学会放弃。但是，经营现实中这种企业最常见到的情况是一连串的决策失误，碰了钉子才会有些许清醒。所以，学步期实际上是频繁的试错阶段。

④青春期　这是摆脱创业者的影响进入经理人治理的阶段，也称为再生阶段，即脱离父母监护的独立阶段，这是一个痛苦的过程。即使创业者本人转变为职业经理人，其中的冲突、摩擦也在所难免。规章制度的建立和授权是青春期企业的必经之路。婴儿期大权独揽不存在问题，而到青春期则必须授权，就像父母对长大的孩子必须放手一样。一旦引入职业经理人，就会发生管理风格的变革和企业文化的转化。对于创业者来说，婴儿期需要冒险，学步期需要远见，而青春期需要的是规范经营。职业化、减少直觉决策、驾驭机会而不是被机会驱使、创建制度、形成责任体系、改变薪酬规定等，都会成为冲突之源。创业者、创业元老与新经理矛盾冲突不断。青春期的麻烦，实质上是经营目标的转变，由盲

目扩大市场份额转向明确追求利润。如果经理人与董事会结成同盟，挤走富有开拓精神却在不断破坏制度的创业者，病态的结果是企业未老先衰，有了"数字化管理"却失去了前瞻眼光，有了组织纪律性却失去了朝气活力，最终会丧失盛年期的收获而直接进入贵族期。完成青春期转变的关键，是创业者与经理人之间的理解、信任与合作。

⑤盛年期　即灵活性和控制力达到平衡状态的阶段，这是企业蒸蒸日上的时期。此时企业经过了青春期的痛苦，实现了领导机制的转变，建立了有效的管理制度体系，梦想和价值观得以实现，合适的权力结构平衡了创造力和控制力的关系。企业明白它要什么不要什么，关注点可以兼顾顾客和雇员，销售和利润能够同时增长，它能预测到即将取得的成效，这时的企业已经成为能够共享某些功能的利润中心组合体，规模经济和显著效益可以让公司多产起来，能够分化和衍生出新的婴儿期企业，也能够扩展到新的事业领域，有了相互尊重和信任的企业文化，可以促进企业的内部整合和团结。

当然，盛年期的企业也有问题。虽然婴儿期、学步期、青春期出现过的问题，有可能在盛年期还会出现，但鼎盛状态下要想持续发展，管理人员的培训不足、训练有素的员工不够，则会上升到首要位置。此时已经进入公司发展有预见、可控并具有资金基础的阶段，所以关键的难题是如何以高素质人员来保持兴盛状态。

⑥稳定期　稳定期是企业的转折点，虽然一切欣欣向荣，但是越来越循规蹈矩、安于现状、保守处事。决策的隐含准则是保护自己的利益而非公司利益。高管层虽然也能倾听建议，但却不会探索新的领域。琐细的事实、大量的数据和精密的公式在决策中满天飞。稳定期的表象，是企业遇到了增长瓶颈，实际上是发展曲线到了顶点。公司有时也会出现新的构想，但却没有了当年的那种兴奋和刺激。典型的表现，就是对财务部门的重视超过了对营销部门和研发部门的重视，对改善人际关系的兴趣超过了对冒险创新的兴趣，对昔日辉煌的津津乐道超过了对发展愿景和新战略定位的探索，在用人上更乐意用唯唯诺诺者而不愿再见到桀骜不驯者。表面上，这一阶段没有大毛病，高管层更多地会误以为这就是盛年期，但衰败的种子正在悄悄发芽。

⑦贵族期、官僚化早期和官僚期　代表着公司越来越走下坡路。这个阶段的企业，不再有真正的长期目标和事业追求，只是为了维持面子而热衷于短期获利和低风险目标。人们为了维护自己的利益而争斗，强调别人造成了灾难，总要有人为错误承担责任，内讧和中伤不断，大家都在争夺企业内部地盘，客户需要无人理睬，那些平时就看着不顺眼的员工（正是这些人往往保存着一些创造力）就变成了牺牲品。有创造力的人，在官僚化内讧中往往不是那些擅长权位者的对手；试图推行变革、扭转官僚化趋势的人，其努力不但无济于事，而且还往往会搭上自己的职业前程，最后不得不走人。官僚化的结局是企业濒临破产，靠企业自身的努力已经无力回天，到处充斥着制度、表格、程序、规章，就是看不到真正的经营活动。企业最终的命运就是走向死亡。

爱迪思对企业生命周期的概括，为研究管理打开了一个新的视窗。必须注意的是，企业所处的生命阶段，不以时间长短来确定，也不以规模大小为前提。就时间来说，有不少百年老店依然"年轻"，也有不少刚刚建立的企业已经"老态龙钟"；就规模来说，有些世界排名领先的巨型企业依然生机盎然，而有些小型企业已经送进了重症监护室。判断企业年龄的尺度，是灵活性和控制力的消长情况。

了解企业的生命周期，是为了帮助创业者认识到，企业有萌芽，有生存与成长，也有衰落与死亡。所以我们在做出创办与经营企业的决策时，要保持清醒，认识到企业发展的规律，冷静地看到自己的企业处于哪个阶段，应该如何调整策略，维持企业发展的活力，实现自己创业的诉求。

【扩展阅读】

创业企业的一般出路

8.2.2 新企业的生存管理

新创企业的首要任务是从无到有，把自己的产品或服务卖出去，掘到第一桶金，从而在市场上找到立足点，使自己生存下来。在创业阶段，生存是第一位的，一切围绕生存运作，一切危及生存的做法都应避免。最忌讳在创业阶段提出不切实际的扩张目标，盲目地谈扩大，谈规模。创业企业要超越已有的竞争对手，一定要探索到新的成功的生存模式，这是新创企业管理的本质所在。

企业也像人一样是有生命力的，要么健康的、一年一年的发展壮大；要么因失去了生存下去的基本条件或者病死、累死、饿死、冻死、撑死、拖死。从财务角度看，坚持到盈利、保持住现金流，都是企业生存的基本条件，下面从几个方面来说明从财务上如何保证新企业的生存。

（1）追求合理利润

利润是一个合理而现实的、具有较强操作性的指标，追求利润最大是企业的当然选择，但"追求合理利润"作为初创企业的财务目标更为合适。

初创企业以追求"合理利润"（而非利润最大化）的财务管理目标。既不淡化利益追求，又不会因过于追求利益最大而冒不必要的、甚至是毁灭性的风险。同时，应当综合考虑市场竞争能力、获利能力、增值能力、偿债能力、资金营运能力、抵御风险能力及信用水平、社会责任等各种因素，把它们作为确定利润指标时的重要决策因素加以考虑，确保企业具有强大的可持续发展动能。

在企业经营中存在着各种利益主体的对立统一关系，他们彼此的经济目标有时并不一致。正是由于各主体之间的利益并不一致，他们不断地试图在矛盾中寻求利益平衡。选择合理利润作为财务管理目标，则可以在一定程度上减少这种不一致性，从而在一定程度上减少企业的短期行为。此外，企业有时出于避税、降低经营风险等方面的考虑，会利用对会计政策、变更会计估计等方面的选择权，实施盈余管理，此时企业选择的并非利润最大，而是从企业利益出发的"合理利润"。这一点，对于初创企业来说，具有一定的合理性，更符合初创企业实情，也更容易被初创企业的投资者和经营者所接受。当然，企业产生短期行为还存在着企业本身治理结构不完善等方面的原因，并非合理制定利润目标所能全部解决的。

（2）增强融资能力

创业者如何筹集到新企业所需要的资金，就要和资金供给方建立良好的外部关系。首先要处理好与债权人的关系，使债权人的利益不受到损害。初创企业的抗风险能力弱、信用等级低，致使金融机构等债权人不愿将资金贷给初创企业。在这种情况下，初创企业首先应该充分尊重债权人，不逃废、悬空债务，主动与金融机构等债权人保持良好的关系，让其了解企业，看到企业的远大前景。具体做法可以通过两个方面：一方面是企业对金融机构的选择。应该选择对初创企业立业和成长前途感兴趣并愿意对其投资的金融机构，能给予企业经营指导的金融机构，分支机构多、交通便利的金融机构、资金充足而且资金费用低的金融机构、员工素质好，职业道德良好的金融机构。另一方面是初创企业要主动向合作的金融机构沟通企业的经营方针，发展计划，财务状况，说明遇到的困难，以实绩和信誉赢得金融机构的信任和支持，而不应以各种违法或不正当的手段来套取资金。当金融机构等债权人的利益得到保障时，债权人才会与企业保持长久的合作。企业获取了决定企业生存和发展的资金，才能持续发展。

初创企业可以通过发行优先股的渠道加强直接融资，保证资金需要。由于优先股能够获得稳定的股息收入，可以吸引稳健型的投资者；没有表决权，又能确保公司的经营自主权落在实处；积极开展合法的民间融资，如果有适当的股权融资私募机制引导社会资金分流到民间融资市场并进行股权融资、或者是股权与债券的混合融资，就能提高其整个社会的股权融资的比例，改善初创企业的资产负债结构；股权融资的比率提高之后，才有可能继续通过贷款以及债券融资等债务融资形式对初创企业进行金融支持；此外还可以开展信托、融资租赁等业务，丰富融资渠道。

（3）重视财务管理

财务管理的优劣直接关系到企业的兴衰。初创企业的财务管理并不是事无巨细、全面管理，而是应选择一些主要方面实施重点控制，同时还应根据企业整体战略目标和环境的变化而调整主要内容，以达到预期的效果。

创业者应该重视会计工作，依据科学的内部会计控制规范和新企业的实际情况，制定出适合本企业的内部财务制度，并严格遵守既定的程序和规范，明确会计机构的职责与权限，建立健全会计人员的岗位责任制构建一个良好的控制环境，规避面临的投资风险、筹资风险和经营风险，使财务管理起到应有的保障作用。

初创企业要完善会计核算方法，应从会计基础工作入手，根据《中华人民共和国会计法》和《企业会计准则》及各项具体制度的要求，会计核算要客观、真实、及时、准确、明晰地反映企业经营情况的会计信息，同时完善会计监督和分析，使财务管理起到应有的导向作用。

企业应当根据经营环境的变化，不断通过存量调整和变量调整（增量或减量）的手段确保财务结构的动态优化。新企业财务结构管理的重点是对资本、负债、资产和投资等进行结构性调整，使其保持合理的比例。包括优化资本结构、优化负债结构、优化资产结构、优化投资结构。

①优化资本结构　企业应在权益资本和债务资本之间确定一个合适的比例结构，使负债水平始终保持在一个合理的水平上，不能超过自身的承受能力。负债经营的临界点是全部资金的息税前利润等于负债利息。

②优化负债结构　负债结构性管理的重点是负债的到期结构。由于预期现金流量很难与债务的到期及数量保持协调一致，这就要求企业在允许现金流量波动的前提下，确定负债到期结构应保持安全边际。企业应对长、短期负债的盈利能力与风险进行权衡，以确定既使风险最小、又能使企业盈利能力最大化的长、短期负债比例。

③优化资产结构　资产结构的优化主要是确定一个既能维持企业正常生产经营，又能在减少或不增加风险的前提下给企业带来尽可能多利润的流动资金水平，其核心指标是反映流动资产与流动负债差额的"净营运资本"。

④优化投资结构　主要是从提高投资回报的角度，对企业投资情况进行分类比较，确定合理的比重和格局，包括长期投资和短期投资，固定资产投资、无形资产投资和流动资产投资，直接投资和间接投资，产业投资和风险投资等。

（4）培育核心竞争力

新企业的核心竞争力有很多可能性，创业者要注意抓住现有优势，挖掘新企业的核心竞争力，并不断扩大优势。对当前很多技术型或创新型创业，技术或创新是企业赢得竞争、快速发展的重要战略，是培育企业核心能力、增强企业长期竞争优势的关键，是打造核心竞争力的硬功夫。初创企业要靠技术的不断改进，及时的优势创业，巩固自己在市场上的地位。此外，要不断提高初创企业的经营管理水平，摒弃"家族式"管理理念，借鉴大企业先进的管理经验，大胆、积极引进职业经理等高素质管理人才，改善经理管理队伍素质，提高经营管理水平。一个出色的管理团队，也可以成为创业企业的核心竞争力。

8.2.3　新企业的现金流管理

现金流是新企业生存和发展的血液，保持有能够维持正常经营活动所需的现金流对于企业的生存发展至关重要。创业者不仅要时刻关注企业的现金存量，而且更应重点关注企业的现金流。一个企业可能不会因为亏损而立即破产，相反，有些赔钱的企业，尽管亏损，但仍然能维持下去，其中的奥妙就在于资金调度得当。但是很多企业都因为现金流的断裂而消亡。

（1）现金流的概念

现金流就是在一段时间内流入或流出企业现金账户的钱，即某一时期内企业现金流入和流出的数量。如企业在销售商品、提供劳务、出售固定资产、向银行借款等取得现金，形成企业的现金流入；购买原材料、购买机器设备、对外投资、偿还债务、缴纳税金等而支付现金，形成企业的现金流出。企业的经营活动、投资活动以及筹资活动均能够导致企业现金流入及现金流出，而现金流入与流出的差额称为现金净流量。这里的"现金"是指广义的现金，它不仅包括企业的库存现金，还包括企业的银行存款及银行汇票存款等其他各种货币资金，但在企业中存在一些期限较长的定期存款，因其不能随意支取，变现能力受限，则不能作为现金流量表中的现金。

现金流分析的是现金收入和现金支出，而不是收入和费用。现金收入和现金支出不仅受收入和费用的影响，还受到资产负债表里一些款项的影响，如应收账款、存货、利息、资本支出、偿债、贷款及实际收入等。

现金流信息能够表明企业经营状况是否良好，资金是否短缺以及企业偿债能力大小，从而为投资者、债权人和企业管理者提供有用的财务信息。经营活动现金盈余是企业具有活力的主要标志。如果经营活动的现金净流量为负数，那么企业要依靠外部因素，即投资活动或筹资活动带来正的现金净流量来运转，长期下去是非常危险的。此外，需要注意的是，企业现金形式的转换不会产生现金的流入和流出。

（2）现金流的预算

所有的企业都应该对未来的现金流进行预测和预算。定期编制现金预算，合理安排现金收支，及时反映企业现金的盈缺情况。现金预算是对企业预算期内有关现金流入与流出所作的预测，它通常被当作这一时期的计划目标，也是企业短期财务计划的基本工具。现金预算的内容包括现金收入、现金支出、现金多余或不足的计算，以及不足部分的筹措方案和多余部分的利用方案等。现金预算实际上是与其他预算如销售预算、生产预算、直接材料预算等有关现金收支部分的汇总，以及收支差额平衡措施的具体计划。其他预算在编制时要为现金预算做好数据准备。

企业的流动状况可以通过编制现金预算进行监控。虽然有时现金预算可能会变得过时或不再有实际意义，但它仍然是企业采用的计划的一部分。当出现预算赤字时，企业可以通过借款筹集现金，也可以采用延迟或取消资本性支出项目等措施来减少现金赤字。如果预测为盈余，企业就可以对如何应用盈余现金作出预算。

对于、小公司或者新成立的公司来说，由于有限的财力资源、巨大的财务压力、重大决策所带来的风险及较高的失败率，现金流预算与报告成为创业者的关键控制点。而控制必须指向一个计划或目标，现金流量目标在一个计划或预算中可以被公式化并作为企业的政策、规则和条例。如信用期、销售折扣等。

（3）现金流的改善

为确保新企业的现金流健康、顺畅，我们可以通过以下办法来改善现金流：

- 为客户开发产品或项目时，向他们收取预付金，让他们而不是你自己，为该项目提供资金。
- 设置一个交货后全部收回账款的期限，如要求在交货后30天内或60天内付款。尽可能快地收回资金。
- 和供应商谈判，争取获得30天或更长的付款期限。先从顾客那里收到钱，再付款给供应商。
- 预先设置一个收款的程序。如果顾客延期付款，就要不断催款。
- 银行的贷款利率通常要比供应商收取的滞纳金要少。在紧急情况下，不妨向银行贷款，还清供应商的钱，这也能在短期内弥补现金流的不足。
- 收账代理机构可以帮忙，不必等30天或60天，立即就可以拿到现金。但是使用代收服务需要费用，在使用代收服务前，要先想想哪种方式更划算。

● 个人需要花的钱，尽量不要从公司支取。从公司拿走钱，也就减少了现金流的总量，而它本来可以促进公司的发展。

【课后练习】

现金流测算与控制

8.3　新企业成长与发展

8.3.1　点-规模-渗透销售方法

8.3.1.1　点-规模-渗透的含义

什么是"点"。"点"的第一含义是一个，是一个城市。首先是你所在的城市，符合"先做近，后做远"的原则。必须是一个，只能是一个。"点"的第二含义是集中，把有限的能量与资源集中在一处，具体到把仓库储备、人员食宿、通讯地址、电话传真、运输工具、包装材料、办公设备、办公地址等，统统集中在一起，不仅仅集中在一个城市，而且要集中在一处。

选择那个"点"，在大城市中选择那个城市。有如下几种状况：同样的产品，有些地方卖的好，有些地方卖的不好，原因是什么？消费习惯不同、消费能力不同、消费成熟度不同等。无论任何原因，归结为两条，即"好卖"与"不好卖"。要么先选择有代表性的城市尝试一下，要么直接选最大的城市，只要人足够多，肯定什么样的消费者都有。

什么是"规模"。"规模"的含义是铺货终端的数量。首先是广度，在一个点中开辟多条通路。例如，做透了小商品批发市场，接着做专卖店，再接着做大商场，再接着做展销会，总之，把适合自己产品的通路全部都做起来。其次是深度，把每一条通路做透。例如，上海小商品市场有数十个，那就在每一个小商品市场中找到并落实一家做产品的销售代理，在这条销售渠道上不留空隙。通过广度做全和深度做透，达到最大限度的终端铺货：东西南北的方位终端，大小高低的层次终端，全都铺到不留死角。

什么是"渗透"。"渗透"的含义是蚕食的铺货办法。利用"点"创造的集中的条件，在点上实现规模。不靠做广告，不通经销商，靠自己的销售队伍，从代表厂家的经销点直接与销售终端连接。渗透的过程像扫楼，一个也不能少；像蝗虫吃庄稼，吃它个干干净净；像蚂蚁啃骨头一样，从头到尾。渗透的办法有四种：一是先选择一条渠道走到底，在同一条渠道中不停地延伸；二是第一条渠道做透了，没有空隙了，再开辟第二条渠道；三是在一条渠道上推行的可行性办法，要形成模式在其他渠道上复制；四是随着产品散播面积的扩大，辐射力在增强，会发现你的消费团体。在了解他们需求特殊性的基础上，用专门小组，有准备有技巧地去做。

8.3.1.2　点-规模-渗透之间的关系

"点"决定渗透。"点"创造了短距离，厂家与销售终端的短距离，为运用渗透策略成为可能；"点"创造了低成本，"渗透"是具有蚕食特点的行动，这样的行动需要时间，而时间联系着费用。是"点"创造了低成本的条件，让"渗透"可以不计时间成本慢慢完成。

渗透产生规模。"规模"的产生是"渗透"的结果，是在不同通路上持续的渗透，是在一条通路上的全部终端上持续的渗透，大量铺货的"规模"就产生了。"渗透"是连接"点"与"规模"的中间环节。

规模创造"虹吸"。"虹吸"，是让液体经过高于自己的液面的位置，把液体引向低处，是能够让液体自己通过高处的阻隔，自动的流向低处的一个现象。虹吸现象的发生，是把曲管的两头插进高低两个液面。只要管子处于真空状态（包括充满液体），不论中间有多少的阻隔，流动都会自然发生。

8.3.1.3　点-规模-渗透的实施办法

首先准备一张你所在城市的地图，将地图悬挂在墙上，然后思考产品有哪些销售渠道，找到这些销售渠道后，在地图上做好标记。如一种颜色代表一个渠道，三种颜色代表三个渠道，三种颜色的点代表三个渠道的销售终端，已开辟的终端为实心点，待开辟的终端为空心点，这就是管理工具。有了它，产品有多少销售渠道，每一条销售渠道有多少销售终端，一目了然。

操作流程：①开拓先行，先是开通一条渠道中的销售终端：一个一个地寻找，一个一个地洽谈。以签订销售代理协议为目的，一条渠道做透后再开辟第二条渠道。②两个同步，开辟与送货同步进行。随着《销售代理协议》的签订，开始给代理商送货。与此同时，开拓市场持续进行。③三个结合，送货-续货-结算结合起来，三件事一个人，一辆车一条路线，完成当日任务。

管理方式：一个中心两个点三个人。中心是老板，负责信息收集，汇总统计表。统计表包括：拓展的点（附合同）；铺货的量（收货单）；续货的点（电话记录）；结算的款（前期收货凭证）。点之一是市场开拓的负责人，负责寻找、洽谈、签约。负责市场开拓的人，每天把代理协议交给老板，同时交流渠道信息。老板下达《送货结款任务书》给送货负责人。点之二是"两送一结"的负责人，负责送货、续货和结算。负责送货的人有三项职能。一是准备送货结算的文件（送货——根据《代理协议书》；结款——根据上次送货的对方签收的《收据》）。二是要制定线路图，不漏户，不走回头路。三是做日统计表，汇总每天的情况向老板汇报。

靠一张表掌控一切，用《任务书》指挥一切。用这种简约式的管理，做到了情况明了，有效率，管得住。

【案例导读】

逼出来的销售套路

缘起

到了 1999 年年底，便携太阳帽的第二代产品开发成功。与第一代比较。除了功能的调整之外，最重要的是由于发现了新的开模具技术，使开模具的成本大幅度下降，这样，就为在帽子的构架上使用注塑件，也就是用注塑件代替原来的金属冲压件提供了条件。这样，占单个帽子材料成本 80% 的构架成本下降了 80%。

大好事啊！大跳跃啊！价格大幅度下降与利润小幅度增长同步啊！这是多大的进步！这是这个项目开发进程中最具有基础意义的历史性事件。但是——既不能投入有规模的生产，也不能马上投放市场。

为什么呢？

库存，第一代产品有 32000 件库存。不把它消化掉，生产第二代产品就没有资金。不把它消化掉，第二代一露面它就寿终正寝了。能不能卖掉这批货，成了这个项目乃至我的企业生死存亡的关口。

怎么卖掉这 32000 件存货？

各种各样的销售通路都走过了，各种各样的销售方式都试过了，仍然没有稳定的通路与成熟的模式。最为"辉煌"的是在全国建了 7 个销售办事处，从没有冬天的海南岛到遍地流油的大庆。一年下来，销售总成本大于销售总收入。什么意思呢？也就是卖货收回的钱，还没有为了卖这些货花出去的钱多。那是什么心情：如果我坐在松花江大桥上，把我的货一箱一箱扔到江里，那我还赚了成本大于销售额的"差价"几万元。

按照过去三年的干法，还要花上三年时间 30 万费用——显然没有任何可能性。就是在这万般无奈的境况下，怀着几分悲情壮志和背水一战的决心，一个大胆而又颇具风险的想法付诸实施。

辉煌

把一切可能调动与支配的优秀资源集中起来握成一个拳头，专打北京一个市场，且由我亲自坐镇。

正月十五那个漆黑的傍晚，一辆 12 米长的载重大货车，以超重的负荷，向着 2500 公里外的未知世界进发。从那时起到 6 月初的一个早晨，一家专门经营旅游产品的公司的小卡车，把最后 6000 件产品"兜"走为止，历时四个半月，32000 件产品销售告罄。战果之辉煌简直是出乎意料：

——销售数量，约等于前三年销售量的总和；

——销售成本，相当于前三年总销售成本的 1/17；

——销售回款，不算少量大商场待结算货款，是 100%；

——销售价格，五种方式平均下来，相当于原批发价的 90%；

此外，还签了两份大额定单（都是有 30% 预付定金的）。一份是一家专门向韩国出口中国产品的贸易公司，另一份是黄山风景区管委会下属的旅游品经营公司，数量都在两万件以上。

最后一批出货的那天下午，我给 8 名跟着我披星戴月、死打硬拼的勇士放了假，我自己则走进了一家洗浴中心，看着小了一圈的脸黑瘦黑瘦，再看看磨穿了底的皮鞋——这已经是第三双，突然百感交集，眼泪不由自主地流出来，此时的我多想放声大哭一场……

这是一段惊心动魄的历史，是绝路逢生的幸运，是死打硬拼的奇迹，是厚积薄发的辉煌。它是在漫漫长夜里苦苦的摸索，终于见到了黎明的曙光，顿觉豁然开朗，激动得浑身颤抖，似乎能感觉到血液酥酥像山泉溪水流淌。

（本案例由编者整理）

8.3.2　新创企业的人力资源管理

8.3.2.1　新企业的岗位设定

新企业的人力资源管理中，岗位设计及职责明确是最基本的工作。要注意以下几个原则：

（1）能级对应

合理的人力资源配置应使人力资源的整体功能强化，使人的能力与岗位要求相对应。企业岗位有层次和种类之分，它们占据着不同的位置，处于不同的能级水平，每个人也都具有不同水平的能力，在纵向上处于不同的能级位置。岗位人员的配置，应做到能级对应，就是说每一个人所具有的能级水平与所处的层次和岗位的能级要求相对应。

（2）优势定位

人的发展受先天素质的影响，更受后天实践的制约。后天形成的能力不仅与本人的努力程度有关，也与实践的环境有关，因此人的能力的发展是不平衡的，其个性也是多样化的。每个人都有自己的长处和短处，有其总体的能级水准，同时也有自己的专业特长及工作爱好。优势定位内容有两个方面：一是指人自身应根据自己的优势和岗位的要求，选择最有利于发挥自己优势的岗位；二是指管理者也应据此将人安置到最有利于发挥其优势的岗位上。

（3）动态调节

动态原则是指当人员或岗位要求发生变化的时候，要适时地对人员配备进行调整，以保证始终使合适的人工作在合适的岗位上。岗位或岗位要求是在不断变化的，人也是在不断变化的，人对岗位的适应也有一个实践与认识的过程，由于种种原因，使得能级不对应，用非所长等情形时常发生。因此，如果搞一次定位，一职定终身，既会影响工作又不利于人的成长。能级对应，优势定位只有在不断调整的动态过程中才能实现。

（4）内部为主

一般来说，企业在使用人才，特别是高级人才时，总觉得人才不够，抱怨本单位人才不足。其实，每个单位都有自己的人才，问题是"千里马常有"，而"伯乐不常有"。因此，关键是要在企业内部建立起人才资源的开发机制，使用人才的激励机制。这两个机制都很重要，如果只有人才开发机制，而没有激励机制，那么本企业的人才就有可能外流。从内部培养人才，给有能力的人提供机会与挑战，造成紧张与激励气氛，是促成公司发展的动力。但是，这也并非排斥引入必要的外部人才，当确实需要从外部招聘人才时，我们就不能"画地为牢"，死死地扣住企业内部。

8.3.2.2 新企业的组织结构

企业组织结构的合理设计与组织管理的合理分工是企业成功的前提。基本的组织结构模式一般包括功能部门管理和项目管理两种。

（1）功能部门管理

功能部门管理就是通过建立一定的功能部门，形成特定的企业组织结构，对各功能部门规定职务或职位，明确责权关系，以使企业各部门成员互相协作配合、共同劳动，有效实现企业目标的过程。功能部门管理，又称岗位管理，是企业最常见的基本管理模式。

功能部门管理的工作内容，概括地讲，包括四个方面：第一，确定实现企业目标所需要的活动，并按专业化分工的原则进行分类，按类别设立相应的工作岗位；第二，根据企业的特点、外部环境和目标需要划分功能部门，设计组织机构及其结构；第三，规定企业组织机构中的各种职务或职位，明确各自的责任，并授予相应的权力；第四，制订规章制度，建立和健全企业组织机构中纵横各方面的相互关系。

功能部门管理应该明确企业中有什么工作，谁去做什么，工作者承担什么责任，具有什么权力，与组织结构中上下左右的关系如何。只有这样，才能避免由于职责不清造成的执行中的障碍，才能使组织协调地运行，保证组织目标的实现。每一个公司的部门分配应该是不一样的，它与这个公司的业务范围、发展阶段有关系，既要稳定又要灵活。

（2）项目制管理

功能部门管理是按工作职能（平行结构）组织起来的管理模式，而项目管理则与之相对，是以任务（垂直结构）组织起来的管理模式。项目管理是第二次世界大战后期发展起来的管理技术之一，是以项目为对象的系统管理方法，通过一个临时性的专门的柔性组织，对项目进行高效率的计划、组织、指导和控制，以实现项目全过程的动态管理和项目目标的综合垂直协调与优化。项目管理是以项目经理负责制为基础的目标管理。

项目管理的主要任务一般包括项目计划、项目组织、质量管理、费用控制、进度控制等五项。日常的项目管理活动通常是围绕这五项基本任务展开的。项目管理自诞生以来发展很快，当前已发展为三维管理：时间维，即把整个项目的生命周期划分为若干个阶段，从而进行阶段管理；知识维，即针对项目生命周期的各不同阶段，采用的研究不同的管理技术方法；保障维，即对项目人、财、物、技术、信息等的后勤保障管理。

项目制运作一般适用于特定行业的企业创立初期采用，此类企业业务的灵活性、不确定性很强，专业程度一般比较高，如技术类、咨询类公司，摄影或设计工作室等。但在其发展到规模较大，对经营管理的日常性、规范性要求较高的阶段之后，一般还是应建立一定的功能部门，使得管理规范化。但在承接具体的业务时，仍可根据实际情况采用项目制运作。

8.3.2.3　员工的招聘与留用

小微企业员工的招聘。根据招聘需求，选择好的招聘渠道，是快捷高效招到合适人才的关键。

一个好的招聘渠道应该具备以下特征：

①招聘渠道具有目的性。即招聘渠道的选择是否能够达到招聘的要求；

②招聘渠道的经济性。指在招聘到合适人员情况下所花费的成本最小；

③招聘渠道的可行性。指选择的招聘渠道符合现实情况，具有可操作性。

选择招聘渠道的步骤：

①分析单位的招聘要求；

②分析招聘人员的特点；

③确定适合的招聘来源；

④选择适合的招聘方法；

招聘什么样的人员选择什么样的招聘渠道（表8-2），不同的人才猎取的方式也不一样，要对症下药才行。

表8-2　猎取人才的常见渠道

途径	优点	缺点	适合招聘人员
招聘会	比较直观，可见到应聘本人，可了解应聘者本人的一些相关的信息，现场进行选拔；参加招聘会的人员较多，可选择余地大	时间短，不能当场对应聘者进行详细的审查和评测，需要进行下一个面试或者笔试环节；现场招聘者个人因素，易造成对应聘人员把握不准，造成真正优秀人员的流失	基层管理人员；文职类人员；技术类人员
网络招聘	信息传播面广，收获更多份求职者信息	招聘者的工作量大，想要从成千上万的求职者信息中搜索出合适的人选，需要大量的时间；求职者通过网上的简历尽量把自己包装得尽量完美一些，造成招聘企业资源的浪费	中基层管理人员；文职类人员
猎头公司推荐	效率高，招聘有的放矢，节省人力；在人员的从业素质、职业道德上也有一定的保证。人才不愿意主动投递简历，猎头公司可以平衡企业和人才的需求	成本过高（中介费一般为猎头成功推荐的人员年薪的20%~30%）	企业中高层管理人员；部分要求较高的基层管理人员
熟人介绍	成本较低，节奏较快，经推荐招聘到的人员工作上手较快，由于和推荐人本身存在一定关系，融入团队的速度也会较快	可选择的面较小，由于内部人员推荐，所以招聘者在审查方面会有些松懈，造成所招聘人员素质参差不齐；容易和推荐者形成"团队"，给以后的管理工作造成困难	中基层管理人员；技工人员，基层服务员

（续）

途径	优点	缺点	适合招聘人员
媒体公开招聘（如报纸、电视、电台广告）	受众面广，一般会收到较多的应聘资料；为企业本身打了一次广告	招聘费用相对较大；时效性较短；对应聘者信息的真实性较难辨别，人力资源部门在这方面需花费大量的人力物力	中基层和技术职位的员工
内部选拔	成本较低，选拔出的人员对企业的产品和企业文化都已经驾轻就熟，不存在像"空降兵"有融入问题，忠诚度较高，对企业内部人员的有激励作用	过程比较漫长，需经过无数次的审查和讨论，经过谨慎的考核才最终实现；获得提升的人员在提升以后，同样会给原来的岗位留下一个空缺，同样还得历经招聘的过程；内部个别人员心理失衡，影响工作效率	中基层管理人员

新创企业留住人才。过大的人员流动会造成企业人力资源成本的过度增加，这是众所周知的道理。新企业要留住人才应该充分挖掘自身优势，建立和谐的企业管理模式，留住员工的心。

（1）建立企业的远景目标

许多创业公司都埋头发展业务，却从未静下心来想一想："我们的使命是什么？我们的远景目标是什么？"也许老板会认为，公司走一步算一步，因为最终能够发展到什么地步谁都不知道。但是他却忘了，没有一个宏伟而可行的战略目标，公司员工又怎能齐心协力地朝着这个远景目标奋斗？优秀的员工又怎会乐于投身在这个目前还未壮大的企业之中？工作的热情首先来自于对企业充满信心，对未来充满希望。一个雄心勃勃但绝非遥不可及的远景目标，将吸引一批对事业充满热情的人才投身其中。毕竟通过自己的耕耘使一家默默无闻的小企业成长为行业中的知名大企业是对人才的极大诱惑。

（2）注重企业文化建设

咨询专家包诺克说："适宜工作的企业有很多，但是最好企业是别具一格的组织。就像市场上的商标一样。它传达给我们的信息是：我们代表了其他人没有代表的东西，我们是特别的，我们是珍贵的。"不少小企业根本没有企业文化。有的认为这是大企业才需要考虑的事；有的虽然知道企业文化的重要性。但不知道自己公司应该具有怎样的企业文化或如何去建立这样的企业文化；有的虽然在员工手册上写上了公司的企业文化，却从未在实际管理中体现过这种文化。企业文化却是企业获得竞争优势的基础，对大企业和小企业都是如此。例如，美国杜邦公司的竞争对手难以引进杜邦公司卓有成效的安全教育体系，是因为"在这个制造炸药起家的公司里，安全意识早已深深铭刻在每位员工的心里"。而我国海尔集团也因可以创造价值能力的特殊内部资源的企业文化而成为中国家电业的老大，企业文化的重要可见一般。只有切切实实地尊重人、理解人、关怀人、成就人，才有可能让员工认同公司的企业文化，并将自己的理想与公司发展壮大的目标融合在一起。

（3）给予足够的信任

信任首先体现在给予员工自主管理的权利。现代人力资源管理的焦点是以人为中心，主张"情、理、法"二者的有机结合，追求"无为而治"的管理最高境界。管理学家麦克格雷在《企业中人的因素》中写道：人们普遍存在着解决问题的智力、创造力和想象力，如果条件适当，人们不但不会逃避责任。相反会主动承担责任，当企业为员工提供了良好的自主管理制度时，人们会产生由衷的归属感和责任感，提高积极性，充分发挥能动作用，有利于提高企业生产效率。1987年美国的福特公司和通用公司同时取消了"监工"这一职位，这是企业对员工自主管理及其效应的充分肯定。此外，充分信任还体现在公司资源的分享上。当员工学识提高，资讯科技普及时，员工对企业的期望值也提高，企业的资讯必须较大程度地公开，增强透明度以加强员工的信心，使员工真正感觉到自己是企业的主人。充分信任还包括合理的授权。敢不敢放权，是衡量一个领导者用人艺术高低的重要标志，小企业有一个很大的通病就是老板对部下不够信任，一方面，如果领导者对部下不放权，或放权之后又常常横加干预、指手画脚，必然造成管理混乱。另一方面，部下因未获得必要的信任，也会失去积极性。大材小用不如小材大用：用人唯才。用人最好是适材适所，但是适材适所很难。用人恰到好处必须具备天纵奇才的用人艺术，否则难以做到。

（4）注重沟通

按理来说，小企业由于人员少，下属和领导的沟通是比较方便的，沟通不应该成为薄弱环节。然而事实上，一些小企业的领导的思想并不开放，以"一家之主"自居，因此也就不注重与员工沟通。久而久之，员工认为既然自己的意见不被采纳，也就没有沟通的必要了。然而。事实上集体创造力往往比人的创造力要强得多。而哈佛管理杂志也提出：要笼络员工的心，公平透明的决策过程比加薪更重要。下面的例子可以证明这一点：德国西门子公司曾收购陷入困境的欧洲 Nixdod 电脑公司，改名为 SNI 公司。几年后，SNI 公司的员工从5.3万人削减到3.5万人，焦虑与恐惧在公司蔓延。SNI 公司的副总裁到任后，立刻与1万名员工展开一连串大小会议，分享他的救亡图存愿望，希望每个员工都加入。"扭转公司的逆境。舒密勒如实诉说 SNI 公司的处境并不乐观，进一步的裁员势在必行，各部门如果不能展现自己生命力，就要被裁撤。舒密勒提出明确严格的决策规则，然后征询志愿改革者的意见。在接下来的几个月内，志愿者由最初的30人增加到最后的9000人。在整个改革的过程中，员工与经理同样提出意见，大家也都了解决策的来龙去脉，尽管20%~30%的提议会被否决，但是员工觉得大家都能表达意见的过程很公平，SNI 公司在处境艰难时却令员工满意度大幅提升，并创造了欧洲企业史上的一个奇迹。一个对工作积极开拓的人，他的潜力和所创价值可能是无法估量的。显然，一个老板能不能使其属下的每个员工都贡献出构想、创造性与心力，是他能否成功的秘诀。一个有前途的创业者，应知道怎样利用每个员工的力量、利用整个团队的力量去开创卓越。

8.3.2.4　绩效与薪酬管理

小微企业的绩效管理。所谓绩效管理，是指各级管理者和员工为了达到组织目标共同参与的绩效计划制定、绩效辅导沟通、绩效考核评价、绩效结果应用、绩效目标提升的持续循环过程，绩效管理的目的是持续提升个人、部门和组织的绩效。绩效管理能促进组织和个人绩效的提升以及管理流程和业务流程优化，保证组织战略目标的实现，在企业管理中占据重要地位。绩效管理的目的是持续提升个人、部门和组织的绩效，是一个双向沟通，互利共赢的过程，在帮助员工不断实现其绩效目标同时，也带动了组织更好的发展。

小微企业因为员工人数少，岗位空缺或者一人多岗现象普遍，如果沿用大企业的按岗位考核绩效势必让干得多的员工吃亏，再加之员工工作饱满度高，在工作之外，再让他们花时间填表打分，无疑会增加员工负担，同时也会增加公司管理成本。大企业的统一表格模式、权重换算方法等在小微企业完全不适宜。小微企业的绩效管理要注意以下问题：

（1）以人为中心量身定做

小微企业绩效管理应该"按人"考核，以人为中心量身定做考核标准。考核遵循的标准应该以制度或规范为准，考核结果应该是及时性的，尽量建立简洁直观的绩效管理方式。设置考核指标体系应从企业自身特点和现有员工特点出发，考虑成本效益原则，应该是具体的、可量化的、可实现的，而不依赖于管理层的主观判断；在此基础之上应规范绩效考核操作，根据实际绩效成果予以评价，采用科学的、客观的方法，而不是依赖熟悉度、好感度等感觉去执行绩效评估。小微企业开展绩效考核没有现成的模式可以照搬，必须因人而异，量身定做。

（2）公平合理

一个企业考核标准一定要统一，相比于过宽或过严，关键是员工认为公平合理。决定考核方法好坏的最重要标准就是绩效考核是否激发了企业多数人的积极性，是否提高了企业的整体效率。或者说，是否让多数员工的收入增加了，以减少员工收入为目的的考核最终会害了企业，因为它让员工激情丧失。企业在不同的发展阶段其考核方法和考核标准也不相同。

（3）符合企业发展战略

小微企业首先需要加强对企业自身内外整体的认识，以长远的眼光，来制定符合自身企业的发展战略。同时将企业单个的绩效考核目标以整体的发展战略目标为出发点，准确地按照企业路线前进，让绩效管理也可以有效进行。

（4）重视沟通

绩效管理是一个系统，包括绩效计划、持续的绩效沟通、绩效评价、数据收集、绩效诊断和辅导等一系列要素，要想得到最大的收益，需要完成绩效管理的全部环节，而不是一个部分。小微企业应注意绩效反馈与改进和绩效沟通。管理者就考核结果向员工进行反馈，肯定其成绩并指出不足与改进方法，而绩效沟通则应贯穿于整个绩效管理循环中，保证对员工应有的关注，促进员工绩效的提高，进而有利于小微企业的经营发展。

小微企业的薪酬管理。企业的薪酬管理一直困扰着很多企业领导，如果没有一套非常适合本企业的薪酬管理制度，企业领导人或者人事负责人往往会遇到很多棘手问题。初创企业必须学会建立一套科学实用的薪酬管理体系。

（1）判断岗位价值

公司成立之初，虽然规模小，但依然要明确每个岗位的要求。建议首先确立各岗位的要求：如胜任该岗位的基本条件——学历、工作经验、技能要求等；基本职责——工作内容、应负责任、享受的权利等；基本职位晋升途径——薪资增长、职位提升、知识培训等。

这样，每个岗位有了一个可以衡量的数据化的要素比较图，然后形成各岗位的价值比，根据价值比确定各岗位的基本薪酬，根据企业预算及对岗位的期盼值，设立每个岗位的加薪频率与幅度。

（2）了解市场行情

看市场行情不仅仅看薪资总额，更要看薪资的组成部分、薪资的稳定性、薪资所涵盖的岗位要求。只有了解市场薪酬行情才可以轻松应付每一位应聘者的薪资谈判，从薪资行情及结合自身企业的定位找到最适合自己企业的员工。

了解市场行情的途径大致有：对应聘资料进行分析；通过人才中介机构寻找相关数据；通过分析专业人才网站的薪资行情信息等途径。

（3）薪酬的周全性

员工可以分为投资型、契约型与利用型。投资型员工视为企业战略合作伙伴，注重长期合作及风险分担，可用赠予股份与让其投资少部分风险金相结合，以满足其薪酬要求；契约型员工主要指确实有能力但很"现实"的那部分员工，企业可以对其提出的要求与企业对其的要求结合起来，并通过合约的方式确立双方的权利与义务，明确违约责任；利用型员工要求员工根据企业的制度来执行，并根据员工的动态及企业要求灵活调整制度以满足企业与员工的要求。

（4）薪资谈判方式

一般企业在招聘时采取一对一的薪资谈判方式，有以下策略供参考：

与应聘者一起探讨他进入公司后可能产生的作用、能力、业绩等及公司主动配合给他的资源，如政策、培训机会、晋升机会等，在双方相互认同及愉快的氛围中再谈薪资问题，一般会比较顺利。

【案例导读】

傅章强的自力更生之路

年轻的傅章强用行动写下了两项上海之最：第一位成功创业的大学生，第一位入驻浦东软件园的知本家。

今年26岁的傅章强于1998年12月创建上海必特软件公司。在不到两年的时间里，资产从注册时的100万元增长到800多万元。目前该公司已拥有两个子公司和一个分公司，并在北京设立了代表处。客户包括北京诺基亚、上海贝尔等国际著名企业，海外、境外客户占10%，主要分布于美国、香港。与此同时，傅章强在学校的学习成绩继续名列前茅。

短短七八年时间，从闽北山村的穷孩子成长为拥有上千万身价的知本家，28岁的傅章强以一种近乎完美的姿态演绎了一个完全中国版的知识经济的神话。傅章强成功的秘密是什么呢？他的回答就是产品的优质和创新、优秀人才的集聚、客户群体的稳定扩展。

人才是必特发展的源动力。傅章强用人原则是事业留人、感情留人。目前，必特公司员工数目已经扩展到了 100 多人，其中大专以上学历的占了 90%。同时，靠着傅章强突出的人际亲和力网罗到了一大批元老级的 IT 专家聚集在必特的旗下。如被称之为中国计算机学术界泰斗的徐家福教授被特聘为必特公司名誉董事长，复旦大学首席教授施伯乐、美国麻省理工学院经济学院荣誉博士李文祥等专家组成了公司的技术顾问团。还有公司两员大将，第一位是傅章强的大学导师程景云教授，从傅章强参加他的课题组开始，程教授对这位聪慧、勤奋的学生就非常偏爱，专业知识上自然是倾囊相授，必特公司成立之后，程教授又来到公司帮助他的学生共同创业，这种师生之间的友谊是并不多见的。当傅章强冲进福建市场时，他还带来了一位 50 多岁的总经理陈生友，这员虎将下海前原是南平市松溪县教师进修学校校长，获得过福建省先进教育工作者等多项荣誉，在当地教育界颇有名望。老陈做着好好的校长，却被一个小年轻三言两语锁定，毅然辞职，这在当地引起了不小的轰动。是什么样的凝聚力将他俩连在一起呢，他们的回答则是心有灵犀。

傅章强成功的另一个秘诀，就是他良好的人际关系给他带来的广泛而又稳定的客户群体。以前，熟悉他的教授、同学、朋友和客户都被他的朴实、谦和所折服；现有的客户都认为必特的产品质量优良可靠，傅章强和他的企业都具有相当良好的诚信度。其实，傅章强从大三开始做科研项目时，就经常参加一些鉴定会、研讨会、展示会。这使他有机会跟同行业里的很多人打交道，并有了了解市场的机会。创业之后，他又凭着最初仅有的一点市场，用优质的产品和服务快速地跟这些客户建立起了朋友关系，这些朋友又利用在同行中的影响帮助必特打开市场，这样形成了公司强大而稳定的客户群体。

傅章强在 IT 行业的成功，只是展现出了这个行业的一个缩影，回报周期短的特点吸引了很多人才在 IT 驻足，然而这并不能完全解释傅章强的成功。从必特公司的发展历程来看，充实的人力资源、良好的组织架构、外部空间的拓展都促进了公司的发展。优质的产品、良好的信誉在这里被反复地强调，从一个侧面说明了消除软件行业脆弱性的一个重要策略——将无形的产品与有形的人力资源进行有效地结合。

8.3.3 新创企业产品与服务管理

8.3.3.1 生产过程管理

产品的生产过程是指从准备生产该种产品开始，到把它生产出来的全部过程，即指围绕完成产品生产的一系列有组织的生产活动的运行过程。生产过程一般分为：生产技术准备过程、基本生产过程、辅助生产过程和生产服务过程。生产过程各组成部分之间既相互区别、又密切联系。其中基本生产过程是最主要的，其他过程都是围绕基本生产过程进行，并为其服务的。基本生产过程可进一步划分为若干个生产阶段。

衡量一个企业的生产过程管理得是否先进合理，就要看该生产过程的运行是否实现了连续性、平行性、比例性、均衡性和适应性的要求。

（1）连续性

是指产品在生产过程各阶段、各工序之间的流动在时间上是紧密衔接、连续不断的。

也就是说，产品在生产过程中始终处于运动状态，不是在进行加工、装配、检验，就是处于运输或自然过程中，没有或很少有不必要的停顿和等待时间。实现生产过程的连续性，可以缩短产品生产周期、减少在制品的数量，加速流动资金的周转，可以更好地利用设备和生产面积，减少产品在停放等待时可能发生的损失。

（2）平行性

是指生产过程的各项活动、各工序在时间上实行平行交叉作业。实现生产过程的平行性，可以大大缩短产品的生产周期，在同一时间内提供更多的产品。平行性也是生产过程连续性的必然要求。

（3）比例性

是指生产过程各阶段、各工序之间在生产能力上要保持一定的比例关系，以适应产品生产的要求。这种比例关系主要是指各个生产环节的工人人数、设备数、生产速率、开动班次等都必须互相协调。实现生产过程的比例性有利于充分利用企业设备、生产面积、劳动力和资金，有利于减少产品在生产过程中的停顿、等待时日，缩短生产周期。

（4）均衡性

是指在组织产品出产或完成某些工作时，在相等的时间间隔内，生产的数量是基本相等的或稳定递增的。也就是说，每日、每旬、每月都能够均衡地或稳定递增地出产产品。实现均衡生产有利于提高劳动者的工作效率，保证人身安全；使整个生产活动有秩序地进行；有利于保证设备的均衡负荷，提高设备利用率和工时利用率；有利于保证产品质量等。

（5）适应性

是指企业的生产组织形式要灵活多变，能根据市场需求的变化，及时调整和组织生产。企业是一个自主经营、自负盈亏的商品生产者与经营者，要面对市场，参与激烈的市场竞争，根据市场的需求，来组织企业的生产活动。企业这种外部环境的变化，客观上要求企业能灵活地调整与组织生产过程，以适应市场多变的情况。

8.3.3.2　质量管理体系

企业质量管理体系是企业现行标准体系中的主流体系，它对提高质量管理水平能起到重要作用。作为国际上通用的质量标准，ISO9000等标准反映了质量管理体系的基本思想和过程要求，适用于以企业为代表的各类组织的管理和运作，也为中小企业质量管理提供了依据和工具。对于中小企业，建立企业质量管理体系一般也包括以下几个阶段，即质量管理体系的策划，文件的编制，体系的实施和体系的完善。在实际的建设中，中小企业需要把握以下几个重点来开展建设工作。

（1）确定核心领导者

质量管理体系的核心领导者应担任企业重要岗位领导职务，具备比较丰富的工作经验，熟悉企业实际状况与质量管理工作，同时具有很强的学习能力，对质量管理的理念和思想能够融会贯通。对于中小企业而言，领导者的能力可能直接关系到推行质量管理体系的成败。

（2）合理制定质量目标与指标

对于中小企业，质量目标制定要充分考虑目标的合理性、可追求性、可测量性和经济性。中小企业不一定套用和搬用大型企业做法，按层次、按部门制定质量目标，而是结合企业的主要经营指标，结合主要管理者的职能与责任，结合传统的考核指标，如以年度指标等形式下达并由实际责任者负责执行。

（3）保证资金的投入

中小企业资金紧张、筹资能力差是个普遍现实问题，特别硬件装备如生产设备、工艺工装及检测设备投入方面不足。因此，中小型企业应积极筹措资金来保障质量管理体系的建设。一方面，应充分利用外部资源，如申报中央和地方各级中小企业发展专项资金项目，以提高中小企业技术创新能力和技术装备水平，推进企业向专业化发展；另一方面，在企业内部集中有限资金走专业化发展的道路，确保必需的资金投入，进行必要的技术改造，增强实施质量管理体系的基础。

（4）建立内部监控机制

建立质量管理体系内部监控机制，是增强中小企业质量管理体系有效性的一个重要保障。对于中小企业，一方面，可以建立日常生产检查与集中性内审两者结合的监控机制，通过内审，进行自我改进；另一方面，可以建立与日常管理结合的管理评审监控机制。事实上，对于中小企业来说，管理评审的形式也可以灵活多样。例如，可以是专职领导对质量管理体系的评审，也可以是领导层会议对质量管理体系的评审。又如，评审内容和评审结果也可灵活决定，不一定每次都要覆盖标准要求的所有内容，而是通过多次评审在年度内覆盖标准规定的内容。

8.3.4 新创企业文化培育与长效管理

8.3.4.1 企业文化的建立与培育

建设企业文化是一项综合性的系统工程，需要系统规划，长期作战，从点滴做起。我们必须着眼未来，脚踏实地，奋起直追，使企业文化建设发光放彩、具有强大生命力。为了建设和培育创业企业文化，必须做好以下几项工作：

（1）继承与开放的文化心态

我国的企业文化，既要拥有传承的观念，更要有开放的视野。第一，要继承我国的优秀历史文化传统，通过探索融入企业文化之中，这是我们企业文化建设的立足点。传统文化并不是落后的、过时的文化，而是古人的经验教训的积累和升华，放弃或置之不理传统文化而去另立门户，会迷失自我，是极其不智慧的，是不符合历史唯物主义认识论的。所以我们要继承优秀的传统文化，是传统文化在新的环境中继续传承并发扬。第二，要开阔视野，要面向世界，主动以全球的竞争环境来激励自我。对其他国家优秀企业的企业文化进行了解、学习，可以给本土的企业的文化建设以借鉴。1992 年邓小平在南巡讲话中说过，我们要利用发达资本主义国家的一切优秀成果，包括资金、技术、管理经验等，在文化方面同样要学习他们优秀的特质，引进、学习、消化、吸收、创新，走出国门参与竞争。

（2）把握规律与特征，体现方向和重点

企业除了具有大的背景特征之外，还有其内部特征和运行规律。其文化建设与传统的企业会有明显的不同，必须建设符合知识经济、信息化与企业运行规律的文化。在企业的内外环境都不同的情况下，企业的组织方式、管理方式、生产关系都有明显不同，企业文化建设要紧随客观规律，反映客观规律。

第一，企业基本活动就是创造，不断创新是企业的使命，是其存在的理由和根据。企业必须有体现创新、激励创新的文化环境。

第二，企业的组织方式发生变化，知识型员工与企业在传统的雇佣关系上又推进了一步，正在向平等的合作伙伴的关系方向发展。在这样的形势下，如何建设体现"平等意识"的文化至关重要。

第三，知识型员工从事的是创新性工作，这就需要更多更大的自由空间，企业的文化中如何容纳这样独立自由的人格是一个必须解决的问题。

第四，思考企业运行过程中的文化与体制的障碍，建立具有前瞻性的文化和灵活的体制机制，并不断改进以适应企业发展的规律。

当今世界是开放的世界，信息化、全球化使得企业与外界联系变得极为容易，企业与外界进行着大量的物质、信息与能量的交换，企业必须倾听来自市场、顾客、社会、国家的声音，需要在企业中建设这种尊敬外部价值的文化，遵照科学发展观，走可持续发展道路。企业价值延伸要求科学的发展观，树立可持续的文化建设之路。企业要满足社会价值的要求，是企业内在价值的升华。

（3）抓准时代特点，体现企业个性

企业是一个全方位、多层次开放的企业，又是社会中情况复杂的集体。企业文化建设是一个系统工程。一方面，企业文化要反映时代特征，用大文化领导小文化，以体现时代精神的社会文化指导企业文化；另一方面，企业文化应有其独特的特性，即文化知识优质群体和企业的科技文化特性，正确处理好社会文化和企业文化之间的关系。在当今塑造和优化企业文化必须要适应时代发展的要求，深化改革要求。消除和改善不利于社会主要市场经济发展的消极理念，不断更新观念，破除传统文化观念。破除"均贫富""吃大锅饭"的小农经济思想以及"小富即安""功利仁义"等。同时随着发展新形势、新情况、新问题不断出现，这又要求人们不断适应新形势研究新情况解决新问题。因此我们的企业文化建设，要针对实际情况不断提高、不断充实、不断深化。企业文化建设在面对新时期要反应的时代特征主要体现在：①以体现社会主义市场经济的特征；②以劳动者集体是企业主体、是法人的特征；③以科研、生产、经营为中心，提高经济效益为目的的特征；④以社会主义分配制度为特征。

（4）"以人为本"应成为企业文化的共识

优秀的企业文化应突出以人为本的思想，应该以消费者为中心，努力服务社会，同时提倡团队精神、鼓励创新。世界上企业发展的历史证明，那些经久不衰的企业，尽管他们的经营战略和实践活动不断地适应着外部环境而变化，但却都始终保持着"以人为本"的思想。在不断地发展变化的过程当中能够保持管理思想的一致，正是这些企业成功的内在原因。在高新企业中，尤其要注重科技人员的作用。因为科技人员拥有比较强的自主意识，更独立的价值观、愿意承担具有挑战性的工作，他们是企业发展的中坚力量。企业管理者应当树立员工是企业的主人，而企业能够实现员工的梦想的观念。因为企业要做大、做强，光靠几个高层管理者是远远不够的，归根到底是要依靠广大员工。企业需要做到"耕者有其田，工者有其股"，实行知识、资本和技术的三者结合，让有智慧、有能力的人在企业通过创造获得高回报。以制度的形式，让贡献大、有潜力的骨干员工逐步持股，再以资本入股，具备股东资格，成为企业真正意义上的主人，让员工的人生价值随企业的发展而不断增值，充分体现知识的价值以及知识分子在促进人类进步和社会发展中的作用，从而真正实现员工是企业主人的管理思想。

要营造良好的团队氛围。一个成功的企业离不开一个有潜力的企业团体。回顾企业的创业历程、企业早期创业所积累的团队精神以及对典范人物的学习，同时根据企业发展的不同阶段、不同背景，不断创新团队精神，使得这种在创业初期所积淀的团队精神传承并发展下去。

企业文化的建设的重点应放在关心人、爱护人、培养人、提高人上。在员工进入企业后，就应根据企业发展的需要和员工个人的专业、兴趣、特点等规划其发展的蓝图，并沿着这个蓝图有计划地进行激励、培训和升迁。让员工感受到企业是自己成长和发展的最好舞台，员工有一种归属感，有一股发奋向上的进取精神。

（5）使精神激励成为企业文化内容一部分，充分调动员工的积极性

企业发展的一个重要工作就是对于员工的激励。可以进行物质激励和精神激励两方面的激励。物质激励是提高员工生活水平、实现其个人价值和满足其心理需要的重要手段。对于民营企业的员工来说，精神激励应当更为重要，因为很难完全满足的人在物质上的需要，当某种需要没有满足时就可能会出现不利于企业发展的事情来。马斯洛的理论指出，实现自我价值是人生价值的最高体现。那么，精神激励将会促使员工更积极地实现自身价值。

因此，应把精神激励作为企业文化的重要内容，让员工享受丰盛的"精神大餐"。一是优秀企业的品牌、企业的形象会给员工带来自豪感，从而产生自信心，同时社会也会对员工刮目相看，让员工始终生活在一种相对宽松的心理环境中，对员工的身心健康产生积极影响；二是企业的先进技术和科学的管理是非常宝贵的财富，有些经验甚至是无法用言语和文字表达的，只有进入角色，深入其境，才能悟出这里面的真谛，这种经验的获得是无法用金钱来度量的，而且会使你受益终身；三是企业的良好行为规范、人际关系、敬业精神、实事求是的工作作风以及企业提供的学习条件和机会都是员工的隐性收入。这种精神上的享受将化作员工工作中的强大动力，全面推动企业各项工作的开展。还应当充分地利用员工自觉性较高和自尊心较强的特点，提倡员工的自我激励，采取自我管理、自我教育、自我控制、自我完善的方式，让员工完成自我提升，并给企业文化建设不断注入新的内容，而具有新内涵的企业文化又必将促进企业各项工作的上层次、上水平。

（6）学习型团体是企业文化的主要组织形式

知识经济社会企业的竞争优势将取决于其学习能力的高低即迅速吸取新知识、开发新技术、新产品的能力。有人认为，企业的竞争实际上就是人才的竞争，但说到底，其实是学习能力的竞争。资本、劳动力、原材料、技术、知识等资源可以通过购买、学习等手段获得，但是，学习能力却没有办法购买、复制或者消除。所以，建立学习型组织应该是所有企业的共同愿望。学习型组织也应该以共同的目标为基础，以团队学习为特征，特别强调以增强企业学习为核心，特别注重员工的自我超越、自我获取知识和利用信息的能力。企业中可建立个人网页、社交群组等，通过网络进行交流，获取信息，学习新知识，并实行自主培训，实现"工作学习化、学习工作化"的网络文化。对于民营企业来说，建立学习型组织，一方面，能使企业快速适应外部环境的急速变化，不断进行理念创新、制度创新、组织创新和技术创新，紧跟时代步伐；另一方面，也适应于民营企业中人力资源年轻化、便于吸收新技术、不断开拓创新的特点。同时，学习型组织也是走出家族式管理、建立现代企业制度的重要途径。在世界排名前100的企业中，已有40%的企业以"学习型组织"为蓝本，进行了彻底的改造，通过这些措施，在全球化的环境中，增强国际竞争力。但凡优秀的企业，都会选择一种与企业的发展战略以及企业文化相一致的模式，并把"学习型组织"作为企业文化建设的重要阵地。

8.3.4.2　构建企业长效管理机制

长效管理机制，即能长期保证制度正常运行并发挥预期功能的制度体系。长效机制不是一劳永逸、一成不变的，它必须随着时间、条件的变化而不断丰富、发展和完善。企业要成长发展，就需要构建长效管理机制，可以从以下几个方面做好准备。

（1）构建经营系统

建立一个成功企业的重要任务之一是建立辅助这些日常经营活动的体系——经营系统，它是企业开展日常经营管理工作的"平台"。弗莱姆兹这样描述经营系统：建立经营系统是为了有效地工作，一个公司不仅要从事生产或服务，而且要合理地管理基本的日常经营活动。这包括会计、制表、采购、做广告、招聘人员、培训、销售、生产、运输和相关系统。企业在创建初期容易忽略经营系统的建立和发展，但随着一个企业在规模上扩大，特别是当规模超过了其组织管道的运作能力，这些系统就会承受到越来越大的压力和紧张。

（2）管理好保持企业持续成长的人力资本

速成长企业的一个共同成功要素是其强有力的人力资源管理。快速成长企业的经营者并不一定要受过高等教育，但他们要雇佣一大批有能力的下属，他们通过构建规模较大的管理团队以便让更多的人参与决策。

（3）从创造资源到管好、用好资源

企业的成长是靠资源的积累实现的。但是，如果企业积累的资源未被企业占有，而是被企业中的个人（不管是创业者、高层管理者还是一般的员工）占有，都必将威胁企业的成长。如果公司资源被个人占用的情况较为明显，客户管理工作不够周密，以至于造成公司业务和人才的流失，公司自己"培养"了一大批竞争对手。因此，需要从注重创造资源转向管理好已经创造出来的资源，从资源"开创"到资源的"开发利用"；需要采取必要的措施，管理好客户资源，管理好有形无形资产，通过现有资源创造最大价值。

（4）形成比较固定的企业价值观和文化氛围

企业价值观是支持企业发展的灵魂，虽然是无形的，却渗透在企业发展的方方面面。大多数快速成长企业都有比较固定的企业价值观，用以支持企业的健康发展。对小企业而言，企业价值观一般是企业创建者自身价值取向的体现，这种取向直接影响着企业的发展。对成功企业的研究表明，在企业发展过程中，只有很少一部分企业根本改变了原有的价值取向，大部分企业的价值观变化甚微。企业价值观的固定性保证了企业发展的稳定性，也便于企业管理者与员工掌握企业发展过程中的关键点。快速成长企业的创建者非常热爱他们自己所从事的事业，他们审时度势，制定符合社会发展的价值观念，并倾注全部心血使企业的价值观延续下去。

（5）抓住时机主动变革

创新和变革是推动企业乃至社会发展的主要力量，但需要付出成本。企业在创业初期特别是成长阶段实施变革的成本小，因为成长性强可以为企业提供变革所需要的资源，可以吸引优秀的员工，进而减轻来自内部的变革阻力。企业变革不可能一下全面展开，需要科学地把握切入点，由点到面，层层深入。变革的阻力主要是人们对未来发展的顾虑，对变革能成功的可能性持有疑虑。把握好切入点，从局部推进变革，往往可以在短期内取得效果，进而增强人们对变革的信心；再次是这种方式的变革容易被控制，不至于造成失控。

（6）从追求速度转到突出企业的价值增加

当企业过分追求速度时，往往带来的问题是，销售收入增加很快，而利润却没有增加，企业的价值没有得到增值，因此，当成长到一定程度时，企业需要管理好的价值链，价值增加快的方面转移和延展，以获得最大的价值增加。正如"蓝海战略"的核心精髓价值创新，就是对所在行业所提供的传统顾客价值的一种"颠覆式"创新，通过重点打造顾客在意的价值要素，而在其他要素上提供适当价值，剔除不必要的要素，不仅能够为顾客提供卓越的价值感受，还能够使企业以低成本的方式实现，获取所谓差异化和低成本的双重好处。

【案例导读】

在试错中找对的路

山西财经大学学生李磬乐、金宜楠从大一起就想独立，不想让自己成为家里的负担。大二时，两人与一帮志同道合者在学生宿舍商定创业。最后，他们瞄准了在校园生活圈发起"山财楼梯间"的创业项目，推出快递、生活信息咨询服务。

过去一年间，"山财楼梯间"以在山西省6所高校建立起分部。2016年春天，李磬乐、金宜楠和他们的合伙人确定，计划用一年时间，把"楼梯间"服务推广到全省所有本科以上高校。

线上搭平台线下建实体店

"楼梯间"总部，位于山西财经大学南校区的一间临街门面房。因为与包括顺丰在内的数家快递公司签订委托协议，财大师生及家属在此可以收取网购商品快件及邮寄物品，每天客户络绎不绝。

2014年11月至今，"楼梯间"创业项目设立的分部，都复制了"山财楼梯间"总部的模式。每一个分部，都要想方设法占据地利、人和，与不熟悉校园生活圈的快递公司及商家进行合作，采用线上搭建互联网平台，线下建设实体店的方式，为对方与校园生活圈搭建一条商业开发通道。在与快递公司及商家合作过程中，"楼梯间"提取佣金。这笔佣金，在支撑"楼梯间"正常运转的同时，也让它的创办者获得商业回报。

"创业，不是闭门造车的事情。它是一次次试错后的结果。"金宜楠说。

在不断试错中选定项目

"楼梯间"试错源头，得把时间拉回到3年前。其时，李謦乐还是大一学生。当时，他办了一个"宿舍超市"，向同学们出售方便面、饮料。他的经营以善打时间差在宿舍楼里"名声远扬"：深夜，同学们跟他购买方便面，比校外小卖部贵1元。

"宿舍超市"回报微薄，李謦乐对此并不满足。大二时，面对校园生活圈里的网购热，李謦乐与同样想创业的大二学生金宜楠相识，开始创办"楼梯间"校园送餐服务。为此，他们开设了校园送餐服务微信公共号，与校园几个食堂窗口、小卖部展开合作，向宿舍送餐、送水果。每单，他们从合作商家收取1元"跑腿费"。他们的小生意很火，最多时一天能接到100多单。然而，他们的"好日子"却并未持续多久。2014年9月，随着饿了吧、美团等互联网公司走进校园，以打折、赠送优惠券开展校园送餐服务，"楼梯间"校园送餐服务被逼至绝路。

"楼梯间"的转机，出现在2014年11月。其时，李謦乐、金宜楠和几个合伙人在山西财经大学花3万元租了一个两层的门面房，准备以此开办一个线下体验店，希望通过为商家进入校园生活圈提供中介服务寻找商机。其间，金宜楠一个入职顺丰快递太原分公司的朋友推荐了一项业务。因为顺丰公司快递员进不了山西财大校园，公司希望与熟悉校园生活的合作方进行合作，公司愿意为此支付佣金。这一信息，让李謦乐、金宜楠如获至宝。

与顺丰公司的合作，让"楼梯间"从此获得稳定的收入来源。同时，也让这个校园诞生的创业项目正式起步。

寻找志同道合的合伙人

"楼梯间"采用的是合伙人制。"我和李謦乐，都是在校学生，生活经历不足，社会资源有限。'楼梯间'成立后，先后有多位同伴参加这个项目，在项目运转最困难的时候，他们没有计较报酬。'楼梯间'走到今天，是大家共同努力的结果。"金宜楠说。

"楼梯间"发起人李謦乐是运城人。他的创业热情，一半源自家庭。自记事起，他的父母开始前往南方做生意。走进大学校园后，虽然父母给他的钱，足够他宽裕地度过大学四年，他却有着自己的想法。也许受父母经商影响，李謦乐想到创业，并且决定付诸实践。李馨乐执行能力很强，并且有种不达目的誓不罢休的性格。他是个文科生，互联网知识有限，大一下半学期，他忙于搭建基于校园生活圈服务的互联网平台，误信一个天津互联网公司的职员可以提供帮助，他为此几下天津。最后，他感觉受骗时，已向对方支付1万元。不过，虽然经历这样的波折，仍没有浇灭他的创业热情。

大二时，李馨乐发起创办"楼梯间"，最初寻找合伙人，多从身边熟人挑选。其实，"楼梯间"推出送餐服务时，合伙人中除了金宜楠是财大学生，其余几名合伙人都是李馨乐的发小，并且已参加工作。

随着"楼梯间"的发展，李馨乐、金宜楠迫切希望志同道合者加盟，他们意识到暂时无法用经济收益吸引别人，于是，项目的发展前景，成为他们说服对方的"杀手铜"。有时，李馨乐、金宜楠创业的热情，也是后来的合伙人愿意加入团队的一个因素。金宜楠说："大伙都很拼。'楼梯间'快速推进时，大家忙得顾不上吃饭，也没有人喊苦喊累。"现任"楼梯间"市场部负责人的范亚运也提到："2015年，'楼梯间'开分部，都是大伙掏腰包拼凑的，项目甚至连工资也发不出来。那时，大伙日子过得很艰难，借钱交了房租，兜里没钱，一日三餐，只有馒头，吃馒头吃到恶心。"范亚运，网名八哥，在大学求学期间，曾创办大学生创业梦工厂，与山西、河南、河北、陕西各大高校学生多个创业团队有密切联系。

谨慎经营，获得来自银行的众筹投资

创业资金来之不易，这让"楼梯间"创业团队形成谨慎的经营管理风格。对每笔投入，他们都"不见兔子不撒鹰"。

在各高校开办"楼梯间"项目分部，是项目团队制定下的策略。单独一个"山财楼梯间"，服务人群有限，项目未来的"天花板"明晰可见。走出去，是出路。并且，他们还得快速抢占市场。2015年，"楼梯间"先后在中北大学、山西大学、山西农业大学、运城学院、山西煤炭职业技术学院、山西旅游职业技术学院建立分部。范亚运表示"每个分部，项目团队都经过认真核算，确保1年内可以实现收支平衡，绝不做亏本买卖。"目前，楼梯间各校分部，平均投资七八万元。各分部背靠学校生活圈，除提供快递收发服务，还与商家合作开展信息咨询及商品推广服务。

资金，始终是"楼梯间"发展面对的最大障碍。对于像楼梯间这样没有任何资产可以供抵押的单位，寻求商业贷款的难度可想而知。

曾经有过一个时期，"楼梯间"将寻找投资的目光投向"创业大赛"。金宜楠说："我们参加了很多创业大赛，拿不少奖，奖金加起来有四五十万。这些奖金，有些已经到位，有些还没有到位。""楼梯间"获得的最大一笔投资，来自晋城银行的天使众筹平台。包括晋城银行董事长、行长在内，39名晋城银行职员为楼梯间提供了38万元投资。晋城银行消费经营部职员张禄说："去年年初，李馨乐找到银行，希望申请贷款。我们后来调查发现，因为'楼梯间'项目成立的公司不到一年，同时包括财务管理及公司管理，不能满足银行发放贷款的条件，行里没有接受他的申请。不过，'楼梯间'这个大学生创业项目，仍引起了银行的重视。他们的创业精神，也感染了我们，于是行里决定给予他们支持。"

晋城银行的天使众筹平台，是该行为小微企业提供融资筹资平台。"楼梯间"创业项

目获得晋城银行众筹投资，双方签有协议，投资者有权从"楼梯间"利润中获得回报。目前，投资"楼梯间"的39人，大部分为山西财大校友，是李馨乐、金宜楠的学长。

【课后练习】

新企业的第一次会议